SVÂMI PRAJÑÂNPAD, UN MAÎTRE CONTEMPORAIN

Daniel Roumanoff

SVÂMI PRAJÑÂNPAD, UN MAÎTRE CONTEMPORAIN

2. Le Quotidien illuminé

Préface d'André Comte-Sponville

Albin Michel

Albin Michel
▪ *Spiritualités* ▪

Première édition :
Éditions de la Table Ronde, Paris, 2002

Nouvelle édition au format de poche :

Dans le tome précédent, « Les Lois de la Vie », nous avons présenté Svâmiji, son analyse des lois de la vie, explicité la nature de l'ego et celle du mental. Nous avons établi la différence cruciale entre voir et penser, entre sentir et réagir. Nous avons parlé des émotions et des désirs, de la sexualité, des qualifications requises pour entreprendre la démarche de cet enseignement. C'est tout naturellement que nous en venons maintenant à l'acceptation qui est la preuve de l'enracinement de la connaissance dans la vie quotidienne.

Préface

Il se passe actuellement en France, autour de Svâmi Prajñânpad, un phénomène singulier. Un sage hindou du XXe siècle (il est mort en 1974), à peu près inconnu, même en Inde, de ses contemporains, est en train de devenir pour un public de plus en plus large ce qu'il n'était, de son vivant, que pour ses quelques disciples immédiats : un maître spirituel de première grandeur, l'un des rares, en ce temps, qu'on puisse comparer aux sages du passé, et traçant, entre Orient et Occident, comme une nouvelle voie de l'esprit. Si Svâmi Prajñânpad redonne vie à la tradition indienne la plus ancienne (les Upaniṣad, *le* Sâṃkhya, *le* Yogavâsiṣṭha*...), c'est en effet en l'enrichissant de ce que l'Occident pouvait apporter de plus sain ou de plus neuf : une pensée d'inspiration scientifique, libérée de superstition et ouverte, par la psychanalyse, aux régions les plus profondes – ou les plus obscures – de l'esprit.*

Sa correspondance a été traduite ; des livres, des articles, des émissions de radio lui sont consacrés ; des psychothérapeutes, de plus en plus nombreux, utilisent la technique qu'il a élaborée ; et un public, semble-t-il, peu à peu, se reconnaît dans cette démarche et y trouve de quoi apaiser ou vivifier son existence...

Cette notoriété, dont il n'avait que faire et qu'il n'a pas recherchée, Svâmi Prajñânpad la doit surtout aux livres d'Arnaud Desjardins, qui fut son élève et qui transmit, avec le succès que l'on sait, ce qu'il avait recueilli de son enseignement. Cela, qui fut notre chance, n'allait pourtant pas sans dangers : il s'agissait d'une présentation non seulement subjective, comme elles sont toutes, mais créatrice et soumise en cela à une démarche personnelle – celle d'Arnaud Desjardins – dont Svâmi Prajñânpad était moins l'objet que l'instrument. Ce qu'était vraiment la pensée du Maître risquait dès lors de disparaître sous celle de son disciple le plus célèbre, et c'eût été une perte qu'on peut aujourd'hui – grâce à Daniel Roumanoff – mesurer.

Les travaux de Daniel Roumanoff sont en effet d'un genre tout différent. S'il fut, lui aussi, l'élève de Svâmi Prajñânpad (et son premier élève français), si toute sa vie en fut transformée, il eut à cœur d'en reconstituer l'enseignement, non seulement tel qu'il l'avait personnellement reçu, mais tel qu'il fut donné, sous des formes chaque fois adaptées, à ses différents disciples indiens ou occidentaux, et d'en fournir une présentation aussi complète, aussi précise, aussi fiable que possible. Ce travail, spécialement précieux s'agissant d'un maître qui n'avait rien publié, fut d'abord l'objet d'une thèse de troisième cycle, soutenue en Sorbonne sous la savante direction du professeur Michel Hulin. C'est cette thèse, conjuguant la rigueur de l'universitaire et l'intelligente fidélité du disciple, que Daniel Roumanoff a entrepris de présenter, sous une forme légèrement modifiée, à un plus large public. Il faut bien évidemment s'en féliciter et souhaiter à cette somme tout le succès qu'elle mérite. Car c'est bien d'une somme qu'il s'agit : ce livre constitue, pour quiconque s'intéresse à Svâmi Prajñânpad, un instrument de travail absolument irremplaçable et qui, à n'en pas douter, le restera longtemps. Jamais, à ma connaissance, la pensée de Svâmiji n'avait été présentée aussi complètement, aussi précisément, aussi fidèlement – et jamais en conséquence, on n'avait pu mesurer à ce point sa grandeur, sa cohérence, son étonnante et neuve richesse.

Quant au contenu de cette pensée, ce serait faire double emploi avec ce qui suit que d'en exposer, fût-ce rapidement, le détail. Disons seulement qu'il s'agit d'une sagesse, c'est-à-dire d'une vie libérée. Mais libérée de quoi ? C'est où la leçon est difficile à entendre : ce dont il s'agit de se libérer, ce ne sont pas seulement des erreurs, qui ne tiendraient qu'à je ne sais quels défauts de raisonnement ou de perspective, ce sont ce que Freud appellerait des illusions, c'est-à-dire « des croyances dérivées de désirs humains ». Quelles croyances ? Que le désir peut être satisfait, que l'on peut être aimé comme on le souhaite, que nos espérances peuvent être vérifiées... Contre quoi

Svâmiji enseigne, je le cite, qu'« un désir ne peut jamais être satisfait », que « personne n'aime personne », et que l'espérance – toute l'espérance – étant fausse, il convient plutôt de s'en libérer et d'« expérimenter complètement et totalement le désespoir ». Il faut donc faire le deuil de nos illusions, et c'est en quoi vivre est si difficile : nos espérances sont ce à quoi nous tenons le plus et qui nous sépare du bonheur, pourtant, dans le mouvement même qui le poursuit. C'est où Svâmiji (mais Daniel Roumanoff, peut-être, ne serait pas d'accord) me paraît le plus proche de Freud : la santé, pour l'un et l'autre me semble-t-il, ne se conquiert qu'à la pointe du deuil, et nous n'aurons de bonheur, c'est en tout cas ce que je crois, qu'à proportion du désespoir que nous serons capables de supporter.

Pessimisme ? Point du tout, si l'on entend par là le culte de la tristesse ou l'entretien attentionné – et si bien porté en Occident – de nos angoisses ou de nos nostalgies. Pas de maître, au contraire, plus serein, plus tonique, plus lumineux que Svâmi Prajñânpad. Mais la lumière la plus vive ne peut éclairer que le réel, et c'est en quoi elle est l'image juste de la vérité et, par là, de la sagesse. Ce que Svâmiji nous apprend, c'est à ne plus remplacer le réel par autre chose qui nous en sépare (un idéal, une espérance, un regret..., qui sont autant de manières de dire non à ce qui est) mais, au contraire, à le voir et à l'accepter tel qu'il est.

*Voir, accepter : ce sont les maîtres mots, qui résument tous les autres, de la sagesse de Svâmi Prajñânpad. La vision, au sens où il la prend, s'oppose au « mental », c'est-à-dire au discours ou à la pensée que nous ne cessons de substituer au réel. Elle n'est pas sans rapport en cela avec ce que Krishnamurti appelle le silence, et semble constituer un trait dominant de la spiritualité indienne : « La grandeur de l'Inde, c'est d'avoir mis en valeur le fait de voir (*dṛṣṭi*) et non pas croire, non pas imaginer, non pas spéculer, mais voir directement ce qui est. » Il s'agit de voir la vérité, simplement, au lieu de chercher toujours le sens ou la valeur. La lucidité, enseigne Svâmiji, est le seul chemin.*

L'acceptation en découle : qui voit ce qui est comprend par là même qu'il est vain de vouloir ou d'espérer autre chose. Paix, grande paix du réel : joie, grande joie de la vérité ! C'est en quoi l'acceptation est amour (accepter joyeusement, c'est aimer) et le contenu même du bonheur. Aimer, accepter : il ne s'agit que de dire oui. « Ce que Svâmiji a à vous dire est très simple et peut se résumer en un seul mot : Oui... Oui à tout ce qui vient, à tout ce qui arrive. » C'est le mot même de la sagesse, dans toutes les langues ou le plus proche de son silence, et Svâmiji ne prétend certes pas l'inventer. Mais il enseigne une voie pour nos temps difficiles.

Que cette voie soit ardue, c'est ce que chacun peut expérimenter, et qui justifie et l'enseignement de Svâmi Prajñânpad et les beaux livres que Daniel Roumanoff lui consacre. Rien de plus simple que la sagesse, certes, mais rien de plus compliqué que ce qui nous en sépare et qu'il s'agit de traverser. De là ce discours, qui mène au silence, et cet effort de pensée par quoi la vision se prépare.

Les philosophes pourront y trouver de quoi nourrir leur propre réflexion, mais ce n'est pas d'abord ce qui importe. Svâmi Prajñânpad, qui n'a écrit aucun livre, qui n'a prononcé aucune conférence, est un maître, non à penser mais à vivre, non un philosophe mais un sage.

En ces temps où ils se font rares, ce serait déjà une recommandation suffisante. Mais ce sage, qui ne propose ni consolations ni espérances, et parce qu'il n'en propose aucune, est celui dont nous avions besoin. Il est le maître qui convient quand l'espérance ne convient plus. Notre maître, donc.

André Comte-Sponville.

PARTIE V

LE CHEMIN

CHAPITRE I

Accepter

BHOGA : JOUIR ET FAIRE L'EXPÉRIENCE DES CHOSES

Le mot *bhoga* a une connotation péjorative dans de nombreux textes traditionnels qui opposent couramment *bhoga* : jouissance des sens, jouissance matérielle, à *yoga* : effort spirituel. Svâmi Prajñânpad prend délibérément le contre-pied de cette interprétation.

On peut hésiter à traduire *bhoga* par jouissance et *bhogin* par jouisseur, qui, en français, désigne celui qui recherche le plaisir de la chair et des sens.

Bhoga a une connotation beaucoup plus large, plus proche du mot « expérience ». Le *bhogin* fait l'expérience non seulement des choses agréables mais aussi des choses désagréables, du plaisir comme de la peine. Le corps physique est appelé « *bhoga-âyatana* » (lieu d'expériences). Le mot *bhoga* peut se traduire par expérience avec une connotation sensuelle, une participation de tous les sens à ce qui est expérimenté. Svâmi Prajñânpad lui donne un sens tout à fait positif : « Pas de croissance possible sans *bhoga*. » C'est le mode de croissance le plus direct, le plus naturel. Ainsi un enfant ne peut abandonner ses jouets que lorsqu'il a épuisé tout le plaisir qu'il pouvait en tirer.

Jouir de ce que l'on fait

– Il n'y a rien de mal à faire l'expérience (*bhoga*) d'un désir qui apparaît en vous pourvu que vous l'acceptiez de manière délibérée.

– On ne peut dissoudre (*kṣaya*) le *karma* sans faire l'expérience des choses (*bhoga*)…Vous êtes endetté du fait des actions dont l'origine se trouve dans vos *saṃskâra.*

– Le corps physique est *bhogâyatana* : le lieu d'expérience de la santé et de la maladie, du plaisir et de la peine. Le *bhoga* dépend du *karma.*

– On ne peut trouver de soulagement aux conséquences de son *karma* sans *bhoga.* Même *Yuddhiṣṭhira*, l'incarnation du *Dharma*, soutenu par Kṛṣṇa, n'a pu y échapper.

– Le *karma* ne peut être dissous sans le *bhoga* de ce *karma.* Le *bhoga* doit compléter son cours… laissez s'accomplir ce qui doit être expérimenté (avoir son *bhoga*).

– Pendant toute la durée de sa vie, on doit passer par l'expérience (*bhoga*) de la prospérité et de l'adversité, du plaisir et de la peine. Le *bhoga* de l'adversité est aussi un *bhoga.*

– Plus la variété des expériences dans la vie d'une personne est grande et profonde, plus il assimile de manière intense et intelligente ses expériences, plus sa vie devient heureuse (*blissful*) et riche (*potent*).

– Acceptez l'infinie variété du monde extérieur ; absorbez-la, assimilez-la.

– Faire l'expérience de la variété est le fondement de l'*adhyâtma.*

– Tout ce qui est arrivé dans votre vie est *bhoga.* Il ne vous arrive que ce qui a une relation avec vous.

– Une seule jouissance (*enjoyment*) est suffisante pour vous rendre libre de cette jouissance.

Une seule expérience suffit et vous voilà libre !

Phrase à la fois limpide et mystérieuse. Limpide car il est évident que lorsqu'on se donne à fond à ce que l'on fait, on en sort transformé. Se donner c'est devenir autre, c'est incorporer ce à quoi l'on se donne. Incorporer c'est ne plus être séparé, c'est devenir un, donc libre de la séparation de l'altérité. Dès qu'il y a deux, il y a asservissement.

Mais pourquoi cette insistance sur une « seule » expérience ? Seule, complète, totale, sans aucune réserve, sans aucune retenue, sans aucune réticence. Le don de soi dans lequel l'unité est expérimentée est une unité qui satisfait totalement.

– Etre entier dans ce que l'on fait, se donner.

« Une seule expérience » : Svâmiji parle de sa propre expérience. Et généralement il se réfère à l'expérience sexuelle. Svâmiji n'aurait eu qu'une seule expérience sexuelle… à la suite de laquelle il aurait été libre !

Pourtant son épouse racontait qu'elle n'avait eu « qu'une seule année de vie maritale ». Mais que voulait-elle dire par « vie maritale » ?

« Une seule expérience » : s'agit-il de l'épisode du sel ? Svâmiji a été libre du sel, du caractère excessif de son désir de sel.

S'agit-il de la vision du bouc qui fait l'amour ? Est-ce cette expérience-là qui a rendu Svâmiji libre à tout jamais de l'attirance sexuelle ?

Il s'agit, dans tous les cas, d'expériences banales tirées de la vie quotidienne. Mais chacune de ses expériences a été une expérience transformatrice qui lui a permis de voir.

C'est pourquoi *bhoga* satisfait. *Bhoga* c'est l'expérience complète, libératrice qui permet de sentir profondément que le bonheur cherché ne se trouve pas dans l'objet désiré.

– Pourquoi ne pas jouir ? Tant que vous êtes attiré allez-y. Pourquoi prétendez-vous être libre ? Il y a des variétés de *sâdhaka : paśu* (animal emporté par ses sens), *vîra* (le vaillant qui délibère), et enfin le *sâdhaka* divin dont l'esprit n'est pas perturbé quand il se trouve dans des circonstances ou des situations qui sont une source de perturbation pour les autres.

– Qui vous dit de renoncer à vos goûts et à vos dégoûts ? Jouissez de l'infinie variété. Svâmiji vous dit : « Libérez-vous d'une forme et prenez toutes les formes. Prenez toujours et partout du plaisir. »

– Seul un *bhogin* (celui qui jouit) peut être un *yogin* (un homme réalisé).

– Cela demande toute une éducation pour apprendre à jouir, à être satisfait par la jouissance ; simplement parce qu'on ne peut trouver de satisfaction ou de liberté en se tenant à distance. On ne peut apprendre à nager sans entrer dans l'eau. Une seule jouissance peut satisfaire, alors que mille peuvent ne rien vous apporter.

– Vous devez d'abord grandir et ensuite sentir vos limites. Grandissez, grandissez. Jouissez autant que vous pouvez. Si mille ne suffisent pas, oui, dix mille. Jouissez comme un enfant. N'ayez pas honte de ce que vous ressentez.

– Seul ce qui est à vous, vous pouvez l'aimer et en jouir. Vous n'aimez pas ce qui ne vous appartient pas, ce que vous faites sur l'ordre d'un autre, sous l'effet d'une contrainte. Ne faites jamais rien que vous n'aimiez pas ou si vous n'éprouvez pas de jouissance à faire ! N'agissez que si vous sentez qu'en le faisant, vous gagnez quelque chose.

Bhoga pour Svâmi Prajñânpad est l'expérience profondément ressentie des choses, des sensations, des émotions, de l'action, leur assimilation et appropriation pour aboutir à une satisfaction complète. Il rejoint par là le tantrisme, pour lequel le chemin de la libération passe par l'expérience des cinq choses interdites (*pañcatattva*) : le vin (*madya*), la viande (*manîṣâ*), le poisson (*matsya*), les céréales desséchées (*mudrâ*), l'union sexuelle (*maithuna*). Toutefois Svâmi Prajñânpad précise que « seule la jouissance vraie (*bhoga*) libère » et cite le *Yogavâsiṣṭha :*

– « Sois un grand homme d'action, un homme de grande expérience, un homme de grande connaissance[1]. » La connaissance, la Connaissance parfaite ne peut venir qu'après qu'on a agi et qu'on a joui de l'action. La connaissance n'est pas donnée gratuitement. Il faut en avoir payé le prix.

Jouissance vraie (bhoga) et jouissance superficielle (upabhoga)

Bhoga, c'est la jouissance ou expérience authentique, profonde et vraie, jouissance de celui qui expérimente délibéré-

1. *Yogavâsiṣṭha* 6 (1) 15. 1 et 9 : Mahâkartâ mahâbhoktâ mahajnânî bhava anagha.

ment, en gardant une conscience lucide (*awareness*) de ce qu'il est en train de vivre.

C'est au terme *upabhoga* (jouissance superficielle) que Svâmi Prajñânpad attribue la connotation péjorative attachée par la tradition à *bhoga*.

– Le désir n'est jamais apaisé par la jouissance superficielle (*upabhoga*) des désirs. Au contraire, elle l'augmente, comme le beurre clarifié versé sur le feu ne l'éteint pas mais le renforce[1].

– La jouissance vraie (*bhoga*) signifie jouir ou expérimenter, prendre possession. La jouissance superficielle (*upabhoga*) est une jouissance factice.

– Dans la jouissance superficielle (*upabhoga*), il y a bien un contact avec l'objet et avec le plaisir qui lui est associé, mais sans aucune lucidité.

– Quelle est la différence entre être emporté par le courant et se laisser porter par le courant ? Quand on se laisse porter, on est l'acteur. C'est la différence entre la jouissance vraie (*bhoga*) et la jouissance superficielle (*upabhoga*). Dans la jouissance superficielle (*upabhoga*), on est emporté par le désir. On ne sait pas pourquoi l'on agit, ni ce qu'on fait, ni où on va, ni quelles en seront les conséquences.

Aucune libération possible des désirs, de l'émotion, sans *bhoga*.

– Si on n'éprouve pas une jouissance complète dans la satisfaction du désir, celui-ci restera inassouvi. Une jouissance incomplète n'est pas une jouissance vraie (*bhoga*), mais une jouissance superficielle (*upabhoga*), une ombre de jouissance.

– La satisfaction du désir doit être complète mais non au point de provoquer du dégoût. Il faut distinguer entre la satisfaction et la satiété. C'est la satisfaction qu'il faut rechercher et non la satiété.

---

1. *Bhagavad Gîtâ* I 9 19.14 et *Manusmṛti* 2.94 : Na jâtu kamaḥ kâmânâm upabhogena śamyati, havisâ krṣṇavartma-iva bhûya eva-abhivarddhate.

Toutes les émotions, celles du présent comme celles du passé, les émotions agréables comme les émotions désagréables doivent être expérimentées (*bhoga*) :

– La jouissance vraie (*bhoga*) ou l'expérience consciente et délibérée est nécessaire, non seulement pour ce qui est agréable, mais aussi pour tout ce que vous considérez comme désagréable et notamment lorsqu'on revit les expériences du passé.

– Vivre délibérément ses passions, c'est cela faire une expérience vraie (*bhoga*), c'est vivre comme un homme. Se laisser emporter sans réfléchir par ses passions, c'est faire une expérience superficielle (*upabhoga*), c'est vivre comme un animal. Une expérience vraie (*bhoga*) conduit à la disparition des passions, alors qu'une expérience superficielle (*upabhoga*) les renforce.

– Tout d'abord, l'émotion doit pouvoir trouver une issue. C'est l'expérience superficielle (*upabhoga*). Laissez l'émotion s'exprimer. Après cela, il faut qu'il y ait une expérience vraie (*bhoga*), une expérience consciente dans une totale lucidité. Vous n'avez exprimé, jusqu'à présent, que les sensations agréables ou désagréables que vous avez éprouvées. Mais maintenant, il vous faut en prendre possession. Et ce processus d'appropriation, d'acceptation est le processus par lequel vous devenez un homme d'expérience (*bhoktâ*).

– Qu'est-ce qu'une expérience vraie (*bhoga) ?* Cela implique l'acceptation des aspects positifs de l'émotion produite par le contact avec l'objet.

Plaisir se dit *delectatio* en latin. Le plaisir est superficiel, il ne touche que l'écorce et la surface. Ce n'est qu'une approximation de la joie qui, elle, est dans le cœur.

Le bonheur est plus global, plus complet, mais il garde une connotation temporelle quasi accidentelle avec son étymologie de bonheur, moment propice, favorable qui évoque son contraire de malheur. Par contre dans la jouissance c'est tout l'être qui participe, notamment les sensations. On peut ainsi jouir d'une femme, d'une boisson, d'un bon repas. Certes, « jouisseur » est devenu péjoratif puisqu'il tend à désigner celui qui se « vautre dans le plaisir ». C'est le jugement de valeur porté par celui qui récuse et dénonce les plaisirs de la chair considérés comme « péchés ». C'est la raison pour laquelle le mot « *bhoga* » inquiète. Peut-on vraiment le traduire par jouissance ? Non, on est tenté de recouvrir, de diluer la crudité du mot et on le traduit par « appréciation » en jouant sur le sens particulier du mot dans l'expression : « Je sais apprécier le bon vin. » Cela introduit une dimension de connaissance, de conscience, d'éveil. « Je jouis en le sachant. » Mais on risque ainsi d'introduire une dualité entre l'appréciateur et l'expérience même de l'appréciation.

Bhoga n'est pas la jouissance vulgaire.

Bhoga n'est pas non plus l'appréciation ou la jouissance consciente d'elle-même, dans laquelle on se place en réserve ou en témoin de ce que l'on ressent.

Bhoga, c'est la vraie jouissance, celle dans laquelle on se laisse aller, on s'abandonne sans réserve, on se donne totalement. Mais on ne s'y « vautre pas » non plus. On est présent à ce qui se passe tout en se laissant aller complètement.

Cette jouissance-là est peut-être ce que *delectatio* veut dire. « Délectation, nous dit le Robert, est un plaisir que l'on savoure. Déguster un mets, une boisson avec délectation. Eprouver de la délectation à souffrir, à faire souffrir autrui. En théologie c'est le plaisir que l'on prend à faire quelque chose. Se délecter = prendre un très grand plaisir à quelque chose. »

Celui qui fait l'expérience complète des choses (bhoktâ)

Pour Svâmi Prajñânpad, l'action en elle-même n'a pas d'importance. Ce qui compte, c'est celui qui agit (*kartâ*), celui qui fait une expérience délibérée et consciente (*bhoktâ*) :

> – Si vous éprouvez une excitation, jouissez-en. Dès qu'elle aura diminué, demandez-vous : « Pourquoi cette excitation ? »
>
> – Soyez heureux, soyez vous-même. Jouissez de la vie. Soyez un acteur positif délibéré.
>
> – Une expérience vraie est cette action dans laquelle l'acteur sait ce qu'il fait, pourquoi il le fait et ce qu'il obtient. En même temps, il se demande constamment s'il obtient ce qu'il cherche. Il agit et voit en même temps ce qu'il fait. Dans l'expérience vraie, on est totalement présent dans ce que l'on fait.

– Seul l'homme qui agit délibérément (*kartâ*) peut faire l'expérience complète des choses (*bhoktâ*). Soyez d'abord un homme d'action (*kartâ*) puis lancez-vous dans l'action.

– Qu'est-ce qu'un *bhoktâ ?* Quelqu'un qui expérimente la jouissance, quelqu'un qui agit consciemment pour satisfaire ses désirs et en jouir.

– D'abord être, puis être un *bhoktâ*, puis expérimenter la jouissance. *Bhoga* (la jouissance vraie) ne consiste pas seulement à badiner avec les objets des sens. Se laisser emporter par les sensations ce n'est pas non plus *bhoga*.

– L'erreur n'est pas fondée sur l'expérience. Dans l'erreur, on est tout simplement emporté. Que signifie faire une expérience ? Je suis celui qui expérimente, c'est-à-dire « je » fais l'expérience.

Comment savoir si on vient de vivre une expérience véritable ou si on s'est laissé simplement emporter ?

– Quand pouvez-vous découvrir qu'un désir ne peut jamais être satisfait ? Seulement quand vous aurez fait tous les efforts possibles pour le satisfaire, quand vous n'aurez rien laissé de côté. Si vous avez un souhait ou un désir, il disparaît ou se dissout quand vous atteignez l'objet désiré et quand simultanément vous réalisez que le désir ne peut être satisfait. Le désir est détruit à cette seule condition.

– La jouissance vraie (*bhoga*) vous satisfait. Qu'est-ce que cela veut dire ? Le désir est satisfait et, en même temps, le désir est annihilé.

– Soyez un *bhoktâ* mais pourquoi parlez-vous de vous laisser aller (*indulge) ?*

Pour illustrer la libération du désir, Svâmi Prajñânpad racontait l'histoire du novice (*brahmacârin*) friand de sucreries indiennes à base de lait (*rasgula*) :

– Un jour, un jeune homme d'une vingtaine d'années (Nirmal Brahmacârin) vint rendre visite à Svâmi Prajñânpad et lui dit :

N. Permettez-moi de rester ici près de vous un ou deux jours.

S. Pourquoi voulez-vous rester ?

N. Je me sens très heureux ici et j'aimerais rester. Est-ce possible ?

S. Certainement. Mais, dites-moi d'abord, qui êtes-vous et d'où venez-vous ?

N. Mon nom est Nirmal Brahmacârin. Lorsque j'étais étudiant, un Svâmi venait donner des conférences. J'allais l'écouter et j'ai été fasciné par lui. Il me dit : « Si vous venez avec moi, je vous ferai découvrir, etc. » Je le suivis, mais ce fut une expérience très malheureuse et j'ai dû m'enfuir.

Il resta trois jours. Le troisième jour, il demanda à rester plus longtemps.

S. Bien sûr… mais pourquoi voulez-vous rester ? Votre nom est Brahmacârin Nirmal. Et vous dites : « Ceci, un *brahmacârin* ne doit pas le faire… Ceci, un *brahmacârin* ne doit pas le faire. Ceci, un *brahmacârin* ne doit pas le manger. » C'est ainsi que vous parlez.

N. Oui, oui… C'est le devoir d'un *brahmacârin*.

S. Ah ! Et que veut dire le mot *brahmacârin ?* Expliquez-le d'abord.

N. *Brahmacârin*… euh… je ne sais pas exactement ce que cela veut dire.

S. Mais vous dites que vous avez été initié. Rappelez-vous que celui qui vit en *brahman (brahmaniṣṭha*) est un *brahmacârin*.

N. Ah ! ah !

S. Alors vivez-vous en *brahman ?* Vous dites : « Il ne faut pas faire cela… un *brahmacârin* ne doit pas regarder… ne doit pas parler comme cela… il ne doit pas jeter les yeux sur une femme, il ne doit pas passer devant une confiserie, etc. » Pourquoi ? Parce que vous êtes attiré en permanence par toutes ces choses. N'est-ce pas ? Vous vivez dans ces choses-là et non dans *brahman*. Alors vous êtes *alpacârin. Alpa* veut dire petit. Vous n'êtes pas *brahmacârin*. Car vous dites : « Un *brahmacârin* ne doit pas sentir cela, ne doit pas faire. » Mais de tels sentiments ne sont pas ceux d'un *brahmacârin*.

N. Ah ! ah !

S. Vous avez demandé à rester. Avez-vous un désir particulier de nourriture ? Avez-vous une préférence, quelque chose que vous aimez beaucoup ?

N. Oui, j'aime, j'aime…

S. Quoi ?

N. Les *rasgula* [confiserie à base de lait et de sucre].

S. Prenez-en… si vous en avez envie.

N. Oh ! J'y pense tout le temps !

S. Et vous dites quand même que vous êtes un *brahmacârin !* Pourquoi n'en prenez-vous pas ?

N. J'en ai pris… si…

S. Vous en avez pris et vous dites que vous y pensez, que vos pensées tournent autour de ces *rasgula*.

N. Oh oui !

S. Alors vous n'en avez pas pris… vous n'en avez pas mangé.

N. Si ! Oh si… Deux et même trois fois ! Un jour, parce que j'y pensais tellement, j'en ai même mangé une livre. Je les ai mangés en un seul jour… Et après, je n'arrête pas d'y penser encore et encore,

S. Alors, non, vous ne les avez pas goûtés.

N. Mais, je vous dis la vérité ! Trois fois, j'en ai goûté !

S. Non, vous ne les avez pas goûtés… Allez à la ville voisine et prenez une demi-livre ou une livre, comme vous voulez. Prenez-les, mangez-les et goûtez-les autant que vous pouvez.

A son retour il dit :

N. J'ai fait ce que vous m'avez dit. J'y ai goûté.

S. Comment vous sentez-vous ?

N. J'y pense toujours.

S. Alors vous ne les avez pas vraiment goûtés.

N. Comment ?

S. Dites-moi… quand vous êtes parti pour la ville acheter ces *rasgula*, quels étaient vos sentiments ?

N. Oh ! j'étais malheureux.

S. Comment cela ?

N. En y allant, je pensais : « Ah ! être *brahmacârin* et courir après des confiseries ! C'est vraiment très triste ! Je ne devrais pas y aller. »

S. Vous voyez, vous n'étiez pas en train d'aller chercher des *rasgula*. Comprenez-vous ? Vous n'étiez pas en train d'aller chercher des confiseries. Vous dites que vous y allez et en même temps vous pensez : « Je ne devrais pas y aller. Cette action n'est pas digne d'un *brahmacârin.* » Bien, maintenant, quand vous y étiez, vous vous êtes arrêté devant une boutique…

N. Oh oui !

S. Comment vous sentiez-vous ?

N. Aïe, aïe – je pensais : « Je n'aurais pas dû venir. Si les gens me voient ! Moi, un *brahmacârin*, que vont-ils penser de moi ? Oh ! ils vont penser que c'est mal… que ce n'est pas bien. »

S. Alors vous ne regardiez pas les *rasgula !* Vous avez dit que vous en avez mangé. A quoi pensiez-vous quand vous les avez mangés ?

N. Je pensais : « Un *brahmacârin* ne doit pas en manger. Si quelqu'un voit que j'en prends autant, que va-t-il penser ? »

S. Regardez… Vous avez été dans la boutique du marchand, vous avez pris les *rasgula*, vous les avez mis dans votre bouche, mais vous ne les avez pas goûtés… pas du tout.

N. Oh !

S. Faites une chose. Retournez-y et rappelez-vous que si quelque chose tourne mal dans cette affaire, Svâmi Prajñânpad prend tout sur lui. Vous êtes libre… libre. Acceptez seulement de faire ce que Svâmi Prajñânpad vous a demandé. S'il y a un péché ou un blâme quelconque, Svâmi Prajñânpad les prend sur lui.

N. Ah ! je dois donc y aller !

S. Oui et s'il y a un péché, il retombera sur Svâmi Prajñânpad et non sur vous. Allez.

Il retourna à la ville et ramena les *rasgula*.

S. Prenez-en un seul et regardez… regardez-le bien. Touchez-le entre vos doigts. C'est important… que ressentez-vous ?

N. Oh ! c'est très juteux, très doux et juteux, c'est beau, c'est bon…

S. Oui. Sentez-le. Touchez-le, sentez-le. Et maintenant mettez-le dans votre bouche. Oui, mâchez-le doucement. Aspirez le jus et mâchez encore. Ne vous dépêchez pas… encore et encore. Quel goût cela a-t-il ? Quel est son goût ?

N. Oh ! c'est très bon !

S. Est-ce que c'est très sucré, vraiment très sucré ?

N. C'est bon, très bon, très, très bon !

Il mit quinze minutes à manger le premier.

S. Prenez-en un autre. Regardez-le, sentez-le d'abord… encore et encore, regardez. Regardez-le bien avec vos yeux, goûtez-le bien avec vos yeux. Goûtez-le. Touchez-le avec vos doigts, etc.

Il le prit, le goûta… il en mangea six de cette façon. Puis il dit :

N. Non, non je ne peux plus en prendre. Je n'en veux plus.

S. Pourquoi ? Vous dites que vous en avez mangé une livre et maintenant vous ne pouvez pas en manger plus de six. Pourquoi ?

N. Cela me suffit… je suis content… je suis comblé… comblé. Je ne savais pas que c'était si sucré, si bon.

S. Comme vous voulez. Gardez le reste et quand vous en aurez envie, vous pourrez en reprendre.

Le lendemain matin :

S. Comment vous sentez-vous ?

N. Je suis content, très satisfait.

S. Avez-vous mangé le reste ?

N. Non, je n'en ai pas mangé d'autres.

S. Ah bon ! Aujourd'hui alors…

N. Non. Je ne veux pas en prendre.

S. Pourquoi ?

N. Je me sens bien, très bien.

S. Venez quand même et apportez-les, prenez-en un ! Ah, regardez bien. Que sentez-vous ?

N. Je me sens bien. Oui les *rasgula* sont comme ça. Voilà ce que je sens.

S. Est-ce que vous y pensez toujours ?

N. Non, pas du tout.

Les gens ont l'air d'agir, de faire des choses, mais en fait, ils ne les font pas. Si vous avez l'audace ou le courage de faire une chose, alors, immédiatement, vous en connaîtrez la beauté, la vérité et la nature. Et vous deviendrez libre.

ACCEPTER

Le mot « accepter » a souvent une connotation péjorative. Accepter est souvent entendu dans le sens d'être passif, de ne pas réagir, de se soumettre. On parle d'accepter la servitude. On se soumet à l'autorité de l'Eglise, de l'Etat, du plus fort. Qui est-ce qui accepte ? Celui qui se sent faible, impuissant, incapable, démuni. Il est obligé d'accepter. Il ne s'affirme pas par impuissance, incompétence ou ignorance.

Il y a l'acceptation au sens d'une résignation douloureuse et l'acceptation joyeuse, conquérante, instrument de l'accomplissement. Pour Svâmi Prajñânpad accepter ce n'est en aucun cas être passif ou résigné.

L'acceptation consiste à :

– Accepter le changement : la situation où l'on est, ce qui arrive.

– Accepter la différence : l'altérité de l'autre.

– S'accepter soi-même : ses émotions, ses désirs.

– Vivre sa propre vie : ce qui n'est ni emprunté ni imité, c'est le besoin de dépasser ses propres limites.

– Etre ce que l'on est.

– Accepter est la seule arme : elle détruit les obstacles et vous fait aller de l'avant.

– Le cœur même de l'expérience, c'est accepter ce qui est, au moment présent.

– Accepter consiste non seulement à dire oui à « ce qui est » ici et maintenant, mais aussi à ce qui va arriver.

Dire « oui » à ce qui est, est un processus d'appropriation de la réalité dans le but de se rendre libre de tout ce qui est autre. En d'autres termes, cela consiste à devenir un. Accepter est la partie affective de voir.

– Tout ce qui arrive, tout ce qui est, acceptez-le. Tout est *astu* (oui), *aum* (très bien).

– Acceptez tout ce qui arrive. A tout ce qui arrive « oui ».

– Acceptez parce que cela est arrivé. Vous ne pouvez l'oblitérer. Pas question de souffrance volontairement acceptée. Il ne peut en être autrement, il n'y a pas d'autre choix.

Accepter c'est regarder, voir, agir. Voir et accepter sont inséparables. Impossible d'accepter ce que l'on ne voit pas. Impossible de voir ce que l'on n'accepte pas. Alors dans quel ordre faudrait-il parler de l'acceptation ? Voir puis accepter ou accepter puis voir ? Accepter et jouir ou jouir et accepter ? L'acceptation doit être présente à tous les stades.

Au début, accepter de sortir de chez soi, accepter de se mettre au contact de la variété et de la différence car sans accepter de regarder ce qui est autre, il est impossible de voir. Mais une fois qu'on a vu, il faut l'accepter, l'assimiler, l'incorporer, le faire sien.

Mais si on n'est pas prêt à accepter, alors on ne veut même pas regarder et si on ne regarde pas on ne voit pas.

– Pour accepter, il faut observer et voir.

– La vérité vous dit : « Regarde ! Je suis ici. Si tu ne veux pas regarder, alors continue et tu vas te faire mal. »

– Commencez là où vous êtes, tel que vous êtes, selon les émotions que vous avez, selon ce que vous faites.

Accepter (*svikâra*, litt. : faire sien) est le contraire du refus (*a-svikâra*) et par conséquent l'opposé de l'attente (*expectation*), du désir que les choses soient autrement :

– Vous cherchez à absorber mais physiquement c'est impossible. Comment pouvez-vous changer ce qui arrive ou bien changer l'autre ? Parce que c'est ce que vous préférez ? Alors acceptez tel que c'est. Cette projection de vous-même partout apparaît sous deux formes : donner et recevoir.

– Vous pouvez accepter avec joie l'inévitable (en l'occurrence la mort).

– Accepter c'est adopter, posséder, effacer l'altérité extérieure. En d'autres mots, c'est dire « oui » et non pas « non ».

– Aucun refus sous aucune forme. Dites « oui » à tout. Elargissez-vous, épanouissez-vous, soyez *bhûmâ* (ce-qui-est, vaste). Include & transcend

– Acceptez. Ce qui vient et ce qui s'en va, acceptez-le.

– Comment parvenir à la vérité ? En disant : « C'est ainsi et pas autrement[1]. »

– Pourquoi accepter ? Parce que c'est là, que cela ne peut être changé. Alors vous ne pouvez qu'accepter.

Certains disciples n'ont pas manqué de soulever des objections au fait d'accepter. Peut-on accepter la maladie, un vol, etc. ?

---

1. *Kaṭha Up.* 2.3.12 : Asti-iti brûvato'nyatra kathaṃ tad upalabhyate.

Accepter, ce n'est pas être passif ou résigné. Le mot « accepter » évoque le plus souvent, chez les Occidentaux, tantôt la résignation stoïcienne ou chrétienne devant les épreuves, la souffrance et l'état des choses, tantôt le fatalisme oriental. Le mot a un relent de passivité alors que le mot sanskrit *svikâra* (litt. : faire sien) est plutôt actif. Une traduction qui éviterait toute confusion serait « s'approprier toute chose », c'est avoir une attitude active et positive.

– Est-ce du fatalisme ou un fait inévitable ou la vérité ? Si vous êtes malade qu'allez-vous gagner en vous révoltant ? Ou bien allez-vous l'accepter en disant « oui la maladie est là » et si nécessaire essayer de vous en défaire ?

– Vous êtes tombé malade, vous dites : « Oui je suis malade. J'accepte le fait d'être malade. Et maintenant que puis-je faire ? » Accepter, c'est être actif et non passif, c'est tout à fait le contraire de l'inaction.

– « Fatigué par le voyage, ne dois-je pas essayer de me débarrasser de cette souffrance ? » Pourquoi l'appeler souffrance ? Le fait c'est que vous ne voulez pas rester dans cet état. Tout doit être accepté, expérimenté et vécu. Alors seulement votre vie sera entière et complète… Acceptez et expérimentez la souffrance. Expérimenter signifie que vous ne souhaitez ni l'avoir ni ne pas l'avoir.

D. Svâmiji dit que je dois accueillir tout le monde. Comment réagir face à un voleur qui veut entrer chez moi ?

S. Vous êtes chez vous, le voleur n'a aucun titre pour y entrer. Vous avez toute autorité pour l'accueillir ou non selon ce qui vous convient. Vous n'avez pas de haine à l'égard du voleur.

Accepter ? Certes mais que faire lorsque, par exemple, on est l'objet de discrimination raciale ? « La première chose est d'accepter le fait », dit Svâmi Prajñânpad. C'est un élément extérieur qui ne se plie pas à ma volonté. Quand bien même je le voudrais, je ne peux l'éliminer. Par contre, en être affecté est de mon seul ressort. Si je suis affecté, c'est à moi de m'en rendre libre. Et si je suis affecté parce que je m'oppose, je refuse le fait, je ne veux pas le voir. Je vois et je dis « non ». Je voudrais que le fait soit autre parce que cela m'arrange. Si le monde n'obéit pas à mon désir, je peux par contre agir sur mon désir et lui faire accepter le monde. Cette acceptation n'est pas une passivité. J'accepte le monde pour pouvoir agir mais agir en fonction de ce qu'il est et non en fonction de ce que je voudrais qu'il soit.

A un disciple français évoquant la situation des Noirs ou des Juifs qui se voient refuser l'accès de tel ou tel club, Svâmiji répond :

> – Qu'est-ce que ça peut lui faire ? Ce refus est un fait. Il n'a pas le désir d'entrer dans ce club. Le refus ne le touche pas. Il ne cherche pas à y entrer.

Réponse surprenante qui semble tourner la difficulté.

A première vue, Svâmiji semble rejeter l'idée de lutter, de s'opposer à la mesure d'exclusion. Il accepte l'ostracisme. Il ne se révolte pas. L'attitude paraît passive :

> – Ce ne sont pas les barreaux qui font une prison. Accepter l'existence des barreaux, c'est être libre de la prison.

Par ailleurs, ce Noir ou ce Juif confronté à ce type de discrimination doit déjà être libre, avoir une force d'âme peu commune pour prendre une attitude aussi digne, sans ressentiment d'aucune sorte et pouvoir dire : « Ils sont comme ils sont. C'est par ignorance qu'ils agissent ainsi. »

Comment pourrait-il avoir une telle force ? Pourchassé, persécuté, méprisé, rejeté, considéré de bas en haut… ayant le sentiment d'être marqué d'une tare, d'un stigmate…

Voilà où le bât blesse ! Certes, le Juif ou le Noir est effectivement rejeté, mais en être affecté ou pas dépend de lui. Tous les éléments extérieurs sont là, présents. Nous n'avons aucun contrôle sur eux. Nous ne pouvons que reconnaître leur existence. Mais, pour ce qui est de l'intérieur, nous sommes toujours seul maître à bord. Etre affecté ou pas est de notre seul ressort.

→ But there can be political change, awareness.

Accepter le changement

Le changement est incessant que ce soient les situations extérieures ou intérieures. Comment caractériser chacun de ces états ? Ils sont là. Porter un jugement c'est s'enfermer et rester enfermé.

D'où la notion de « jeu ». Non pas la *lîlâ* du Seigneur, mais le jeu du changement, le jeu de l'apparition et de la disparition.

• Accepter tout ce qui arrive

– Acceptez avec joie toute situation et ensuite essayez de l'améliorer. Quelle nécessité de s'inquiéter ?

– Un homme sensé est-il bouleversé par un problème auquel il ne peut rien changer ?

– Voyez en toutes circonstances quelle est la situation et essayez d'agir en conséquence.

– Le monde change continuellement. Essayez d'agir en fonction des situations changeantes.

– Un événement est survenu... pas d'excitation... pas de peur... pas de souci...

– Tout change, acceptez donc ce qui est arrivé.

– Acceptez tout *bhoga* qui se présente, qu'il soit agréable ou désagréable.

– On ne peut rien faire de plus que d'accepter ce qui arrive et d'essayer d'y porter remède.

– Le corps est la demeure du *bhoga* (*bhogâyatana*). Un homme sage accepte tous les *bhoga* (tous les maux) qui atteignent le corps (sous forme de maladie, etc.) et essaye d'y remédier par un traitement approprié.

– Tornades, inondations, oui c'est arrivé, et alors ? Qui croyait qu'aucune adversité ne pouvait lui arriver ? On dit qu'il n'y a pas de pire insulte que de souhaiter la mort de quelqu'un, mais si vous êtes prêt à mourir ?

– A-t-il jamais l'occasion de s'inquiéter celui qui accepte ce qui est et ce qui arrive ?

– La stabilité ne peut s'acquérir qu'en acceptant toutes les situations, toutes les conditions particulières, quels que soient le lieu ou le moment où elles apparaissent.

– Une difficulté est-elle apparue ? Oui, elle est apparue. Et après ? Acceptez, acceptez, acceptez ! Puis agissez. Un point c'est tout. Il n'y a rien d'autre à faire.

– Chaque personne est différente, les destinées sont donc différentes. Chacun doit passer par les différents *bhoga* de sa propre destinée.

– L'inévitable est arrivé, qu'y a-t-il d'autre à faire que de l'accepter ?

– Acceptez le favorable et le défavorable et faites le nécessaire.

– Acceptez tout comme cela vient. Il y a toujours quelque chose qui se produit.

– Acceptez, reconnaissez (ce qui est), rendez-le vôtre. C'est le *saṃsâra* – écoulement, changement –, rien ne reste dans le même état.

– D'une forme à l'autre, la nature est engagée dans un jeu de transformation.

– Dire « non » à une situation qui s'est produite est stupide (*foolish*).

– Parce que tout change, quelque chose doit arriver. Il n'y a rien de neuf. Ou plutôt tout est neuf parce que tout arrive.

– S'adapter, c'est être en harmonie.

– Vivez votre propre vie. C'est-à-dire là où vous êtes, tel que vous êtes, avec ce que vous êtes, avec qui vous êtes... Prenez appui sur la situation dans laquelle vous vous trouvez et essayez en même temps de vous y adapter. Vous ne pouvez pas y échapper.

– Pourquoi penser à l'avenir ? Pouvez-vous prévoir le cours du torrent ?

– Le matin, le midi, le soir apparaissent puis disparaissent et vous n'avez aucun mal à l'accepter. De la même manière, laissez les choses se produire. Ce qui doit arriver arrivera. Pourquoi vous en préoccuper maintenant ? Ce qui est présent maintenant, il n'y a que cela qui compte.

– Seul est vrai ce qui est arrivé. Seul existe ce que vous pouvez voir et sur quoi vous pouvez agir.

• Vous attirez ce qui vous arrive

– Chacun éprouve de la joie ou de la peine en fonction de ses désirs. Tout ce qui arrive est pour le bien. Aucune inquiétude, aucun souci à se faire.

– Considérez comme vous appartenant toute situation à laquelle vous vous trouvez confronté dans la vie. Comment vous êtes-vous trouvé dans cette situation, si elle ne vous appartient pas ? Est-il possible que quoi que ce soit gravite autour de vous, si vous ne l'attirez pas à vous ?

– Acceptez la situation présente puis cherchez à vous en défaire si cela devient nécessaire... Tout ce qui vous arrive est l'appel de votre destin. Il n'y a aucune raison de vous sentir déprimé. Si vous êtes troublé (*upset*) vous ne pouvez pas vous occuper correctement de la situation.

– Toute situation dans laquelle vous vous trouvez à un moment donné n'est là que parce qu'elle a quelque relation avec vous et vous appartient positivement.

– Quelque chose m'arrive ? Oh ! cela m'était destiné, c'était inévitable, c'est moi qui l'ai attiré. Parce que c'est arrivé, c'était inévitable.

Il ressort pleinement que, chez Svâmi Prajñânpad, l'acceptation est un développement de la notion de *karma :*

– N'arrive que ce qui doit arriver.

– Ce qui vous arrive, c'est vous qui l'attirez… « Tout est mien, tout m'appartient. Tout me concerne. »

– Ce qui arrive est inéluctable, d'abord parce que c'est le résultat d'une succession de causes et d'effets ou, d'une manière plus simple, parce que c'est arrivé, parce que c'est là, qu'il ne peut en être autrement. Argument du passé, argument du présent.

– Toutes les émotions qui accompagnent l'événement qui va survenir, est survenu ou même est passé, sont une perte de temps et d'énergie : peur, anxiété, souci, inquiétude, appréhension, regrets sont inutiles.

– Tout ce qui arrive arrive pour votre bien. Alors pourquoi vous inquiéter ?

Argument avancé en 1933 et non repris par la suite… ou plutôt repris d'une autre manière :

– Tout ce qui arrive contribue au bien du sage.

C'est l'homme qui transforme l'événement en fonction de ce qu'il en fait, de la manière dont il le reçoit.

Accepter la différence

• L'autre est différent

– La clé de la liberté, c'est l'acceptation.

– « Je ne suis pas le centre du monde » – tous en vérité sont différents. Votre sari, votre blouse sont différents, vos chaussures, tous vous appartiennent, mais quel usage en ferez-vous ?

– Vous avez accepté qu'il ait dit quelque chose et le moment suivant vous y avez surimposé votre propre désir.

– Vous, vous êtes là, bien sûr. Mais, en même temps que vous, il y a aussi les autres. Si croyant que vous êtes seul, qu'il n'y a personne d'autre, vous cherchez à avancer, que se passe-t-il ? Vous vous cognez !

– Il y a deux stades dans la compréhension. D'abord voir ce qu'il y a et l'accepter. Ensuite, si vous voulez connaître le pourquoi, vous pouvez essayer d'approfondir la question. Mais aussitôt que vous avez accepté le fait, tel qu'il est, c'est terminé, votre ego disparaît sur-le-champ.

– Plus de jalousie ni de haine dès que vous percevez le changement. « Il a dit ceci… il a dit cela. » C'est tout. Cela seul est la vérité. Dire « il n'aurait pas dû » est absurde. Vous vous coupez immédiatement du fait. Vous devez l'accepter. Vous pouvez essayer de comprendre pourquoi il a dit ça. C'est votre devoir. Mais la première chose c'est d'accepter le fait.

– Ce qui est à l'extérieur est à l'extérieur. Moi et l'autre sommes différents. Dès que l'autre est perçu et compris essayez de voir dans quelle mesure votre désir le concernant peut être satisfait par lui. C'est cela la limite. Dès que vous reconnaissez la limite, vous devenez sans limite.

– Acceptez que l'extérieur est à l'extérieur.

– Une manière de l'accepter est de comprendre comment il fonctionne.

– Quand vous dites avec colère : « Comment avez-vous fait cela ? » vous constatez que l'autre a fait quelque chose et aussitôt après vous refusez ce qu'il a fait. C'est cela, le mental. Il voit mais aussitôt il refuse.

– Moins vous « attendez » que l'autre ait le sens du devoir, mieux ce sera.

– Personne n'est un étranger. C'est comme le corps qui a différents membres qui fonctionnent chacun différemment. Tous sont différents et tous vous appartiennent.

• Tous les autres sont moi

J'accepte de manger et de respirer. Je participe par là à l'univers. Et ce n'est que par là que je me maintiens en vie.

– Tous ceux qui vous entourent sont reliés à vous. Considérez chacun comme étant vôtre.

– Voir chacun comme étant soi-même, l'aimer dans son cœur mais extérieurement le traiter selon ce qu'il est.

– Ayez de l'amour envers les autres, comme si vous voyiez votre propre image dans le miroir.

– Plus vous aimerez les autres, meilleur sera votre sommeil.

– C'est une seule et même énergie infinie qui se manifeste partout. Tous sont différents mais aucun ne m'est étranger. Qui haïr ? Qui repousser ?

– C'est à vous. Si ce n'est pas à vous, rejetez-le. Vous ne pouvez pas ? Alors ?

– Garder ouverts vos yeux, vos oreilles, votre esprit, la variété du monde extérieur est uniquement dans les formes extérieures, mais dans votre cœur « tout est mien, tout est à moi ». C'est cela *amṛta*.

– Rien n'est à vous mais si vous considérez quelque chose comme vôtre, pourquoi pas tout ?

– La souffrance vient du sens du « mien » et de « l'autre ». A votre naissance vous étiez nu… Tout est à vous ou rien du tout.

S'accepter soi-même

Accepter les autres mais surtout et d'abord soi-même et plus spécialement son passé. Le passé est perçu comme une imposition et par conséquent comme quelque chose d'extérieur, d'étranger.

Tant qu'on ne s'est pas approprié ce qui est arrivé, point de salut, car le salut c'est l'unité et tout ce qui reste à l'extérieur nous sépare de l'unité.

• Je suis ce que je suis

S'accepter soi-même c'est cesser de vouloir se montrer autre qu'on est au moment présent.

– Vous dites : « Ce n'est pas moi… c'est ma faiblesse. » Non. Pas de division. Vous ne pouvez pas refuser une partie de vous-même et en accepter une autre. C'est pourtant ce que vous faites quand vous vous censurez.

– D'abord, acceptez-vous vous-même. Quand vous ne vous acceptez pas et que vous vous imaginez être quelqu'un d'autre, un conflit surgit entre ce que vous croyez être et ce que vous êtes vraiment. Ce conflit engendre un sentiment d'infériorité, qui vous fait dire lorsque vous l'exprimez positivement : « Je ne suis pas comme je suis. En réalité, je suis grand. » Ou, si vous vous exprimez négativement : « Je ne suis rien du tout » et alors vous vous mettez à avoir peur.

– Vous ne pouvez pas être un autre. Vous ne pouvez être que vous-même. Toutes les difficultés et toutes les souffrances dans la vie viennent de ce que l'on s'efforce d'être un autre.

– S'accepter soi-même. On ne peut pas atteindre plus haut que ce que l'on est (*overreach oneself*).

– Vivez votre propre vie et non une vie empruntée.

– Ne prétendez pas être quelqu'un d'autre, tel un homme ivre qui cherche à paraître sobre.

– Si je suis un démon, eh bien, je suis un démon. Je ne peux pas le nier. C'est de là que je dois partir.

– Si vous éprouvez le besoin de recevoir, recevez ; de donner, donnez ; d'agir, agissez.

Etre ce que l'on paraît être. « C'est la *sâdhanâ* la plus naturelle (*sahaja sâdhanâ*) », dit Svâmi Prajñânpad. Cela consiste simplement à être ce que l'on est ici et maintenant, à dire « oui » à l'émotion qui apparaît et à en faire l'expérience puisqu'elle est là.

– Je ne peux pas rejeter… je ne peux pas me passer de ce qui est mien. Je dois tout intégrer et ne tolérer aucune division en moi.

– Qu'est-ce que le mental désire et où puis-je en trouver la preuve ? Dans ce que je fais. C'est dans l'action que j'accomplis que se trouve la preuve que j'ai tel ou tel désir.

Vous ne pouvez être quelqu'un d'autre, vous ne pouvez être que vous-même. Toutes les difficultés, tous les malheurs de la vie viennent de ce que vous cherchez à être quelqu'un d'autre.

– Je suis moi-même. Un point c'est tout. Je ne peux me comparer à personne. Je suis ce que je suis, une manifestation de l'énergie infinie. Il y a d'autres manifestations. Alors comment puis-je imiter quoi que ce soit et agir à la place d'un autre ? Je ne peux pas. Je suis moi-même. Je dois vivre ma vie. Je dois prendre ma vie comme elle est et essayer d'être libre, sans me comparer avec qui que ce soit.

C'est pourquoi :

– Pour la réalisation de la vérité, il n'y a aucune arme plus puissante que celle-ci : s'accepter soi-même.

– Soyez fidèle à vous-même. C'est-à-dire que vous devez être fidèle à la situation dans laquelle vous vous trouvez. Regardez, sentez, agissez dans ces circonstances et essayez de trouver la solution appropriée.

– Soyez là où vous paraissez être, dans votre situation particulière, ici et maintenant. Voilà le chemin vers l'infini, vers la libération.

– Dire « je ne suis pas cela » est un mensonge. Dites « je suis ceci ou cela ».

– Si vous n'êtes ni un père, ni un mari, ni un fils, etc., alors qui êtes-vous ? Tout ceci, ce sont des circonstances et des conditions particulières. Mais, en les acceptant totalement, vous les dépassez.

Accepter signifie aussi accepter ses limites. Encore une fois cette notion est dangereuse. On peut justifier ainsi son inaction, son enfermement en soi-même. Les limites en fait n'existent pas. Alors qu'est-ce accepter ses limites ? C'est accepter ce que l'on est au moment présent et non s'enfermer dans cet état pour toujours.

– Accepter, qu'est-ce que cela veut dire ? Il ne s'agit pas de moisir ici. Acceptez-vous tel que vous êtes maintenant. Le mot « maintenant » est là.

• Accepter l'émotion

– Combien de temps encore vous laisserez-vous emporter par le sentiment d'être « bon à rien » ? Dire « tout est moi » transforme le fer en or.

– Acceptez-vous vous-même ainsi que le fait que tout est à vous.

– Une émotion est présente... elle est vraie pour le moment. Ce qui vient s'en va.

– Parler de défaite et de « stigmate » signifie que vous n'acceptez pas. Vous n'avez pas accepté que votre capacité soit limitée... Essayez de convertir tout ce qui est extérieur en « c'est à moi », et particulièrement le passé.

– Vous avez des émotions, acceptez-les. Un homme ivre peut-il marcher droit ?

– Comment assimiler l'excitation ? D'abord soyez lucide. Laissez-la fonctionner, s'exprimer, partir. Pas de refus.

– Pourquoi devons-nous faire un effort pour nous convaincre de la vérité de la différence et du changement ? C'est dû au sentiment d'avoir une existence séparée, d'être une entité séparée. C'est pourquoi vous vous projetez partout.

– Acceptez l'émotion quand elle est là. Pourquoi ? Parce qu'elle est là.

– Si une émotion apparaît à un moment donné, c'est qu'elle est là à ce moment-là. C'est la vérité de ce moment-là.

– Si vous êtes déprimé, faites l'expérience de la dépression. Alors elle ne durera pas. Permettez-lui de se dissoudre. Elle est venue, elle va partir.

– Tout « non » produit tristesse, dépression et autres émotions négatives. Pourquoi les refuser ? Ce qui ne peut être évité dans les circonstances présentes doit être accepté.

Accepter et agir

Accepter, c'est en premier lieu ne pas dire « cela aurait pu être autrement ». Accepter c'est mettre en échec le mental qui, devant ce qui est, se limite ou proteste en disant « autre chose » :

– Accepter, c'est dire : « C'est ainsi, et maintenant que faire ? »

L'acceptation conduit à l'action appropriée et adaptée par la prise en compte de la situation, des circonstances et des possibilités.

Une assiette tombe à terre et se casse. Le serveur chinois est déjà là tout souriant, une balayette et une pelle à la main. Il ne perd pas de temps à rechercher la faute, il agit, il répare. Il accepte.

L'acceptation est la condition préalable à toute action efficace.

• Acceptation et action

– N'oubliez pas le secret et le mystère de l'action : soyez où vous êtes, dépassez ce que vous êtes et la perfection se manifestera automatiquement d'elle-même.

– « Accepter, c'est donc être passif ? » Pas du tout, il s'agit de dire d'abord « oui » et ensuite « que puis-je faire ? ».

– Ce qui se produit n'est pas nécessairement favorable. Agissez en fonction des circonstances et des gens avec qui vous avez affaire.

– Agissez en fonction de la situation et des circonstances au mieux de vos capacités.

L'acceptation est l'étape intermédiaire qui permet de passer à l'action dès qu'on a vu « ce qui est ». Par exemple on voit : « La chambre est sale. » On accepte : « Tels sont les faits. » On peut alors agir : la nettoyer. C'est pourquoi l'acceptation libère l'énergie et permet l'action :

– Si votre chambre est sale, vous ne fermez pas les yeux, mais vous enlevez la saleté.

– Il faut ou bien accepter ou bien rejeter. Si vous ne pouvez pas dire « oui », dites « non ». Il n'y a rien « entre les deux ». « Entre les deux » est une illusion. Dire « J'accepte mais… » est un contresens.

– « Peut-être » ne vous sera d'aucun secours. Seul « ce qui est » vous aidera.

– Parfois ce n'est pas tant le travail qui vous épuise que la manière dont vous le considérez. Si vous pensez que c'est une corvée, alors vous serez épuisé. Mais si vous sentez : « Tout est à moi. Je ne suis pas forcé de travailler. C'est mon travail. » Oh ! alors, tout devient facile.

– La tension vient lorsqu'il y a deux, toujours. C'est une loi fondamentale. Toute tension vient quand il y a deux. C'est à vous de les rendre un.

• Pas de devoir ni d'obligation

– Accepter, ce n'est pas la même chose que de s'adapter tant bien que mal (*putting up*). S'adapter par absence de volonté, c'est prendre sur vous un fardeau imposé par quelqu'un d'autre.

– Qu'est-ce qui est source de troubles ? Seulement lorsque vous ne considérez pas que c'est à vous mais que vous êtes obligé de… Ne le faites pas alors !

– Vous n'avez pas de devoirs mais des droits. Rien ne vient de l'extérieur.

– Le devoir ? Le mot même est dégradant pour l'homme.

– Personne ne vous oblige à quoi que ce soit. Acceptez de faire ce que vous avez à faire.

– La contrainte qui vient des autres ou la contrainte d'un idéal restent toujours des contraintes qui ne sont pas naturelles à l'homme. « C'est à moi. » Partout, pour toute chose, prenez appui sur cette formule étrange et mystérieuse. « La situation est à moi. C'est mon travail. » Si ce n'est pas le vôtre, alors quittez-le.

Assimiler par l'expérience

Pour expérimenter, il faut d'abord se mettre en situation, en contact, passer par le processus, jouir de ce qui se passe et enfin assimiler.

L'acceptation est présente à tous les stades. Pas une acceptation partielle, réservée, du bout des lèvres, mais une acceptation totale, qui est libératrice. Si bien que l'acceptation est peut-être l'instrument le plus précis pour mesurer le degré de délivrance. Combien est-on capable d'accepter ? Où et dans quels domaines ?

include & transcend

• Accepter, c'est assimiler par l'expérience

– La vie est une mine d'expériences... Accepter complètement chacune d'entre elles aide à l'accomplissement de la vie. Seulement « je suis » et « mes expériences ».

– Combien d'expériences avez-vous eues ! Si vous les jugez comme bonnes ou mauvaises, c'est que le lien mesquin de l'individualisme a fait son apparition... Quand vous acceptez le flux du changement, alors vous participez activement au jeu de votre « je ».

– Assimiler cette variété et cette diversité est la première tâche de l'homme.

– L'épanouissement ? C'est quand le bourgeon assimile toute la sève qu'il reçoit. Pareillement, l'épanouissement mental, spirituel n'est possible que lorsque la psyché accepte, assimile, s'approprie toutes les expériences qu'elle traverse, positives et négatives.

– Faire une expérience ? C'est être conscient de ce que l'on sent. C'est traverser consciemment et délibérément les phases du sentiment, en jouir et non être entraîné sans rien pouvoir faire. On fait une expérience lorsqu'on est un participant actif, et non passif comme un objet. C'est pourquoi chaque expérience vous rend plus riche et plus complet. Le cœur de l'expérience, c'est l'acceptation de ce qui est, au moment présent.

– Acceptez l'expérience et faites vôtre l'aspect particulier de la polarité ou de la dualité qui apparaît à ce moment-là : plaisir ou peine, joie ou anxiété, plénitude ou vide, selon ce qui vient.

– Les coups viennent de l'extérieur mais sont ressentis à l'intérieur.

– Accepter c'est s'accomplir, aller vers la plénitude, un progrès continu vers la plénitude... Tout est là présent... C'est à vous de mâcher, de méditer jusqu'à ce que cela devienne vôtre... de rendre hommage à Sa Majesté la Lucidité... Soyez une entité qui s'écoule... L'ego ne peut supporter le mouvement.

– Acceptez... aussitôt vos émotions seront apaisées.

– « Il n'aurait pas dû mourir. » Pourquoi ? Votre enfant chéri n'aurait pas dû mourir, mais cet enfant est mort. Les choses ne sont-elles pas ainsi ? Acceptez. Qui êtes-vous pour contester cette simple vérité ? L'aveuglement, l'ignorance ou l'illusion de croire que vous pouvez choisir et juger est la source de tous les maux.

– Acceptez, et si après avoir accepté, il y a quelque chose à faire, faites-le en utilisant au mieux votre compréhension et votre force. Puis acceptez de nouveau : « Tout ce que je pouvais faire, je l'ai fait ; maintenant, advienne que pourra. »

– Mâchez et digérez (tout ce qui vous arrive), exactement comme (si c'était de) la nourriture. Si vous avalez sans mâcher, pouvez-vous digérer ? Non. Alors, mâchez et digérez et vous l'assimilerez.

• C'est à moi

– Ce n'est pas à vous ? Laissez tomber. Vous ne pouvez pas ? Alors ?

– Tout est à vous, quelles que soient les circonstances, à un moment donné.

– Quand il faut faire quelque chose, faites-le ou ne le faites pas. Dire : « je dois le faire » est erroné. Confronté à une situation, essayez de voir que ce sont vos actions qui l'ont attirée.

– Accepter c'est adopter, posséder, effacer l'altérité extérieure. En d'autres mots, c'est dire « oui » et pas « non ».

– N'oubliez jamais que tout ce jeu (de la vie), c'est vous qui le faites. Acceptez donc tout ce qui vient à tout moment et faites-le vôtre.

– « Tout est à moi. Si quelque chose n'est pas à moi, alors je n'ai aucune relation avec cette chose. » L'affaire est terminée. Vous êtes libre. Vous ne pouvez vous en passer ? Ah ! tiens, pourquoi ne pouvez-vous pas vous en passer ? Cela vous appartient donc !

– Si vous laissez quoi que ce soit à l'extérieur, si vous excluez quoi que ce soit, vous mettez en mouvement une série d'actions et de réactions. « Tout doit être incorporé en moi de façon à ce que rien ne soit laissé au-dehors, que rien ne soit exclu. »

– Dès que vous considérez quoi que ce soit comme étant à vous, cette chose devient agréable. Elle cesse immédiatement d'être désagréable. Ce qui est désagréable devient agréable !… Dire : « c'est à moi » implique : « cela m'est agréable ».

– Aussitôt que vous dites « c'est à moi » et ne refusez pas, tous les problèmes sont résolus.

– Tout le monde ne pense et n'agit que pour lui-même. Si quelqu'un dit le contraire, c'est un mensonge. Le mystère, c'est que le « je » puisse être élargi. « Je suis un individu, mais en tant que père, je suis plus vaste. J'agis pour le bien d'autres personnes, qui sont ma femme et mes enfants. » Ensuite vous agissez pour le bien d'un groupe plus étendu, jusqu'à ce que l'ego se soit élargi et puisse inclure l'univers entier : « Tout est à moi, tout m'appartient. »

– « Ce que j'aime » n'est pas le critère. « Il m'appartient d'aimer ce qui est, il m'appartient d'aimer ce qui arrive. »

Ce qui m'est le plus odieux, je dois le faire devenir mien, l'incorporer, l'assimiler, l'approprier. Et pour cela d'abord lui enlever son caractère odieux.

De même que pour absorber de la viande, on la cuit, on la coupe, on la broie et on lui enlève son caractère de chair sanguinolente qui peut inspirer le dégoût.

L'acceptation rend libre

Accepter est synonyme d'abandon de soi (*self-surrender*). « Lâcher prise » serait une traduction plus heureuse.

Je me relâche, je me détends. Je cesse de porter mon fardeau. En utilisant une image plus précise qui peut éliminer des contresens faciles : « Je porte mon fardeau sans crispation, sans tension inutile. Je le porte facilement, sans effort, si bien que je ne sens pas que je le porte, car il n'y a plus de séparation entre celui qui porte et ce qui est porté. »

Toute souffrance est une séparation. Inversement toute séparation est souffrance.

Quand je sens la présence de quelque chose, il y a séparation. Ce qui est mien, ce qui est à sa place, ce qui est en bon état de fonctionnement, je ne le sens pas.

Tout ce dont je suis séparé me fait sentir sa présence. Ce qui est séparé n'est pas à sa place. Je ne l'ai pas rangé, je l'ai placé à l'endroit qui n'est pas le sien, à l'extérieur de moi, c'est pourquoi il me trouble, il me dérange. Je n'ai pas accepté sa présence en moi. Il gratte à la porte comme un chien que j'aurais laissé dehors. Il miaule comme un chat qui réclame sa part. Accepter c'est être en paix avec soi-même et avec les autres. Accepter c'est s'approprier, incorporer, faire sien « l'autre ». Le processus par lequel on devient un. L'acceptation c'est ce qui dissout l'ego, la séparation.

– Quand vous acceptez mentalement et émotionnellement, vous disposez de toute votre énergie à ce moment-là. Vous pouvez l'utiliser comme vous voulez. Si vous n'acceptez pas, vous bloquez la majeure partie de votre énergie. Que pouvez-vous faire alors ?

– Saisissez à bras-le-corps tout ce qui se présente, jusqu'à ce que vous ne fassiez plus qu'un avec.

– Saisissez et absorbez tout ! Pourquoi quelque chose resterait-il à l'extérieur, séparé de vous ?

– Accepter (*svîkâra*), cela veut dire « faire sien ». Vous rendez un ce qui était deux. Vous possédez ce qui était autre. Qu'est-ce qui reste ? Seulement l'unité.

– Plus on accepte, plus on devient libre.

– Il faut vous libérer de la dualité. Comment ? Acceptez la dualité. « Quoi ? J'accepte la dualité et je deviens libre ? » Oui. « Alors, la dualité existe et je l'accepte ? » Non. Par l'acceptation, vous changez la nature de la dualité, vous vous l'appropriez. Vous la faites rentrer en vous. Vous ne la gardez pas à l'extérieur. En la refusant, vous la conservez à l'extérieur, intacte.

– L'acceptation complète, c'est l'unité.

– Si j'accepte pleinement ce qu'il y a de pire au monde, j'arrive à un niveau où je m'affranchis de la possibilité d'être affecté.

– Des blocs de pierre ou des barreaux de fer ne font pas une prison. Qu'est-ce que cela veut dire ? Des barreaux font-ils la prison ? Celui qui est derrière est-il prisonnier ? Non. Cela seul ne fait pas la prison. On ne devient prisonnier que si on les refuse. Si vous les acceptez, vous êtes libre. Comment cela ? Parce que vous n'allez pas vous précipiter aveuglément sur eux, vous cogner, vous blesser. Vous êtes donc libre. En connaissant les limites, en les acceptant, vous les transcendez, vous devenez sans limites.

CHAPITRE II

Agir

L'ACTION EST NÉCESSAIRE

Il est impossible de renoncer

Svâmi Prajñânpad prend souvent le contre-pied des positions traditionnelles ou communément admises. Il rejette à première vue les enseignements traditionnels qui prônent le renoncement et le retrait du monde.

Renoncer est à la fois une impossibilité, une erreur et une absurdité :

– Une impossibilité, car renoncer signifie dire « non » à quelque chose qui paraît avoir une existence et qui continue d'exercer un attrait sur nous. C'est fermer les yeux, détourner le regard de ce qui est, ne pas voir la réalité du monde tel qu'il est. C'est un déni et un refus de reconnaître notre attirance.

– Une erreur, car refuser ce qui nous paraît réel, c'est le renforcer. Ce que nous refusons nous poursuivra. Le renoncement produit l'effet contraire à celui qui est recherché.

– Une absurdité : ce qui est une erreur et une impossibilité est absurde surtout si l'on continue à agir sous l'influence de « formules de sagesse du passé ».

Mais alors quelle est la vérité des enseignements traditionnels ? Ils devaient certainement correspondre à la vérité de l'époque. Pour des natures frustes et primitives, le moyen adéquat est de faire pénitence, d'accomplir des actes de contrition, de prononcer des vœux, de se soumettre à des austérités. Autant de notions aujourd'hui dépassées. Freud à n'en pas douter est passé par là.

– Il n'est jamais possible d'abandonner le monde ou une activité. C'est un non-sens. Mais l'activité s'arrête. D'elle-même, elle tombe.

– N'essayez pas d'abandonner : agissez de façon que tout soit abandonné, soit transcendé ! Abandonner, c'est attirer négativement.

Le détachement (*vairâgya*) ne peut jamais être l'objet d'une décision, car ce serait alors un rejet de l'attirance, un refus source de contradictions :

– Ce n'est pas le renoncement (*tyâga*) mais la disparition de l'attrait (*vairâgya*) qui est le seul moyen d'atteindre la délivrance (*mukti*). Vivez avec les autres, affrontez-les. Passez par des hauts et des bas, mais continuez d'avancer.

Svâmi Prajñânpad dénonce la formulation de la *Bhagavad Gîtâ* qui parle d'abandon[1] :

– Celui qui abandonne, ne peut jamais être apaisé (*tuṣṭaḥ*). Les *Upaniṣad* parlent de transcender les désirs et non de les abandonner.

A noter cependant que la *Gîtâ* dit également « le yoga c'est l'habileté dans l'action » et que certaines *Upaniṣad* parlent également de *tyâga* que Svâmi Prajñânpad traduit alors comme s'il y avait *vairâgya*.

Ainsi la *Kaivalya Up.* :

– « Ce n'est ni par l'action, ni par la progéniture, ni par la richesse, mais seulement en se rendant libre (*tyâgena*[2]) qu'on peut obtenir l'immortalité[3]. »

---

1. *Bhagavad Gîtâ* 2.55 : Prajahâti yadâ kâmân sarvân pârtha manogatân/ Atmany eva âtmanâ tuṣṭa sthitaprajñaḥ tadâ-ucyate.
2. Svâmi Prajñânpad traduit ici *tyâga* par « devenir libre », alors que, généralement, il traduit *tyâga* par « renoncement ».
3. *Kaivalya Up.* 1.3 : Na karmaṇâ na prajayâ dhanena tyâgena-ekena amṛtatvam ânaśuḥ.

– C'est par le détachement (*vairâgya*) seul qu'on obtient *amṛta :* la félicité au-delà du plaisir et de la peine, la félicité éternelle, stable, qui ne change pas ! Non pas en faisant un effort pour obtenir le détachement, mais quand l'attachement tombe automatiquement.

– « Quand on abandonne tous les désirs… », parler ainsi c'est se raconter des histoires. « Quand on transcende tous les désirs que l'on a dans le cœur, sans qu'ils soient abandonnés, ni rejetés, on devient libre. » Voilà l'expression de la réalisation.

– Il n'y a rien à abandonner, mais seulement à s'affranchir du désir. Car quand vous abandonnez quelque chose, il y a division et jugement de valeur.

– C'est une erreur de renoncer. Les choses tombent d'elles-mêmes. Elles s'éloignent de vous.

– Le détachement doit se produire sous l'effet d'une évolution naturelle : non pas « abandonner » mais « laisser tomber » comme une mangue complètement mûre tombe automatiquement de l'arbre.

• Détachement ou renoncement ?

Si le renoncement (*tyâga*) est une absurdité, le détachement (*vairâgya*) par contre est possible et souhaitable car il correspond à une vérité d'expérience. Svâmi Prajñânpad explicitera de manière de plus en plus précise au cours des années ce qui les distingue l'un de l'autre.

Renoncer c'est continuer à désirer tout en s'abstenant, se détacher c'est ressentir une absence d'attirance. Le renoncement est le refus d'une attirance, une dénégation, un mensonge et une source permanente de conflits, alors que le détachement donne la paix et l'unité intérieure.

On renonce à ce qui est extérieur, alors qu'on se détache de ce qui est intérieur par la disparition du désir et de l'attirance.

– Quelle est la différence entre détachement (*vairâgya*) et renoncement (*tyâga) ?* demandez-vous. Quand quelque chose est présent pour vous et que vous le rejetez ou que vous vous en séparez, c'est *tyâga :* le renoncement. *Tyâga* implique que vous vous sépariez d'un objet. C'est pourquoi vous sentez « j'ai renoncé ». *Tyâga* concerne quelque chose en dehors, d'extérieur à vous. Tandis que *vairâgya* se rapporte à ce qui est en vous. *Râga* veut dire inclination, attirance. *Vairâgya* signifie non-existence d'inclination. Il n'y a ni le désir : « Je veux quelque chose », ni le désir : « Je ne veux pas quelque chose. »

– *Vairâgya* c'est comme l'absence d'adhésif sur votre main : rien ne s'y collera. Pareillement rien ne s'accroche à vous lorsque votre esprit est libre de désir. Sans *vairâgya*, le *tyâga* extérieur ne fait qu'augmenter la vanité.

– Celui qui renonce à l'action (*karma tyagî*) reste toujours attaché à l'action. C'est une complète aberration. Lorsqu'on fait réellement retour à soi-même (*nivṛtti*), on éprouve un sentiment de joie et de bien-être.

– Quand on renonce, on ne fait que fuir. Et ce à quoi on renonce c'est ce qui attire.

– Aucune libération si vous fuyez ou si vous renoncez. *Vairâgya* c'est l'absence d'attirance, *tyâga* c'est le renoncement.

– *Vairâgya* c'est l'absence d'attachement aux circonstances agréables, désagréables ou indifférentes.

– *Nirveda* (désespoir) n'est pas tout à fait la même chose que *vairâgya*. C'est la connaissance et l'expérience qu'on ne peut trouver le permanent dans l'impermanent. Alors seulement on peut aller trouver un *guru*.

Le renoncement fait souffrir, le détachement rend heureux. Le renoncement est toujours pénible : il implique arrachement, souffrance, douleur. Certains trouvent une vertu à ce qui est pénible. « C'est vrai, c'est authentique parce que c'est pénible. Cela me coûte donc je suis sur la bonne voie », pensent-ils.

– Comment savoir que c'est vous qui avez construit toutes les relations autour de vous ? Si ce n'est pas vous, renoncez-y. Vous ne le pouvez pas ? Pourquoi ? En y renonçant, vous vous sentez malheureux.

– Dans le sommeil, on éprouve *vairâgya* pour tout ce qui est extérieur. *Vairâgya* c'est éprouver l'état de sommeil profond lorsqu'on est éveillé. Un fruit mûr tombe (*vairâgya*). S'il est cueilli avant d'être mûr c'est *tyâga*.

Le détachement se produit de lui-même et sans effort. C'est un processus naturel. Le renoncement (*tyâga*) est un acte de volonté et par là même artificiel, alors que le détachement (*vai-*

râgya), la perte d'attrait, se produit de lui-même. Il est le résultat d'une évolution naturelle. C'est un accomplissement, le résultat d'une expérience, l'expérience de la vie. Renoncer est un arrachement, se détacher est un mûrissement.

Le détachement se produit de lui-même lorsque le monde a été vu tel qu'il est, expérimenté, assimilé et par conséquent perçu comme non attirant. D'où la nécessité de faire l'expérience du monde, de le prendre à bras-le-corps, de s'y confronter, de l'expérimenter jusqu'à ce que le désir tombe de lui-même :

• La vie monastique

Un certain nombre de disciples de Svâmi Prajñânpad se sentaient attirés par la vie de *saṃnyâsin* (moine), aussi Svâmi Prajñânpad a-t-il été souvent interrogé sur le renoncement, ce qui l'a amené à préciser la signification d'un certain nombre de termes sanskrits couramment utilisés concernant le détachement, le renoncement et l'état monastique.

A la question : « Quand peut-on devenir moine (*saṃnyâsin) ?* », Svâmiji répond :

– Seulement lorsque vous l'aurez mérité. L'extérieur doit venir après l'intérieur, sinon c'est uniquement pour l'apparence.

– Le *saṃnyâsa* est de deux sortes, *vividisâ :* lorsque l'on désire savoir et *vidvat :* lorsqu'on sait déjà.

Pendant le processus de *bhoga-kṣaya* (destruction par la jouissance des choses), quand vient la réalisation qu'aucun objet extérieur n'est source de plaisir parce qu'aucun des deux, ni l'objet ni le plaisir qu'on en tire, n'est permanent ; et quand cette réalisation crée une agitation dans le cœur, alors le *saṃnyâsa* émerge : il n'y a plus d'attirance maintenant pour l'objet extérieur ; à sa place apparaît un intérêt ardent pour trouver ce qu'est la vérité, ce qui est permanent.

– Que veut dire *saṃnyâsin ?* Non pas celui qui renonce, mais celui en qui le renoncement a lieu. *Svâmi*[1] signifie Seigneur… C'est celui qui est Seigneur de lui-même. L'infini

---

1. *Svâmi* ou *Svâmiji*, terme respectueux par lequel sont appelés les *saṃnyâsin*.

vient de lui-même et ce n'est pas à vous de faire venir l'infini.

– Qu'est-ce qu'un Maître ou un Seigneur (*Svâmi) ?* Celui qui n'éprouve pas de tentations, parce qu'il a tout goûté, tout expérimenté, tout connu. Il est libre d'attirance. Il est auto-suffisant. Il s'appuie sur lui-même. Il se possède (*sva*) lui-même.

– Qu'est-ce qu'un *saṃnyâsin ?* Celui qui est totalement comblé.

• Se retirer du monde pour mieux agir

Retraite, repos, sommeil, se gagnent après l'effort. De même le calme, la paix, la sérénité sont l'effet du détachement.

– Agissez tant que vous vous sentez attiré par ce qui est à l'extérieur. Le désir est le moteur de l'action.

– Vous souhaitez renoncer ? Vous ne pouvez renoncer qu'à ce que vous considérez comme ne vous appartenant pas.

– Ceux qui n'osent pas affronter le monde ne peuvent pas affronter non plus la réalité. Aussi quand vous désirez quelque chose, n'hésitez pas, cherchez à satisfaire votre désir, mettez-y toute votre énergie, mais regardez attentivement ce que vous obtenez.

Tout désir porte sur un avoir. L'avoir est un objet toujours séparé. Et la séparation est souffrance car « avoir » c'est être dépendant d'autrui – dépendance qui implique une relation duelle. Etre libre c'est être non dépendant[1]. C'est l'unité de l'enfant avec le monde extérieur mais une unité consciente.

D'où l'exaltation de l'homme fort, sûr de lui, capable de s'opposer à la tradition, de casser les tabous, de s'affirmer avec force face au monde, face à la société. Non pas l'homme fort « sans foi ni loi », mais l'homme qui fait sa propre loi, qui est son propre maître. Celui qui ose non pas tout casser pour détruire, mais pour se libérer des valeurs périmées et les retrouver, en dégageant leur vrai sens.

1. Celle-ci, comme nous le verrons plus loin, signifie pour Svâmi Prajñânpad une totale dépendance des circonstances et de tout l'entourage. Voir le chapitre sur les qualités requises.

Cet homme fort c'est le héros ou le vaillant (*vîrya*) des *Upaniṣad*, celui qui a fait le tour des choses, qui a satisfait ses désirs.

Jamais Svâmi Prajñânpad ne se réfère à la multitude des saints, sages ou autres qui, par d'intenses austérités, ont acquis des pouvoirs exceptionnels. Une seule austérité, un seul devoir, une seule règle, un seul moyen : « se rendre libre du désir en le satisfaisant ». Phrase ambiguë car la simplicité de la méthode n'est qu'apparente. Qu'y a-t-il de plus simple que de « satisfaire ses désirs » ? N'est-ce pas à la portée de tout le monde ?

Quel désir satisfaire d'abord ? Comment le satisfaire ? Que faire après l'avoir satisfait ? Satisfaction nécessaire mais non suffisante. La satisfaction du désir est insatisfaisante. Paradoxe ! Pourquoi ? Parce que avoir un désir c'est projeter une image sur la réalité.

Chercher à satisfaire ses désirs c'est chercher à satisfaire une image, ce qui procure une satisfaction temporaire, approximative, factice et par là même insatisfaisante. Ce qui me comble vraiment, c'est le contact direct, l'unité avec la réalité, l'image ayant perdu sa force, sa vigueur étant vue pour ce qu'elle est : une création mentale.

Il n'y a donc pas d'opposition entre vie spirituelle et vie matérielle. La spiritualité est l'accomplissement de la vie matérielle.

Qui est le maître, le *guru ?* Ce sont nos réactions émotionnelles. Ce sont nos chiens de garde qui débusquent le gibier. Tout instruit, tout enrichit, tout est une chance, une occasion, un défi, tout vient contribuer au bien-être de celui qui sait accepter et utiliser ce qui se présente sur son chemin. La grâce est ainsi toujours présente. Non pour accomplir nos désirs, mais pour nous donner l'occasion de voir et combler ainsi nos véritables aspirations.

– Vous pouvez vous retirer dans un monastère, si vous avez vécu votre vie, travaillé dans le monde et si vous avez satisfait vos désirs. Celui qui a atteint ce stade, celui-là, oui, peut se retirer.

– L'essentiel est de vous affranchir des attirances et des répulsions vis-à-vis du monde extérieur. Si vous y arrivez, vous n'avez plus rien à faire avec le monde et vous pouvez alors voir la vérité.

– Vous devez d'abord satisfaire complètement l'homme d'action en vous, alors seulement, vous pourrez être libre de l'action.

– L'idée de renoncement, quand vient-elle ? Vous avez l'idée d'obtenir quelque chose. Vous abandonnez quelque chose pour avoir quelque chose. Avoir quelque chose c'est être dépendant des autres… être deux… et la dualité signifie conflit.

– Vous dites : « La vie spirituelle implique d'abandonner la vie matérielle. » C'est un non-sens. Dans l'idée même de renoncement, il y a cette attirance inhérente… Tout ce à quoi vous essayez de renoncer vous poursuivra.

Le détachement vient de la prise de conscience de l'impossibilité d'obtenir ce que l'on veut.

Non pas renoncer mais satisfaire ses désirs

Comment pourrait-on renoncer ? On renonce aux objets alors que le désir reste présent. On ne fait que renforcer le désir. On exacerbe l'attirance. C'est pourquoi renoncer c'est attirer.

Quand l'attirance tombe, le renoncement se produit de lui-même. Il n'y a donc qu'une seule vraie question, qu'est-ce qui fait tomber l'attirance ? Simplement voir que ce n'est pas attirant. Et pour voir il faut faire l'expérience du désir.

Seule la *Bṛhadâraṇyaka Up.* semble parler de satisfaction de désirs et ceci sans ambiguïté aucune dans l'expression *âptakâma* (litt. : « le désir ayant été obtenu ou satisfait »).

– « Quand on transcende tous les désirs que l'on a dans le cœur, alors on (litt. : le mortel) devient libre (litt. : immortel) et on atteint *brahman* ici et maintenant[1]. »

– Cela ne peut se produire que si tous les désirs que vous gardez au fond de vous-même sont libérés, sont relâchés, sans refus (*denial*), sans rejet d'aucune sorte.

– Le désir de Soi (*âtmakâma*) devient absence de désir (*akâma*). Comment le désir de Soi vient-il ? En satisfaisant le

1. *Bṛhadâraṇyaka Up.* 3.4.7 : Yadâ sarve pramucyante kâmâ ye asya hṛdi śritâḥ / Atha martyo'mṛto bhavaty-atra brahma samaśnute.

désir pour le non-Soi (*âptakâma*). Qu'est-ce que cela veut dire ? Il a satisfait tous ses désirs, celui qui a accompli tout ce qu'il voulait, lui seul a le désir de Soi, lui seul est sans désir. Cet état sans désir est au-delà de la souffrance : sans peine, ni souffrance[1].

La nécessité de satisfaire ses désirs et non d'y renoncer n'est pas une innovation de Svâmi Prajñânpad. La *Bṛhadâraṇyaka* déclare :

« Il devient *brahman*. Comment ? Quand dans sa vie, il se rend libre de tout désir (*lives out*) pour l'argent, les femmes et la gloire[2]. »

L'action est l'expression du désir et celui-ci doit s'exprimer, doit être satisfait. D'où la dénonciation de tous les « faux » renoncements et plus particulièrement du renoncement par peur ou lâcheté, tel le renard de la fable qui trouve « les raisins trop verts ».

– Le faux détachement du renard de la fable qui faute de pouvoir accéder aux raisins les déclare trop verts.

Quelle est, en effet, l'erreur du renard ? C'est le refus de reconnaître l'impossibilité pour lui d'obtenir ce qu'il cherche maintenant et d'en tirer les conséquences : la reconnaissance d'un fait. Il recouvre sa perception d'un voile de dénégation et de refus.

– Celui qui a satisfait tous ses désirs (*âptakâma*), sa vie n'est pas mutilée. En fermant les yeux, vous rendez le monde extérieur plus important que vous-même. Ce que vous essayez d'éviter ou à quoi vous voulez échapper s'attache toujours à vous. Il ne s'agit pas de renoncer (*give up*) mais de dépasser (*to grow out*).

Svâmi Prajñânpad oppose renoncer (*give up*) à grandir (*grow up*), à grandir en sortant de l'état où l'on se trouve (*grow out*), à prendre possession du monde (*own up*).

---

1. *Bṛhadâraṇyaka Up*. 4.3.21 : Tad vâ-asya-etad âptakâmam âtmakâmam akâmaṃ rûpaṃ śoka-antaram.
2. *Bṛhadâraṇyaka Up*. 3.5.1. et 4.4. 22 : Vitta-iśanâś-ca putra-iśanâś-ca loka-iśanâś-ca buddhâya/Atho brahma bhavati.

On ne coupe pas dans la chair vive, mais on laisse tomber ce qui est mort. L'attachement tombe de lui-même comme les branches mortes ou les fruits mûrs.

Toute vie est une prise de possession entière et complète des choses et du monde. Il s'agit d'aller jusqu'au bout de l'action, jusqu'au bout de son désir, jusqu'au bout de ses possibilités, jusqu'au bout de son attirance. C'est alors que se produit le changement. Qu'y a-t-il donc au bout ? Tout simplement on peut se relâcher, s'abandonner, accepter. Car on a fait tout son possible et on peut alors « voir » que cela ne dépend plus de nous. Tant que l'on croit qu'on peut faire quelque chose, on ne peut pas accepter.

Il n'y a aucun sacrifice dans la nature. On ne se sacrifie pas, on ne renonce pas à une partie de soi-même, on ne se mutile pas, mais on paye le prix.

– L'idée même de laisser tomber est un non-sens ! Vous êtes tous habitués à l'idée de laisser tomber et non à l'idée de dépasser. Si vous voulez le fruit, allez-vous couper la fleur ? Où est « le renoncement » dans la nature ? Il n'y a rien à sacrifier mais à grandir (*grow up*). Et pour cela il vous faut payer. Sans payer rien ne peut être obtenu. Payer quoi ? Payer en termes d'attachement à vos habitudes.

– Venons-en maintenant à votre crainte d'avoir à renoncer. Exprimez-la différemment. Il ne s'agit pas de renoncer mais de posséder… de prendre possession, c'est-à-dire de prendre complètement en vous-même. Quand vous renoncez à quelque chose, vous essayez d'en faire une non-entité, mais vous la gardez intacte. Ainsi « cela » et « vous » restent coexistants tout le temps. Dire « je vais renoncer » montre que vous êtes attaché (*wedded*) à cela même à quoi vous voulez renoncer. Quand vous possédez quelque chose, quelle est la différence entre cette chose et vous-même ? Vous la rendez vôtre, aussi deux deviennent-ils un. Il n'y a aucune source de contradiction nulle part. Dans la vie, il y a renoncement pour ainsi dire, mais personne qui renonce, rien à quoi on renonce. Le but de la vie est l'expansion, la totalité, la possession et non le renoncement.

– Renoncer signifie montrer (aux autres ou à vous-même) que vous voulez rendre la chose inexistante. Vous la gardez intacte. La « chose » et « vous-même » sont coexistants. Dire « je renonce » signifie que je suis lié.

– Quand je prends possession de quelque chose, quelle est la différence entre cette chose et moi-même ? Je la rends mienne. Deux deviennent un. Plus de source de contradiction.

– Quand vous montez l'escalier, vous posez votre pied sur la première marche, vous en prenez possession. Dès que vous en prenez possession, vous ne pouvez qu'aller de l'avant. Il n'y a personne qui abandonne, ni rien qui ne soit abandonné.

– Renoncer à quoi ? A l'ego ? C'est absurde. Qui d'autre veut renoncer sinon l'ego ?

– L'ego ne doit pas être éliminé. Mais c'est l'idée d'un ego constant, fixe, fini qui doit être éliminée.

– L'idée même de renoncement, c'est à cela qu'il convient de renoncer.

On voit ainsi que le détachement n'est rien d'autre qu'un renoncement qui se produit de lui-même lorsque le monde a été vu tel qu'il est, expérimenté, assimilé et par conséquent perçu comme non attirant. D'où la nécessité de faire l'expérience du monde, de le prendre à bras-le-corps, de s'y confronter, de l'expérimenter jusqu'à ce que le désir tombe de lui-même.

Le détachement vient du mûrissement, de la maturation. On ne peut imiter, forcer, prétendre ou brûler les étapes. Le but de la vie est l'expansion, la totalité, la possession, non le renoncement.

– Ne renoncer à rien. Ne jamais renoncer à quoi que ce soit… mais être libre de tout.

Il n'y a pas à se préoccuper de mettre fin à l'action. La non-action s'établit d'elle-même comme la bouchée est avalée dès que l'on a cessé de mastiquer. Se préoccupe-t-on de s'arrêter de mastiquer ?

– Vous mâchez tant que vous n'avez pas terminé de mâcher.

Le prix à payer pour arriver au détachement

Continuer à agir tant qu'on n'est pas libre du désir

Le détachement se gagne. Il y a donc un effort à faire, un prix à payer. Toute action implique un acteur. Celui-ci se forme par l'expérience de la vie et par la recherche de la satisfaction du désir.

L'action doit continuer jusqu'à ce que l'on sente :

– Je n'ai plus rien à faire parce que l'on a vu que le monde est le lieu du changement[1].

– Vous voulez garder votre individualité (*jîvatva*) et obtenir l'état d'homme réalisé (*śivatva*) *?* Peut-on teindre un tissu sale ? Votre épouse prise de passion amoureuse peut-elle vous enlacer (*embrace*) si elle reste habillée et couverte d'ornements ?

Le renoncement à l'action est une illusion, le détachement c'est utiliser ce qui se présente sur le chemin.

– Un voyageur prend refuge dans toute maison qu'il trouve sur sa route. Rien ne lui appartient. Il n'a pas d'abri. Il agit en fonction de ce qui vient. Rien de ce qui est à l'extérieur ne lui appartient.

L'action est liée au « non ». Pas d'action sans refus. Il ne peut y avoir d'acceptation tant qu'il y a action. L'acceptation vient quand on a épuisé toute possibilité d'action. Il s'agit d'aller jusqu'au bout, au point de sentir « au-delà, ce n'est pas possible ». La non-action vient de l'action accomplie jusqu'au bout.

– Vous devez jouer un rôle actif. Le chemin, c'est goûter aux fruits et à la richesse de la vie.

---

1. *Muṇḍaka Up*. 1.2.12 : Parîkṣya lokân karmacitân.

L'action ne peut que continuer tant qu'on ne sait pas, qu'on ne voit pas, qu'on n'accepte pas. Accepter quoi ? Que personne ne peut rien faire pour personne.

– « Ne pas intervenir dans la nature, oui, mais dans la société ? » demandez-vous. Vous présupposez qu'il y a une société, que vous faites partie de la société, que vous êtes dans la société. Agissez tant que vous ne sentirez pas : « Non, maintenant je sens que personne ne peut rien faire pour personne. »

– Le monde existe. Il ne s'agit pas d'être libre « du monde » mais de « votre monde ».

– Continuez à agir, car la compréhension vient par l'action.

– « Non » est à la racine de toute action. Ceci montre que tant que vous avez tendance à agir, le « non » ne peut être que là... Donc agissez, agissez, agissez et terminez-en avec votre tendance ou votre potentialité à agir.

– Agissez tant que vous sentez que vous avez quelque chose à faire. Ne vous arrêtez pas avant. « Je peux dire que je n'ai rien à faire quand j'ai fait tout ce que j'avais à faire. »

– Dès que vous sentez que « j'ai fait ce que j'avais à faire » aussitôt, vous n'avez plus rien à faire. Vous êtes libre. Plus d'ego.

– Vous ne pouvez vous rendre libre de l'action sans agir. Etre agité veut dire que vous avez de l'énergie inutilisée.

– L'homme peut accélérer le processus de la nature en étant un participant actif.

Être en contact

Préconiser de « rester en contact » avec le monde est le contraire de l'injonction traditionnelle de « retrait du monde » (*pratyâhara*) dont parle la *Bhagavad Gîtâ* qui conseille d'agir comme la tortue qui rétracte ses membres sous sa carapace. C'est prendre le contre-pied de toute la littérature qui parle d'isolement, de retraite ou encore de vie à l'écart, loin des hommes.

Il s'agit donc de ne pas fuir les choses, de ne pas fuir les hommes, de ne pas fuir l'action. Ne pas chercher à s'échapper, à éviter quoi que ce soit, mais à y faire face. Pourquoi ?

– Tout trouble émotionnel, toute difficulté, est une indication, un indice, un signe qui attire l'attention, interpelle, demande une réponse appropriée. Le malaise subsistera tant que la réponse n'aura pas été trouvée.

– Quelle est la réponse ? Dissoudre la séparation, la souffrance, le malaise. Mais comment procéder ?

– Les contacts permettent d'élargir la conscience, de voir la variété, la différence, de se remettre en cause.

– Voir ses réactions lorsqu'on est en contact avec la diversité, c'est apprendre à se connaître. La plupart du temps on cherche à justifier son propre comportement. On cherche continuellement à échapper à l'inconfort de la confrontation avec ce qui est « autre ». Tout l'effort doit porter sur la « réduction » de cet « autre » pour le rendre « sien ».

– Tout décalage, toute incongruité doit être accueillie. La sagesse c'est l'absence de trouble et d'agitation devant tout ce qui peut ordinairement apparaître comme source de trouble.

– La pratique du chemin (*tâpasya*), c'est l'accueil du nouveau, non les austérités.

Ne pas fuir

Renoncer volontairement est impossible. Le détachement vient de lui-même, produit par la perte d'attirance. Comment parvenir au but ? Il s'agit de goûter, savourer toutes les jouissances et voir quelle est leur nature. Comment expérimenter ? En restant fidèle à la perception que l'on a des choses. Et pour cela, toucher, palper, regarder ce qui nous paraît réel. Qu'est-ce qui est réel pour nous ? Ce qui nous trouble, ce qui nous affecte.

> – Affrontez tout ce qui vous semble réel. Regardez sa véritable nature. Si quelque chose vous trouble, c'est le signe que cette chose est réelle pour vous. Cessez de fuir… Ayez le courage d'affronter les faits. Acceptez, acceptez ce qui est, n'essayez jamais de le refuser, de le rejeter. Acceptez et devenez cela même qui vous trouble.
>
> – Pour connaître une chose comme elle est, il faut être en contact direct avec elle.
>
> – Rester en contact direct est indispensable pour vous permettre d'élargir votre champ de conscience étriqué. Quand

vous avez tout absorbé, quand vous avez tout exploré, quand vous avez été partout, alors et alors seulement, vous pouvez devenir un.

– La vie est généralement faite de refus, qu'on cherche toujours à justifier. Aussi, il faut que vous vous mettiez en plein dans la vie et que vous ayez des contacts. Restez en contact avec tout et essayez de voir vos réactions.

– Aussi longtemps que vous cherchez à échapper à une chose, vous ne pouvez pas la connaître. Ainsi vous ne connaissez pas tout ce que vous avez évité. Et vous ne connaissez pas tout ce qui vous attire.

– Ne fuyez aucune situation. Vous devez prendre une part active à toutes les situations et à tous les événements.

Saisir la dualité à bras-le-corps

Il s'agit de faire face, d'examiner tout ce qui se présente, de rechercher les variétés par les voyages, les rencontres, les fréquentations de milieux nouveaux. Tout peut contribuer à enrichir l'expérience :

– Soyez dans la dualité maintenant, parce que vous êtes dans la dualité. Vous êtes tombé à terre ? Relevez-vous en vous aidant du sol, en y prenant appui.

C'est la dualité même qui conduit à la non-dualité. Ainsi, les essais répétés et l'erreur conduisent à la vérité, la haine à l'amour, la passion au détachement. Seule l'action dans le concret, dans le réel est libératoire parce qu'on est en contact avec les choses.

Tout ce qui paraît réel doit être empoigné, saisi à bras-le-corps, testé et vérifié avec force pour voir si c'est vraiment réel. C'est un contact avec une prise ferme. Saisir notamment l'objet de son désir, en voir la nature.

Ne rien tenir à distance, ni les objets qui attirent, ni les émotions qu'on ressent. Faire corps avec tout ce qui vient. La distance implique une séparation, un écart, un éloignement, une dualité.

Toutes les difficultés sont donc bienvenues. L'hostilité permet d'avancer plus rapidement que l'amitié. L'opposition, la négation, le négatif, sont en fait nos amis les plus chers.

Toute croyance, toute affirmation doit d'abord être contestée et examinée. Tout ce qui se présente se présente pour être examiné.

– Prenez à bras-le-corps ce qui vous trouble. Vous verrez immédiatement si c'est véritable et réel (*truth*). Si oui, cela subsistera. Si non, cela disparaîtra immédiatement. La dualité est une apparence.

– On n'apprend rien simplement en lisant. Seuls les chocs que vous ressentez en cas de succès et d'échecs consécutifs à l'effort que vous avez fourni vous font apprendre. Toute formulation empruntée est une source de déboires.

– La vie a deux aspects : la connaissance et l'expérience. Sans expérience, la connaissance ne s'enracine pas. On n'apprend pas en lisant des livres, mais par l'expérience vécue dans une situation concrète.

Il n'y a pas de participation affective dans la lecture ou, tout du moins, elle ne peut remplacer la réalité.

Comment peut-on apprendre à nager si on n'éprouve pas la sensation de l'eau, du froid, de la peur ? N'en est-il pas de même lorsqu'on désire apprendre à jouer du piano, à faire du ski ?

Il s'agit d'intégrer toutes les sensations que l'on éprouve : tension, malaise, peur, de se familiariser avec ces sensations nouvelles et de les dépasser :

– Le mental doit être aiguisé. Sur quel instrument ? Soyez en prise ferme et directe avec l'objet qu'il désire.

Relever les défis

Toutes les difficultés que l'on rencontre doivent être considérées comme une chance et un défi. Le trouble est le chemin lui-même.

– Tout ce qui va de travers (*amiss*), tout ce qui est contradictoire doit être recherché. Tout est une indication (*lue*).

– Il faut toujours être désireux d'accueillir les causes excitantes, de façon à ce que les choses intérieures puissent sortir. Ainsi que le dit la *Bhagavad Gîtâ* : « Ils sont équilibrés (*dhîrâḥ*) ceux dont le cœur, l'être intérieur n' troublé même en présence d'une cause de trouble à rieur[1]. »

Ces causes excitantes sont tout ce qui vient perturber le confort, la sérénité, le bien-être. Elles viennent remettre en cause nos idées toutes faites.

– Soyez au milieu de la vie. Car dans la vie à chaque instant, il y a des épreuves, un défi extérieur pour savoir si oui ou non vous êtes vous-même.

– Un contact direct est nécessaire entre vous et votre environnement. S'il y a une coupure, le courant ne passe pas.

– Tout ce qui vient, faites-y face. Sinon vous serez asservi.

– Mettez-vous continuellement au défi : « Qui suis-je ici et maintenant ? »

– Ce que vous savez, ce que vous êtes, montrez-le par vos actions.

– Sans négation, sans refus, on ne peut être conscient de soi. Si vous suivez la voie de l'ami, il vous faudra sept naissances, si vous suivez la voie de l'ennemi, trois seulement, car vous pouvez oublier un ami, mais un ennemi jamais.

– C'est cela le chemin vrai : se poser à chaque instant la question : « Suis-je à l'aise ? Et sinon pourquoi ? » Tout incident, tout événement est un défi et une chance. Un défi pour votre petit égoïsme, une chance de grandir, de vous épanouir jusqu'à la plénitude de ce que vous êtes réellement.

– Il faut continuellement lancer un défi à toute pensée, à toute émotion qui apparaît : « Pourquoi suis-je ému ? Pourquoi ai-je peur du diable alors qu'un autre n'en a pas peur ? » C'est cela la véritable ascèse (*tapasya*).

– Essayez de voir si vous éprouvez une émotion, un trouble ou un malaise quelconque. Comment vous sentez-vous ? Toujours la même question. Comment vous sentez-vous réellement ? Etes-vous vraiment à l'aise ou pas ?

---

1. *Bhagavad Gîtâ :* Vikâra hetau sati vikṣiyante / yesâṃna cetâmi tâ eva dhîrâḥ.

Ici et maintenant

« Ici et maintenant » est le point de départ. On ne peut partir d'ailleurs. Il n'y a pas d'autre moi. Il peut être le plus borné, le plus trivial, mais il est là et il n'y en a pas d'autre pour le moment.

« Ici et maintenant » et non pas dans un monde futur, et non pas au-delà, et non pas en deçà, dans le Soi, ailleurs, en dehors de ce monde-ci ou plus tard. Mais ici, en ces lieux, ces circonstances, cet environnement, là où je me trouve, maintenant, au moment où je suis.

« Ici et maintenant » s'oppose à la fuite en avant : imagination, illusion, espoir, attente de « lendemains qui chantent » ou encore de la grâce… Il s'oppose à la recherche nostalgique du passé, reconstruit par réaction au présent et s'oppose aussi à la présence du passé dans le présent : ce qui est passé est passé, laissons les morts enterrer les morts. Seul le présent compte. Ce qui s'est passé ne peut plus intervenir dans le présent.

Être fidèle à soi-même

Etre fidèle (*true*) à ce que l'on est, à ce que l'on fait, à ce que l'on pense, à ce que l'on sent.

La fidélité à soi (*be true to oneself*) c'est la vérité de soi, de même que le miroir donne une image fidèle. Fidèle dans le sens de juste, conforme à la réalité.

Il ne s'agit pas d'être fidèle dans le sens de celui qui remplit ses engagements, qui manifeste un attachement constant ou qui suit un enseignement sans aucune discrimination.

Lorsque j'adhère à moi-même, je ne pense pas. La pensée est le signe de la séparation. Penser c'est créer « autre chose », poser « autre chose », vouloir s'identifier à « autre chose ». C'est la source de la dualité.

Etre soi-même, c'est être en équilibre, les pieds au sol, bien placé pour partir, pour bouger, pour grandir.

– Ce que vous vivez et ce que vous sentez, c'est cela que vous êtes véritablement.

– Sentez que vous êtes limité… C'est parce que vous ne le sentez pas que vous cherchez à vous projeter partout.

– Vous êtes ce que sont vos désirs. C'est un fait. C'est cela la vérité, ici et maintenant, pour vous.

– Pour vous connaître en action, employez la formule : « Qui suis-je ici et maintenant ? » Vous êtes fidèle (*true*) à vous-même. Aussi vous êtes toujours libre.

– Soyez vous-même. « Je suis là, tel que je suis. Il n'y a pas autre chose. Je suis tel que je suis avec mon intellect, mes sentiments, mes actions… » Il n'y a pas autre chose que ce qui est. Si vous êtes ici et maintenant, vous êtes parfait. Vous ne pouvez pas vous empêcher d'être vous-même. Et si vous cherchez à prétendre (*arrogate*) que vous êtes quelqu'un d'autre, vous vous tuez vous-même.

– Soyez vous-même. C'est la base de *prajñâna*, de l'*adhyâtma vedânta* ou de la vérité… « S'il y a colère et dépression, c'est moi parce que je crée tout. »

Le point de départ est le relatif, c'est-à-dire la situation relative dans laquelle nous nous trouvons, avec nos émotions et nos désirs. Il s'agit de nous assumer tel que nous sommes et de partir de là.

– La vie est vécue avec ses joies et ses peines dans le relatif. Tous les efforts, toutes les activités sont possibles seulement dans le relatif : le relatif a des stades, des degrés et il est possible de progresser. Pour progresser, il faut être fidèle à soi-même, ici et maintenant. C'est cela le secret de toute action équilibrée. En avant, en avant et toujours en avant !

Quand je suis moi, je suis un avec ce que je suis. Comme personne ne peut éviter de s'exprimer, c'est-à-dire d'exprimer ce qu'il est, l'unité intérieure rayonne. Essayer de convaincre les autres ? On ne le peut pas. On peut être soi-même et on devient alors convaincant.

– N'essayez jamais de convaincre qui que ce soit. Soyez convaincu d'abord vous-même et cela rayonnera et produira un écho.

– Soyez sûr de vos bases et avancez… Soyez un centre conscient, délibéré d'expression et laissez sortir l'expression qui vient de vous-même (*self-originated*), tournée vers vous-même (*self-oriented*), auto-suffisante, ne dépendant pas de l'extérieur (*self-sufficient*), maîtresse d'elle-même (*self-possessed*), qui s'exprime telle qu'elle est (*self-expressed*), établie en elle-même, posée au sol, bien enracinée (*self-established*). La pensée cherche à vous rendre « autre ». Vous n'êtes pas un ego, mais une série d'egos.

– Où que vous soyez, soyez uniquement là, entièrement complètement, constamment. Et le moyen de faire cela c'est de voir que maintenant seul ce qui est là est là dans le moment présent.

Etre fidèle à soi-même, être vrai, être soi-même, être ce que l'on est, non pas sous influence, non pas en s'arrogeant un état que l'on n'a pas. Prétendre être ce qu'on n'est pas, c'est se tuer soi-même.

– Ce que vous appelez « je » c'est ce que « je suis » maintenant. C'est ce « je » qui doit sentir l'unité. Car vous ne pouvez avoir aucune autre expérience.

– Etre entier ici et maintenant. C'est cela le *dharma*.

– Il faut partir de l'acteur et non de l'action. Pas de méditation sans quelqu'un qui médite, c'est-à-dire sans quelqu'un qui est devenu tel par l'expérience des choses. Je peux agir lorsque j'en ai acquis la capacité.

– Vous êtes ce que vous êtes, ici et maintenant, dans la situation présente. C'est le seul « moi » que vous connaissez. Partez de là, car c'est la seule réalité dont vous ayez conscience (*aware of*). Et continuez à aller de l'avant, parce que vous êtes un processus dynamique. Soyez fidèle à vous-même (intellect, émotion, action) ; c'est cela, être l'absolu, ici et maintenant.

C'est justement parce que nous sommes dans le relatif qu'il y a changement et que le progrès est possible. L'ici et maintenant est une notion dynamique. Puisqu'il y a un passage continu du moment présent au moment suivant. Etre dans l'ici et maintenant c'est changer, progresser, passer d'un stade à un autre.

Ambiguïté de la phrase : « Il faut tenir compte du passé, de son expérience, tenir compte de ses origines, de sa famille, de sa tradition, de son enracinement. » Et pourtant on parle d'élimination du passé ! N'est-ce pas contradictoire ? Non, quand on parle d'élimination du passé, c'est du passé mort, pesant, périmé, qui maintient sa présence et qui empêche de vivre le présent. Il ne s'agit pas d'éliminer le passé qui est devenu le présent : « Il a fallu trois siècles de travail pour fabriquer ce gazon. » Travail du passé mais le gazon est présent aujourd'hui.

Rejet du passé sous forme de souvenir, de comparaison, de nostalgie, de rancœur, de regret, de culpabilité, de remords. Eliminer le passé c'est éliminer la souffrance du passé que l'on continue à porter aujourd'hui. « J'ai été battu, mal-aimé, incompris, contrarié, écrasé, rejeté, étouffé… », bref toutes les tortures et tourments qu'un enfant ou un être humain peut subir du fait d'être en relation avec les autres dans une relation de dépendance, de soumission, de contrainte à laquelle il n'a pas la possibilité de se soustraire.

J'explique mon présent par « ce passé ». Je continue à me sentir victime dans le présent et à rechercher vengeance. Ces deux émotions empoisonnent ma vie ici et maintenant.

– Je suis ce que je suis ici et maintenant et rien d'autre. Vous aurez beau aller ailleurs, aussi loin que possible, vous revenez toujours chez vous, parce que c'est à vous, parce que vous n'avez aucun autre endroit où aller. Soyez-y donc. Soyez dans le présent, dans ce que vous faites, dans ce que vous paraissez être : père, époux…

Souffrance du passé et bonheur du passé. Je peux continuer à chercher dans le présent le même « type de bonheur » que j'ai vécu dans le passé ou reconstitué dans mon souvenir. Ce souvenir sert d'écran à la réalité et m'empêche d'adhérer à ce qui est. C'est pourquoi « être libre du passé c'est être libre ».

Se projeter dans l'avenir ou ruminer le passé sont deux manières différentes de fuir le présent, de rester prisonnier du mental.

– Ce que vous êtes maintenant, ce que vous avez à faire maintenant, non pas ce que vous avez fait.

– La vie suivante dépend de cette vie. Alors ? Ce que vous voulez que l'autre vie soit, soyez-le ici.

Ici et maintenant seul existe. Pour éliminer la présence du passé et du futur, un seul mantram : « Qui suis-je ici et maintenant, dans ces circonstances-ci ? » Pour répondre à cette question, il me faut voir : voir l'environnement, voir les relations, voir mes sentiments, en un mot, voir l'extérieur et l'intérieur et agir en conséquences. C'est la formule d'adhésion au présent, à la réalité.

– Les gens disent qu'il y a trois temps : le passé, le présent, le futur, c'est faux. Il n'y a que le passé et le futur. Et le futur est une projection du passé. Le présent n'est pas un temps.

On souffre parce qu'on ressasse le passé, on dresse des plans sur la comète dans l'avenir et on espère des lendemains qui chantent, pour essayer d'échapper au présent.

– On se met en porte à faux lorsqu'on croit que c'est la fraîcheur du matin alors qu'on est en plein midi en été ou qu'on réclame son steack-frites partout où l'on va parce qu'on refuse de voir la situation présente. Soyez dans le présent, agissez en tenant compte du présent.

– Pour aller au bureau, soyez entièrement présent à chacun des points du chemin.

– Etre ici et maintenant est une formule simple qui condense toute la vérité.

– L'infantilisme du passé et le fantasme de devenir un grand homme dans l'avenir, rien de tout cela n'existe maintenant… Pouvez-vous faire cuire une soupe avec des légumes que vous aviez dans le passé ?… L'éternité est à votre portée : maintenant.

– On ne peut avoir que ce qui est ici, maintenant et à cet endroit et rien d'autre.

– N'essayez pas de paraître ce que vous n'êtes pas.

– La vérité est là, présente ici et maintenant. La tragédie c'est que vous ne le savez pas, vous ne le voyez pas, vous ne le sentez pas.

Distinguer le point de départ et le point de visée

Il est difficile de traduire en français la distinction établie par Svâmi Prajñânpad entre *starting point* et *point of departure*. Le *starting point* est l'endroit où l'on se trouve ici et maintenant, c'est donc le point de départ. Le *point of departure*, c'est à la fois le but que l'on se propose, et la perspective dans laquelle on se situe. C'est la trace de la ligne entre le point de départ et le point d'arrivée, c'est se mettre dans l'alignement. Sur cet alignement se situent toutes les actions, tous les efforts, toutes les expériences placés dans une perspective juste. C'est pourquoi nous avons traduit *point of departure* par « point de visée ».

Ici et maintenant ce sont les racines ou plutôt le lieu où se produit la croissance. Le soleil semble aspirer les branches ou les branches tendent vers le soleil, mais elles ne peuvent s'en rapprocher que dans la mesure exacte où les racines suivent. Il y a une correspondance exacte entre le volume des branches et celui des racines.

L'idéalisme pose un but à atteindre et cherche à s'y conformer. Il s'imagine l'avoir déjà atteint. Il fait comme s'il était déjà là. Il rejette le présent et ne prête pas attention au chemin. Il cherche à brûler les étapes. Il vole au-dessus du sol et s'écrase le plus souvent plus bas que terre.

Et pourtant il faut avoir un but. Impossible d'avancer sans but. D'où la distinction entre le point de départ et le point de visée. La vie est ainsi comme un voyage. Où suis-je ? Quel est mon point de départ ? Quelle est ma destination ?

– Celui qui fait du pain ne dit pas : « Je mélange de la farine et de l'eau », mais « je fais du pain ».

– « Se tromper est humain. » Non. « Etre limité est humain. » Non. Votre point de visée n'est pas le pécheur, mais l'homme réalisé. Vous visez ce que vous êtes en réalité.

– Le paysan s'occupe de la graine (point de départ), mais son point de visée est l'arbre. L'instituteur s'occupe de l'enfant ignorant, mais son point de visée est l'enfant qui sait lire et écrire.

Le point de départ : celui que je suis ici et maintenant : un individu. Le point de visée : l'homme accompli.

– Vous êtes à la fois à un endroit particulier et en train d'avancer. Il vous faut donc accepter votre situation présente et, au fond de votre cœur, garder à l'esprit quelle est votre destination.

Attitude qui n'implique aucune résignation.

– Vous vous sentez inconfortable en deuxième classe ? Essayez alors de voyager en première classe si c'est possible.

– Demandez-vous toujours : « Où suis-je maintenant ? Quelle est ma destination ? » Voyez la situation extérieure et intérieure, acceptez-la et agissez. Soyez vous-même. Pas de « je devrais ».

– D'où faut-il partir ? De l'individualité, puis revenez ensuite à la place qui est la vôtre.

On pourrait demander à quoi bon partir, puisqu'il faudra revenir ? Mais il n'est pas possible de revenir sans être parti. Vouloir le faire c'est brûler les étapes (*to jump) :*

– Brûler les étapes c'est prétendre ou s'imaginer être déjà revenu chez soi alors que l'on est encore en chemin. Cela veut donc dire qu'on ne s'accepte pas.

– Vous cherchez à brûler les étapes quand vous ne vous acceptez pas. Vous prétendez être autre chose. Vous dites, « je ne suis pas ceci, je suis cela ». C'est ce qu'on appelle l'idéalisme… Comme si vous étiez assis ici et essayiez de partir de là-bas.

– La ville voisine est située à dix kilomètres d'ici. Cela me paraît trop loin. Au lieu de partir de l'endroit où je me trouve, je vais me mettre en route à trois kilomètres de la ville. Ne serait-ce pas une prétention ridicule ? Il faut dire : « Oui, je dois aller de l'avant, mes pieds avancent en foulant le sol où ils se trouvent alors que mes yeux regardent en avant. »

– Si vous voulez courir, quelle est votre situation de départ ? Vous devez voir et sentir le sol sur lequel vous vous tenez debout et alors, alors seulement vous pouvez faire un pas en avant, sinon c'est impossible.

– Pour être ce que vous êtes, ici et maintenant : intellectuellement essayez de voir ce que vous êtes, émotionnellement essayez de sentir ce que vous êtes, et dans l'action, essayez d'exprimer, d'examiner, de vérifier ce que vous êtes, de sorte qu'il n'y ait aucun conflit intérieur, aucune division, aucune dualité (*dvaita*) en vous-même.

Pourtant dans les relations avec autrui d'où part-on ? De soi-même ? Non car on ne peut alors être en relation. On part de l'autre. Le père part du fils. Mais, pour cela, il doit d'abord être un père. Qu'est-ce qu'un père ? Celui qui part du fils.

– Dans toute relation, vous ne partez pas de votre ego, bien que vous disiez : « je ». Vous partez de l'autre. Aussitôt que vous êtes le père, d'où partez-vous ? De vous-même ou de votre enfant ?

Les illustrations qui précèdent éclairent le sens de l'expression « point de visée ». Le point de visée ou point d'aboutissement est en fait ce que nous sommes déjà au départ, mais que nous ne savons pas. L'expérience de la vie c'est l'expérience de l'illusion, de la projection, de l'identification pour en fin de compte revenir à soi-même :

Il faut donc partir tel que l'on est, de l'endroit et de la situation où l'on se trouve.

– Partez de là où vous êtes ou plutôt de là où vous croyez être.

Je ne perçois que le relatif. C'est la vérité pour moi maintenant et il n'y en a pas d'autre. Je ne peux pas introduire une « autre » vérité qui ne serait pas mienne car elle serait un mensonge pour moi.

Cette vérité « autre » c'est tout ce que j'ai reçu de l'extérieur, tout ce que mes parents, mes éducateurs, la société ont tenté de m'imposer. C'est aussi l'idéal que je me suis posé, les valeurs auxquelles j'adhère. C'est aussi tout ce qui est intellectuel et n'est pas encore devenu sentiment, c'est-à-dire mien. C'est l'univers factice, surimposé du Surmoi que Svâmi Prajñânpad semble rejeter. Pourtant ce n'est pas si simple.

La compréhension intellectuelle est utile. Elle est plus rapide que le sentiment qui présente une force d'inertie. Elle ne doit pas être rejetée pour cela. Cela implique-t-il une dualité ? Pas vraiment, mais une attitude de patience vis-à-vis du sentiment pour qu'il arrive à rejoindre la compréhension intellectuelle. Dès que le sentiment est parvenu à un certain degré d'acceptation (Svâmi Prajñânpad parlait de 50 % au moins), l'action peut suivre la compréhension intellectuelle.

On aboutit ainsi au schéma :

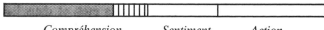

Compréhension. *Sentiment.* *Action.*

Si le sentiment accepte moins de 50 % de la compréhension, l'action s'oppose à la compréhension et n'a donc pas lieu.

Si le sentiment accepte plus de 50 % de compréhension, l'action suit la compréhension. C'est alors que les vœux ou les décisions sont utiles :

Si le sentiment accepte 100 % de la compréhension : c'est la perfection : l'unité totale :

L'absolu est ici et maintenant

Ici et maintenant, terme-clé de Svâmi Prajñânpad, est le fondement même du chemin, le point de départ et le point d'arrivée. Il n'y a pas d'autre absolu qu'ici et maintenant, car il n'y a aucun absolu séparé du relatif.

L'absolu ou l'infini ou la perfection ou la vérité se trouve dans le présent et rien que dans le présent. Etre présent, ici et maintenant, c'est être totalement dans le relatif et c'est cela l'absolu. Pas d'échappatoire au relatif, pas de fuite. Présence la plus complète.

> – « Quand on s'est libéré de tous les désirs qui résident dans le cœur, alors on (litt. : le mortel) devient libre (litt. : immortel) et atteint *brahman*, ici et maintenant (*atra*[1]*). »*

Etre présent c'est se donner entièrement. Le don dotal de soi dans le présent, voilà le bonheur le plus complet, l'absolu.

---

1. *Bṛhadâraṇyaka Up.* 3.4.7 : Yadâ sarve pramucyante kâmâḥ ye'sya hṛdiśritâḥ / Atha martyo'mṛto bhavaty atra brahma samaśnute.

– Essayez toujours d'être là où vous êtes, c'est-à-dire essayez toujours de poser la question : « Qui suis-je, ici et maintenant, dans cette situation ? Si je suis cela, je ne suis rien d'autre que cela ! » Soyez cela alors ! Si vous êtes cela, vous êtes parfait à ce moment même. Vous êtes Un à ce moment précis, sans second. Pratiquement, relativement, vous atteignez la perfection, à ce moment précis. Si vous pouvez faire cela, votre vie devient un enchaînement de perfections, c'est-à-dire que vous êtes la perfection en action.

– Soyez fidèle à vous-même, intellectuellement, émotionnellement, et en action ! C'est cela être absolu ici et maintenant. Ne vous divisez pas entre :

1. Ce que vous êtes ici et maintenant relativement.
2. Ce que vous devriez être (l'absolu).

Cette division ou cette dualité est la racine de toutes les souffrances. Il faut partir d'ici et maintenant, c'est le seul « je » que vous connaissez : partez de là simplement parce que c'est la seule réalité dont vous êtes conscient ! Et avancez, avancez simplement parce que vous êtes seulement un processus dynamique.

– Où est la perfection ? La perfection viendra-t-elle ? Est-elle derrière le relatif ? Si c'est absolu c'est présent ici et maintenant. Vous êtes libre.

– Je dois vivre dans le présent parce que je suis ici. Ici et maintenant c'est l'infini. Si vous êtes dans le maintenant, vous êtes dans l'infini. Mais c'est paradoxal. En étant dans le maintenant, comment pouvez-vous être dans l'infini ? C'est contradictoire. Pourtant, c'est ainsi. C'est pourquoi, dans vos actions, soyez avec ce que vous faites et avec rien d'autre pendant ce temps-là. Vous vous sentez limité seulement quand vous pensez à autre chose. Qu'est-ce qui peut vous limiter, s'il n'y a rien d'autre ? C'est aussi simple que cela. C'est pourquoi ce moment est infini. Un moment infini ? C'est un paradoxe bien sûr. Comment un moment si court peut-il devenir infini ? Absurde. Pourtant c'est ainsi. Essayez simplement de vivre un moment pareil. Voyez par vous-même si vous êtes ou pas dans l'infini.

Il n'y a nulle part où aller. Il n'y a rien à chercher, ni à l'extérieur, ni dans le passé, ni dans l'avenir, tout se passe ici et maintenant. Car être ici et maintenant, c'est être dans l'infini, l'illimité. En effet, percevoir une limite, c'est percevoir autre chose. Etre dans l'ici et le maintenant, c'est l'absolu, la non-dualité :

– Jusqu'à présent il ne vous a jamais été demandé d'être dans le présent, vous en étiez incapable… Vivez dans le présent. La vérité est ici et maintenant. Mais qu'est-ce que la vérité ? Le présent : ici et maintenant ! C'est cela la vérité. Rien d'autre. Seul « maintenant » (*atra*) est la vérité. Cet *atra*, maintenant, maintenant, ici, ici, ici ! Cela seul est la vérité. Car que reste-t-il si on enlève le maintenant ? Rien n'existe avant. Maintenant seul existe. Ainsi ce qui est maintenant est. Celui qui vit dans ce qui est maintenant vit dans la vérité. Celui qui, tout en vivant dans le maintenant, ne vit pas réellement dans le « maintenant », montre par là qu'il est prisonnier de son mental.

– Même si vous vivez en Inde depuis plusieurs années, où est votre foyer ? Vous répondez Paris. Où est-ce chez vous ? Ce que vous êtes, ce que vous paraissez être.

– Ce n'est ni par-derrière (*behind*) ni au-delà (*beyond*). Gardez constamment présent à l'esprit ce mantram : « Je suis cela et rien d'autre. » Voyez comme Svâmiji est pragmatique et matérialiste ! L'absolu, la perfection est ici et maintenant, pas au-delà.

– Si vous êtes totalement dans le particulier vous transcendez le particulier. J'ai fait tout ce que j'avais à faire. Que sentez-vous ? Vous êtes en paix. Vivez jusqu'au bout la situation dans laquelle vous vous trouvez maintenant. Vivre dans le général, c'est vivre en l'air.

Qui suis-je ici et maintenant ? Je suis ce que sont mes désirs. Quand je ne reconnais pas mes désirs, je me projette dans un au-delà de désirs imaginaire.

A quoi servent les descriptions de la perfection ? Je dois toujours revenir à l'endroit où je me trouve, au lieu de mes désirs. La perfection se trouve à la limite du désert. Il me faut traverser tout le désert pour arriver à la Terre promise.

Le chemin est une illusion. Il est forgé par l'individu limité, à la conscience étroite, à la vue superficielle. L'individu n'est qu'un reflet, une ombre, une fausse croyance, rien d'autre que le fait de se croire limité. Cette croyance construit pour chacun un chemin particulier de l'élargissement, de l'expansion vers l'infini.

Qu'est-ce que l'infini ? C'est ce qui est ici et maintenant. Le lieu où je suis, tel que je suis, mon point de départ. Je reviens à moi-même. Je suis parti de moi-même et je reviens à moi-même. Je suis parti de la limitation et je reviens à ce qui englobe tout. L'individu du départ n'est plus le même à l'arrivée. Moi (individu) est devenu Moi (Je infini).

Le chemin est une succession d'ici et maintenant qui se succèdent les uns aux autres. Le chemin est la succession des ici et maintenant qui ont été vécus jusqu'au bout.

L'EFFORT À FAIRE

L'effort est nécessaire

Influencés par la lecture des livres sur le bouddhisme zen qui parlent de « non-effort » et de spontanéité, certains disciples occidentaux ont mis en doute la nécessité de faire des efforts. Svâmi Prajñânpad, quant à lui, insistait particulièrement sur la nécessité « d'un effort sérieux, continu, assidu ».

Quel est l'effort qui est demandé ? Faire du mieux que l'on peut, autant que l'on peut et pas davantage. Dépasser ses limites dans l'effort est aussi grave sinon plus que de ne pas faire d'efforts ou de ne pas en faire suffisamment.

> – Comme on se sent important après un rude effort – voyez cela ! On en retire un sentiment de grande force. On commence à éprouver du respect pour soi. C'est ce qui est requis. Si vous pouvez dépendre de vous-même, vous obtiendrez force, joie et paix dans votre foyer.
>
> – Il y a une différence entre la joie éprouvée à voir une maison de l'extérieur et celle qu'on éprouve à y demeurer après l'avoir construite.
>
> – Tant que vous ne sentirez pas que vous devez faire vous-même un effort sérieux, que sans effort vous ne pouvez pas vous en sortir ni arriver quelque part, rien n'est vraiment possible.

L'effort implique de lutter, d'affronter l'obstacle. Le seul moyen de diminuer l'intensité de la lutte c'est d'accepter.

– L'énergie doit toujours être canalisée pour accomplir une œuvre. Non canalisée, elle est perdue. C'est la discipline qui canalise l'énergie.

– Il faut vous exercer, faire un effort.

Dans les années 1930, Svâmi Prajñânpad parle d'effort en termes traditionnels. L'effort c'est s'astreindre à une discipline (*niyama*). Celle-ci consiste à pratiquer les vertus (*sîla*) et avoir une bonne conduite (*sad-âcâra*). Mais dès 1939 Svâmi Prajñânpad nuance sa position : ne jamais utiliser ni force ni contrainte. L'effort doit être pénible, doit-il faire souffrir ?

– Non, car toute action qui ne donne pas de joie est nocive.

Le critère est la joie, le bénéfice, le gain. Le désagrément n'est pas un critère de vérité. Ce n'est pas parce que « ça fait mal, que c'est vrai ou plus vrai qu'autre chose ». Non. Cela peut faire mal comme le couteau qui incise la chair pour en extraire une balle. Cela fait mal pour un bien plus grand. Cela est désagréable pour une joie plus grande.

– Toute action qui ne procure pas de la joie ou un sentiment de bien-être est dangereuse.

A partir des années 1940, la discipline devient « la lucidité et l'action délibérée ». L'effort est nécessaire mais il ne permet jamais d'aboutir directement. L'effort ne porte jamais sur la vérité ou sur la lumière. Il porte toujours sur l'élimination de la non-vérité, de la séparation, de l'obstacle, de la distance qui sépare du but et non sur l'obtention du but lui-même :

– Non pas contrôle de soi, mais autodiscipline : agir délibérément et en connaissance de cause.

– « Je fais des efforts pour connaître la vérité ? » Non, non, non et non. Vous ne pouvez faire aucun effort pour connaître la vérité. Vous ne pouvez pas amener la vérité à vous. La vérité est là, dans sa majesté pleine et entière, c'est vous qui êtes dans l'illusion. Alors essayez de vous libérer de cette illusion et vous serez dans la vérité.

C'est un effort pour revenir à l'endroit dont on est parti, un effort pour annihiler la distance entre ce que l'on est maintenant et la perfection, pour éliminer la séparation.

– Pour nettoyer du linge sale, il suffit d'éliminer les taches. Le linge propre est là… le silence est là. Ecartez l'agitation créée par le mental, qui vient de l'esclavage du passé.
– L'effort est indispensable pour éliminer l'ignorance.

L'effort exige une discipline. En quoi consiste-t-elle ? A canaliser l'énergie nécessaire pour passer d'un état à un autre état. Canaliser veut dire orienter.
Seul l'effort qu'on a fait est source de force et de puissance. A quoi s'oppose l'effort ? A la paresse. La paresse est tout simplement le sentiment qu'on peut se dispenser d'agir, de dépenser son énergie et qu'on obtiendra quand même l'objet de son désir. C'est de l'infantilisme. Croire qu'on va obtenir gratuitement sans avoir à en payer le prix.

– Pas de paresse… Seul celui qui s'exerce, qui fait un effort, vit véritablement… Exprimez-vous dans l'action.

L'effort porte toujours sur l'obstacle, le voile, l'erreur, l'inexactitude, la non-fidélité, le mensonge. C'est un effort de redressement de ce qui ne va pas.

– Vous ne pouvez rien faire pour atteindre le but ; seulement éliminer la distance qui vous en sépare.

Exercice continu, il faut cultiver et cultiver sans arrêt. Faire un effort ne garantit pas le résultat, car le résultat dépend de tant de circonstances extérieures ! Cependant on doit poursuivre ses efforts jusqu'au bout, car que peut-on obtenir sans effort ?

– On n'apprend rien sans lutter. On ne peut diminuer la violence de la lutte que d'une seule façon : par l'acceptation, l'absence de refus. Ainsi la lutte devient plus facile.
– Vous dites « j'étudierai ». Ne faites jamais confiance au futur. Vivez dans le présent. Dites « j'étudie » et tenez-vous-y fermement.

– Par la conquête, pour ainsi dire, vous devenez le Seigneur de tout. Conquérir ne signifie pas tuer mais tout assimiler.

A certains moments Svâmi Prajñânpad a des accents quasi nietzschéens en exaltant les vertus guerrières du *viryâ*, le vaillant, le héros franchisseur d'obstacles, rempli de gaieté et d'allant, libérateur des énergies :

– Affronter est la source de la force, de l'énergie, de l'indépendance.

Svâmi Prajñânpad valorise la fermeté, la force, l'absence d'hésitation, d'oscillation :

– Pour couper, il faut avoir une main ferme.
– Tout dépend de vous. Vous avez tout créé vous-même (l'univers mental). Vous pouvez tout dé-faire.

Par ailleurs, il n'y a rien à attendre du ciel : aucun coup de baguette magique, aucune grâce d'aucun maître, d'aucun Dieu.

– Vous devez faire des efforts continus et assidus. Rien ne vient tout seul. Rien ne peut tomber d'un coup du ciel comme par miracle.

Comment faciliter l'effort ? Un seul moyen : l'acceptation. Car en fait, le seul effort, le vrai effort qui est requis, c'est de voir. L'effort porte sur l'élimination du refus.

– « O Rudra, avec ton *dakṣîna* (ton visage bienveillant) accorde-moi ta protection[1]. » Dans la vie lutter est la source de la force et de la paix de l'esprit. D'abord Rudra le terrible, ensuite śiva le bienveillant.

Effort de lutte et de conquête : langage guerrier qui recouvre une réalité plus prosaïque, celle de la digestion. Après avoir tout conquis, tout soumis à ma domination, je deviens Seigneur et

1. *Śvetâśvatara Up.* 4 21 : Rudra yat te dakṣinaṃ mukhaṃ tena mâṃ pâhi nityaṃ.

Maître. Conquérir ne veut pas dire « tuer » mais assimiler, « rendre sien ». Je suis le maître de ce qui m'appartient. J'ai rendu l'autre « mien ». Je suis donc un.

S'il faut faire un effort c'est que rien n'est donné gratuitement. L'effort c'est le prix à payer. Aucune intervention divine, aucune grâce à attendre. Les prières, les sacrifices, les offrandes ne sont d'aucune utilité. A moins de comprendre prière, sacrifice et offrande dans un sens nouveau qui correspond peut-être au vrai sens, au sens originel qui a été perdu.

La prière comme l'adhésion à soi-même, l'acceptation de la réalité, le fait d'aller jusqu'au bout de ses efforts et de ses possibilités, de se relâcher, se détendre, accepter le résultat.

Le sacrifice consisterait non pas à renoncer à ce qui nous paraît précieux, mais à lâcher ce qui nous paraît moins important pour obtenir quelque chose qui nous paraît plus précieux. C'est donc un lâcher-prise, lâcher ses idées, ses préjugés, ses croyances, ses a priori, son confort, ce qui nous paraît agréable, nos goûts et dégoûts, au profit de ce qui est vrai, joyeux, qui comble et qui satisfait.

Quel était autrefois l'état d'esprit du sacrifiant ? Avait-il le sentiment d'une perte ou d'une diminution ? Il offre du bétail pour que l'ordre du monde puisse se maintenir. Il fait une bonne affaire.

Or, sacrifice a pris le sens de perte, diminution d'intégrité, renoncement au profit d'une idée, d'un principe, d'une croyance. Une mère se sacrifie-t-elle pour ses enfants ? Non, jamais. Une femme peut éventuellement se sacrifier, une femme chez laquelle la mère n'est pas apparue. Une mère s'accomplit dans ses enfants. Et si la demande des enfants vient en travers de son chemin ? En travers de son accomplissement ? C'est à elle de se débrouiller, d'arranger les circonstances de sa vie de manière telle que rien ne soit sacrifié, que « chaque partie en ait sa part et l'ait en entier ».

– L'offrande est à la fois un objet, ce qui est offert, et un sentiment, ce qu'on éprouve en donnant. L'objet est le support du sentiment. Le seul vrai don est le don de soi : on s'offre soi-même, on se donne en allant vers l'autre jusqu'à ses limites extrêmes. Ce don de soi-même est en lui-même sa récompense. Je me sens comblé par le fait de m'être donné, car je suis un avec moi-même et il n'y a pas de plus grand bonheur. Ce qui compte n'est pas la personne qui est l'objet du don, mais le mouvement lui-même qui se porte vers elle, la plénitude même de ce mouvement.

L'effort est nécessaire tant que le but n'a pas été atteint

Quand le but est atteint, l'effort est remplacé par la spontanéité :

> – Il faut labourer encore et encore. Et après, cela deviendra spontané, naturel et facile. Tout d'abord, il faut s'exercer... Alors, soyez détendu. Il faut d'abord briser l'inertie de la non-détente.
>
> – Il faut faire un effort, tant que vous n'êtes pas dans la vérité. Quand vous êtes dans la vérité, il n'y a plus d'effort.

Résultats de l'effort

Il s'agit d'un thème souvent discuté. Les hindous citent couramment le verset bien connu de la *Bhagavad Gîtâ* : « Tu as droit au travail, non à ses fruits. »

Svâmi Prajñânpad s'élevait contre les traductions ou les commentaires suivant lesquels il fallait s'engager dans l'action sans se préoccuper de ses résultats, sans désirer les fruits de l'action. Il y voyait un travestissement de la vérité. Aucune action, d'après lui, n'est possible sans le désir d'obtenir un résultat. Il faut s'engager dans l'action pour découvrir par sa propre expérience que le résultat obtenu n'est pas le résultat cherché.

Même si l'on met tout en œuvre pour réussir, le résultat peut être défavorable, car d'autres facteurs, indépendants des efforts de l'acteur, interviennent.

Certains opposent destinée (*daiva-artha*) et effort personnel (*puruṣa-artha*), fatalisme et liberté. C'est un faux problème, car tout est interdépendant.

Comme dans la querelle au sujet de l'hérédité et de l'environnement. Les deux interviennent. Prenons l'effort humain ; le résultat de l'action ne dépend pas uniquement de lui : c'est le résultat de tant de facteurs, d'une succession de causes et d'effets, d'un enchevêtrement si complexe que c'est à leur résultante qu'on donne les noms les plus divers : volonté de Dieu, chance, destin. La destinée ne peut être séparée de l'effort. Y a-t-il une destinée sans effort ?

– Ce qui est destiné va arriver. Oui, c'est pourquoi on fait un effort. L'effort et la destinée ne s'opposent pas. Agir et accepter le résultat. S'il n'est pas favorable, trouvez la cause. L'effort produit la destinée.

L'effort s'insère dans un contexte dont dépendent les résultats. Il s'agit d'appréhender le plus correctement possible ce contexte.

– Mon action dépend de moi, mais non son résultat, car le résultat dépend de beaucoup d'autres facteurs.

– Quand vous agissez, vous croyez agir de manière indépendante. Pendant combien de temps allez-vous continuer ainsi ? Tant que vous ne réaliserez pas que vous faites partie de la totalité. En fait, rien n'est indépendant, car tout est relié. Ainsi le fatalisme et la liberté de l'effort sont une seule et même chose, vue sous des angles différents.

Ne pas craindre de faire des erreurs

– Se lamenter sur ce qui est passé est le propre de celui qui est impuissant. Le vaillant cherche à trouver la vraie cause de l'erreur passée.

Faire un effort, expérimenter, agir, implique de faire des erreurs, ce qui est tout à fait naturel.

– L'erreur est humaine. Vous apprenez en expérimentant, en faisant des erreurs. Les erreurs doivent être reconnues en tant qu'erreurs. C'est ainsi que vous pouvez apprendre.

L'effort peut être déplacé, malencontreux, inefficace. L'énergie dépensée est trop grande, trop forte, inutile pour la plus grande part. Mais on apprend par la pratique. L'erreur est inévitable. C'est par les erreurs qu'on apprend.

– Ne craignez pas de faire des erreurs. C'est tout à fait naturel d'en faire. C'est seulement par les erreurs que vous pouvez apprendre et progresser.

– C'est le privilège de l'homme de faire des erreurs. Un homme peut faire des erreurs et les corriger. Celui qui fait une erreur ne sait pas que c'est une erreur. Celui qui voit que c'est une erreur est déjà différent. Il sait maintenant que c'était une erreur. Alors, il peut la corriger, justement parce qu'il a appris.

– C'est le privilège de l'homme de tout connaître. Mais tant que vous ne connaissez pas tout, vous continuez à faire des erreurs et de ce fait, vous allez pouvoir vous développer et accroître vos connaissances.

– Si vous avez commis une erreur, admettez-la. Admettre qu'on a eu tort veut dire qu'on est plus sage aujourd'hui qu'on ne l'était hier.

L'erreur est le moyen par lequel on apprend à viser, à atteindre la cible, à connaître.

– L'erreur est naturelle ; vous la corrigerez quand vous en trouverez la cause. Il n'y a aucune raison de vous affliger ou de vous inquiéter. Vous connaissez, bien sûr, le proverbe : « On se relève en prenant appui sur la terre même sur laquelle on est tombé. »

Parler d'erreur et non de péché. L'erreur ne peut être séparée de la compréhension. Le péché doit s'expier. Le péché est une erreur accompagnée de honte et de culpabilité. Il n'y a ni honte, ni culpabilité pour celui qui comprend.

Croissance

Avancer, c'est dépasser le stade où l'on se trouve

Croissance et expansion s'opposent au rétrécissement, à la diminution et à l'effacement du moi, préconisés par toutes les traditions spirituelles. La croissance c'est le mode de passage de l'ici et maintenant à l'ici et maintenant suivant.

Partir du présent, du relatif, c'est suivre le changement, passer d'un stade au stade suivant. Svâmi Prajñânpad prenait souvent des analogies dans le monde de la physique ou de la biologie. Est-ce qu'on avance lorsqu'on marche à pied, à vélo, en bateau ?

– Est-ce que vous avancez en avant ou bien poussez-vous la terre en arrière ?

– Non, vous n'avancez pas, vous repoussez en arrière (*push backward*) l'endroit où vous vous trouvez : mécaniquement quand vous poussez le sol du pied vers l'arrière, alors vous allez de l'avant. Repousser vers l'arrière, c'est un effort. Mais dans la croissance, il n'y a pas d'effort, les choses se trouvent repoussées en arrière d'elles-mêmes.

– Grandir, c'est dépasser (*grow out*) ce que vous êtes aujourd'hui.

– Comment vous épanouir et mûrir ? Il suffit d'être là où vous êtes, d'adhérer complètement à ce que vous êtes et de dépasser cet état… Soyez actif. Participez activement au processus de la nature.

– En mécanique, vous rejetez vers l'arrière. Mais dans l'évolution organique, vous grandissez hors de l'état dans lequel vous êtes (*grow out*).

La croissance s'oppose à l'idéalisme qui, lui, ne tient pas compte ni de l'ici et maintenant, ni du chemin. Tout idéalisme est source de conflit.

La croissance mécanique se produit en repoussant vers l'arrière le point d'appui sur lequel on se tient. Tel est le cas, par exemple, de la marche à pied, l'avance de la barque ou de l'avion à réaction. La croissance organique s'effectue par le mûrissement.

Dans la nature, pour grandir un arbre pousse ses racines dans le sol, un nageur repousse l'eau vers l'arrière et avance, un marcheur repousse le sol vers l'arrière.

La croissance mentale s'effectue par la diminution de la dépendance. Comment y arriver ? Par la délivrance du désir. Comment ? Par la recherche de la satisfaction du désir.

– Le corps grandit physiquement. Mentalement la croissance, c'est ne dépendre de rien.

– Comment atteindre l'absolu (*rûpa śokântaram*) ? Soyez rempli de désirs et tâchez de les satisfaire, là où vous êtes. Ensuite, dépassez vos désirs[1]. C'est cela, le secret de la vraie croissance. Elle n'a rien de mécanique.

Pas de renoncement, rien que des accomplissements. Aller de satisfaction en satisfaction, continuer d'avancer :

– Prenez appui sur vous-même. N'imitez pas. Ne prétendez pas avoir atteint le but et n'essayez pas de brûler les étapes. Essayez seulement de croître.

– Les gens ont l'habitude de formuler un idéal et d'essayer de l'atteindre. Ce n'est pas la bonne méthode, parce que poser un idéal est une source de conflits.

– D'abord, il y a l'individu, qui grandit, s'élargit et s'épanouit en devenant une personne. Cette expansion continue est la caractéristique de la vie, de la nature, qui trouve son point culminant ou son accomplissement dans l'homme établi en lui-même (*self-established*) ; celui qui trouve en lui-même sa satisfaction (*self-satisfied*) et son illumination (*self-illuminated*).

Satisfaire ses désirs implique une absence de prétention, d'accepter de ne pas brûler les étapes mais de suivre le processus naturel de croissance, de développement, de mûrissement, d'épanouissement, d'élargissement.

Satisfaire chaque stade est le secret de la croissance

Il s'agit de passer par chacune des étapes, chacun des stades de la croissance, comme on passe automatiquement dans la classe suivante dès qu'on a acquis toutes les connaissances relatives à la classe que l'on suit.

La croissance est donc une série continue d'accomplissements. Il n'y a pas à se préoccuper du stade suivant. Satisfaire les désirs de chaque stade successif de manière aussi parfaite et complète que possible est le secret de la croissance réussie.

---

1. *Bṛhadâraṇyaka Up.* 3.21 : Tadvâ asya tad âptakâmam âtmakâmam akâmaṃ rûpaṃ śokântaram.

– Pour que votre vie soit parfaite, naturelle et vraie, chaque stade de votre vie, la petite enfance, l'enfance, l'adolescence, la jeunesse… doit être vécu de manière complète.

Mentalement, pousser en arrière, c'est dépasser le stade où l'on se trouve.

– Les ego des stades successifs doivent être satisfaits, de la même manière qu'un élève progresse de classe en classe : c'est le secret de la croissance sans fixation, refoulement ni régression. Ainsi pour que vous soyez parfait, chaque stade doit être parfait, ou encore chaque stade doit être vécu totalement, complètement et parfaitement, de façon à assurer une transition facile vers le stade suivant. Ainsi la vie s'épanouit de la même manière qu'un bourgeon fleurit. Chaque stade doit être vécu de manière complète. Et le stade suivant suivra automatiquement.

– On ne peut pas délaisser (*forgo*) un stade quelconque de la vie.

– Pour ce qui est des désirs, le point de départ est le désir sexuel (besoin individuel), il grandit et s'épanouit dans l'amour (besoin personnel) et trouve son aboutissement dans un sentiment de bienveillance universelle (sentiment d'unité).

La réussite se reconnaît au sentiment de satisfaction devant l'accomplissement réalisé.

– Une vie qui se déroule dans la vérité et la réalité est un processus continu d'accomplissements.

– Essayez de vous accomplir dans le présent. C'est la méthode de croissance la plus rapide.

– Une révolution ne survient pas à l'improviste. C'est le point culminant d'une évolution.

Continuer d'avancer

Le processus de croissance est automatique. Svâmi Prajñânpad donnait l'exemple du Gange qui débute comme un torrent minuscule et devient, au fur et à mesure de sa descente, un fleuve puissant par l'apport d'une diversité d'affluents :

– La méthode la plus sûre de croissance : être soi-même, aller au bout de ce que l'on est, de ce que l'on fait, de ce que l'on sent, de ce que l'on pense… Croissance ? C'est voir les réactions en soi, en trouver la cause et après l'avoir trouvée, essayer de l'éliminer.

– La croissance est à la fois continue et graduelle. La croissance est possible parce que tout change. Il s'agit d'aller dans le sens du changement, de l'accompagner, de le faciliter.

– Essayez de voir où vous étiez autrefois et où vous êtes maintenant et continuez d'aller de l'avant, continuez d'avancer.

– L'amour vient de la haine par une transformation graduelle de celle-ci en crainte, en respect, en gratitude puis en dévotion.

– Vous parlez de stades. Le mot sanskrit est *âcâra* qui signifie vivre, continuer d'avancer, faire face à toutes les situations.

– Voyez le processus graduel du passage du « deux » au « un », voyez-le : deux → un peu moins de deux moins → de deux → le minimum de deux → le deux qui disparaît en l'un. Ou encore : haine → crainte → respect → gratitude → dévotion → amour. Du sentiment de séparation au sentiment d'unité, la transition se fait graduellement, facilement, c'est le cœur qui s'ouvre.

Agir de manière délibérée et positive

Toutes les indications données ici sur la manière juste d'agir s'appliquent non seulement à la vie personnelle mais également à la vie professionnelle et ont une portée générale.

L'action du kartâ

L'action ne doit être ni compulsive ni irréfléchie, mais délibérée. C'est cela être un homme d'action (*kartâ*). Il n'y a pas de véritable action (*positive action*) sans sujet (*positive doer*). Un sujet se caractérise par la conscience de ce qu'il sent ici et maintenant (*awareness*), action conjuguée du sentiment et de l'intellect. Il voit la situation, l'accepte, s'accepte lui-même avec ses caractéristiques et ses limitations, décide et agit en connaissance de cause.

– L'action est l'expression de l'homme d'action.
– L'action délibérée et consciente c'est faire une chose à la fois.
– L'intellect sert à préparer, à affronter une situation nouvelle. Un homme intelligent prévoit.
– Voir l'ensemble de la situation et non une partie.
– Avant d'agir, avant de parler, un homme se demande : qu'est-ce que je dis ? à qui ? à quelle occasion ? où ? Un chien, lui, aboie quand ça lui plaît.
– Avant l'action, voir tous les aspects favorables et défavorables.
– Il y a une distinction entre ce qui arrive et ce que vous faites. Un homme n'est pas un animal. Il agit. Il examine les avantages et les inconvénients.
– Pour agir, donner avant de recevoir, s'incliner pour conquérir, reculer pour avancer, obéir pour commander.
– Pour être vous-même ici et maintenant, voyez s'il y a des réactions. Etre libre ? C'est agir sans avoir d'autre alternative.
– Agir et non réagir.
– Toute action produit nécessairement une réaction. Mais la réaction tend à diminuer quand l'action est délibérée et positive.
– Agissez délibérément. Alors tout ce que vous ferez vous aidera et vous montrera la voie. Soyez seulement lucide.
– L'émotion produit une action ayant deux caractéristiques : la contrainte (*compulsion*) et l'excès (*overemphasis*). Mais si votre mental est libre de réactions anormales, vous pouvez délibérément vous engager dans une activité qui, en fin de compte, vous rendra libre de votre mental.
– Pour être libre de l'action-réaction et agir comme un véritable homme d'action, dans tout ce que vous faites, vous devez pouvoir dire : « Oui, je sais ce que je fais, pourquoi je le fais et comment je le fais. »
– Avant d'être entreprise, toute action doit payer un tribut à Sa Majesté la Lucidité.

Se laisser porter et non emporter par le courant

Ces énoncés sont proches des enseignements des stoïciens : « Conduisez-moi, Zeus et toi aussi, Destin, à l'endroit que vous m'avez assigné. Je vous suivrai sans retard, car si je refusais, je serais un méchant et je n'en devrais pas moins vous suivre » (Cléanthe le Stoïcien).

Sénèque a résumé cette conception : « Le destin conduit celui qui acquiesce et entraîne celui qui refuse (*Agunt volentem fata, nolentem trahunt*[1]). »

– Etes-vous emporté ou vous laissez-vous porter délibérément par le courant ?

– Etre porté c'est agir de manière délibérée et consciente. Etre emporté c'est être soumis au jeu de l'action-réaction. On ne sait pas, on ne prévoit pas, on ne comprend pas. Celui qui voit, regarde, observe, utilise et accepte, celui-là agit de manière délibérée et consciente. C'est une action positive.

– Vous vous détruisez vous-même, vous vous tuez vous-même, quand vous vous laissez emporter. Vous n'avez plus alors vos pieds au sol.

– Etre emporté c'est être esclave.

– Comment puis-je faire quoi que ce soit sans en être conscient ? La seule preuve que « je suis », c'est que je suis conscient de tout ce que je fais et de la situation dans laquelle je me trouve.

– Voyez-vous la différence entre être porté par le courant et être entraîné ? Quand on est entraîné, c'est un absolu, quand on se laisse porter, c'est relatif. Pourquoi ? Quand on est entraîné, il n'y a pas de degré. On est entraîné, point final. Quand on se laisse porter, il y a tant de phases ! Un moment, on est entraîné, le moment suivant on se laisse porter, cela jusqu'à ce qu'on ait un contrôle et une maîtrise parfaits des circonstances.

– Quand on se laisse porter par le courant, on est le maître. On sait qu'on est porté par le courant. Ici, une vague arrive : « Je dois m'élever au-dessus. » La vague arrive, on s'élève

1. *Les Stoïciens*, Gallimard, « Bibliothèque de la Pléiade », p. 5.

avec elle, puis on redescend et ainsi de suite. On est maître de la situation. On sait comment agir.

– Celui qui se laisse porter par le courant n'est pas dirigé par le courant. Il est le maître, il maîtrise le courant. Quand on est entraîné par le courant, c'est celui-ci le maître et on devient son esclave.

Etre emporté, c'est être emporté par le désir comme on est emporté par le courant de la rivière. Etre emporté, c'est être soumis à une action-réaction, c'est être un esclave ou un animal.

Etre porté, c'est agir délibérément, poser le problème, soupeser le pour et le contre, donc être le maître, le souverain. Je règle mes désirs comme un souverain qui écoute ses sujets et accède à leurs requêtes.

– Trois stades de l'émotion. Le premier, c'est l'absorption : pas de « je », pas d'acteur. Tout est embrouillé. Le second, c'est la dualité : l'acteur (*kartâ*) est présent : lutte et souffrance. Le troisième, c'est l'unité : celui qui est un grand homme d'action (*mahâkartâ*) est présent. La lucidité est reine.

Etre « activement passif » veut dire avoir une attitude d'ouverture dans laquelle on reçoit continuellement des informations, on est à l'écoute de ce qui arrive, on laisse l'impact se produire : c'est être passif. Et à partir de la situation interne et externe, on agit. On est alors actif. Ce n'est pas une réaction, car on prend en considération tous les éléments de la situation.

La moralité

La moralité n'est pas un absolu

Selon quelles règles convient-il d'agir avec autrui ? Quels principes appliquer ? Il ne peut être question d'appliquer les règles de la moralité conventionnelle pour la simple raison que l'on n'en a pas examiné le bien-fondé. Celui qui recherche la vérité doit d'abord passer au crible de sa raison tout ce qu'on lui propose. Or, la moralité est un produit de la société dans laquelle on vit. C'est un système de valeurs qui nous a été imposé par nos parents, nos éducateurs, le milieu ambiant, qu'il nous appartient d'examiner : accepter ce qui nous convient, c'est-à-dire nous paraît juste et approprié, et rejeter tout le reste.

• La moralité est relative et dépendante

– La moralité, le bien et le mal, tout cela est le résultat d'influences extérieures. Quand je dis que telle chose est bien, l'ai-je vérifié ou bien je ne fais que répéter ce que j'ai appris ?
– Aucune moralité n'est absolue. Parce que la moralité est dépendante et que tout change.
– La moralité est relative. Elle est relative à la personne qui en parle et dépend de la situation dans laquelle celle-ci se trouve. La moralité est donc relative et dépendante. La moralité de l'un n'est pas la moralité de l'autre. Il ne peut y avoir de moralité universelle.
– Le bien ou le mal dépendent de considérations pratiques, variables selon les gens, le moment et le lieu.

• La moralité est un code de comportement

Si la moralité est relative et n'a par conséquent aucune valeur en soi, elle répond cependant à une nécessité pratique : celle d'être en relation avec le milieu social où l'on se trouve :

– La moralité n'apparaît que lorsqu'on est en relation, lorsqu'on agit à l'extérieur.
– C'est un code de comportement. Le comportement dépend de celui qui agit et de la personne avec laquelle il se trouve en rapport.
– Elle ne s'applique que lorsque vous cherchez quel est le meilleur comportement à adopter envers autrui.

La moralité pour Svâmi Prajñânpad correspond, à peu de choses près, au surmoi de Freud : l'empreinte des valeurs d'une société sur l'individu. Pour s'en rendre libre, il s'agit de voir, d'une part que toute moralité est relative et dépendante, d'autre part que c'est un code qui régit le comportement extérieur.

– Toutes les règles sociales auxquelles vous vous conformez sont valables quand vous agissez en société. Mais pour vous-même ? Elles n'ont aucune valeur.

Quand on parle de moralité, il convient de toujours penser aux habits différents que l'on porte selon ses contacts sociaux. Ces habits sont conventionnels. On les porte pour autrui. On ne s'identifie pas à eux. Nous savons dans notre for intérieur que nous n'avons pas d'habits, que les habits n'ont rien à voir avec ce que nous sommes réellement. La vérité, ma vérité, c'est quand je suis nu. Mais je ne me montre pas ainsi à l'extérieur.

– Tout ce qui se passe en vous est neutre. Ce n'est ni un péché, ni une vertu. Mais dès que vous en venez à l'expression extérieure, là, vous êtes limité par les circonstances dans lesquelles vous vous trouvez.

– Si une pensée vous traverse l'esprit, vous n'en êtes pas responsable. Elle vient de l'extérieur. N'importe quelle pensée peut surgir. Bien. Mais, maintenant, qu'allez-vous faire ? Vous êtes responsable de vos actes.

– Si vous reconnaissez que vous avez telle ou telle émotion, cela ne signifie pas que vous devez exprimer votre émotion dans l'action. Reconnaissez ce que vous ressentez et n'agissez qu'après avoir examiné si l'action est appropriée ou non à la situation.

– Le désir ou l'émotion sont libres, tandis que l'action dépend de l'extérieur. Les premiers sont l'expression de l'enfant, l'action est l'expression de l'adulte.

• La moralité dépend de vos identifications

La moralité est relative. Elle varie selon les circonstances, le temps, le lieu et surtout le degré de développement de la personne qui agit. Notre moralité dépend du degré de liberté que nous avons acquis ou en d'autres termes de la force de nos identifications.

– Vous devez agir en tenant compte des sentiments d'autrui parce que vous n'êtes pas libre vous-même.

Un jeune homme de Dacca vient rendre visite à Svâmi Prajñânpad. Il est très troublé. Au cours d'incidents qui ont opposé hindous et musulmans, son frère a été tué par un musulman. Il doit se présenter dans les jours qui viennent devant le tribunal pour témoigner. Or les notables de la communauté hindoue sont venus le voir pour lui demander de désigner un leader musulman comme le meurtrier lui-même, de façon à ce que ce soit celui-ci qui soit condamné. Le jeune homme est hésitant à porter un faux témoignage. Que doit-il faire ? Svâmi Prajñânpad lui répond que les notables ont raison. Lorsqu'un coup est porté, qui est coupable ? Est-ce le bâton ou la main qui tient le bâton ? Celui qui a armé le bras du meurtrier, c'est le leader. C'est donc lui le vrai responsable, c'est lui qu'il convient de désigner.

Cette histoire a choqué et bouleversé plus d'un disciple qui ne comprenaient pas que Svâmi Prajñânpad ait pu engager le jeune homme à mentir aussi délibérément pour innocenter le vrai coupable et accuser un autre qui n'avait rien fait. Le jeune homme doit-il se substituer au tribunal ? N'est-ce pas à celui-ci d'établir la vérité des faits et de juger en fonction des faits ? Svâmi Prajñânpad répondait alors calmement :

> – La vérité de la situation c'est que le jeune homme se sentait solidaire de la communauté des hindous. Il en faisait partie. Il n'était, en aucune manière, indépendant, ni affectivement, ni intellectuellement, ni économiquement. Il n'avait pas de vérité propre sur laquelle s'appuyer indépendamment du groupe dont il faisait partie. Il devait donc agir en conformité avec les valeurs du groupe. Svâmi Prajñânpad aurait certainement pu lui montrer la fausseté de ces valeurs, cela eût été préférable, mais il n'y avait pas assez de temps pour cela et ce n'était pas l'objet de sa demande.

Critères d'une moralité authentique

La vie est relative et la vérité est absolue. Il n'y a pas de vérité dans la vie ou plutôt la vérité est relative dans la vie et c'est cette vérité relative qui est la vérité absolue du moment.

Une action morale est une action parfaite. Une action parfaite est complète. Suffit-il que l'action soit complète pour qu'elle soit morale ? Non, il faut qu'elle soit effectuée dans le but le plus élevé.

Trois niveaux de moralité :

– L'individu : celui-ci n'a pas de moralité.

– La personne : elle est en relation, elle est dans la société. Elle reçoit de la société et donne à son tour. Toute relation est faite de donner et recevoir dans le cadre familial, professionnel... La moralité ce sont les règles qui gouvernent le comportement le plus approprié lorsqu'on est en relation et qu'on poursuit un certain but.

– Le délivré : il a une moralité parfaite ou une absence de moralité. Il n'y a plus de dualité, donc plus de relations et par conséquent plus de comportement. Celui qui sent « tout est mien », comment peut-il agir ?

• Est moral ce qui permet l'équilibre et l'harmonie dans le comportement extérieur

– D'une manière générale, vous pouvez voir que la moralité est immorale. Seule la vérité est morale.

– Moralité : un principe qui vous guide dans vos relations avec autrui, pour maintenir la justice, l'honnêteté, l'intégrité d'une relation particulière. Tout dépend de vous, de votre attitude par rapport à la relation. Qu'est-ce qu'une moralité parfaite, suprême ? Votre relation à vous-même.

– Le sentiment d'amitié envers tous est l'expression de la moralité humaine. Etre là où vous êtes est l'acte de moralité le plus élevé.

– La moralité, c'est une science ou un code du comportement. Elle est juste quand elle permet une vie en société, équilibrée et harmonieuse.

– L'immoralité c'est attendre d'un autre ce que vous ne pouvez pas attendre de vous-même ou faire vous-même.

– Le fondement de la moralité ? Ne pas prendre sans donner.

– Tant qu'il y a donner-recevoir – en fait tant qu'il y a relation – il y a moralité. Et au-delà ? Non.

• Est morale l'absence de contrainte, d'obligation et de dépendance

– Aucune contrainte, aucune obligation n'est morale car elle asservit.

– Tout ce qui dépend d'autrui est immoral.

– La moralité est un code de comportement. La moralité qui dépend de règles extérieures est une moralité fausse.

– Le destin de l'homme ou plutôt la caractéristique de l'homme est d'être libre. Toute autorité, et particulièrement une autorité contraignante, est immorale pour l'homme, parce qu'elle rend l'homme esclave.

– A chaque moment de sa vie, l'homme doit être libre. Libre signifie : maître de lui-même, dépendant de lui-même, s'appuyant sur lui-même. L'homme ne doit travailler dans aucun domaine, ni à aucun moment sous la contrainte. Car toute obligation ou contrainte est immorale, aussi élevée ou grandiose que soit la raison par laquelle on cherche à la justifier.

– Est morale toute action dont on ne peut se passer et dont on tire joie et contentement. Si on ne l'accomplit pas, on devient agité.

• Est moral ce qui aide à atteindre le but qu'on se propose

Il n'y a pas d'autres vérités qu'« ici et maintenant », de sorte que la conduite de l'homme ne peut pas être appréciée en fonction d'un « au-delà ». Pas de distinction entre « chair et esprit », vérité humaine et vérité divine, permanence et impermanence, illusion et réalité ou encore entre point de départ et idéal. Il n'y a donc pas d'acte méritoire (*punya*), ni d'acte d'interdit. L'action relève uniquement de l'ici et maintenant ou, plus précisément, ne s'apprécie qu'en fonction d'un seul critère : où suis-je et où je veux aller ? Quel est mon point de départ et quelle est ma destination ? D'où ces formules si paradoxales : « Tout est moral si cela contribue à votre but »... si cela vous aide à atteindre votre destination.

Svâmi Prajñânpad rejette la moralité conventionnelle, règle appliquée sans compréhension, par habitude, par convention, par tradition. Ces règles n'ont aucune signification. Mais le comportement a un but : voir, comprendre, agir en fonction des circonstances. Tout est question d'examen, de délibération et de décision.

La moralité n'a pas de valeur en soi. C'est une manière d'agir qui s'adapte aux circonstances et aux personnes, en fonction d'une finalité. Finalité suprême : la délivrance. Un seul critère, cela contribue-t-il ou non à la délivrance ? Comment savoir ?

Tout simplement être à l'écoute de ce que je sens. Est-ce que j'éprouve un soulagement, une joie, un apaisement ?

La moralité dépend de la personne qui agit et surtout du but qu'elle se propose. Non pas dans le sens courant suivant lequel la fin justifie les moyens, puisque pour Svâmi Prajñânpad les moyens ne peuvent jamais être séparés de la fin et que la fin est l'accomplissement des moyens ; mais il appartient à chacun de choisir les moyens les plus appropriés pour l'obtention du but qu'il cherche à atteindre :

– Quand l'homme a un but dans sa vie, ce qu'il fait pour atteindre ce but est moral. Si vous n'avez pas de but, tout ce que vous pouvez faire est immoral.

– Est moral ce qui vous aide à atteindre votre but.

– En fin de compte, la moralité est ce qui vous aide à atteindre le but le plus élevé.

Toute vie est au détriment d'une autre. On ne peut que blesser et offenser autrui parce que autrui est différent et que son attente est différente.

« Ne pas faire à autrui ce que l'on ne voudrait pas qu'on me fasse » n'est qu'une approximation, un premier dégrossissage. En effet :

– On est amené à tuer à la guerre.

– On peut faire du mal à l'autre par sa seule présence, simplement par sa manière de respirer, de regarder, de parler, de s'exprimer ou d'agir.

– Il n'est pas possible de satisfaire complètement autrui.

– On ne peut pas vivre sans tuer.

– Vivre c'est être relié à tout le reste et votre action peut être désagréable aux autres. Un saint ou un débauché ne satisfont pas leur épouse.

– Agir complètement ne signifie pas que vous agissez justement. C'est voir seulement si le but est parfait ou vrai.

– La moralité, le bien et le mal, tout cela est le résultat d'influences extérieures. Quand je dis que telle chose est bien, l'ai-je vérifié ou bien je ne fais que répéter ce que j'ai appris ?

– Si vous reconnaissez que vous avez telle ou telle émotion, cela ne signifie pas que vous devez exprimer votre émotion dans l'action. Reconnaissez ce que vous ressentez et n'agissez qu'après avoir examiné si l'action est appropriée ou non à la situation.

La véritable moralité étant définie en fonction du but poursuivi. Svâmi Prajñânpad va très loin :

– Tuer des milliers de gens est moral si cela vous permet d'atteindre votre but. Mais cueillir un brin d'herbe est immoral si ce geste est accompli sans nécessité.

Prendre des décisions

Impossible d'agir sans avoir un but

L'action délibérée consiste à voir clairement le but qu'on se propose et à agir en conséquence.

– Avant d'agir déterminez quel est votre but.
– Pour marcher, il faut avoir un but.
– Avant d'agir préparez-vous, décidez.
– Il y a un temps pour le mûrissement et un temps pour la décision.
– Avant de vous lancer dans l'action, demandez-vous : « Qu'est-ce que je veux obtenir ? » Pendant l'action : « Oui, je suis en train d'obtenir ce que je veux. » Après l'action : « Qu'ai-je obtenu ? »
– Aucune action n'est possible sans avoir une direction.

L'action et ses fruits

– Sans but, sans avoir une idée du résultat cherché, aucune action n'est possible.
– Agissez tel que vous êtes. De quel côté cela pèse-t-il le plus lourd. Sans idée du but, vous ne pouvez faire un pas.

Le verset de la *Bhagavad Gîtâ* : « Agis sans penser au résultat » est souvent cité. Il est dans toutes les bouches en Inde.

Svâmiji contestait violemment cette traduction et cette interprétation :

– Ce *śloka* a été compris de travers : « Agis sans penser au résultat » : *niṣkâma karma :* une action sans désir. Non ce n'est pas le sens. Cette interprétation a pour effet de rendre les gens sans énergie (*weaklings*). Ceux-ci disent : « Oh ! Cela ne dépend pas de moi. Que puis-je faire ? – Non, vous avez droit à l'action. Vous n'avez pas droit aux fruits de l'action. »

– Tu as droit seulement à l'action. Tu n'as aucun droit au résultat. Ne sois pas la cause du résultat de ton action et ne sois pas inactif[1].

Il y a les trois stades ici :

1. Tu as droit à l'action seulement. Cela veut dire que cela dépend de toi d'agir et de rien d'autre.
2. Quel en sera le résultat ? Je ne sais pas.
3. Alors que dois-je faire ? Je dois agir, car j'ai l'idée d'un résultat. En effet, on ne peut pas agir sans but. Il y a un but. C'est pour atteindre un but que j'agis. Mais vous ne pouvez pas dire que vous parviendrez immédiatement au but car cela dépend des circonstances. Si les circonstances sont favorables, alors votre action vous apportera tous les fruits mais si les circonstances sont défavorables ou contraires, vos efforts ne donneront pas un résultat complet.

Svâmiji donnait la traduction suivante de ce célèbre verset de la *Gîtâ :*

1. Vous n'avez pas droit aux fruits.
2. Vous avez droit à l'action.
3. Ne soyez pas la cause des fruits de l'action.
4. Ne soyez pas sans action.

Être défini et positif

Pour décider, il faut d'abord se construire un modèle de la situation, se demander ce que l'on sent et agir en conséquence.

---

1. *Bhagavad Gîtâ* 2.47 : Karmaṇy eva-adhikâras te mâ phalesu kadâcana/Mâ karmaphala-hetur bhûr mâ te sango'stv akarmaṇi.

C'est ainsi que l'on peut répondre à la question : « Qu'est-ce que je veux ? » Imaginer que l'on a obtenu ce que l'on voulait. Visualiser cette situation et voir ce que l'on sent. Toute action devient ainsi une réponse à ce que l'on sent. Une réponse délibérée, consciente, en connaissance de cause. Et non une action accomplie lorsqu'on est emporté par l'impulsion du moment !

– Seul ce que vous avez pu faire est réel, et non ce que n'avez pas pu, car toute action est toujours positive.

– Dire : « Je n'ai pas pu terminer » est incorrect. Dites plutôt : « J'ai été aussi loin que j'ai pu. »

– Vous devez être comme un mercenaire dur en affaires (*hard*). « Je dois l'obtenir. Je calcule. Oui, je calcule toujours. »

– Une personne grossière, inintelligente, imbue d'elle-même, se sent troublée par une situation nouvelle et cherche à y faire face après coup. Un homme intelligent se prépare à l'avance et fait face à toutes les éventualités.

– « Je fais » ou « je ne fais pas ». Une fois la graine plantée on ne creuse pas le sol toutes les heures pour voir de combien elle a poussé.

– Ne vous précipitez pas (*jump*) sur une conclusion, arrivez à la conclusion.

– Ne jugez pas… Ne pensez pas en termes négatifs. Soyez toujours positif. Ne jamais dire : « Je n'ai pas pu faire », mais j'ai fait autant que j'ai pu… Aucun « devoir ». Etre dans la vérité, c'est être libre de « devoir ».

– Pourquoi pense-t-on ou délibère-t-on ? Seulement pour décider des moyens à mettre en œuvre pour agir.

– Quand vous prenez une décision, il faut vous y tenir, quoi qu'il arrive. Vous devez vous décider en fonction de la situation, de vos capacités et de vos besoins. Prenez tout en considération, prenez l'engagement minimum. Mais dès que la décision est prise, ne changez pas. Aussitôt, vous vous sentirez fort. Après, vous pourrez décider d'en faire davantage, mais ne changez jamais, car si vous n'accomplissez pas ce que vous décidez, vous perdrez confiance en vous.

– D'abord sentir, puis décider, enfin agir. Mais ce doit être un vrai sentiment et non pas une identification émotionnelle.

– Ne pas remettre quelque chose à sa place c'est comme si vous coupiez la tête à quelqu'un.

Agir selon le moment et les circonstances et en fonction de ce que l'on est

Il convient d'agir en fonction de la situation et des possibilités. Ne pas tenir compte de la situation, des circonstances ou de la personnalité de celui à qui on a affaire, c'est s'attirer des difficultés. L'action est nécessaire, mais comme l'action est une expression dans le monde extérieur, celle-ci, tout comme l'expression des pensées ou des émotions, doit tenir compte des circonstances particulières de temps et de lieu de ce monde extérieur :

– Voyez la situation, voyez vos possibilités et agissez.

– Une action véritable donne des résultats. Si vous voyez vos possibilités, si vous êtes un avec la situation, alors ? La conjonction des deux vous donnera obligatoirement des résultats qui viendront d'eux-mêmes.

– Bien entendu, vous ne devez avoir aucune hostilité ou animosité envers un voleur, mais si vous savez que quelqu'un peut commettre un vol, il vous faut prendre des mesures adéquates et agir en conséquence. Pourquoi vous laisseriez-vous escroquer ? Si vous gardez les yeux fermés, vous ne faites que donner une occasion supplémentaire à l'avidité présente dans le mental de l'autre de se manifester, ce qui lui fera également du tort à lui-même.

– Attendez pour agir que le moment soit venu, que la situation ait mûri.

– Agissez tel que vous êtes maintenant. Vous ne pouvez agir à la perfection maintenant. Vous ne pouvez agir parfaitement que si vous êtes vous-même parfait.

– L'activité et la passivité se complètent. Il ne convient pas d'être toujours passif ni toujours actif. Selon les endroits et les situations où l'on se trouve, il peut être bon d'être actif et pas du tout passif ; ou inversement il peut être approprié d'être passif et pas du tout actif.

L'action dans le monde extérieur a pour seul but de satisfaire nos désirs. Aussi doit-elle être poussée aussi loin que l'on peut. Chaque journée doit laisser un sentiment d'accomplissement total :

– L'état le plus élevé de la réalisation de soi peut s'exprimer dans ces trois phases : « J'ai fait ce que j'avais à faire. Je n'ai plus rien à faire. J'ai obtenu ce que j'avais à obtenir. Je n'ai plus rien à obtenir. J'ai donné ce que j'avais à donner. Je n'ai plus rien à donner. »

Comment l'appliquer maintenant à vous-même, à votre cas particulier ? Si cette formule a une portée générale, elle doit également trouver son application dans votre cas particulier. Ainsi dans l'état où vous êtes, vous devez agir de telle manière qu'après avoir agi ou à la fin de la journée, vous sentiez : « Ah oui ! Maintenant, aujourd'hui j'ai reçu tout ce que je devais recevoir. Je ne peux pas recevoir davantage ! Aujourd'hui, j'ai donné tout ce que j'avais à donner et rien de plus. J'ai terminé maintenant. Rien ne reste en suspens… J'ai fait ce que j'avais à faire. Maintenant je me sens satisfait. Il ne me reste rien à faire. »

Ne pas remettre à plus tard. Les actions non accomplies à temps sont comme des créanciers qui vous poursuivent.

Être entier dans ce que l'on fait

Sentir puis agir ! Mais si on ne sent pas complètement, on peut faire un vœu, comme lorsque Svâmi Prajñânpad rejette le cordon sacré. Mais si on ne comprend pas complètement, on peut « s'imposer » des tâches : pas de séparation entre intellect et émotion ; l'action sert ainsi de connaissance de soi. Elle révèle ce que l'on pense, la manière dont on perçoit les choses.

L'action doit être complète mais ne pas dépasser nos limites. Toute action doit être accomplie jusqu'au bout de façon à éviter toute division intérieure et à en tirer tout l'enseignement qu'elle comporte. Une action non terminée laisse des traces qui, revenant dans la conscience, perturbent le présent.

Toute action implique une motivation affective. On ne peut pas se forcer à agir. Vouloir agir par simple conviction intellectuelle est insuffisant, c'est brûler les étapes.

– Ayez d'abord une forte conviction intellectuelle, puis soyez motivé affectivement, alors et alors seulement, lancez-vous dans l'action.

– Soyez un tout organique intégré. Eliminez l'opposition entre l'intellect et l'émotion.

– Ne vous précipitez pas. Si vous avez compris quelque chose intellectuellement, ne le mettez pas en pratique tant que vous n'êtes pas affectivement convaincu. Sinon votre action se trouvera en porte à faux.

– Une conviction intellectuelle profonde, c'est un sentiment, un sentiment profond c'est une action.

– Quand vous comprenez intellectuellement, que vous approuvez affectivement et que l'ego dit : « Oui, c'est mon travail », alors vous pouvez accomplir pleinement votre tâche. L'intellect tout seul est comme une machine ; et l'affectivité toute seule, c'est de la folie.

– Plongé dans l'action, il vous faut fonctionner avec la totalité de ce que vous êtes : votre corps, vos émotions, votre intelligence ! Et pour cela vous devez être vous-même un être normal intégré et sain et non pas quelqu'un de morbide et d'anormal parce que vous refoulez.

– Essayez de vivre en intégrant tous les éléments (de votre personnalité). Votre intelligence doit éclairer le chemin, de même que, lorsque vous marchez, vos jambes avancent, vos yeux regardent en avant. C'est l'action intégrée de tous les membres et parties de votre corps qui rend le mouvement possible.

– D'une action accomplie jusqu'au bout, c'est-à-dire sans division intérieure et sans décalage dû au mental, vous pourrez garder un souvenir très précis (s'il est nécessaire que vous vous en rappeliez). Mais vous ne serez pas obligé de revenir vers ce passé.

– Etre complètement dans le relatif c'est l'absolu ici et maintenant.

– La souffrance est suivie d'une réaction si elle n'est pas expérimentée de manière complète.

– Vous ne devez laisser inachevée aucune de vos transactions avec autrui. Quoi que ce soit que vous laissiez à moitié fini, vous créez par là une division en vous et vous vous chargez du fardeau de ce qui n'a pas été accompli. Acquittez-vous complètement et sans délai. Libérez-vous dès que vous pouvez de vos dettes. Payez ce que vous devez.

– La perfection ce n'est pas faire de grandes choses, mais faire tout ce que l'on fait avec grandeur… Il n'y a pas d'action parfaite ou imparfaite, mais action ou non-action. On saute ou on ne saute pas. On ne saute pas à moitié.

– Ne pas garder sa promesse c'est se tuer… Se donner entièrement, y mettre tout son cœur… Se donner entièrement ne veut pas dire ne pas se protéger. Avoir un sentiment d'égale amitié et bienveillance envers tous mais savoir à qui on a affaire.

Ânanda

– L'expérience de sa propre énergie créatrice, c'est cela *ânanda*.

– Dans toute manifestation, il y a une action et cette action est une forme d'*ânanda*. Négativement, *ânanda* c'est la joie d'être soulagé d'une pression extérieure, positivement, c'est la joie de revenir à soi-même. Tout ce qui se manifeste, tout ce qui s'exprime partout, est une forme, un mode d'*ânanda*. Et c'est l'immortalité, la perfection comme vous dites. « Et comment le voient-ils, ceux qui sont équilibrés, calmes, libres du plaisir et de la peine ? Ils le voient partout avec l'œil de la science, de la connaissance qui englobe tout[1]. »

– Loin de chez vous, quelle est votre tendance ? Revenir chez vous. C'est tout à fait naturel.

– *Ananda*, c'est la joie que l'on éprouve lorsqu'on s'affranchit d'une tension ou d'une influence étrangère. *Ananda* est la joie de la conquête ou de la libération de quelque chose.

– *Ananda*, c'est l'effort pour se libérer, se soulager, revenir à soi-même. Etre soi-même, c'est être neutre, c'est être *amṛta* (l'ambroisie, l'immortalité, l'état suprême), mais, dans l'action c'est *ânanda*.

– *Ananda*, c'est la prise de conscience (*awareness*) de sa propre force (*śakti*). Cette joie, c'est l'expérience de « j'ai fait, j'ai pu faire, je peux ».

---

1. *Muṇḍaka* Up. 2.2.7 : Tadâ vijñânena paripaśyanti dhîrâḥ / ânandarûpam amṛtaṃ yadeva vibhâti.

– *Ananda*, c'est le sentiment qu'on éprouve après avoir surmonté les difficultés ; c'est l'expérience de la victoire, l'expérience de son énergie créatrice.

– Quand on a été jusqu'au bout de ce que l'on a à faire, on éprouve une satisfaction.

– Partout où il peut y avoir un *ânanda*, quel qu'il soit, la seule source d'accomplissement est *upastha. Upastha* est l'organe sexuel. Essayez de jouir complètement de quoi que ce soit et vous verrez que vous aurez des sensations dans le pénis.

– On traduit généralement *ânanda* par joie. Ce n'est pas exact. La description exacte serait : le sentiment d'être libre de ce qui est extérieur. *Ananda* est le sentiment d'être établi en soi. Quand on devient libre de l'extérieur, le sentiment est *ânanda*.

Toute action implique une tension. La tension des désirs. Ainsi, lorsqu'une action est accomplie, on éprouve un sentiment de satisfaction, de détente, de joie que Svâmi Prajñânpad désigne sous le nom d'*ânanda*, félicité ou béatitude. Pour Svâmi Prajñânpad, *ânanda* est toujours conditionné et relatif. Il n'est pas l'expression de l'absolu, tel qu'il apparaît dans la formule : *Sad-cid-ânanda* de l'*Advaita* classique. Pour Svâmi Prajñânpad, *ânanda* est « l'expression de l'absolu dans l'action ».

– *Ananda* signifie la joie. C'est ainsi que vous l'appelez mais on ne peut pas trouver de synonyme pour *ânanda*. Si vous allez chercher la signification de base c'est la conscience de soi, c'est-à-dire négativement c'est le sentiment de conquête de soi-même, c'est-à-dire le sentiment de conquête du non-soi, c'est le sentiment de triompher de tout, cela signifie donc l'unité.

– La joie (*ânanda*) conduit à la paix (*śânti*). Quand vous êtes en paix, vous êtes vous-même. Mais dans la joie (*ânanda*), vous êtes encore dans le champ de l'action.

Le sanskrit a en effet trois termes pour désigner le bonheur : *sukha*, le plaisir qui vient de deux, *ânanda*, la joie de la plénitude quand le sentiment de séparation disparaît, c'est la libération de l'oppression, enfin *śânti*, la paix quand on est soi-même.

APPLICATIONS À LA VIE DE TOUS LES JOURS

Comment se nourrir ?

– La nourriture (*annam*), c'est ce qui est mangé et qui mange. Ce qui ne peut pas être mangé ne mange pas[1].

– Possibilité : le corps est la quintessence de tout ce qui est physique, il peut donc tout manger.

– Probabilité : le corps ne peut absorber qu'en fonction de sa constitution, de son hérédité, de son état de santé.

– Dire que manger de la nourriture pure (*sattvika*) vous rendra pur (*sattvika*), c'est de l'ignorance. Tout dépend de la manière dont vous prenez cette nourriture.

– Qui est végétarien ? Boire du lait ce n'est pas être végétarien. Végétarien veut dire « ne pas tuer ». Mais tuer c'est vivre. On ne peut pas vivre sans tuer. Le bouddhisme n'a jamais enseigné la non-violence (*a-hiṃsâ*, litt. : non-désir de tuer), mais il a enseigné de « s'abstenir de trop tuer ».

– Un mode de vie juste, c'est une vie sans excès. Ni trop, ni pas assez. Vous ne devez prendre ni moins, ni plus de nourriture que nécessaire.

– Un brahmane ne jeûne pas. Pourquoi ? Parce que le jeûne est pour ceux qui mangent trop. Un brahmane ne mange pas trop.

– En général, on fume ou on absorbe de l'alcool seulement pour refuser ce que la nature exige, seulement pour se rendre insensible. Si vous menez une vie régulière, si vous êtes heureux, vous n'avez pas besoin de recourir à ces choses-là.

– Pourquoi fumez-vous ? Vous êtes fatigué. La nature exige du repos. Et vous ne satisfaites pas les exigences de la nature. Vous voulez encore continuer. Alors vous avez recours au tabac. Vous ne fumez que lorsque vous cherchez à vous rendre insensible.

1. *Taittirîya Up.* 2.2.1 : Adyate-atti bhûtâni tasmâd annaṃ tad ucyate-iti.

Sommeil

– Dormir (*svapiti*[1]), c'est revenir à soi-même. Quand on sort dehors, on est malheureux. Pourquoi ? Parce qu'on attend quelque chose (de l'extérieur).

Santé

– La santé veut dire un sentiment de bien-être. Que signifie *svastha* (bonne santé) ? c'est *sva* + *stha* (soi-même + se tenir) : celui qui se tient en lui même.

– Ce qui détermine la santé ou la maladie d'un individu, c'est à la fois la quantité d'amour qu'il se porte à lui-même et la situation extérieure qui lui donne ou non la satisfaction qu'il cherche.

– Tout événement a une cause. La cause d'une maladie peut être (*a*) physique, (*b*) mentale, (*c*) physico-mentale, (*d*) congénitale. Il faut déterminer ce que c'est. Si on ne peut ramener la cause à (*a*), (*c*) et (*d*), il faut la rechercher en (*b*).

– Vous vous sentez comme un citron pressé ? Si la cause n'est pas mentale, elle est physique alors. Vous avez dépassé vos limites.

Continence

– Un peu d'ascétisme est nécessaire et particulièrement la continence, de façon à donner une force plus grande à votre expression.

– Techniquement, un *brahmacârin* est « celui qui vit en *brahman* », c'est-à-dire qui n'est pas en relation avec la vie de ce monde, il s'en est retiré, il est retiré en lui-même, il a abandonné la vie de ce monde, la vie de famille, la vie ordinaire. Le sens exact de *brahmacârin* c'est étudiant. L'étudiant est à l'écart de toute vie mondaine : les plaisirs de ce

1. Jeu de mots : *svapiti* veut dire « il dort » et se rapproche donc de *svam + eti :* il va ou retourne en lui-même. De même *svastha* veut dire en bonne santé ; *sva + stha :* se tenir en soi-même.

monde, les souffrances, les tentations. Il est totalement un avec ses études et l'acquisition de connaissances. Ainsi, par exemple, si un étudiant s'engage dans des activités sexuelles, peut-il étudier correctement ? Non. Pour un étudiant, son travail essentiel est de conserver son énergie, d'acquérir de l'énergie et des connaissances.

– Pourquoi la tradition fait-elle si grand cas de l'abstinence sexuelle ? demande un disciple. Parce qu'il est dit : « Si vous conservez la semence (*bindu*), c'est la vie, si vous la détruisez, c'est la mort[1]. »

– Il est dit également : « Le sexe est obscurité aveuglante, l'amour est soleil immaculé[2]. »

Le rythme de vie et la régularité dans les habitudes ont pour but de préserver l'énergie, qui est limitée

– Quelle est la nécessité d'une vie régulière ? Préserver l'énergie.

– Essayez de rendre votre vie régulière dans tous les aspects. Une vie régulière permet de conserver l'énergie, de ne pas la gaspiller.

– Le rythme est le sel de la vie. Menez une vie régulière. Observez un rythme physique et mental.

– Le rythme est la vérité, le *brahman* suprême[3].

– Essayez d'organiser votre vie de manière à ce que le travail et le repos soient correctement ajustés. Le meilleur repos, c'est la relaxation physique et mentale pendant la journée.

– La relaxation de toute personne, de tout animal ou de tout être, c'est le sommeil. Sans sommeil, vous ne pouvez pas fonctionner. Qu'est-ce que le sommeil alors ? Une relaxation naturelle. Vous devenez libre de toute lutte, de toute activité, de tout. Consciemment aussi, il est possible de vous relaxer pendant un certain temps, dans la journée, et si vous en pre-

---

1. Source non trouvée : Maraṇaṃ bindu kṣaraṇât, jîvanaṃ bindurakṣaṇât.
2. Source non trouvée : Kâma-andhatamaḥ prema-nirmala-bhâskaraḥ.
3. *Mahânârâyana Up.* 1.6 : Ṛtaṃ satyaṃ parabrahman.

nez l'habitude, vous pourrez également vous relaxer en travaillant.

– Pendant la journée, prenez quelques instants et relaxez-vous complètement, physiquement et mentalement. Ne pensez à rien, ne faites aucun projet, aucun plan à ce moment-là. La relaxation doit être complète. En procédant ainsi, vous ressentirez aussitôt un sentiment de bien-être (*you will feel refreshed*).

– Dans tous les domaines, trouvez vos limites et fonctionnez à l'intérieur de ces limites. Si vous pouvez fonctionner à l'intérieur de vos limites, votre vie suivra son cours naturel et vous progresserez de manière continue jusqu'au but final.

– Pour celui qui dépasse ses limites, la vie est une tragédie. Vous pouvez voir que toujours dans la vie, partout où il y a une tragédie ou un malheur, c'est qu'une limite a été dépassée.

– Etant un individu, une entité particulière, vous avez des limites physiques, mentales, nerveuses, etc. Si vous connaissez vos propres limites et si vous essayez de rester à l'intérieur de ces limites, vous êtes libre.

Purifier, c'est avoir une vie équilibrée

– Une vie juste veut dire marcher sur le chemin de la vie, les yeux ouverts, en posant des questions : Quoi ? Pourquoi ? Comment ?

– Purifier sa vie, c'est fonctionner de manière juste, c'est-à-dire en restant à l'intérieur de ses limites.

Connaître ses limites et ne pas les dépasser

– Il y a une limite pour l'effort d'un individu. L'énergie certes est illimitée mais tout dépend de la manière dont on l'utilise.

– Vous vous êtes senti paresseux toute la journée ? Probablement un excès de travail.

– Pas au-delà des limites des circonstances et des forces dont on dispose.

– Arrêtez-vous avant de sentir la fatigue.

– Plus vous faites un effort, plus forte est la réaction. Il est préférable d'avancer lentement.

Contrôler et non refouler

– Refouler veut dire rejeter. On prétend être libre. Contrôler signifie accepter, vérifier.

Certes, l'énergie du désir peut être refoulée. Celui qui y parvient peut alors obtenir le pouvoir, ou même des pouvoirs occultes (*siddhi*) mais non pas la paix (*śânti*), signe de la délivrance (*mokṣa*). Quand on tue le désir, on acquiert des pouvoirs. Mais contrairement à la *Bhagavad Gîtâ*, les *Upaniṣad* enseignent : – « Quand on est libre de désirs, on trouve la paix. »

– Ne pas refouler, mais contrôler selon les circonstances.

– Vous venez auprès de Svâmi Prajñânpad pour devenir humain et non pour vous conduire comme un animal. Exprimez-vous en vous contrôlant, sans refoulement.

– Par le refoulement, vous renforcez ce que vous refoulez. Acceptez-le de manière consciente. Alors vous serez comme un enfant, mais non enfantin.

– Le refoulement donne des résultats mais non la vérité. Dans le refoulement, il y a asservissement. Le contrôle est facile avec l'acceptation.

– Gandhi était un grand homme. Une telle volonté fondée uniquement sur le refoulement sexuel. Il fut grand dans le domaine qui était le sien, mais cela n'avait rien à voir avec la vérité.

– Gandhi a établi son pouvoir par le renoncement. Il a tué ses désirs et obtenu le pouvoir.

Il ne faut pas confondre maîtrise et refoulement :

– La maîtrise vient du sentiment de sa propre dignité, du respect de soi-même, du fait de ne dépendre que de soi ou de la clarté de sa vision. Il n'y a pas de refus dans la maîtrise, contrairement au refoulement qui entraîne contrainte et servitude.

CHAPITRE III

Les relations avec autrui

Être en relation

Passer d'une conscience étroite, limitée, recroquevillée sur elle-même, à une conscience plus large, épanouie, laissant une grande place à autrui, telle est la première étape de la croissance.

Pour Svâmi Prajñânpad, la société n'est que le cadre formel qui permet à l'individu de devenir une personne. La société est à la fois nourricière et contraignante. La vie en société est le lieu d'expériences privilégiées qui permettent de prendre conscience que ce que l'on cherche ne se trouve pas à l'extérieur.

Une société est d'autant meilleure qu'elle offre des possibilités d'expérience à chacun de ses membres. C'est une société où la contrainte est la moins forte, les possibilités d'expression les plus grandes.

> – A quoi sert la société ? A protéger l'individu et à lui permettre de s'exprimer autant que possible.
>
> – Chacun essaye de s'adapter à la société tant qu'il ne devient pas plus fort que la société en la dépassant.
>
> – Le sentiment d'unité dans une relation est le chemin de la croissance.

La société n'est pas le but en soi. La société est le lieu d'organisation des rapports sociaux, la société exerce une contrainte, émet des jugements de valeur, l'homme doit s'y plier, s'adapter jusqu'à ce qu'il se sente plus fort et dépasse la société.

Les relations avec autrui s'expriment d'abord dans la famille : les relations de couple, les relations parents-enfants et enfants-parents et ensuite dans la vie professionnelle. Les relations familiales et professionnelles sont le terrain privilégié de la croissance personnelle.

LA DOUBLE CONTRAINTE DES RELATIONS AVEC AUTRUI

Les relations avec autrui, comme chacun a pu en faire l'expérience, sont le lieu privilégié où nos émotions apparaissent le plus facilement. Elles sont le banc d'essai pour vérifier la validité et la profondeur de notre compréhension. C'est pourquoi Svâmi Prajñânpad attachait une telle importance à tous les problèmes relationnels. En effet :

– Le général n'est que l'extrapolation du particulier.
– Une seule expérience complètement vécue suffit pour rendre libre.

Les relations avec autrui s'inscrivent à l'intérieur d'une double contrainte : aucune relation avec autrui n'est possible et pourtant on ne peut pas se passer d'autrui.

D'où la recherche d'un moyen terme : comment faire dans nos relations avec autrui pour éviter autant que possible de recevoir des coups et pour essayer d'obtenir la satisfaction de nos besoins ?

Négativement, cela consiste à cesser de se projeter sur l'autre et à essayer de reconnaître sa différence. Positivement, c'est prendre l'initiative de donner à autrui ce dont il a besoin.

Toute relation est illusoire

– Tout ce qui est relation est, en fait, par nature, fondamentalement illusoire. Pourquoi ? Toute relation est votre propre création parce que vous y projetez vos sentiments. Ainsi tout dépend de votre réaction. Qu'est-ce que la réaction ? C'est la manière dont vous prenez les choses. C'est donc vous qui créez la relation ! C'est vous qui laissez la réaction avoir lieu.

– Toute relation est illusoire. Mais si vous devez agir dans cette relation, il faut vous conduire en fonction des termes de cette relation. Vous vous habillez pour les autres.

– Il ne peut y avoir aucune relation. Toute relation c'est vous qui la créez. Tout dépend de votre réaction, de la manière dont vous recevez. Des vagues se forment en vous. C'est vous qui en êtes responsable car vous permettez à ces vagues de se former.

– Toute expression ne concerne que celui qui s'exprime. Vous ne pouvez donc pas être affecté. Vous ne pouvez pas mettre en cause (*question*) l'expression de qui que ce soit, mais vous pouvez mettre en cause ce qu'il exprime. Donc pas de ressentiment, de grief contre qui que ce soit. Ce n'est pas lui qui vous insulte. C'est vous qui avez reçu l'insulte.

– « Dès qu'il y a deux, la peur apparaît[1]. » Deux ne peuvent que se séparer.

– Ainsi que l'exprime le saint poète vishnouite : « Tous deux se serrent fortement l'un contre l'autre, pensent à leur séparation et pleurent. » Chaque fois que vous vous sentez deux, il y a forcément séparation.

– Quand vous « rencontrez » quelqu'un, tous deux vous restez séparés, aucun de vous deux ne devient un. Aussi longtemps que deux entités restent en présence l'une de l'autre, l'opposition et les conflits sont inévitables.

– Rencontrer (*meet*) quelqu'un c'est rester séparé comme l'huile et l'eau alors que se mêler (*mix* ou *mingle*) c'est devenir un.

– Quand l'eau rejoint l'eau, ce n'est pas une rencontre, mais une unification.

– La dualité, c'est sentir qu'on est en relation. Vivre dans l'unité, c'est ne plus avoir aucune relation, parce que vous les avez toutes dépassées.

– Il semble y avoir une relation et c'est dans cette apparence de relation que vous agissez.

---

1. *Bṛhadâraṇyaka Up.* 1.4.3 : Dvitiyâd vai bhayam.

Pourtant, on ne peut se passer d'autrui

– Si chacun est différent, deux ne peuvent pas vivre ensemble. Mais la nature dit qu'on ne peut faire autrement que de se mettre ensemble. On ne peut pas vivre de manière indépendante, séparément.

– Je ne peux pas vivre sans relation. Je ne peux pas être seul. Je dois donc accepter l'autre. C'est moi qui ai besoin de lui, qui ai besoin d'entrer en relation avec lui.

– « Seul on ne se sent pas heureux[1]. » C'est pourquoi on ne peut pas se passer d'autrui.

– Si j'ai quelque chose à faire avec lui, alors je vais essayer de le comprendre. Quel genre de personne est-il ? Pourquoi parle-t-il ainsi, quelle est son attitude, quel est son comportement et qu'est-ce qu'il dit ? Je vais essayer de connaître tout cela. Alors seulement, je serai capable d'entrer en relation avec lui. Mais si je n'ai pas un tel besoin, il me suffira seulement de reconnaître sa présence. Il est là. Il existe tout simplement, là, à la place qui est la sienne. Et c'est tout.

– C'est en cherchant à établir une relation qu'on a la possibilité de s'élargir en rendant l'autre « sien ». Une relation apparaît quand quelqu'un essaye d'être une personne. Un individu n'a pas de relation.

RÈGLES DE COMPORTEMENT DANS LA RELATION

Voyez qu'il est différent

La rencontre avec autrui est le terrain privilégié de la prise de conscience de la différence. Voir qu'autrui est différent permet d'accepter qu'il ne donne pas ce à quoi on s'attend.

– Tant que vous ne sentez pas : « Il est différent, il est unique, il existe dans son droit », il ne peut pas y avoir de relation.

---

1. *Bṛhadâraṇyaka Up.* 1.4 : Ekakî na ramate.

– Rencontrer des gens veut dire : lui, il est comme il est. Moi, je suis quelqu'un d'autre.

– Il est simplement ce qu'il est. Voyez simplement les choses comme elles sont. Une autre entité est simplement une autre entité. Son problème est simplement son problème. Personne ne fait rien pour personne d'autre. Chacun n'agit que pour soi-même.

– Le fait premier auquel vous pouvez vous attendre et que vous devez accepter, c'est « non ». Dites « oui » à ce « non », ce « non » originel, ce « non » inévitable et donc naturel. Vous devez vous attendre au « non » et l'accepter. Alors et alors seulement vos relations avec les gens seront faciles et vous pourrez recevoir autant que faire se peut.

– Un effort est nécessaire pour synchroniser l'« intérieur » et l'« extérieur », les réconcilier et finalement les unifier. Cela veut dire que votre attention doit se tourner vers l'extérieur, comme la fleur de tournesol : du matin au soir, elle n'arrête pas de tourner sa tête de façon à toujours regarder le soleil.

Demandez-vous : « Dans quelle relation je suis ? »

Les problèmes rencontrés dans nos relations avec autrui viennent souvent de ce que nous n'avons pas établi clairement dans quel type de relation nous sommes avec eux. Pour clarifier la situation, il est utile de poser deux simples principes.

• Agissez en fonction des événements, des circonstances et des personnes

– Agissez en fonction de ce qu'est l'autre et non pas comme « cela vous plaît ».

• Demandez-vous : « Qui suis-je, ici et maintenant, dans cette relation ? »

– Qu'est-ce que l'autre attend de moi ? Qu'est-ce que la situation demande ? Il s'agit de voir quelle est ma relation avec lui et d'agir en conséquence.

– Dans toute relation essayez de voir « qui je suis pour autrui » et non pas ce que l'autre est pour vous.

– Au lieu d'attendre quelque chose d'autrui, essayez de voir ce que l'on attend de vous dans la situation particulière où vous vous trouvez.

– Vous devez être là, où vous êtes. Vous devez être dans la relation dans laquelle vous êtes. C'est-à-dire que vous devez être ce que vous paraissez être. Vous paraissez être un mari en relation avec sa femme. Essayez donc d'être un mari, et pas seulement de le paraître.

– Vous prenez le rôle que les autres attendent de vous. C'est parce que vous cherchez à être en relation avec les autres, que vous essayez de voir leur point de vue.

– Quelle est la vérité de la relation ? Vous êtes un père, n'est-ce pas ? D'où allez-vous partir ? Du fils. Vous êtes un cadre dirigeant. D'où allez-vous partir ? De votre adjoint. Vous êtes un mari. D'où allez-vous partir ? De votre femme. Non de vous. Ainsi l'ego ou l'individualité disparaît immédiatement à la lumière des relations que vous établissez.

– La relation dépend d'autrui, non de vous. Vous, c'est votre ego. Plus vous serez en relation, plus vous serez libre de l'étroitesse de l'ego.

– Vivre dans l'autre, c'est le secret de la relation. Ainsi les relations vous émancipent, vous permettent de vous élargir.

– Quand vous voyez quelqu'un, tel qu'il est réellement, vous le respectez. Par contre, quand vous vous attendez à ce que l'autre agisse comme vous en avez envie, vous manquez de respect à vous-même et vous manquez de respect à l'autre également.

– Mieux vaut l'enfer avec un sage que le paradis avec un insensé (*fool*).

Comment s'exprimer face à autrui

• Soyez strict et non sévère

– Agissez avec diplomatie, de manière stricte, mais avec douceur.

Agir avec diplomatie, c'est comprendre une personne comme elle est, ne pas blesser son ego, ne pas l'humilier par vos explications, mais la gagner à vous en tenant compte de ses sentiments.

Agir de manière stricte, c'est rester fermement sur sa position : l'acier peut être élastique, mais reste solide. Agir avec douceur et sans sévérité, c'est ne pas blesser, présenter votre argumentation délibérément d'une voix douce, parler de manière agréable, présenter une argumentation solide tout en montrant à l'autre ses erreurs.

– Soyez strict et non sévère. La différence ? C'est efficace d'être strict. La sévérité paraît efficace mais elle suscite une opposition. La nature elle-même fonctionne de manière stricte, alors que la sévérité est seulement l'effet de réactions émotionnelles. Quand vous êtes strict, vous n'avez pas d'émotion.

• Ne blessez pas l'ego des autres et ne mettez pas le vôtre en valeur

Svâmi Prajñânpad manifestait un doigté considérable et une sensibilité aiguisée dans les relations avec autrui. Chacun ressortait des entretiens avec le sentiment d'être quelqu'un à part entière ayant reçu la part de considération, d'appréciation, d'écoute et d'amour qui le remplissait d'un sentiment de plénitude et de calme. Ce n'était pas seulement l'effet du *darśana*, du fait de s'imprégner de sa présence, mais cela venait également d'une attitude délibérée et réfléchie de sa part. Il tenait compte, de manière précise, des besoins, de la demande et des caractéristiques de la personne à qui il avait affaire. C'est ce qu'il conseillait de faire à ses disciples dans leurs relations avec autrui.

– Lorsque vous rencontrez une flaque d'eau sur votre chemin, vous levez le pied. Il en est de même lorsque vous parlez à quelqu'un.

– Dites (à cette personne) : « N'ayez pas peur, ne désespérez pas, vous allez bientôt voir clair dans vos problèmes. Il n'y a aucune raison pour que vous restiez bloqué. » Ce serait par contre mal venu de lui dire maintenant : « Vous êtes responsable de vos problèmes et du fait que vous ne vous en sortiez pas. » Elle croit qu'elle n'a pas la force de s'en sortir et elle se sent incapable. Si d'autres gens lui parlent ainsi, cela ne fera qu'accroître son sentiment de culpabilité et d'impuissance. De plus, son ego sera blessé. Elle se dira : « J'échoue là où un autre a réussi. » Cela lui paraîtra encore plus inacceptable. Elle éprouvera de l'hostilité contre la personne qui lui aura parlé ainsi.

Il écrit à sa petite-fille :

– Dites, je vous présente mon *praṇâma* [prosternation en guise de salutation] et non acceptez mon *praṇâma*, de même qu'il convient de dire « puis-je vous en offrir un peu plus » et non « en prendrez-vous un peu plus ? ».

– Essayez toujours de prendre en considération le point de vue d'autrui. Ne contredisez jamais personne. Ecoutez, écoutez, écoutez seulement.

– Quand vous êtes en relation avec autrui, vous devez faire attention à ne pas rabaisser son ego, mais à le mettre en valeur. Pourquoi ? Parce que chacun sent : « Je suis parfait. » Ainsi vous devez dire « oui, oui » à tout ce qu'il dit.

– La clé d'une relation facile avec autrui, c'est de ne pas imposer votre ego, ni d'écraser l'ego des autres.

– Dans le fond de votre cœur, vous devez éprouver des sentiments d'amitié envers tout le monde. Ces sentiments d'amitié, vous pourrez les ressentir aussi longtemps que vous n'attendrez rien des autres.

– Il est indispensable d'être en contact avec les autres. Fréquentez les autres, sinon vous vous rétrécissez.

– Soyez en relation (*mix*) avec tout le monde.

– Soyez vous-même et soyez avec les autres. Sans être avec les autres, vous ne pouvez pas être vous-même.

– Rencontrer les autres certes mais non fusionner. Vous devez vous préserver.

– Rencontrer autrui… sans goût ni dégoût particulier.

– Ne laissez personne devenir intime.

Une disciple indienne voyageant seule en Inde raconte à Svâmi Prajñânpad comment elle a été injuriée par un porteur (*coolie*) qui lui réclamait une gratification supplémentaire à laquelle il n'avait pas droit, celui-ci répond :

– Allez-vous entrer en conflit, vous faire injurier, perdre votre dignité pour un *anna* [dix centimes] ? C'est à vous de choisir entre un *anna* et le respect de vous-même.

• Ayez un sentiment de bienveillance envers tous, mais un comportement non uniforme

Dans les relations avec les gens, même si vous avez un sentiment égal de bienveillance, envers tous, vous n'agissez pas de manière uniforme.

– « Puissé-je me fondre (*merge*) avec chacun. » Oui, c'est bien. Ni trop d'intimité ni absence d'intimité est juste. Fréquentez tout le monde, aimez tout le monde, mais en même temps n'essayez pas d'imposer vos opinions, quand ils ont les leurs. A moins qu'il ne vous interroge dans un esprit approprié ou qu'il soit un subordonné, n'empêchez personne d'agir de la manière dont il le fait.

– Vous avez de l'amour pour tous dans votre cœur mais agissez avec chacun tel qu'il est, puisque chacun est différent.

– Toute personne est un être humain et doit être traitée en tant que tel, c'est-à-dire avec affection. La distinction « celui-ci est mien et l'autre non » est un jeu du mental.

Affection non seulement envers ses proches, sa famille, mais la même affection envers tout le monde. Une mère n'est pas seulement une mère pour ses enfants, mais pour tous les enfants et, en fait, pour tous les êtres humains. Par la maternité, elle s'est élargie, elle a élargi son cœur. Etre mère est une expérience totale. Les enfants particuliers dont elle est mère n'en sont qu'un aspect particulier. Si le fait d'être mère reste limité à ses propres enfants, c'est que l'élargissement de son cœur ne s'est pas produit.

– Evitez de fréquenter ceux qui n'ont pas de discrimination.

Ce conseil semble contredire l'injonction première de fréquenter les autres. En fait, on voit bien par cet exemple combien toute injonction et tout conseil est relatif et doit être appliqué avec discrimination.

– Pour parler à autrui, il faut « s'incliner pour conquérir[1] ». La nature ne peut être conquise qu'en respectant ses lois.

---

1. Adage souvent cité du philosophe et savant anglais Roger Bacon (XIIIe siècle).

Face aux critiques ou aux appréciations d'un autre

Essayez de voir qu'il relâche sa tension. Son opinion sur vous n'a aucune valeur. Vous ne pouvez donc en être affecté.

– Laissez les autres vous louer… mais vous savez que vous n'avez fait que ce qui est naturel.

– « Ce *sârî* ne vous a pas été offert de bonne grâce » ou bien n'a-t-il pas été reçu de bonne grâce ?

– Personne ne connaît ni ne comprend un autre et pourtant chacun fait des commentaires sur les autres ! Ce que vous êtes réellement, ce que vous êtes profondément en vous-même, qui peut le savoir de l'extérieur ? Seuls ceux qui ne se connaissent pas se sentent déprimés ou exaltés selon ce que les autres disent.

– « Il m'insulte ? » Ce n'est pas son acte qui vous insulte mais c'est votre manière de le recevoir.

– « Personne ne peut me remettre en cause. Moi-même je ne permets pas qu'on me remette en cause. » Alors ne remettez pas en cause les autres, car vous n'y avez aucun droit.

– Son expression, comment il s'exprime, pourquoi il s'exprime ne concerne que lui. Vous n'avez rien à voir là-dedans. Vous ne pouvez le remettre en cause parce qu'il est unique. Ainsi vous ne pouvez pas être affecté.

– L'opinion des autres est le plus grand obstacle (*stumbling block*). Ils parlent de formes qu'ils créent dans leur esprit avec les goûts et dégoûts qui leur sont propres. Ainsi personne ne peut vous connaître, personne ne peut parler de vous. Ainsi rien ne peut vous affecter. Mais vous ne coupez pas toute relation avec eux, car vous ne pouvez qu'être avec eux.

– Soyez vous-même et laissez chacun être soi-même. C'est pourquoi vous pouvez dire : « Je n'ai rien contre vous mais je peux vous tuer. Je suis un avec vous. »

On rejoint ici un aspect important de la relation avec autrui. Dans une société traditionnelle, le bourreau n'est ni mauvais, ni méchant, ni agressif. Il accomplit son œuvre avec amour. Il tue sans violence, sans émotion. Il ne fait qu'accomplir une action juste et nécessaire. A la limite, il ne pourrait pas tuer s'il n'éprouvait pas de l'amour pour sa victime.

– Dites-vous « il cherche à relâcher sa tension ». Chacun parle selon la condition où il se trouve.

– Quand vous sentez qu'il vous attaque, essayez de voir : « Il s'exprime, il est lui-même. »

– Quand vous avez vu, alors vous découvrez : « Moi-même, je ne fais jamais rien pour personne. Je ne fais que relâcher la tension qui s'est accumulée en moi. Je ne fais qu'utiliser quelqu'un d'autre comme un instrument pour relâcher ma tension. » Toute action, quelle qu'elle soit, n'est rien d'autre que le relâchement d'une certaine tension. Et c'est seulement dans ce but – pour relâcher notre tension – que nous avons besoin de vivre en groupe.

– C'est ainsi qu'il a agi... Ce n'est pas parce que vous ne comprenez pas qu'il ait pu agir ainsi que vous devez en être émotionnellement affecté. C'est en effet son problème et il doit avoir une raison pour agir ainsi. Il ne peut agir comme cela vous plairait qu'il agisse. D'abord, vous ne pouvez pas être affecté par les actions de qui que ce soit, car l'autre est ce qu'il est. Il agit comme bon lui semble, selon son bon plaisir, de la manière dont il voit les choses. Ensuite, si vous n'êtes pas obligé d'établir de relation avec lui, les choses peuvent en rester là. Vous n'avez pas à entrer en relation avec tout le monde. Vous n'êtes pas affecté par ce qu'il fait. Il ne vous attire pas, mais vous ne ressentez aucune hostilité envers lui. Vous sentez simplement qu'il est comme il est et c'est la raison pour laquelle il agit de cette manière.

– Les actions d'un autre ne peuvent avoir aucun effet sur vous, à moins que vous n'y résistiez.

– Faites une expérience. Allumez un feu ici et placez une casserole par-dessus. Versez-y de l'eau et du riz. Au bout d'un moment le riz sera cuit. Maintenant de nouveau, allumez le feu là-bas et placez la casserole ici. Le riz pourrait-il cuire ? Non. Pourquoi ? Parce qu'il n'y a pas de relation entre le feu et le riz. La réaction en vous dépend de la manière dont vous prenez les choses, de la manière dont vous y réagissez. La manière dont vous recevez les choses vous transforme et vous devenez ce que vous recevez.

– Personne ne peut vous connaître, donc personne ne peut parler de vous. Tous pensent quelque chose de vous et se font une certaine représentation de vous. Ensuite, ils expriment une opinion sur leur représentation mentale. Chacun voit sa création mentale, mais personne ne vous voit.

L'EXPANSION VERS L'UNITÉ

La relation avec autrui est le chemin le plus direct de l'expansion vers l'unité.

– Je dois obtenir et recevoir de chacun. Je dois voir et recevoir ce qui se passe autour de moi ! Je dois devenir un centre de réception ou un centre d'expérience. Quand je suis devenu un centre d'expérience, tout devient agréable.

– En établissant peu à peu toutes les relations possibles et en les acceptant, vous devenez la quintessence ou plutôt l'expression de toutes les relations, sans aucune contradiction ou aucune sorte de conflit. Où êtes-vous alors ? Dans l'unité.

– Prenez l'exemple de l'eau de la rivière. Vous en remplissez une cruche. L'eau prend la forme de la cruche. Versez-la alors dans un vase. Elle prend la forme du vase. Quelle est la forme de l'eau ? Celle de la cruche ou celle du vase ? La réponse c'est qu'elle ne prend aucune de ces formes. Pourquoi ? Parce qu'elle n'a aucune forme propre. Elle est par conséquent libre des formes. Ainsi toutes les formes lui appartiennent.

– La conscience qui se sent une avec toutes les relations, qui n'est jamais en conflit dans aucune relation, c'est la perfection.

– Le sentiment que « je suis lui » viendra de lui-même. Vous n'avez pas à vous l'imposer. Vous ne devez pas prétendre cela mais agir de façon telle que ce sentiment vienne à vous automatiquement, de lui-même.

Le meilleur amour est celui qui ne peut jamais sentir sa perfection nulle part. Il sent toujours : « Oh ! quelque chose de plus… encore plus. Je n'ai pas fait cela. »

CHAPITRE IV

Donner et recevoir

Toute relation à autrui implique un échange : ce que l'on donne et ce que l'on reçoit.

Donner et recevoir est le prototype même de la relation, le lieu où s'exprime de manière visible la contradiction inhérente à toute relation. On ne peut faire un geste ni prononcer un mot sans s'y trouver confronté.

Cette confrontation n'est ni simple, ni évidente. On se retrouve affecté, perturbé, inadéquat, impuissant, en conflit et surtout dans la plus grande ignorance sur la manière de s'en sortir.

Svâmi Prajñânpad jette un éclairage particulier et original à la fois en posant des principes de base dont l'efficacité peut être vérifiée dans les multiples applications de notre vie quotidienne.

Le paradoxe du don

Impossible de faire quoi que ce soit sans intérêt personnel

Chacun ne cherche qu'à prendre :

– Chacun ne s'intéresse qu'à soi. Il en est de même pour tout le monde. Personne ne fait rien pour personne, chacun n'agit que dans son intérêt personnel.

– Vous ne faites aucun sacrifice. Vous le faites en apparence, mais faire un sacrifice cela n'existe pas. Car vous accomplissez ce sacrifice dans votre propre intérêt. Vous le faites tout simplement parce que vous ne pouvez absolument pas vous en passer.

– Personne ne fait rien pour personne. Chacun n'agit que pour lui-même.

– Personne ne vient pour donner. Tous ceux qui viennent viennent pour prendre.

– Personne ne fait ni ne peut rien faire pour personne. Non... chacun agit toujours pour lui-même. Tout ce que fait quelqu'un, il le fait pour lui. Personne n'agit ni pour une autre personne, ni pour quoi que ce soit d'extérieur, parce qu'il n'est pas possible de faire autrement. Pourquoi ? Parce que tout individu a son centre d'intérêt en lui-même.

– Prenez appui sur la vérité, cette vérité absolue, immuable, que personne ne peut rien donner à personne. Un individu ne fait que prendre seulement. Tous veulent prendre. L'homme se réalise en tant qu'homme lorsqu'il en vient à donner.

– Tant que vous n'êtes pas un sage vous ne pouvez pas donner sans espérer recevoir.

Le principe essentiel c'est que tout le monde recherche son intérêt personnel et son plaisir. « Chacun ne s'intéresse qu'à lui-même », dit Svâmiji de manière laconique et brutale et, ajoute-t-il, « cette règle ne souffre aucune exception ».

Donner n'est pas un mouvement naturel. Mais, en même temps, chacun désire recevoir. Pour résoudre cette difficulté, il s'agit de comprendre que pour recevoir, il faut commencer par donner. Celui qui désire recevoir doit prendre l'initiative de donner dans le but de recevoir.

Mais on ne peut pas donner ce qui nous plaît seulement. En effet, l'autre est différent. Or on donne pour le satisfaire. On doit donc donner en fonction d'autrui, de ce qu'il veut recevoir, de ce qu'il peut recevoir et aussi de ce que l'on veut et peut donner.

– Même le plus grand sage (*mahâtmâ*), qui considère chacun comme étant lui-même, agit dans son propre intérêt. Seulement pour lui, « son propre » inclut tout le monde, « son propre » inclut tout. Tout homme agit, toujours, dans son propre intérêt. Personne ne peut agir autrement. La différence réside simplement dans l'étendue ou l'étroitesse de ce qu'il considère comme « son propre intérêt ».

Tout dépend de la largeur de vue, de l'extension qu'on donne à cet « intérêt personnel » ou « plaisir », c'est-à-dire dans quelle mesure plus ou moins grande l'autre est incorporé dans cet intérêt personnel. D'où la gradation :

– L'individu qui ne connaît que lui-même et ne prend pas l'autre en considération.

– La personne qui s'élargit jusqu'à englober ses proches, ses familiers, ou son entreprise ou d'une manière plus générale son entourage.

– Enfin le sage qui est un avec le monde entier parce qu'il a tout incorporé.

Donner pour recevoir à son tour

L'affirmation selon laquelle « chacun cherche son intérêt personnel, même un *mahâtmâ* », prend le contre-pied de toutes les idées reçues concernant l'amour d'autrui et le non-égoïsme.

Les conséquences que l'on peut en tirer sont d'une grande importance :

1. Donner ne peut être une règle morale ni une obligation. Ce n'est pas « bien » de donner mais c'est le seul moyen de servir véritablement son propre intérêt personnel. On donne parce qu'on a intérêt à donner. On ne peut donner que si l'on voit que l'on y a intérêt.

2. Donner est un mode de croissance, un mode d'expansion privilégié.

La relation avec autrui est le temple, l'église, le dojo ou l'arène où s'accomplit le rite de transformation, le passage d'un stade à un autre.

Le don est un rite qui doit observer un certain nombre de règles pour être efficace. C'est un instrument de connaissance et une ouverture affective. C'est un rituel complet puisqu'il implique action, connaissance et affectivité.

Il peut être pratiqué en tous temps, en tous lieux, par tout le monde. On ne peut s'empêcher de le pratiquer. Mais on le pratique plus ou moins bien.

3. La vie est la relation par excellence : inspirer, expirer, absorber, éliminer… vérité physique, biologique, mentale, spirituelle. On ne peut pas vivre sans échanger. Alors autant échanger correctement. Il faut apprendre et surtout dés-apprendre. Se défaire de mauvaises habitudes.

Qu'est-ce qui bloque le plus la relation ? C'est la présence d'éléments qui ne sont pas à leur place, d'éléments qui créent un désordre. Ces éléments sont les émotions : la présence du passé, des expériences du passé non comprises, non acceptées, « refoulées ». Des relations justes impliquent l'élimination de la présence du passé.

Chacun ne cherche qu'à prendre. Donner n'est pas un mouvement naturel. Mais, en même temps, chacun désire recevoir. Pour résoudre cette difficulté, il s'agit de comprendre que pour recevoir, il faut commencer par donner. Celui qui désire recevoir doit prendre l'initiative de donner dans le but de recevoir, car personne ne peut se passer d'autrui… personne ne peut se passer de recevoir d'autrui.

– Impossible de vivre seul. Pour recevoir ou obtenir, je dois donner.

– Personne ne veut donner. Comment l'amener à me donner ? Il faut lui donner d'abord.

– Chacun n'agit que pour lui-même. Si vous désirez obtenir quelque chose d'un autre, vous devez agir pour lui ou pour elle, et satisfaire ses demandes ou ses désirs. Aussitôt que vous faites quelque chose pour l'autre, vous devenez l'autre. Quand vous faites quelque chose pour l'autre, vous le faites, en réalité, pour vous-même.

– En aidant autrui, on ne fait que s'aider soi-même.

– Pourquoi faut-il essayer de comprendre autrui ? Parce que, si vous ne le faites pas, vous ne pouvez pas être en relation avec autrui, vous ne pouvez pas être un avec lui. Comprendre autrui est également dans votre intérêt car c'est vous qui prendrez des coups si vous ne le comprenez pas. Vous serez le seul à en souffrir.

– Qu'est-ce que je désire ? Qu'il m'aime ! Mais pourquoi m'aimerait-il ? Pour recevoir, donnez d'abord.

L'argumentation de Svâmi Prajñânpad est simple. Comme chacun ne s'intéresse qu'à lui-même, qu'on ne peut rien faire sans intérêt personnel et qu'on ne peut se passer d'autrui parce qu'on désire recevoir, il faut donner d'abord. C'est le prix à payer pour recevoir.

– Payez et prenez. Donner d'abord et prendre ensuite. Sans donner, on ne peut pas prendre.

– Ne pas prendre sans donner. Ne pas prendre davantage que vous ne pouvez donner. Ils doivent sentir que vous avez donné plus que ce que vous avez pris.

– Vous avez le droit ou plutôt c'est votre privilège de prendre quand vous donnez.

– Quand vous donnez ce qu'on vous demande, vous obtenez le droit de recevoir. Vous ne sollicitez pas, vous ne mendiez pas pour obtenir ce que vous voulez. Simplement vous payez le prix.

– Si vous voulez recevoir quelque chose de quelqu'un, donnez-lui d'abord. Dès que vous donnez, vous entrez en relation.

– Aussi longtemps que le désir de recevoir reste présent, vous ne pouvez pas le satisfaire sans donner. Si vous donnez, il vous faut recevoir pour être satisfait.

– Essayez d'abord d'obtenir ce que vous voulez. Le pouvez-vous ? Non. Il est dit : « Donne et alors tu recevras. » Donner n'est pas dans l'ordre naturel des choses. Mais pour recevoir, il faut donner. Vous n'êtes pas seul. Vous êtes parmi d'autres gens et vous voulez recevoir quelque chose des autres. Pour recevoir, il faut donner. Cependant, vous sentez : « Je ne reçois pas en qualité, en quantité, ni sous la forme que je veux, bien que je donne. Pourquoi ? Parce que je donne selon mes critères et non suivant ce que l'autre veut. J'ai beau essayer, il y a toujours un décalage. Pourquoi ? Parce que l'autre est différent. J'ai beau essayer, je ne reçois pas.

– Personne ne peut rien donner à personne, parce que ce n'est pas naturel. En second lieu, il faut se demander : « Pourquoi est-ce ainsi ? L'imperfection est-elle en moi ? Non. Est-elle dans l'autre ? Non. C'est dans la nature des choses. Alors, vous suivez la nature, vous ne vous y opposez pas. Vous acceptez ce qui vient et vous n'intervenez pas. »

– Si vous donnez de l'amour, il vous en reviendra en retour. Vous serez comblé et heureux. Car aimer est, d'une certaine façon, contre nature. La loi de la nature c'est : chacun pour soi et rien que pour soi. Plus vous donnez – donner c'est sentir, comprendre autrui – plus vous recevez.

– Vous voulez recevoir ? Alors donnez.

Le don ne devient-il pas alors une sorte de marchandage ?

– Chacun n'agit que pour lui-même… Lorsqu'on donne on reçoit, c'est pourquoi on en éprouve de la joie… Vous pouvez appeler « avidité » le fait d'obtenir en donnant. C'est une erreur de mépriser cette avidité-là. Ce n'est que de l'idéalisme abstrait, une erreur que l'on commet lorsqu'on ne s'accepte pas.

Doit-on attendre en retour parce que l'on a donné ?

– Combien attendre d'une personne dépend de ses sentiments envers vous.

– Vous pouvez être sûr de recevoir en retour, uniquement lorsque vous donnez de manière complète. Mais pouvez-vous donner complètement ?

Accepter de recevoir

Le premier désir est de prendre. L'enfant reçoit le sein de sa mère et le saisit. Cela lui paraît naturel. Dans un second stade, il affirme son identité et exprime sa liberté en refusant ce qui lui est offert. Il peut aussi avoir peur qu'on lui prenne ce qu'il a. Il refuse de donner. Et pour ne pas se sentir obligé de donner, il refuse de prendre :

– Quand vous prenez, vous n'êtes pas libre… cela vous est imposé. En donnant, vous vous rendez libre… D'où la peur de prendre pour ne pas être redevable.

– Vous avez peur de recevoir seulement parce que vous avez peur de donner.

Mais ce n'est pas si simple car tout ce qui est proposé n'est pas bon à prendre :

– Même si on vous offre toutes les richesses du monde, cela ne veut pas dire que vous devez l'accepter.

Enfin, dernier stade, accepter de recevoir ce que l'autre désire donner, c'est accueillir, accepter, faire une place au besoin de donner de l'autre. Recevoir ainsi est le plus grand don que l'on puisse faire à autrui. De même que le plus grand don que l'autre puisse nous faire c'est de nous accorder la possibilité de donner.

Essayer d'harmoniser le donner et le recevoir

– Un enfant doit être entraîné à donner. Alors le désir de prendre va disparaître.

– Donner et prendre vont toujours de pair.

– Donner est masculin, recevoir est féminin. Le but de la vie est de neutraliser le désir de donner et de recevoir.

– La maturité se mesure à la prise de conscience qu'on trouve plus de satisfaction à donner qu'à recevoir.

Le stade final de l'harmonisation consiste à accepter de recevoir ce que l'autre désire donner. Cela consiste à accueillir, accepter, faire une place au besoin de donner de l'autre. Recevoir ainsi est le plus grand don que l'on puisse faire à autrui. De même que le plus grand don que l'autre puisse nous faire c'est de nous accorder la possibilité de donner.

COMMENT DONNER ?

Pour que le don ou la communication soit possible un certain nombre de conditions doivent être remplies. Conditions relatives à celui qui reçoit et conditions relatives à celui qui donne.

Conditions chez celui qui reçoit

• Il doit y avoir quelqu'un pour recevoir

La première lettre qui traite ce problème est de 1936. Svâmi Prajñânpad aborde la question en termes de charité et d'aumône. Celle-ci n'est pas forcément bonne en elle-même : contrairement aux règles anciennes qui préconisent la charité aux pauvres (aux moines-mendiants en Inde), Svâmi Prajñânpad attire l'attention sur la nécessité de discriminer et met en garde contre toute identification émotionnelle qui consiste à se projeter dans l'autre, à se voir soi-même dans l'autre malheureux.

– Tout dépend où, quand, comment et à qui ?

– Quand on donne, seul celui qui reçoit est important et non celui qui donne.

– Donner est toujours juste, quand il y a quelqu'un pour prendre.

– Il faut déterminer combien il est disposé à recevoir : « Combien peut-il recevoir ? » C'est cela même que vous pouvez donner et pas davantage.

En 1966, Svâmiji est formel. Venir en aide à quelqu'un requiert de la discrimination sinon cela peut être dangereux.

– Il ne faut rien donner à quelqu'un qui n'a pas le sens de l'argent, qui est prodigue (*spendthrift*) car l'argent est sacré, c'est-à-dire que l'argent est neutre et doit donc être utilisé à bon escient.

– Le respect de l'argent, c'est son usage véritable, sinon les objets n'ont pas de valeur. D'abord il vous baise les mains, puis il dit « oui, oui, oui ». La fois suivante : « Oui, vous avez donné. » La quatrième fois : « Oh ! il va donner ! » Puis : « Pourquoi ne donne-t-il pas davantage ? »

Les ignorants confondent privilège et droit. En fait vous les avez gâtés. De telles personnes ne peuvent être aidées. La fois suivante, si vous refusez, elles vont vous calomnier. Aidez seulement si votre aide est utilisée correctement.

– Seules les lois de ce pays font que les paysans ne possèdent pas la terre et doivent payer un fermage. Ne leur refusez jamais de la nourriture mais ne cédez pas à leur demande, maintenez vos exigences, sinon leur ignorance les poussera à vouloir toujours plus.

On ne peut pas donner ce qui nous plaît seulement. En effet, l'autre est différent. Or on donne pour le satisfaire. On doit donc donner en fonction d'autrui, de ce qu'il veut recevoir, de ce qu'il peut recevoir et aussi de ce que l'on veut et peut donner.

Donner de manière à ce que l'autre soit aidé, soit enrichi, se sente mieux, éprouve un sentiment d'élargissement.

Prendre garde en donnant à ne pas le blesser, ni l'humilier.

Ne pas donner au-delà des capacités et des limites de celui qui reçoit.

• Donner uniquement à quelqu'un disposé à recevoir

L'exemple couramment avancé est celui du soleil qui brille également pour tous. Mais tous le reçoivent-ils pareillement ? Il faut être en position de le recevoir.

– Quand vous donnez quelque chose à quelqu'un, faites d'abord très attention à la position de sa main, voyez si elle est en position de recevoir. Et même cela ne suffit pas, il faut aussi que ses yeux soient fixés sur sa main, sinon ce que vous donnez, une fois déposé dans sa main, risque de glisser et de tomber à terre.

– Avant de donner, vous devez voir si l'autre est en position de recevoir. Donner est justifié par le fait de recevoir. Si l'autre ne prend pas, vous n'avez pas le droit de donner. Si vous le faites quand même, vous n'accordez alors aucune valeur à votre don. Vérifiez cela dans votre comportement quotidien : vous ne jetez pas ce que vous considérez comme ayant de la valeur, mais vous jetez des objets sans importance.

– Il ne faut pas gaspiller des conseils avec des gens dont le besoin ne s'est pas éveillé. Il faut d'abord s'assurer que l'autre est prêt à recevoir et à suivre le conseil. L'enseignant doit attendre que la question soit posée, c'est-à-dire qu'un doute soit apparu dans l'esprit de l'élève. Le doute, le doute, le doute doit d'abord apparaître. C'est cela le critère du besoin d'aide. Quand le doute viendra-t-il ? Seulement après que l'élève aura fait lui-même l'expérience.

Il faut non seulement une disposition mais une demande :

– Il faut déterminer combien il est disposé à recevoir : « Combien peut-il recevoir ? » C'est cela même que vous pouvez donner et pas davantage.

– Ne donnez jamais rien sans qu'on vous le demande. Ne donnez que lorsqu'il y a un désir ardent (*eagerness*) de recevoir.

– Ne donnez jamais rien sans que cela soit demandé… Avant de donner voyez la nature de celui qui reçoit.

– Laissez-le exprimer toutes les opinions qu'il veut. Vous ne devez rien dire, sauf si on vous en fait la demande et encore de bonne foi.

– Si on ne vous demande rien, ne dites pas un mot. De même si on vous le demande mais d'une manière qui n'est pas vraiment sincère ou dans une humeur non réceptive. C'est la clé d'un comportement juste et vrai. Pourquoi ? Simplement parce que chaque homme étant différent et unique considère qu'il a raison et qu'il est parfait. C'est pourquoi s'il ne désire pas recevoir quelque chose de vous, vous n'avez pas le droit de lui donner. Si vous essayez de donner, vous vous déshonorez vous-même, parce que vous n'êtes pas fidèle à la vérité, ce qui a pour résultat de déshonorer, de blesser et de rendre l'autre hostile. Vous empiétez en effet sur sa vie privée, qu'il considère comme son domaine sacré.

• Exprimez-vous en fonction de celui qui vous écoute

– Votre expression vous appartient totalement mais une fois proférée, elle est pour les autres. Elle dépend donc d'autrui.

– Connaître la vérité, c'est connaître ce qui est. Mais dès que vous connaissez la vérité, la direz-vous aux autres ? Non ! L'expression extérieure dépend des autres et non de vous.

– Tant qu'une émotion, une envie, un désir ou n'importe quel besoin sont en vous, ils vous appartiennent. Ils dépendent complètement de vous. Par contre, quand vous essayez d'agir ou, en d'autres termes, quand vous essayez de les exprimer, il vous faut sortir de vous-même. Toute action est justifiée, quand elle est faite en vue d'autrui. Ainsi, parler c'est parler le langage d'autrui.

– Quand vous pensez, la pensée vous appartient. Quand elle est exprimée, elle appartient aux autres. Ils peuvent en faire n'importe quoi. Vous ne pouvez pas dire : « Ce n'est pas ce que je voulais dire », parce que chacun voit les choses à sa façon.

– En groupe, vous n'êtes plus vous-même. Simplement parce qu'il vous faut agir en fonction des autres, de leur condition. Vous êtes déterminé par les autres.

– Exprimez-vous en présence d'autrui dans les limites autorisées par les circonstances. Car à quoi sert la société ? A protéger l'individu et à lui permettre de s'exprimer autant que possible.

Conditions chez celui qui donne

• On ne peut donner que si l'on a reçu

– Donner est impossible si vous ne ressentez pas profondément « oui, j'ai reçu ». C'est pourquoi vous devez voir clairement ce que vous avez reçu, de quelle manière et combien. La joie que vous avez ressentie parce que « vous avez reçu » vous permettra de donner de manière naturelle et facile.

– Ne pas être capable de donner est une réaction. A quoi ? Au fait de n'avoir pas reçu. « Je voulais recevoir, mais je n'ai pas eu » ou bien : « On m'a pris ce que j'avais. C'est pourquoi je m'accroche à ce que j'ai. »

Ne pas pouvoir donner est une réaction à un sentiment de manque. Il est présent chez celui dont la demande est insatiable, chez celui qui attend constamment qu'on lui donne, que rien ne peut satisfaire parce qu'il n'a pas suffisamment reçu. Cette demande excessive suscite généralement dans l'entourage une réaction de défense voire de rejet. Seul le sage est capable de percevoir cette soif illimitée et d'y répondre de manière appropriée.

• Donner selon ses capacités et ses limites

– Vous pouvez donner selon vos capacités et vos propres limites.

– Pour être capable d'aider les autres, il faut devenir un « aidant », c'est-à-dire qu'il faut acquérir la compétence et la technique nécessaires.

– En matière de connaissance, cependant, on ne peut aider, si on n'est pas réalisé (*enlightened*) soi-même. Toute tentative pour guider autrui, avant d'être réalisé soi-même, aura pour seul résultat de l'égarer.

– L'aveugle ne doit pas tenter de guider l'aveugle. Il doit d'abord voir la lumière lui-même, et après l'avoir vue, il aura bien le temps d'aider. Cela ne veut pas dire que vous devez nécessairement attendre d'être complètement illuminé pour venir en aide à ceux qui sont dans le besoin et qui méritent d'être aidés.

– La vérité ne peut être prêchée, la vérité ne peut qu'être vécue, mais si vous connaissez quelque chose, vous ne pouvez pas ne pas donner quand les gens sont si perdus.

– Quand on guide, on doit simplement montrer les faits à autrui, et non donner des opinions ou des conclusions. L'autre doit pouvoir faire l'expérience des faits, former sa propre opinion et tirer ses propres conclusions. Vous pouvez donner autant d'explications que vous voulez, mais vous devez lui laisser la décision. Si la décision est incorrecte, l'expérience le lui apprendra. Vous devez l'encourager à cheminer de manière indépendante et toujours vous souvenir que les conseils ne servent qu'à l'action.

• La demande d'autrui n'est pas une condition contraignante

C'est une joie de donner à ceux qui acceptent de recevoir. Mais c'est difficile de donner à celui qui s'attend à recevoir ou qui a le sentiment qu'il n'en reçoit jamais assez.

Les disciples ont souvent interrogé Svâmi Prajñânpad sur la manière de répondre à la demande jugée excessive essentiellement de parents ou de proches.

– C'est son droit de demander, répond Svâmi Prajñânpad, vous ne pouvez pas l'en empêcher. Mais c'est votre droit de donner ou non en fonction de ce que vous pouvez, de ce que vous estimez juste ou non.

La demande ou l'attente la plus forte est le plus souvent celle de la mère. Elle s'attend à tout recevoir de ses enfants. L'enfant c'est sa plénitude et son accomplissement. La mère attend et exerce souvent une pression intolérable sur son enfant.

En Inde, pour devenir moine il faut obtenir l'autorisation de ses parents et leur bénédiction. On raconte que Śaṃkarâcarya, ne pouvant obtenir l'autorisation de prendre le *saṃnyasa* de sa mère restée veuve, a eu recours à un subterfuge : « Mère, mère, un crocodile m'emporte dans la rivière… il ne me libérera que si tu m'accordes l'autorisation de devenir moine. » Plutôt que de perdre son fils à tout jamais, la mère donne son accord.

Cette histoire a été racontée à un disciple qui se plaignait de l'attente insupportable de sa mère. Svâmi Prajñânpad lui conseille d'essayer de satisfaire autant que faire se peut la pauvre femme.

Chaque fois Svâmi Prajñânpad conseille d'essayer autant que faire se peut de satisfaire l'attente insatiable.

Mais faut-il distinguer entre « attente » et « besoin » ?

– Bien sûr. Il faut essayer de satisfaire le « besoin » mais qui fonctionne selon ses besoins ? Tous sont des enfants et l'attente est leur mode de fonctionnement normal.

C'est pourquoi, tantôt il conseille de satisfaire l'attente, notamment des hôtes invités dans la maison, tantôt au contraire, de limiter l'augmentation de salaire réclamée par les paysans ou de ne pas céder à leur résistance à l'augmentation du fermage.

– Essayez de voir clairement ce que vous avez à faire et pour qui. Non pas ce que les autres demandent ou désirent avoir, mais ce qu'ils peuvent, en raison de leur relation avec vous, attendre légitimement de vous. L'attente des autres ne prendra jamais fin, parce qu'ils ne savent que demander et sont incapables de poser des limites à leurs demandes. En essayant d'obtenir encore davantage, ils cherchent simplement à trouver ainsi leur propre plénitude.

Parfois le disciple se plaint : « Je fais ce que je dois… je suis à bout… Ils ne se rendent pas compte… » Svâmiji répond :

– Vous ne voulez pas vous occuper des vieux parents de votre mari ? Très bien, si cela ne vous plaît pas… laissez tomber… partez. Vous ne pouvez pas ? Alors ? C'est votre privilège de vous en occuper.

Parfois ce sont des invités dont la présence ou le comportement devient insupportable.

Un disciple écrit : « C'est à eux de s'adapter. » Svâmiji répond :

– Vous dites que ses exigences en matière alimentaire sont excessives, qu'il a le palais excessivement délicat. Ne voyez-vous pas comme il est malheureux ! Il est tellement habitué à tout prendre. Le malheureux ne sait faire que cela. Mais c'est votre privilège de donner et de lui demander : « En voulez-vous encore ? »

– Demander est son droit. Donner est le vôtre. Quand il demande, ce n'est pas à vous qu'il s'adresse, mais à la représentation mentale qu'il se fait de vous.

Svâmiji a revêtu la robe de moine pour mettre une limite à l'attente de sa famille et plus particulièrement de son épouse. Qu'est-elle en droit d'attendre d'un mari ? Qu'il subvienne à ses besoins, la satisfasse sexuellement, lui donne sa présence ? Rien de tout cela ne peut être exigé d'un moine. Il écrit :

– C'est contraire à la vérité des choses que de demander quoi que ce soit à Svâmiji, de s'attendre à recevoir quoi que ce soit de lui.

– Le sentiment de responsabilité est une illusion. Vous ne pouvez rien faire pour autrui, sauf s'il en fait la demande. Un jardinier ne peut pas changer un pommier en cerisier. Il peut seulement fournir les conditions nécessaires à la croissance du pommier.

• Laisser parler son cœur

Certains disciples ont demandé à Svâmiji quel cadeau il fallait apporter à l'occasion du mariage de la fille d'un ami ou quelle contribution en argent laisser au moment du départ de l'ashram ? Svâmiji répondit :

– Dans une relation, l'argent est un médium le plus concentré, le plus matériel, le plus grossier, le plus objectif.

– Vous donnez parce que vous vous sentez redevable de quelque chose. C'est une manière de rétablir l'équilibre. On se sent humilié lorsqu'on reçoit.

– On ne donne que pour neutraliser ce qu'on reçoit.

– Dire « merci », c'est la manière matérielle de réagir à un don mais non la manière humaine. Lorsqu'on fait passer un objet de la main gauche à la main droite, il y a bien changement de place de l'objet mais unité entre les deux mains. Ainsi est-ce humain ou plein de grâce ou vrai ou beau de donner et de recevoir quand il y a un sentiment d'unité. C'est pourquoi donner ne doit pas se mesurer en termes d'argent mais en termes d'amour.

– Si vous donnez sans vous sentir un avec l'autre, vous ne pouvez vous empêcher de vous sentir privé de ce que vous avez donné. Ne pas donner eût été, dans ce cas, préférable.

– A moins de vous sentir un avec l'autre, lui offrir quelque chose, c'est l'humilier.

• Donner et recevoir un cadeau

Il est important de donner aussi complètement que possible. Svâmi Prajñânpad donnait en exemple la cérémonie du *kanak-âñjali*.

– La cérémonie de *kanak-âñjali*, lorsqu'une mère donne sa fille en mariage. C'est un don complet, sans aucun espoir de retour.

Svâmi Prajñânpad rend à un disciple une serviette en cuir offerte par celui-ci et dont il n'a pas l'usage :

– Vous avez donné une serviette en cuir à Svâmiji, elle n'est plus à vous. Svâmiji peut en disposer comme il l'entend. Or toute chose doit avoir l'utilisation qui est la sienne. Aussi vous en avez la vraie utilisation. Et voilà le cadeau que Svâmiji vous fait.

Dans le don, ce qui compte n'est pas l'objet du don mais le sentiment. Svâmi Prajñânpad racontait comment il s'était totalement donné lui-même à ses amis, lorsqu'il était tout jeune, si bien qu'il ne reste rien de son petit moi : aucun attachement d'aucune sorte ne peut plus se former.

– Donnez, mettez-vous en état de cessation de paiement pour avoir tout donné. Vous vous sentirez alors comblé d'avoir donné de cette manière. Eliminez par cet accomplissement vos calculs mesquins et sordides et votre pauvreté intérieure.

DONNER : UNE VOIE ROYALE VERS L'UNITÉ

– Une action particulière n'a aucune importance en elle-même : l'essentiel c'est de voir complètement la nature et les sentiments que vous éprouvez avant, pendant et après. Quand vous donnez, il faut vous demander si vous ressentez : « Je donne à moi-même. » Tout doit se passer comme si la main droite donnait à la main gauche.

– C'est celui qui donne qui doit tirer un bénéfice de son don.

– Donner est le plus grand privilège de l'homme. D'abord, il éprouve de la joie à donner, de plus, il peut y faire fondre son petit « je » et le transformer en un « je » plus vaste.

Impossible de donner véritablement sans se sentir un avec l'autre. Tout autre don est humiliant pour celui qui reçoit.

– Il ne doit pas y avoir de distinction entre celui qui donne et celui qui reçoit – pas de sentiment : « je donne… ou je reçois », exactement comme la main gauche donne à la main droite.

Il n'y a pas de plus grande joie que de donner à celui qui reçoit. C'est pourquoi celui qui accepte de recevoir donne davantage que celui qui donne. Il permet au don de s'accomplir. Il n'y a pas un actif et un passif. Les deux sont actifs : celui qui donne et celui qui accepte de recevoir.

Accepter de recevoir c'est abandonner son sentiment de suprématie sur autrui. C'est le plus grand cadeau que l'on puisse faire à autrui, la forme la plus subtile du don.

– Plus le bénéficiaire continue à recevoir, plus la mesquinerie de celui qui donne se dissout. Son cœur s'enrichit, se remplit. Il se sent comblé. De la mesquinerie émerge un sentiment de plénitude. Il reçoit et se sent endetté : « En vérité je me suis endetté dans la mesure où vous avez accepté mes dons. »

– Le privilège de donner est l'unique moyen qui vous permet de vous sentir un avec autrui.

– Briser les os de l'ego c'est être heureux de donner en action.

– Etre un Homme, le but de l'Humanité ou l'Illumination ou l'absence de désir ou l'installation en Soi ou l'accomplissement de Soi ou la réalisation de Soi – vous pouvez utiliser le terme que vous voulez – consiste seulement à neutraliser le désir de donner, de recevoir et de faire.

– Nourrisson, vous ne cherchez qu'à recevoir. En grandissant, vous réalisez que vous devez donner pour recevoir, que sans donner, vous ne pouvez pas recevoir. Plus tard, il y a une ambivalence, une oscillation entre donner et recevoir, jusqu'à ce que donner l'emporte. Finalement, vous êtes affranchi de cette oscillation quand vous sentez : « Tout ce que je devais avoir, je l'ai eu. Tout ce que je devais donner, je l'ai donné. Tout ce que je devais faire, je l'ai fait. » Alors, vous êtes libre du besoin de recevoir, de donner et de faire.

Le don implique deux personnes. Fondamentalement c'est une expression reçue. D'où la question : comment doit être l'expression pour pouvoir être reçue ?

Svâmi Prajñânpad donne tous les conseils pratiques nécessaires mais conclut par l'avertissement qu'« il est impossible de donner, impossible de communiquer, impossible d'enseigner ». La non-communication, la non-compréhension, le non-échange, le mal-entendu sont la norme. On peut les diminuer certes, mais non les éliminer car « deux sont différents ».

Entendons bien : il y a une possibilité pratique, relative de donner, mais le don véritable est impossible car deux sont différents.

Il n'y a aucune solution satisfaisante dans la dualité, justement parce que c'est la dualité et que c'est en fait l'unité que l'on veut. Seule l'unité comble. Et tout ce qui n'est pas unité totale et complète laisse insatisfait.

Donner, expliquer, enseigner, communiquer sont fondamentalement une seule et même activité. L'un s'exprime sur un plan physique et matériel, l'autre sur un plan verbal et mental. L'un a pour support un objet, l'autre plutôt une parole. Mais on parle aussi de « donner de la chaleur » ou de l'amour. Et on peut enseigner autrement que par des paroles : par des gestes et même par le silence. On peut même donner la possibilité de participer à un silence enrichissant… on peut donner ou communiquer ou échanger par le silence.

Tous ces mots différents désignent simplement des formes particulières de l'échange.

La difficulté qu'on rencontre à donner à autrui est la même que celle qu'éprouve l'autre à nous donner quelque chose. Autrui ne nous connaît pas. Ce qu'il nous donne ne correspond jamais parfaitement à notre désir, ni en qualité, ni en quantité, ni au moment, ni au lieu. Il y a une impossibilité naturelle intrinsèque à donner et par conséquent à recevoir. Toute relation avec autrui est aussi une mise en jeu dialectique de donner et recevoir, dire et écouter, enseigner et apprendre. Cette mise en jeu est une expérience dont l'échec permet une prise de conscience qui aboutit à la délivrance et à l'unité car on n'attend plus rien. « On a donné ce que l'on avait à donner. On a reçu ce que l'on avait à recevoir. On a fait ce que l'on avait à faire ! »

CHAPITRE V

La vie de famille

La vie de couple

À quoi sert une famille ?

La famille ou plutôt la vie de famille s'inscrit dans l'évolution naturelle de l'homme. Elle correspond à l'un des quatre stades de la tradition hindoue : *gṛhastha-âśrama*, le deuxième stade, celui de maître de maison. La famille est le lieu privilégié où chacun cherche à satisfaire son besoin d'unité en essayant de passer de l'individu à la personne.

– Qu'est-ce qu'une famille ? Le lieu où l'on ressent une atmosphère d'amour, d'unité. Et si vous pouvez sentir cette unité dans un champ plus large, alors, peu à peu, vos liens familiaux disparaîtront.

– La famille a été inventée par l'homme pour lui permettre de se rendre libre de l'amour physique et mental.

– A quoi sert la vie de famille ? A échanger des émotions de manière aussi adéquate et aussi libre que possible, à échanger des pensées et des émotions.

– Essayez de devenir une personne, de vous élargir par la vie de famille.

– Actuellement, vous êtes un individu qui essaye de devenir une personne. Vous êtes un époux, vous êtes un père. Cela ne veut pas dire que vous ayez une femme, ni que vous ayez des enfants. Il faut vous élargir. Vous devez avoir une vie de famille véritable. L'individu est celui qui est coupé, qui est séparé. En étant un avec les autres, en étant pour les autres, vous vous élargissez. C'est cela une « vie de famille véritable ».

La vie de famille n'est pas une fin en soi. C'est une période transitoire, une période d'apprentissage qui permet de passer de l'individu à la personne, grâce à la mise en jeu des relations entre époux dans le couple et entre parents et enfants. Croissance qui fait sacrifier sa propre mère au profit de son épouse, sacrifier son épouse au profit de l'enfant.

Sacrifier sa mère signifie que le fils disparaît pour faire apparaître l'époux. Pareillement l'époux disparaît lorsque le père de l'enfant apparaît.

Caractéristiques des femmes et des hommes

Sans être en aucune façon misogyne, Svâmi Prajñânpad a donné des femmes des descriptions qui semblent parfois surprenantes et pourraient facilement passer pour rétrogrades.

– La nature de la femme est comme celle de la liane qui s'accroche à tout ce qui peut lui servir de point d'appui.

– Il n'y a pas de limite à « l'attente » des femmes. Elles demandent toujours plus.

– Un homme peut vivre n'importe où… la femme c'est la maison.

– La femme n'a pas de pénis, c'est pourquoi elle est facilement envieuse, jalouse.

– Les femmes, en raison de leur douceur, trouvent leur épanouissement à l'intérieur de la maison. Elles sont spécialement douées pour s'occuper des enfants. Ce sont d'excellentes infirmières et institutrices. Ce sont les meilleurs juges : prenez, par exemple, Portia dans *Le Marchand de Venise*.

– Elles ne sont pas inférieures mais différentes et égales. L'homme a le pouvoir intellectuel et doit développer la sensibilité du cœur.

– Le mouvement d'émancipation des femmes ? Elles cherchent uniquement à imiter les hommes.

Le mariage

– C'est parce que vous désirez recevoir que vous vous mariez. Dans le mariage vous avez la relation la plus complète possible. C'est l'endroit où vous pouvez obtenir le maximum de l'extérieur à tous les niveaux : la femme est la mère, la fille, la conseillère, l'amie et la prostituée. Vous devez essayer de satisfaire votre attente de ce qu'autrui peut vous donner, tout en gardant à l'esprit que la satisfaction est impossible.

– Le mari est frère, père, etc. L'homme joue différents rôles et pas seulement celui de mâle. Le mariage est une institution sociale créée pour canaliser l'affection… et éviter les massacres.

– C'est parce qu'on ressent parfois, à certains moments, qu'on a quelque chose de commun avec quelqu'un, qu'on peut vivre avec lui et qu'on cherche à s'unir à lui.

– Le mariage n'apporte qu'une union externe de vies séparées et donne ainsi l'occasion de se posséder l'un l'autre et de devenir un en s'efforçant de voir, comprendre et expérimenter l'un l'autre.

– Si tout est différent, chacun est différent, chacun agira différemment et deux personnes ne pourront jamais vivre ensemble. Mais c'est également la nature qui fait qu'on ne peut s'empêcher de se réunir, car on ne peut pas vivre de manière indépendante, séparément.

– Deux ne peuvent rester ensemble, car deux sont différents ; deux ne peuvent pas vivre ensemble. Cependant on ne peut pas vivre seul parce qu'on est dépendant. Le mariage est un compromis. L'époux est pour l'accomplissement de l'épouse et l'épouse pour l'accomplissement de l'époux.

Relations de couple

– Le mariage : *vivâha* c'est porter des fardeaux ensemble. Daśaratha[1], à la mort de son épouse Kauśalyâ, se lamente : « J'ai perdu mon maître, mon disciple, mon amie, ma

1. Le roi des Paṇḍava dans le *Mahâbhârata.*

conseillère, mon esclave, ma mère, ma sœur, ma courtisane. Kauśalyâ était tout pour moi. »

– Un vrai mariage : trouver de la joie dans l'autre.

– Vous écrivez : il a répondu : « Je viens de voir que je fais attention uniquement à ce que tu ne fais pas et pas du tout à ce que tu fais. » C'est la source principale de la souffrance et du ressentiment entre deux personnes qui vivent ensemble.

– Vous vous mettez en colère contre lui, permettez-lui également de se mettre en colère contre vous.

– Essayez de vous compléter l'un l'autre.

– Dire : « C'est ma femme » exprime la possession. Par contre, dire : « je suis son mari », c'est l'expression de l'amour. « Ma femme » signifie qu'elle est à vous, comme un objet.

– Dire « ma femme » signifie « elle doit satisfaire mes désirs » !

– Svâmi, le mari, veut dire maître et seigneur. En effet le mari est comme un père parce qu'il guide, comme un frère parce qu'il donne de l'affection, comme un ami parce qu'il conseille.

– Qu'est-ce qu'une épouse ? Une femme qui fait passer les intérêts de son mari en premier. Elle n'entre pas en ligne de compte. Qu'est-ce qu'un époux ? Un homme qui fait passer les intérêts de sa femme en premier. De cette manière, une épouse et un époux sont satisfaits et trouvent harmonie et bonheur. Mais une telle chose est très rare. Les épouses et les époux ne poussent pas aussi facilement que les fraises et les framboises. Il faut s'entraîner, faire un effort pour entrer dans une telle relation.

– Dans le mariage, le « moi » disparaît, le « nous » apparaît.

– Une épouse n'est pas une femme. Toutes les femmes se trouvent dans l'épouse. Tous les hommes se trouvent dans l'époux.

– Quand vous considérez une femme comme étant la vôtre, ceci montre que vous êtes un époux et elle devient votre femme. C'est-à-dire que pour vous, toutes les filles, toutes les femmes se trouvent immédiatement réunies en elle. Elle doit voir en vous tous les hommes. Ainsi elle ne peut chercher aucun autre homme en dehors de vous.

– Se comporter comme un enfant c'est accepter la différence, être enfantin c'est n'accepter que soi.

– Le mari est aimé seulement parce qu'il donne.

– Qui divorce de qui ? Un mari ou un père ne peut pas divorcer. Mais tout couple, tant que subsiste le sentiment de séparation, est condamné, car deux ne peuvent rester ensemble.

Les relations parents-enfants

Les relations parents-enfants se présentent sous un double aspect :

– D'abord tous les événements qui marquent un changement physique : la conception, la grossesse, la naissance, la venue au monde d'un petit frère ou d'une petite sœur, l'adolescence, le mariage, et enfin la mort soit de l'enfant soit des parents.

– Le deuxième aspect concerne l'éducation. Comment amener l'enfant à l'état adulte ?

L'enfant, dès le départ n'est qu'émotion. Au point qu'enfant et émotions sont pratiquement synonymes – encore que Svâmiji distingue entre « être comme un enfant » et « être enfantin », distinction qu'on retrouve dans la distinction entre « sentiment » et « émotion ».

Avoir des enfants

Avoir des enfants peut être l'occasion d'élargir son moi étriqué. Mais la réciproque n'est pas vraie. Tout dépend de la manière dont on vit cette relation et surtout du but que l'on recherche. Ceci explique la position de Svâmi Prajñânpad sur l'avortement ou l'homosexualité. Tout est permis mais tout dépend du but. Comme la moralité, il ne peut y avoir de règle générale valable pour tous :

– Les gens disent : « Ayez des enfants de façon à élargir votre moi étriqué. » Mais la réciproque est-elle vraie ? Ceux qui ont des enfants sont-ils réalisés (*enligthened*) ?

Grossesse et conception

Conception : les caractéristiques de l'enfant sont influencées par l'état physique et psychique des parents au moment de l'accouplement… L'enfant choisit la matrice qui l'attire.

Grossesse : influence considérable sur l'embryon de l'état physique et psychique de la mère. Ses envies doivent être satisfaites. Elle doit se reposer et se sentir heureuse. L'enfant vit dans l'unité physique.

– Tout est neutre. Souvenez-vous bien que tout est neutre. C'est bien ou c'est mal selon la manière dont vous le prenez. L'avortement est sain, l'avortement est vrai. Tout dépend dans quel but vous le faites.

– La grossesse met la femme dans une situation doublement tendue. Etre mère l'attire tellement et en même temps elle se sent jalouse de l'amour de son mari. En effet, elle ne peut pas le satisfaire pleinement et, pour cette raison, elle éprouve un sentiment de culpabilité et s'attend à être punie.

– Soyez à l'aise et pleine d'amour envers l'embryon. Soyez un avec ce qui est, heureuse d'avoir ce nouveau bébé, abandonnez tous les sujets de controverses pour le moment. Pas de « *lyings* », pas d'interprétations intellectuelles : prenez la douleur physique normalement et naturellement et essayez de garder votre corps en aussi bonne forme que possible. En un mot, prenez la vie facilement.

– Il ne suffit pas d'accoucher pour être une mère.

– Le devoir du père (pendant la grossesse) est seulement de veiller au bonheur et à la santé de la future mère.

Mariage d'un enfant

– Dès qu'un fils est marié, il n'est plus un fils, c'est-à-dire un enfant. Il devient un mari. Aussi le père et la mère doivent-ils abandonner leur emprise sur lui de façon à ce que sa femme puisse prendre complètement possession de lui.

La relation mère-enfant

Etre père et mère, cela consiste essentiellement à devenir une personne, c'est-à-dire à prendre en considération les besoins de l'enfant et à les satisfaire avant les siens propres :

– Toute la structure émotionnelle est généralement donnée par la mère avec quelques éléments intellectuels. Puis c'est le rôle du père de prendre en charge le développement intellectuel et de familiariser l'enfant avec la réalité.

– Chacun est marqué par sa mère, positivement et négativement.

– L'amour de la mère est comme une nourriture adéquate pour l'âme. Cela donne la capacité de supporter, le sentiment d'être quelqu'un, le sens de la responsabilité...

– La relation entre la mère et l'enfant est le prototype de toutes les relations.

Le lien émotionnel qui unit la mère et l'enfant est le plus fort qui soit. Ce lien vient du temps où le corps de la mère et celui de l'enfant ne font qu'un. C'est pourquoi il était enjoint à celui qui voulait devenir *saṃnyâsin* d'obtenir préalablement le consentement de la mère.

A un disciple qui se plaignait des exigences de sa mère à son égard, Svâmi Prajñânpad répondit :

– Essayez de satisfaire votre mère... de la combler de façon à vous rendre libre.

La proposition peut sembler paradoxale. Svâmi Prajñânpad précisait alors :

– Dès qu'elle dit : « Oh ! je suis satisfaite », elle coupe immédiatement le cordon émotionnel et cela vous rend aussitôt libre.

Svâmi Prajñânpad ajoutait alors :

– Certes on ne peut être satisfait et on ne peut satisfaire un autre. C'est la vérité. Quand pouvez-vous dire cela ? Quand vous avez fait tout votre possible pour la satisfaire et que vous sentez : « Oh ! j'ai tout fait du mieux que je pouvais. »

Dans les deux cas, qu'elle soit satisfaite ou non, on est libre.

– Vous êtes le résultat de votre père et de votre mère. Par accident ? Oui, si vous voulez aller plus loin, vous les avez choisis en raison de votre vie antérieure.

– Chacun désire l'amour de la mère, il n'y a pas d'autre amour.

– La fille doit changer d'objet d'amour. Elle abandonne sa mère pour aller vers son père, ce qui suscite généralement conflits et névrose parce que la mère devient jalouse. C'est pourquoi les filles sont plus déséquilibrées que les garçons. Leur vie est plus difficile en raison de ce changement.

Les relations avec le père

– L'homme qui a mis du sperme dans le vagin de votre mère est-il votre père ? Non ! Cela ne suffit pas à en faire un père. C'est élever un enfant qui fait d'un homme un père.

– Dire : « Je suis le père de ce garçon », et non : « Il est mon fils. »

– En tant qu'individu, vous avez certaines émotions, mais en tant que père, vous n'êtes pas un individu, vous êtes une personne. Quand vous êtes un père, vous devez être un père, vous comporter en père et ne permettre à vos émotions individualistes de s'exprimer que lorsqu'elles ne s'opposent pas à votre fonction de père.

– Un père n'a pas de devoirs mais des droits.

– Un père est pour ses enfants. Pour l'individu, il y a un sacrifice, pour un père, il n'y a pas de sacrifice.

– C'est le rôle du père de prendre en charge le développement intellectuel et de familiariser l'enfant avec la réalité.

– Quel est le but du père en ce qui concerne son fils ? En Inde, dans les relations père-fils, on dit : « Tout homme doit chercher à être vaincu par son fils ou par son disciple. »

Conscience de l'enfant

L'enfant, c'est l'émotion. Eduquer un enfant consiste donc à éduquer l'émotion. L'émotion possède une réalité irréductible à notre volonté. Pour agir, il faut la connaître. Aucune force, aucune coercition, aucune imposition ne peut en venir à bout. Pour la maîtriser, il faut la laisser s'exprimer et ensuite lui montrer les choses comme elles sont : avec douceur, gentillesse mais fermeté. L'enfant c'est l'émotion : émotion déjà présente et émotion en cours de formation.

Quelle est la nature de l'enfant ? L'enfant enregistre tout comme un magnétophone. Mais il ne comprend pas ou mal. Il n'y a qu'une seule punition pour « le mal » qu'on lui fait, c'est la mort. Surtout ne pas le culpabiliser à ce sujet.

S'il se sent privé de quelque chose, il s'accroche, il veut garder, il ne veut pas donner. Vouloir prendre c'est se sentir séparé.

Toutes les anomalies de comportement que nous manifestons en tant qu'adulte ont leur source dans le passé : une insatisfaction. Svâmiji cite plusieurs cas qu'il a connus de « traumatismes » causés par les parents au moment de la naissance ou tout juste après. Toute une vie se trouve ainsi déterminée par quelques minutes.

> – L'aspect physique de l'émotion c'est la possession. L'enfant cherche à posséder… Il joue puis il oublie… il n'a plus le sens de la possession… un enfant est ouvert.
>
> – Il y a une différence entre « être enfantin » et se conduire « comme un enfant ». Pour celui qui est enfantin le comportement et le sentiment sont pareils. Mais être comme un enfant c'est ressentir une unité des sentiments et agir en fonction des circonstances.
>
> – L'enfant connaît l'unité mais l'unité physique seulement, c'est-à-dire l'uniformité.

Pour un enfant le comportement et le sentiment sont pareils. Il confond le cœur et l'action extérieure. Il n'établit pas de distinction entre l'intérieur et l'extérieur. Qu'est-ce qui le distingue d'un sage ? C'est que pour le sage tout est différent sur le plan des formes et tout est égal et un dans le cœur. Alors que l'homme ordinaire cherche à trouver l'unité sur le plan des formes. L'enfant participe à la sagesse : il est ouvert, franc, réceptif. C'est un sage ignorant. Alors que l'adulte, lorsqu'il cherche l'unité sur le plan des formes, est enfantin.

– Tout est pareil pour un enfant… il peut toucher le feu, un serpent. Tout pour lui est uniforme, sans différence… Alors qu'en fait, tout est égal mais non uniforme.

– L'enfant considère comme permanent ce qu'il reçoit.

– L'âge extérieur est une apparence. Tout dépend de ce qu'on a reçu dans sa vie émotionnelle. Non pas ce qui est arrivé mais ce qu'on a reçu, comment on y a réagi.

– L'enfant est effrayé de tout ce qui est nouveau. L'adulte le voit et l'assimile.

L'ÉDUCATION D'UN ENFANT

Les Lois de Manu

Eduquer un enfant c'est tenir compte de ce qu'il est à chaque stade de son développement. La période cruciale pour un enfant se situe avant cinq ans. Selon les *Lois de Manu*, il doit alors être traité comme un roi. Il faut essayer de le satisfaire autant que possible, car la mémoire c'est l'insatisfaction et l'enfant enregistre tout comme un magnétophone.

– Si vous ne donnez pas à un enfant (de moins de cinq ans) ce qu'il veut, vous le tuez ; il y reste attaché, cela reste fixé dans sa mémoire.

Ainsi qu'il est dit dans ce pays :

– Il faut s'occuper de l'enfant et le nourrir jusqu'à l'âge de cinq ans (*lâlayet pañcavarśâṇi*) ; il doit obtenir tout ce qu'il veut sans aucune restriction. Prenez garde cependant qu'il ne se fasse pas mal. Aucune punition jusqu'à l'âge de cinq ans.

De la cinquième à la dixième année, apprenez-lui quoi est quoi (*daśa-varśâṇi tâdayet*). Il faut commencer à lui interdire (*deny*) certaines choses et lui montrer.

– De dix à quinze ans c'est la période de latence. Mais quand il atteint seize ans, il doit être traité comme un ami[1].

– Jusqu'à l'âge de cinq ans l'enfant doit être traité comme un roi, ensuite comme un serviteur pendant dix ans. Mais dès qu'il atteint l'âge de seize ans, il doit être traité comme un ami.

Équilibrer le « oui » et le « non »

Essayer d'équilibrer le « oui » et le « non ». Un enfant qui obtient tout a un caractère positif. Celui qui n'obtient rien a un caractère négatif. Ces caractéristiques sont à la fois innées ou héritées ou encore conditionnées. Il convient de former l'enfant au « oui » et au « non ».

– Un enfant trop bien traité n'accepte pas de devenir adulte.

– Il n'est pas bon d'empêcher un enfant de crier mais il faut rester maître de la situation, lui permettre de s'exprimer et ensuite essayer de le calmer.

– Oui, les enfants doivent crier. Svâmi Prajñânpad peut vous donner une petite règle. Votre « oui » doit être « oui » et votre « non » doit être « non » sans aucun flottement. Le feu brûle toujours. C'est un fait. Personne ne hait le feu.

– Si vous faites pleurer un enfant, cela doit être délibéré. Une proportion égale de « oui » et de « non » est la clé de la santé de l'enfant.

– Ni trop ni pas assez. Ni excès ni insuffisance de caresses.

– Faites en sorte que les enfants sentent que lorsque maman dit « oui » c'est « oui », que cela ne peut pas être « non ». Pareillement quand maman dit « non », c'est « non ». Cela ne peut pas devenir « oui » Alors ils seront apaisés et ne se retourneront jamais contre leur mère.

– Un enfant pleure seulement parce qu'il désire obtenir. Ce qui est nécessaire est un équilibre entre le « oui » et le « non ». Toujours « oui » est aussi mauvais que toujours « non ». Avant de dire « non », assurez-vous que cela ne

---

1. *Manusmṛti* 8.15 : Râjavat pañca-varśâṇi daśa-varśâṇi dâśavat/Prâpte tu soḍṣe varśe mitravad âcaret.

dépasse pas les possibilités de l'enfant. Si l'enfant sent : « Maman dit "non", alors c'est non. Quand maman dit "oui", alors c'est oui », il aura confiance en lui et en sa mère comme pour le feu. Le feu brûle, c'est tout… Un orphelin ne pleure jamais. Il devient cruel. Il sent que l'extérieur est hostile.

– Pour une fille, une mère doit dire davantage de « non » que le père. Soyez un avec votre fille. Si elle veut quelque chose et que cela ne met pas sa santé en danger, permettez-lui d'en faire complètement l'expérience.

Si vous avez dit non, alors tenez-vous-en à ce non avec le sourire, même si l'enfant pleure. Ne cédez pas à ses pleurs, sinon l'enfant sentira qu'il peut tout obtenir en pleurant.

– C'est la caractéristique de l'enfant unique : il veut tout ou rien. Il ne sait pas partager. Il y a un proverbe bengali : « Si je dois voler, je volerai le trésor royal ; si je dois tuer, je tuerai un rhinocéros (et non une mouche). »

– Un enfant doit être entraîné progressivement au « non ». D'abord, « oui ». Ensuite, « oui et non ». Ensuite, « non et oui ». De façon à ce qu'il en vienne graduellement à réaliser « il n'y a que le non ». L'éducation d'un enfant, c'est l'éducation au « non », qui permet la croissance. Grandir, c'est accepter le « non ».

– Un enfant très heureux ne peut pas être intelligent. Trop caresser un enfant, c'est un non-sens, vous gâtez l'enfant. C'est comme trop arroser une plante. Que va-t-il se passer ? Oh ! Elle ne portera pas de fruits. Si vous l'arrosez trop peu, elle se desséchera.

Du « je » au « nous » : le Gâyatrî mantra

– Qu'enseigne-t-on en premier dans la spiritualité indienne ? C'est le *Gâyatrî mantra* : « Que notre intellect (*dhî*), notre faculté discriminatrice, augmente et progresse[1]. » On donne ce *mantra*, dans la tradition védique indienne, à un enfant de six, sept, huit ans. On lui dit : « Vois le soleil. C'est la lumière. Et quand le soleil apparaît, tu vois tout. Pareillement quand tu ne sais pas, que ton intelligence, ta discrimi-

---

1. *Gâyatrî mantra : Ṛg Veda* 3.62.10 : Om bhûr bhuvaḥ svaḥ tat savitur vareṇyam / Bhargo devasya dhîmahi / Dhiyo yo nah pracodayât. Aum.

nation grandissent et se développent. » La capacité à discriminer doit être renforcée, affinée, poussée jusqu'au bout pour vous permettre de voir tout et vous éviter de commettre des erreurs.

Ce sens du « moi, ensemble avec les autres », ce sens du « nous » doit se développer et prendre la place du petit « moi ». Pas « moi », mais « nous », de façon que l'intellect de chacun puisse apprendre à observer et à comprendre ce « nous » ; de façon à ce que chacun apprenne à développer en lui-même le sentiment, non de « son » propre intérêt, mais de « notre » intérêt, que c'est dans « notre » intérêt que réside « mon » propre intérêt. C'est cela en vérité la signification du *Gâyatrî*.

– La culture de l'Inde est fondée sur ce principe. Dès le départ l'éducation de l'enfant vient de cette attitude, vient du *Gâyatrî*. Le petit garçon, âgé de sept, huit ou neuf ans, entre à la *gurukula* pour y être initié. Il quitte sa maison, son père et sa mère et va dans la maison de son *guru*. L'éducation ne se faisait jamais dans sa maison. Tout enfant devait résider auprès de son *guru*. Cette initiation est appelée *upanayanam* dont le sens exact est « s'approcher de la vérité ».

Il ne recevait pratiquement aucune éducation littéraire. La première chose qu'on lui enseignait était le *Gâyatrî mantra*. Qu'est-ce que c'était ? « Nous méditons sur la lumière adorable du Créateur, puisse-t-il enrichir notre intelligence : *dhî*. »

Vous voyez dès le départ, ils disent : « *dhîmahi* : nous méditons ». Le petit garçon dit « nous ». Il ne dit pas « je ». C'est là que commence l'éducation : « nous méditons ».

Sur quoi méditons-nous ? Nous méditions sur l'astre adorable ou sur la lumière du créateur, le soleil

Pourquoi méditons-nous ? Pour qu'il améliore, éclaire notre intelligence (*dhiyo yo naḥ pracodayât*). Voyez comme c'est beau ! C'est la seule chose qui est donnée, la première chose qui est donnée au premier stade de l'éducation et rien d'autre…

Voyez la tradition. Les enfants, assis face à l'est, interrogent le maître. Le maître dit : Vous voyez tout est recouvert. Voyez-vous quelque chose ? Non. Qu'est-ce que vous voyez seulement ? Vous-même. Vous ne voyez rien d'autre. Voyez seulement le soleil qui se lève. Qu'est-ce que vous voyez ? Qu'est-ce que vous sentez ? Les choses commencent à apparaître. Vous voyez, vous n'êtes pas seul. Vous êtes entouré de vos camarades, vous êtes entouré d'arbres, vous êtes entouré de toutes sortes de choses différentes. Vous n'êtes pas seul.

Dans l'obscurité vous étiez seul. Maintenant quand le soleil se lève et que la lumière est là, chaque chose est à sa place sous l'aspect qui est le sien. Ainsi vous n'êtes pas seul. La lumière montre que vous n'êtes pas seul. Vous êtes un parmi d'autres. Ainsi vous n'êtes pas une entité séparée, mais vous êtes un parmi d'autres. Vous ne pouvez pas dire « je », vous pouvez dire « nous ».

Ainsi il dit : Nous méditons sur cette adorable lumière du Créateur pour qu'il puisse nous enrichir, éclairer notre intelligence, de façon à ce qu'à partir du « je », nous puissions nous élargir au « nous », de façon à ce que ce « je », conscience individuelle, puisse se fondre dans le « nous », cette conscience universelle.

Voyez la nature de l'éducation. On donne à l'enfant une grosse pierre : « soulève-la ». L'enfant s'y essaye de son mieux et dit : « je n'y arrive pas ». Quatre personnes s'y mettent : « soulevez-la ». Et les quatre ensemble la soulèvent. « Vous voyez ce que vous ne pouvez pas faire tout seul, un groupe peut l'accomplir. Vous seul ne pouvez pas. Mais ensemble avec d'autres vous pouvez.

– Ici la culture et l'éducation commencent avec le *Gâyatrî*. Quel est le premier enseignement du *guru ?* Aucune éducation individuelle. Il ne se préoccupe pas de l'individu. Il cherche à aider l'enfant à devenir un, à se sentir un avec tout.

C'est l'enseignement du passage du « je » au « nous ».

Bhûḥ bhuvaḥ svaḥ : trois aspects sont là. Physiquement *bhûḥ* est la terre, ce qui est physique ; *bhuvaḥ* et *svaḥ :* la vitalité et l'esprit. Tous deux sont là.

« Puissions-nous être protégés. Puissions-nous être réunis ensemble. Puissions-nous travailler ensemble avec vigueur. Puissent nos études être vigoureuses et efficaces. Puissions-nous ne pas nous haïr. *Om* Paix ! Paix ! Paix[1] ! » Vous voyez partout il y a « nous » et non pas « je ». Le « je » est une entité séparée, compartimentée.

---

1. *Kaṭha Up.* (Introduction) : Om saha nâvavatu saha nau bhunaktu saha vîryaṃ karavâvahai, Tejasvi nâvadhîtam astu mâ vidvisâvahai. Om śântiḥ śântiḥ śântiḥ.

Cela signifie s'extraire des liens de l'intérêt personnel mesquin et s'immerger dans la grandeur (*expanse*) du « nous ». Ce « nous » qui englobe tout et contient l'univers entier. L'exhortation n'est pas : « Je médite » mais « nous méditons » : on en appelle non pas au développement de « mon » intellect, mais de « notre » intellect. C'est ainsi que l'on passe du « moi » au « nous ».

– Il faut exercer un enfant à donner. Il faut lui montrer : « Si tu veux prendre quelque chose dans une boutique, tu dois payer. » Dès que quelqu'un peut donner, il devient une personne. Celui qui prend, qui prend toujours, n'a pratiquement aucune identité. Ce n'est qu'un individu. Mais dès qu'il y a don, la personne apparaît. Faire grandir un enfant, pas seulement physiquement, c'est l'entraîner à donner.

N'exercer aucune contrainte mais montrer

La contrainte et l'autorité sont néfastes. L'essentiel n'est pas d'imposer son propre point de vue, mais de « montrer » pour que l'enfant puisse voir par lui-même :

– Si un parent doit s'absenter, expliquer l'absence à l'enfant, le laisser exprimer sa frustration puis l'apaiser.

– A l'adolescence : lui donner plus de liberté et le traiter en ami.

– C'est le moment quand le père et la mère, particulièrement la mère, peuvent devenir soit l'ami ou l'ennemi de leur fille. Vous aussi avez été une fille autrefois. Votre fille va avoir seize ans. Vous devez prendre en compte les pensées et les aspirations qui vont maintenant surgir dans son cœur. Vous savez combien une fille peut se sentir blessée si cela n'est pas fait… Etant sa mère vous devez devenir le refuge et le lieu où elle peut se débarrasser de tout ce qui peut la troubler.

– Il n'y a qu'une seule punition pour l'enfant : la mort. Si on réprimande un enfant, il se sentira déprimé et dira plus tard « je suis un pécheur » alors que c'est une expression normale. Pourquoi les parents ont-ils agi ainsi ? Par ignorance.

Créer un espace de liberté

Il appartient aux parents de créer une ambiance dans laquelle l'enfant se sente libre de s'exprimer et de poser des questions.

– Une vraie éducation cherche à répondre à toutes les questions, de façon à familiariser l'enfant avec toute chose.

– La relation, c'est un échange dans les deux sens. La responsabilité fondamentale de cet échange repose sur l'aîné. Ainsi dans la relation père-fils, la responsabilité appartient au père. Le père doit créer une ambiance dans laquelle le fils se sente libre.

– Laissez votre fils dire des « sottises ». Ce sont des « sottises » de votre point de vue. Mais quand il parle, dites : « oui, oui, oui, oui. Très bien, oui. Je comprends ce que tu sens. Oui, oui, oui ». Une fois qu'il s'est exprimé, alors essayez de lui montrer qu'il y a une contradiction quelque part… Dites « oui » à tout ce qu'il dit et essayez de lui montrer.

– L'essentiel n'est pas d'imposer son propre point de vue, mais de « montrer » pour que l'enfant puisse voir par lui-même.

– Pour le moment, laissez vos enfants se mêler aux autres enfants, fréquenter tout le monde et encouragez-les seulement à vous parler en toute liberté. Permettez-leur d'être simplement comme ils sont. Ne coupez pas les ponts. Montrez-leur seulement la direction. Laissez-les faire n'importe quoi, apprendre n'importe quoi. Mais laissez-leur la liberté, la possibilité de parler ouvertement. Et vous, soyez suffisamment ouvert pour écouter et donner des explications sans vous laisser emporter par vos émotions.

– Quand le système éducatif anglais commença à se répandre en Inde, au Bengale, l'Hindu College fut l'un des tout premiers. La première fournée d'étudiants fut particulièrement brillante. Derozio, un Anglo-Indien, l'un des professeurs disait : « Nous sommes venus vous enseigner, vous apporter la connaissance. Vous étiez dans l'obscurantisme. Quelle est votre histoire ? Quelle est votre culture ? » C'est ainsi qu'il parlait.

Ainsi trois ou quatre étudiants se convertirent-ils au christianisme. Un autre adhéra au Brahmo-samaj. Parmi eux se trouvait Bidu Mukherjee qui resta purement hindou. Plutôt libéral, pas orthodoxe. Comment ? Son père était un grand Pait en sanskrit, très grand, mais si libéral qu'il engagea son fils à avoir une éducation anglaise. Le père et le fils étaient très bons amis. Tout ce qui se passait à l'école, ils en parlaient ensemble. « Qu'as-tu fait aujourd'hui ? » – et le fils répondait : « Ceci, ceci et cela », et le père lui donnait des explications. Un jour, Derozio enseignait la géographie. Il dit :

De. Vous savez, la Terre n'est pas totalement ronde. Elle est comme une orange et je suis sûr que votre père ne le sait pas.

F. Je ne peux pas dire si mon père le sait ou ne le sait pas, je lui poserai la question et vous ferai part de sa réponse.

De. Oh ! Je suis sûr que votre père ne le sait pas.

Le jeune homme revint chez lui et posa la question à son père :

F. Nous avons eu un cours de géographie et voilà ce qu'il a dit…

P. Apporte le *Sûrya Siddhânta* (Traité sur le Soleil), ouvre-le et lis.

F. La Terre est ronde. Au pôle Nord et au pôle Sud, elle est légèrement aplatie…

Le jeune homme prit les références et le lendemain dit au professeur :

F. Voyez, mon père est au courant, voilà ce qui est écrit… notre culture… notre sanskrit…

De. Oh ! Ainsi il le savait ?

F. Oui, Monsieur…

C'est ainsi que le garçon fut complètement sauvé. Il est resté ami intime de tous les autres garçons. Son père était derrière lui.

– Le cœur de l'éducation, c'est de montrer aux enfants comment voir les choses comme elles sont et non de leur faire croire sans preuves. Il faut toujours les encourager à regarder et à poser des questions.

– Ce que vous savez, vous pouvez le faire. Il faut seulement montrer à l'enfant que s'il a commis une erreur, il n'y a aucun mal à cela, même si cela peut paraître « mal » aux yeux de la société. Pourquoi est-ce une erreur ? Parce qu'il ne savait pas qu'il en faisait une.

– Il faut entraîner les enfants à accepter les choses comme elles sont. Si le père doit s'absenter, il faut leur apprendre à accepter ce fait. Et éviter autant que possible de leur donner des compensations.

– Les actions de votre mère sont ses propres actions. Vos actions sont vos actions. Un lotus pousse dans la boue. Est-il de la boue pour autant ? Il ne peut pas grandir sans boue.

– On ne doit pas imposer son autorité à l'enfant, sinon il cherchera l'approbation ou la désapprobation. Il faut lui montrer les faits de façon à ce qu'il puisse décider par lui-même.

Inutile d'essayer d'apprendre à un enfant

L'enfant absorbe ce qui l'entoure. Enseigner un enfant ne sert à rien, car l'enfant absorbe ce qu'il voit, c'est-à-dire ce que font ses parents et non ce qu'ils disent.

– Comment apprendre aux enfants à donner ? Simplement en satisfaisant les désirs de l'enfant et en répondant à ses besoins. Il apprendra que lui aussi, à son tour, aura à faire quelque chose en retour, qu'il y a un prix à payer. Les parents lui apprendront qu'avant de recevoir quelque chose, l'enfant devra en fait le mériter.

– Quand l'enfant tombe par terre, ce sont les parents qui lui imposent l'interprétation que cela fait mal.

– Ne vous donnez pas la peine d'enseigner vos enfants. Ils absorbent ce qui est autour d'eux, ils absorbent votre comportement. Si ce que vous dites est différent de ce que vous faites, l'enfant percevra une contradiction entre vos paroles et votre comportement.

– Quand un enfant demande à être guidé, éclairez le sujet de la discussion autant que possible et permettez à l'enfant de décider. Faites un effort pour encourager l'enfant à trouver, à faire l'expérience. Il faut donner à l'enfant les trois L : amour (*Love*), lumière ou explication (*Light*), liberté ou absence de contrainte (*Liberty*).

CHAPITRE VI

La vie professionnelle

Gagner sa vie, assurer son indépendance étaient pour Svâmi Prajñânpad les fondations sur lesquelles devait reposer tout l'édifice de la recherche de la vérité.

Le choix d'une profession

– La chose principale dans la vie est la stabilité économique. C'est la fondation première sur laquelle vous pouvez construire les autres aspects de votre vie.

– L'indépendance économique est la fondation sur laquelle tous les autres aspects (ne dépendre que de soi, être indépendant...) sont construits couche sur couche. C'est pourquoi cette fondation doit être rendue solide, stable et durable.

– Choisissez une profession de préférence en accord avec votre tempérament. La profession d'enseignement convient au brahmane qui éprouve un intérêt inné pour acquérir et communiquer la connaissance.

– N'attachez pas d'importance à ce que les autres disent de vous mais accomplissez votre travail de tout votre cœur. Faites-vous attention à la manière de manger des autres, quand vous-même vous avez faim ?

La pratique d'une profession

– Toute activité dans laquelle vous vous engagez, considérez-la comme la vérité et mettez-y tout votre cœur. Il n'y a rien pour le faible.

– Ne faire aucun travail qui dépasse les objectifs que vous vous êtes fixés.

– Ne dépassez pas vos limites.

– Rien ne doit être fait dans la précipitation.

– Tout travail doit être fait avec patience et sans hâte, sans impatience.

– Fixez une règle et observez-la. Alors les autres, voyant que vous le faites vous-même, suivront cette règle.

– Sentez d'abord : « C'est mon travail. » Ceci vous permettra d'éprouver un sentiment général de bien-être et d'éliminer la majeure partie de votre sensation de fatigue.

– Vous pensez que vous êtes obligé de continuer ce travail, que vous devez le faire, que ce travail n'est pas le vôtre, que vous n'en voulez pas. Si vous n'en voulez pas, quittez-le ! Si vous ne pouvez pas, alors à qui est-il ? A vous ! Rien ne peut venir à vous qui ne vous appartienne pas, que vous n'attiriez pas. Puisque vous l'attirez, il est donc à vous.

– Dites : « C'est mon travail, je le ferai », et non : « Je dois le faire. »

– La joie de faire, la joie du « j'ai fait » dépasse toutes les considérations étroites de gains financiers.

– Si vous prenez un adjoint, l'essentiel est de bien voir qu'il est une entité séparée, qu'il a son propre ego. Agissez de sorte que non seulement son ego ne soit pas blessé, mais gratifié.

– Un supérieur qui éprouve de la sympathie pour ses subordonnés obtient d'eux davantage de travail… car il y a la présence du cœur.

– La situation d'aîné ou de supérieur hiérarchique comporte des risques. Mais en même temps, c'est un privilège rare que d'être en position de donner à celui qui est plus jeune ou dans une position subalterne. Un subalterne reçoit. Celui qui a un grade supérieur donne… telle est la règle. Si celui qui bénéficie d'un grade supérieur s'attend à recevoir de ceux qui sont ses subalternes, il se dégrade et se retrouve dans une position inférieure.

L'exercice de diverses professions

Les disciples occidentaux de Svâmi Prajñânpad, exerçant des activités professionnelles diverses, étaient toujours frappés de la connaissance approfondie que Svâmi Prajñânpad avait de l'exercice de différentes professions. Nous avons pris à titre d'exemple quelques remarques de Svâmi Prajñânpad concernant certaines activités professionnelles.

• La vie des affaires

– Tout est neutre. Toute profession dépend de la personne qui l'exerce. La valeur d'une activité, enseignement ou commerce, dépend de la personne qui l'accomplit et non de l'activité elle-même. Le commerce est une activité plus compliquée, car l'intérêt personnel des gens se trouve en jeu et vous devez en tenir compte. Alors que dans l'enseignement, vous êtes en rapport avec des étudiants qui restent généralement passifs.

– Vous devez limiter votre activité de telle heure à telle heure.

– Vous devez grandir avec votre activité, et non être emporté par elle. Votre entreprise ne doit se développer que dans la mesure où elle ne dépasse pas votre capacité à maîtriser son fonctionnement.

• Faire des conférences

– Vous ne faites pas une conférence aux autres mais à vous-même. Vous êtes un avec le sujet.

– Quand vous faites une conférence, à qui parlez-vous ? Aux autres ? Non. Faire une conférence est impossible. Vous ne faites de conférence qu'à vous-même. Il vous suffit simplement de sentir et exprimer ce que vous sentez aussi complètement que possible. Quand vous éprouvez de la joie à vous exprimer, cette joie devient contagieuse. Il ne peut en être autrement. Si vous pensez à l'auditoire, vous êtes intérieurement divisé et vous ne faites plus corps avec votre sujet.

– Soyez un avec votre sujet. Aimez votre sujet et votre sujet devient alors votre bien-aimé. Vous jouez alors avec votre bien-aimé. C'est tout. Et les autres seront un avec vous. Ils ne pourront pas ne pas l'être, parce qu'il y a unité entre vous et le sujet est que cette unité est contagieuse. Immédiatement, ils vont la sentir. Vous faites ainsi instantanément la conquête de la dualité.

• L'activité artistique

– On ne peut écrire sans projeter. Si vous ne vous projetez pas vous-même, vous dites la vérité.

– Tout artiste est un enfant qui exprime des émotions refoulées.

– Un artiste recherche l'expression, comme un enfant cherche à s'exprimer.

– Tout est art. La vie est art ! Chaque moment de la vie est un art, vous pouvez seulement voir, apprécier et jouir.

– Plus les moyens sont subtils, plus l'art est subtil. L'art le plus subtil est la musique. Le plus grossier est la sculpture.

• Psychanalyse

– La psychanalyse est venue comme une réponse moderne à la maladie moderne la plus répandue : le refus.

PARTIE VI

LA DÉLIVRANCE

CHAPITRE I

La connaissance

Pour désigner la connaissance le sanskrit dispose de deux mots : *jñâna* et *vidyâ*, qu'on serait tenté de traduire par connaissance et savoir. Mais ce n'est pas toujours possible car il y a souvent interférence de sens. Ainsi, par exemple, les *Veda* sont-ils à la fois les textes dans lesquels se trouvent rassemblés le savoir mais ils expriment aussi la connaissance. Aussi parle-t-on par exemple de *brahma-vid :* le connaisseur de *brahman*, qui est synonyme de *âtmâ-jñâna :* celui qui se connaît lui-même, le connaisseur de Soi.

Pareillement, le mot « connaître » en français a une double signification. Il a un sens purement intellectuel lorsqu'il est employé dans le sens « avoir une idée » ou « se faire une idée de quelque chose ». Mais il a également le sens « d'« habileté pratique », lorsqu'on dit « je connais la médecine », et peut même signifier « expérience totale » comme dans l'expression « connaître la faim » ou « connaître une femme » au sens biblique[1].

La connaissance est une expérience totale qui a un aspect intellectuel et un aspect affectif et qui se traduit par une action. C'est précisément le sens de *jñâna* (même racine que *gnose*) auquel il ne faut jamais donner le sens de connaissance uniquement intellectuelle sous peine de confusion.

Par ailleurs, le mot « savoir » a pris lui aussi un sens pure-

1. C'est dans ce sens par exemple que Saint-Exupéry l'entend : « Connaître, ce n'est point démontrer, ni expliquer, c'est accéder à la vision. Mais, pour voir, il convient d'abord de participer. Cela est un dur apprentissage. » (*Pilote de guerre*.)

ment intellectuel. Le Robert le définit ainsi : « Avoir présent à l'esprit un objet de pensée qu'on identifie et qu'on tient pour réel et pour affirmer son existence. » Le mot « savoir », malgré son origine (du latin *sapere*, avoir de la saveur, avoir du goût, d'où sentir, avoir du jugement), a perdu son enracinement sensuel. Il en garde quelques traces quand on oppose savoir et croire. Par ailleurs savoir implique non seulement que l'homme sait, mais qu'il est conscient qu'il sait. On pourrait en gardant à l'esprit l'étymologie de ce terme traduire également *jñâna* par savoir. Mais la connaissance suggère quelque chose de plus global et de plus complet. On dira ainsi « homme de connaissance » de celui qui connaît la vie dans ses aspects théoriques et pratiques. Ce qui correspond à *jñânin* : le connaisseur de l'Unité, alors que « homme de savoir » désigne plutôt quelqu'un qui a une connaissance théorique. Or, comme nous l'avons vu, la connaissance a trois aspects : intellectuel, affectif et dans l'action.

POUR CONNAÎTRE SAVOIR UTILISER L'INTELLECT

L'intellect est nécessaire

La connaissance intellectuelle fait partie intégrante de la connaissance. On pourrait même dire, pas de connaissance sans connaissance intellectuelle. Le sage, celui qui voit ce qui est (*tattvadarśin*), parvient à la vérité grâce à un intellect pointu (*sukṣma*) et acéré (*agra*).

• L'intellectualisme est la parodie de la connaissance

– L'intellect n'est pas l'intellectualisme. L'intellect doit s'appuyer sur les faits.

– L'intellectualité, c'est le fonctionnement correct de l'intellect. L'intellectualisme, c'est le luxe de l'intellect. Le luxe de l'intellect, c'est la production de pensées.

Pour illustrer la vanité de l'intellectualisme Svâmiji racontait l'histoire du professeur de *Vedânta* qui faisait de brillantes conférences sur les théories de l'illusion. Un jour, un étudiant l'apostrophe respectueusement à la fin d'un cours : « Mettez-vous en pratique ce que vous énoncez ? » Et le professeur d'admettre que sa connaissance n'est que théorique. Svâmiji concluait :

– Connaître la théorie n'est pas suffisant. Vous devez avoir le goût dans la bouche. Vous dites une chose mais votre vie en est une autre. Vous dites « intellectuellement je sais, mais cependant, il y a quelque chose qui... ».

– Ne vous laissez pas piéger par les mots (*catch-words*) ou les formules stéréotypées (*hackneyed words*).

L'intellectualisme n'est pas un phénomène moderne. Il en est fait mention dans les *Upaniṣad*, par exemple dans la *Chândogya Up. :*

– Je ne connais que les mots (*mantra*), dit Nârada lorsqu'il se rend auprès de Sanatkumâra, et non l'*âtman*. Il traverse (*tarati*) la souffrance (*śokam*), celui qui se connaît lui-même (*âtmavit*).

– Celui qui se connaît lui-même transcende la souffrance ou la peine[1].

• Connaître, c'est faire disparaître la séparation entre moi et l'autre

– Qui donc souffre ? Celui qui ne se connaît pas : connaître, c'est être. Ce que l'on est forme la base de la connaissance. Seul celui qui vit en lui-même est « lui-même » et transcende la souffrance ou la peine. Alors qui souffre ? C'est celui qui ne se connaît pas, qui ne vit pas en lui-même. Alors qu'y a-t-il donc en dehors de soi ? Il y a « l'extérieur », « l'autre ». Celui qui vit dans « l'autre » doit souffrir. D'où vient l'autre alors ? C'est le mental qui le fabrique.

Le commentaire de Svâmiji dégage trois thèmes qui reviennent continuellement :

---

1. *Chândogya Up.* 7. 1.3 : So'haṃ mantra-vid eva-asmi na-âtma-vit [...]. Tarati śokam âtmavid iti.

1. La connaissance intellectuelle (celle du *mantravid*) coupée de l'expérience s'oppose à la connaissance réelle (celle de l'*âtmavid*).

2. Connaître, c'est être (*brahmavid brahma-eva-iti*). Se connaître (*âtmavid*) : c'est être soi-même. Non pas connaître le Soi mais revenir à soi après avoir perçu qu'il n'est pas possible de trouver à l'extérieur ce que l'on cherche.

3. La séparation entre « moi » et « l'autre » est la source de la souffrance. Connaître, c'est faire disparaître cette séparation. La vraie connaissance est l'Unité. Ainsi :

– L'intellectualisme est le produit de l'intellect desséché, sans aucune référence ni appui sur l'expérience.

C'est pourquoi discuter ne sert à rien.

– Toutes les discussions, ces discussions théoriques comme on dit, n'ont pas de sens. Non pas qu'elles soient dénuées de sens, mais elles n'apportent rien ou plutôt elles sont une perte de temps pure et simple.

– Ce qui vous libère c'est agir et non parler.

– Ayez des bases solides, soyez bien enraciné, ne planez pas dans les hautes sphères (*top-heavy construction*).

– Quand on est ou quand on vit dans des circonstances particulières cela empêche de connaître une autre situation. Celui qui est malade ne peut connaître l'état de santé, un enfant ne peut connaître l'adolescence.

– Vous ne pouvez parler que de l'état ou de la situation dans laquelle vous êtes. Vous ne pouvez sentir que ce qui y correspond et vous ne pouvez agir qu'à partir de là. Pour ce qui est au-delà, vous ne pouvez pas. Vous ne pouvez poser de questions que si elles sont relatives à votre propre situation. Au-dessus ou au-delà, c'est impossible. Parler de l'état de réalisation vous dépasse, aussi vaut-il mieux ne pas en parler.

– Les mots n'ont pas de sens, s'ils n'ont pas leur source dans l'éveil du sentiment dans le cœur.

De même la lecture de livres n'apporte pas grand-chose, à moins de vérifier et sentir la vérité de ce qu'ils racontent. Tout dépend de la sensibilité et de la réceptivité qui permet d'incorporer l'expérience d'un autre pour en faire la sienne propre.

– On n'apprend rien par les livres. Seule l'expérience enseigne. Il ne suffit pas de recevoir des coups, ceux-ci ne font que provoquer un détachement temporaire (*smaśâna-vairâgya*) par lequel on est emporté.

L'intellect bien utilisé conduit au sentiment

– Si vous voyez intellectuellement, alors vous éprouvez des sentiments.

– L'intellect permet de voir. Et quand on voit, on sent. Il n'y a donc pas d'opposition entre l'intellect et le cœur.

– Quand l'intellect est pleinement développé et stabilisé, il pénètre profondément à l'intérieur et se transforme en sentiment.

Si bien qu'il y a connaissance « quand l'intellect et le sentiment ne font qu'un ».

– L'intellect mène au cœur. S'il n'y conduit pas, c'est qu'il ne fonctionne pas correctement.

– Un intellect dépourvu de cœur est comme une femme de mœurs légères. Quand elle fait l'amour, elle fait semblant d'aimer, son cœur reste sec. Faire l'amour pour elle n'est qu'un simulacre, un faux-semblant, elle n'a pas la jouissance (*bhoga*) de l'amour. De la même manière, la connaissance (*jñâna*) telle qu'elle s'exprime uniquement au travers de l'intellect seul n'est qu'un simulacre, il n'en résulte aucune douceur. Aucune sérénité ni délice ne se répandent autour, caractéristique de l'expérience de la connaissance (*jñâna-bhoga*).

– L'intellect vous montrera le travail, vous montrera le chemin et le cœur doit l'accepter. Sinon, rien ne se produit.

– L'intellect ne fait que voir les choses et les utiliser pour s'en servir. Pour entrer en contact : le cœur. L'intellect n'est qu'une machine : « C'est ainsi que sont les choses. » Terminé. Mais le cœur lui donne vie.

– L'intellect : voir, utiliser les choses, c'est une machine. Le cœur : entrer en contact.

– L'intellect bien utilisé est en prise directe avec la réalité interne et externe. Plus il s'exerce, plus il devient pénétrant et efficace. Plus il rend possible le passage de l'émotion au sentiment.

– Non pas connaître intellectuellement mais comprendre avec le sentiment.

– La véritable intelligence vient du cœur.

La connaissance est une expérience personnelle

La connaissance implique une participation affective

L'intellect conduit au sentiment mais sans expérience personnelle (*anubhâva*) la connaissance non seulement ne prend pas racine mais ne peut avoir lieu. Svâmiji donnait en exemple l'adolescent qui n'a jamais fait l'amour. Que peut-il en dire ? Ou encore la reine Marie-Antoinette informée que les émeutiers réclamaient du pain et qui répondait « mais qu'ils mangent donc des brioches » ou encore l'histoire des *bezprizornis* – ces adolescents orphelins au lendemain de la Révolution russe et placés dans des centres de rééducation dirigés par Makarenko – qui ne comprennent pas qu'on puisse verser des « larmes de joie ».

Connaître implique donc une participation affective, devenir la chose même :

– Si vous connaissez quelque chose, vous êtes cette chose. Et tant que vous ne l'êtes pas, votre connaissance n'est pas complète, elle est partielle.

– Pour connaître, il faut être en contact, en contact profond, intense, intime, complet avec l'objet de façon à pouvoir être un avec lui, ou être lui. En d'autres termes, il faut expérimenter intensément, intimement, complètement.

– Connaître une chose et en vivre une autre est une erreur, un contresens. A partir de là, une tension apparaît. Elle est due au conflit de la pensée et du sentiment. Connaître, c'est être. La connaissance ne peut être que vécue. Vous ne connaissez que ce que vous êtes vous-même.

– C'est ce qu'exprime la *Kaṭha Up.* : Il s'établit (*prasîdati*) dans ce qui est (*tattva-bhâvaḥ*[1]).

La connaissance consiste à ne pas être affecté émotionnellement

S'il n'y a connaissance que lorsqu'elle a pénétré l'affectivité, être agité, troublé, emporté ou même affecté par une émotion montre que la connaissance n'est restée que théorique. C'est ce que dit si bien la *Prâśna Up.* :

– Celui qui connaît (*jñaḥ*) ce qu'est la vérité (*satya*), ce qu'est *tattva* (la réalité), n'est pas troublé ou perturbé quand toutes les activités externes (*bâhya*), internes (*abhyantara*) et intermédiaires (*madhyama*) ont un impact sur lui[2].

– Les sages, bien que prenant part aux activités extérieures ou intérieures, ne sont ni troublés ni perturbés.

– Quand on a compris la vérité, quand on a bien saisi, accepté, ce qui s'est produit, comment peut-on être agité et perturbé ?

Celui qui connaît véritablement n'est donc pas affecté :

– Si vous savez que la dualité est une illusion, vous ne pouvez pas être affecté par les conséquences de la dualité. En d'autres termes, aussi longtemps que vous êtes affecté par l'amour et la haine, le plaisir et la peine, tout ce que vous racontez sur la nature illusoire de la dualité n'a aucun sens ! Personne n'est affecté par une illusion ! Vous n'êtes affecté que par les choses que vous savez être réelles.

---

1. La traduction complète du verset est la suivante : « Il doit être réalisé (*upalabdhavyas*) à la fois (*ubhayo*) en disant "cela est" et en devenant ce qui est (*tattvabhâvena*). Celui qui le réalise en disant "cela est" s'établit dans ce qui est. » (*Kaṭha Up.* 2.3.13 : Asti-iti-eva-upalabdhavyas tattva-bhâvena ca-ubhayoḥ / Asti-iti-eva-upalabdhasya tattvabhâvaḥ prasîdati.)

2. *Praśna Up.* 5.6 : Kriyâsu bâhya-abhyantara-madyamâsu/Samyakprayuktâsu na kaṃpate jñaḥ.

Pour connaître, aller du particulier au général

Il n'y a pas de connaissance sans expérience. Mais l'expérience ne peut être que particulière. Comment une expérience particulière peut-elle devenir générale ?

– Allez jusqu'au bout d'une chose particulière, vous connaîtrez la totalité, le général.

– L'illumination ? C'est le passage de ce qui est particulier à l'intérêt général. (Alors qu'aujourd'hui), vous prenez ce qui est particulier comme étant à vous et le reste comme étranger.

– L'impersonnel ? L'accomplissement du personnel.

Il n'est pas nécessaire de tout expérimenter, il suffit de tirer la quintessence d'une seule expérience, pour être libre.

– « Il suffit de faire une fois l'amour pour être libre du désir sexuel », dit Svâmiji. Une expérience particulière bien conduite est comme un échantillon ou un prototype de toutes les expériences possibles. Une expérience particulière peut donc avoir une portée générale : « Si vous connaissez un échantillon, vous connaissez l'espèce. Si vous connaissez un échantillon d'agitation, vous connaissez la source de l'agitation. »

– Vous pouvez employer la formule : « Sur la terre comme au ciel. » Rien n'est séparé nulle part. Ce qui se trouve dans une particule est présent dans la totalité. Ce qui est présent dans la totalité se trouve dans la particule. Il n'y a pas de différence. Si vous étudiez une feuille, vous connaissez l'arbre. Pareillement pour les émotions. Prenez une émotion et si vous connaissez la nature de cette émotion particulière, vous connaîtrez alors la nature de toutes les émotions. Parce que la loi qui régit l'émotion en tant que telle est applicable à toutes les émotions.

– Soyez fidèle à vous-même, c'est-à-dire à la situation dans laquelle vous êtes. Regardez, ressentez, agissez dans cette situation en essayant de trouver la solution appropriée aux circonstances. Et si vous agissez ainsi, de la situation particulière, vous arriverez à la loi générale ou plutôt votre expérience particulière aura une portée générale.

– Allez du particulier au général. Les gens veulent toujours s'occuper du général. Le particulier est important parce qu'il est présent ici et maintenant.

Connaître, c'est mettre en pratique

Il n'y a pas de savoir sans savoir-faire, sans mettre la main à la pâte :

– Vous ne connaissez une chose que lorsque vous la pratiquez... Tant que vous ne la mettez pas en pratique, vous ne la connaissez pas. Si vous dites : « je la connais », alors vous pouvez la mettre en pratique.

– Qu'est-ce que connaître implique ? Pouvoir. Il ne peut y avoir de connaissance sans pouvoir ! Il faut pouvoir. Si vous ne pouvez pas, vous ne savez pas. Si vous ne pouvez pas, il n'y a pas d'action possible.

– Le pudding se prouve en le mangeant, la preuve de votre connaissance c'est ce que vous êtes (ou vous faites).

C'est pourquoi l'action est le juge, le test ou l'épreuve de la connaissance. Ainsi est-il dit dans les *Lois de Manu :*

– Un brahmane dont la conduite est indigne ne jouit pas du fruit de la connaissance[1].

Svâmiji citait cet aphorisme pour montrer qu'une discussion purement intellectuelle ne servait à rien, si celui qui parle ne met pas en application ce qu'il dit. On ne connaît que ce que l'on fait. Il ne peut y avoir de connaissance sans expérience, sans mode de vie correspondant.

– C'est dans l'action qu'on trouve la preuve et la vérification. Et l'action vient de la coopération entre l'intellect et le sentiment. Sans cette coopération, l'action est décalée, défi-

1. *Lois de Manu* 1.109 : Acârâd vicyuto vipro na vedaphalam aśnute.

ciente, pleine d'anomalies. S'il y a harmonie entre l'intellect et le sentiment, l'action ne peut qu'être juste dans la situation particulière. Parce qu'il y a unité.

Pour illustrer que savoir c'est pouvoir, Svâmiji racontait l'histoire du jeune végétarien qui s'efforce de manger une omelette :

– Lorsque Svâmiji vivait à Bénarès, un jeune homme du Maharashtra vint lui rendre visite. Ce garçon sérieux et intelligent lui dit :

J.H. Je veux connaître la vérité.

S. Très bien, vous pouvez essayer et voir si vous pouvez y arriver. Qu'est-ce que la vérité ? La vérité n'est pas conditionnée. Elle n'est soumise à aucune condition particulière. Ainsi, il ne peut y avoir aucune condition dans votre alimentation.

Le garçon était végétarien, un parfait végétarien. Il dit :

J.H. Dois-je manger de la viande ?

S. Oui, il ne peut être question de ne pas manger de viande.

J.H. Manger de la viande, n'est-ce pas cruel ?

S. Non. La viande c'est de la nourriture. Si le corps l'accepte, très bien, parce que cela fait partie du domaine physique. Si le corps ne l'accepte pas, il ne faut pas en prendre. Mais on ne peut pas dire que c'est mal. Manger de la viande n'est pas mal. C'est de la nourriture. Une sorte de nourriture particulière comme les pommes de terre.

Ce sujet fut discuté pendant plusieurs jours.

J.H. Oui, je suis maintenant convaincu qu'il n'y a rien (de bien) dans le fait d'être végétarien, qu'il n'y a rien (de mal) dans le fait de manger de la viande. Ce n'est qu'une question de conditionnement. C'est quelque chose de relatif. Cela vient de notre milieu familial, de nos habitudes sociales, etc.

S. Si vous l'avez compris…

J.H. Oh ! Oui, tout à fait. Je n'ai aucun doute.

S. Très bien. Si vous n'avez aucun doute. La preuve...

J.H. Quelle preuve ?

S. Allez manger de la viande.

J.H. Oh, je pourrai très facilement le faire. Maintenant je suis convaincu.

S. Très bien. Allez à la ville, allez au restaurant, vous pouvez facilement y commander des œufs. Mangez des œufs et revenez.

J.H. Oh ! C'est très facile très facile, je le ferai.

Le soir, il revint complètement abattu.

S. Que se passe-t-il ?

J.H. J'ai honte.

S. Pourquoi ?

J.H. Je n'ai pas pu.

S. Que s'est-il passé ?

J.H. Je suis allé là-bas, et j'ai commandé une omelette. Je pensais que c'était bon. Dès que j'ai vu la couleur, j'ai frissonné. Je me suis dit : « Qu'est-ce que c'est ? C'est de la nourriture, comme des pommes de terre. Qu'est-ce qui est mal ? Pourquoi frissonner ? Non, ce n'est rien. » J'ai raisonné pendant un moment et le frisson a disparu. « C'est de la nourriture, oui. » J'ai pris l'assiette et j'ai essayé de toucher l'omelette. Dès que je l'ai touchée, je me suis mis à trembler : « Voyons, ce n'est rien, c'est de la superstition. Je l'ai appris et j'en suis convaincu. C'est de la nourriture, rien que de la nourriture, un certain type de nourriture. C'est tout. » Mais dès que je regardais l'omelette…

S. Ce sont vos préjugés… Vous distinguez encore entre deux nourritures…

J.H. Oui… Oui. Dès que je l'ai mise dans ma bouche, j'ai vomi. Je n'ai pas pu m'en empêcher.

S. Regardez bien, vous dites que vous avez compris. Vous savez… vous savez intellectuellement. Vous pouvez faire des conférences sur le sujet. Mais voyez quelle est la nature du sentiment, la nature de l'inertie des habitudes du corps.

J.H. Oui, je dois y arriver.

S. Oui, essayez.

Il essaya un autre jour et revint.

J.H. Je n'ai pas réussi. Je n'ai pas pu y arriver.

Enfin, après trois ou quatre essais, il revint souriant :

J.H. Aujourd'hui, j'ai pu manger sans être troublé, ni intellectuellement, ni émotionnellement, ni dans l'action.

S. Oui, maintenant, vous savez. Vous avez la connaissance que c'est une sorte de nourriture qui n'est ni bonne, ni mauvaise.

Connaître, c'est être

La connaissance se manifeste donc sous trois aspects. La partie intellectuelle consiste à comprendre le fonctionnement ; la partie affective à être en contact, s'imprégner, en faire l'expérience ; l'action c'est la mettre en pratique :

– Si vous définissez et spécifiez intellectuellement quelque chose, si vous le sentez émotionnellement et que vous pouvez le mettre en action, alors et alors seulement vous pouvez dire que vous le connaissez ; ou en d'autres termes, « connaître, c'est être ». Vous êtes ce que vous connaissez : quand vous n'avez aucune réaction, ni intellectuelle, ni émotionnelle, ni dans l'action. Car une réaction n'est possible qu'avec des objets réels (que vous savez réels).

– Connaître, c'est être. Etre se manifeste dans l'intellect, l'émotion et l'action. Dans l'intellect, c'est la perception de la vraie réalité (*satya, tattva*) *:* tout change (*saṃsâra*), chacun est une entité différente. Dans l'émotion c'est l'expérience de la vraie réalité : tout est à moi, bienveillance envers tous. Et dans l'action pratique, c'est l'attitude amicale envers tous, avec un comportement égal, plein de sympathie envers chacun.

– Connaître, c'est être, c'est vivre dans la vérité. Vivre d'une manière permanente dans chaque situation, chaque mouvement de la vie c'est vivre dans la vérité. La vie est un terrain d'apprentissage.

– Connaître, c'est être, être cela même. Connaître la paternité c'est être père.

– Connaître, c'est être. Etre, c'est *anubhava :* faire l'expérience *anu* + *bhava :* simultanément l'expérience de cela… et être cela même.

– Voir complètement c'est connaître. Connaître, c'est être : sans être, il n'y a pas de connaissance. Vous ne pouvez pas vivre une vie de dualité et connaître l'Unité en même temps. Tant que votre connaissance reste un processus intellectuel, dans vos émotions et dans vos actions, vous opérez à partir d'un autre centre d'expression. Ce qui provoque des contradictions et des tensions.

La connaissance est le chemin de la délivrance et de l'unité

L'ignorance est source de souffrance

Il est évident que toute action implique un minimum de connaissance. Il faut connaître la méthode et le mode d'emploi pour pouvoir agir. L'ignorance n'est ni une excuse ni un moyen d'échapper aux conséquences désastreuses :

– Si vous mettez votre main au feu, même sans vous en rendre compte, cela brûle. Le feu ne vous épargne pas simplement parce que vous êtes ignorant ! De même dans l'action, si vous obtenez de mauvais résultats parce que vous avez agi sans connaissance ou compréhension appropriée, vous ne pouvez qu'en souffrir.

Lorsqu'on n'est pas familier avec un travail, on ressent de la nervosité et un malaise :

– Là où il y a manque de connaissance, il y a agitation, douleur, chagrin, déplaisir, colère. Le seul moyen est de vous connaître. En essayant de connaître, vous ne devez avoir aucune culpabilité, honte, timidité, hésitation, rien ne purifie autant que la connaissance. Tout ce que vous confiez au feu, le meilleur et le pire, tout brûle et devient cendres, car tout est pareil pour le feu. De la même manière, tout est pareil pour le feu de la connaissance.

– L'ignorance cherche à rendre le relatif permanent.

Svâmiji montre ici *qu'ajñâna* (litt. : non-connaissance, donc ignorance) signifie en fait fausses croyances et s'oppose à *satyajñâna :* vraie connaissance.

Que s'agit-il de connaître ?

• Tout connaître

– C'est le privilège de l'homme de tout connaître. Mais tant que vous ne connaîtrez pas tout, vous continuerez à faire des erreurs, et c'est ainsi que vous pourrez vous élargir, agrandir votre connaissance.

– La connaissance et la maîtrise sont le privilège de l'homme. Vous allez ainsi de l'inconnu au connu. Plus loin, c'est toujours plus loin. La masse de connaissances s'accroît toujours davantage.

Il ne s'agit pas pour autant d'acquérir un savoir encyclopédique :

– Que veut dire tout connaître ? C'est connaître la racine de toute chose, le principe de tout. Mais pas dans tous les détails. Les détails changent. Mais la racine, le principe reste le même.

Par ailleurs, si la connaissance finale ou absolue est l'unité, la connaissance reste relative et présente des degrés :

– C'est pourquoi en Inde on parle d'un bon ou d'un grand connaisseur de la vérité, d'un meilleur ou plus grand (*greater*) connaisseur de la vérité (*variṣṭha*), ou encore d'un plus grand (*greatest*) ou de l'ultime (*variṣṭha*) connaisseur de la vérité. Ce dernier n'est entravé par rien ; il n'a ni goût, ni dégoût. Partout où il va, il est chez lui, à l'aise. Tout ce qu'il lui arrive, à l'aise. Il est toujours à l'aise. Rien ne peut l'empêcher d'être à l'aise.

• Connaître ce qui est

– La connaissance (*jñâna*) signifie voir l'objet tel qu'il est : « L'objet est vu tel qu'il est[1]. »

– Connaître, c'est avoir un point de vue objectif sur la vie. La réalité ne tolère ni subjectivité, ni imagination.

---

1. *Yogavâsiṣṭha* 6 (1 ou 2) 29.15 : Jñânâd yathâsthitaṃ vastu dṛśyate naśyati bhramaḥ.

– Connaître, c'est voir que « tout l'univers est le jeu de l'énergie » (*śakti*), que vous n'êtes pas limité.

• Se connaître soi-même

– Connais seulement ce qui est toi-même. Laisse tout le reste. Cela seul est le pont pour l'immortalité[1].

– Ne t'occupe de rien d'autre. Connais-toi toi-même et laisse tomber toutes les autres paroles. Voilà le pont pour l'immortalité.

– Se connaître soi-même, c'est se connaître dans ce que l'on est aujourd'hui. Une graine ne peut pas aller au-delà de l'arbre. Impossible d'arriver à la totalité (*śivatva*) si l'individu (*jîvatva*) n'est pas accompli.

– Cet *âtman* est *brahman*[2].

– La Connaissance suprême est félicité.

Connaître, c'est être libre

– Etre libre, c'est être libre de la croyance « je suis quelqu'un ».

– Signe de *prajñâna ?* Le visage rayonne l'éclat éternel de la jeunesse.

– Le test de *prajñâna ?* Etes-vous troublé par une calamité extérieure ?

– Vous pouvez être établi en vous-même seulement en triomphant de tout ce qui est « extérieur » (*parastha*).

– Connaître ses limites, c'est être libre de ses limites.

Si l'on est agité, troublé, emporté ou même affecté par une émotion cela montre que la connaissance n'est restée que théorique.

– Vous avez le privilège de connaître et de comprendre. C'est le seul chemin qui conduit à l'unité. Vous ne devenez un qu'avec ce que ou avec ceux que vous connaissez. Ce que vous ne connaissez pas vous demeure étranger.

---

1. *Mâṇḍûkya Up.* 2.2.5 : Tam eva-ekaṃ jânatha-âtmânam anyâ vâco vimuñcatha-amṛtasya eṣaḥ setuḥ.

2. *Bṛhadâraṇyaka Up.* 2.5.19 : Ayam âtmâ brahma.

CHAPITRE II

La vérité

Svâmiji écrivait le plus souvent le mot vérité avec une majuscule. Il entendait certainement ainsi aider ses interlocuteurs à distinguer entre la vérité absolue et la vérité relative personnelle, subjective ou fantasmatique. Le passage de la vérité relative à la vérité absolue se fait d'après lui progressivement, graduellement, par étapes.

Quand la vérité relative devient-elle vérité absolue ? A partir de quand le pendule en mouvement devient-il immobile par la neutralisation de l'action-réaction ? Le pendule est en mouvement. Le mouvement diminue, diminue, devient imperceptible, puis s'arrête.

La vérité ou ce qui est

Il y a deux mots en sanskrit pour désigner la vérité : *satya* de la racine *sat :* être, ce-qui-est, et *tattva :* le fait, ou le fait d'être cela. *Satya* et *tattva*, chez Svâmiji, sont employés comme synonymes. La vérité (*truth* ou *tattva*) est tout simplement ce qui est réel pour nous. Il ne pose pas une réalité intrinsèque, nouménale, derrière les apparences. Ce serait un a priori. Par contre nous avons tous une certaine perception des choses. Celle-ci peut être illusoire. Elle ne peut être qu'une apparence mais elle est réelle pour nous dans la mesure où nous la croyons telle. Tant qu'elle nous paraît être, elle existe pour nous et nous ne pouvons la refuser. Refuser l'apparence est une non-vérité (*untruth*), une erreur.

Le mot erreur vient du latin *error, errare*, qui signifie, au sens propre, aller de côté et d'autre, à l'aventure, au hasard, sans direction précise et au figuré : s'écarter, s'éloigner de la vérité, donc se tromper.

Le Robert en donne une définition qui correspond au sens du mot *untruth* : « Acte de l'esprit qui tient pour vrai ce qui est faux et inversement résultat de cet acte. »

L'erreur ne consiste pas seulement à se tromper, c'est-à-dire à s'écarter du chemin, mais aussi à s'y enfoncer, puisqu'on croit être dans le vrai. Comme dit Svâmiji : « On croit souvent qu'on voit alors qu'on ne fait que penser. »

Retenons l'idée d'écart à la bonne direction. L'erreur est ce qui ne permet pas d'atteindre le but qu'on se propose d'atteindre. L'erreur est commise par ignorance.

A noter que l'anglais dispose d'une grande richesse de mots pour exprimer l'erreur. Il y a d'abord *error*, bien entendu, mais aussi *falsehood* dans le sens de fausseté (d'un rapport) ; *falseness :* fausseté, fourberie ; *falsity* : fausseté d'une doctrine ; *untruth :* l'erreur ou plutôt la contre-vérité.

Svâmiji employait également un autre mot sanskrit pour désigner la vérité : *bhûman*, qu'il traduisait par « ce-qui-est », traduction rigoureusement littérale puisque *bhûman* est dérivé de la racine *bhû :* être. Mais *bhûman* a pris par extension le sens de large, grand, vaste et s'oppose à *alpa :* petit, mesquin, étriqué, limité, fini. On peut donc traduire *bhûman* par infini et on obtient l'équivalence : ce qui est = infini.

Dans la *Chândogya Up.*, *bhûman* est opposé à *alpa :* petit, étroit, étriqué, mesquin, limité. Pour Svâmiji, *bhûman* est synonyme de *brahman*, l'infini : ce qui est vaste, qui englobe tout. C'est l'être dans sa plénitude et sa totalité. Ainsi que le dit l'*Upaniṣad :*

– Il n'y a pas de bonheur dans le fini (*alpa*), le bonheur est dans ce qui est (*bhûman*[1]).

– Il n'y a pas de bonheur dans ce qui est limité, étroit, mesquin.

– *Bhûman* ne peut être conçu tant qu'on reste dans *alpa. Bhûman* n'est là que si on est libre d'*alpa.* Ce n'est que lorsqu'on a une vision juste (*satya-dṛṣṭi*) que l'on peut voir

---

1. *Chândogya Up.* 7.23.1 : Na-alpe sukham asti, bhûmâ-eva sukham.

cela : « Ce qui se tient en lui-même, en paix, ferme, ce-qui-est, *brahman*[1] ; et ceci est *amṛta*. Ce-qui-est, cela est immortel. Et tout ce qui est différent de cela est soumis à la dualité. C'est destructible (*alpa*). En effet, ce qui est limité est périssable[2]. »

Quel est le rapport entre vérité et réalité ? Réel est un terme juridique qui signifie « qui existe effectivement ». Il vient de *realis*, dérivé de *res :* chose. La réalité, c'est d'une part ce qui ne constitue pas ou ne concerne pas seulement une idée ou un mot, et d'autre part ce qui produit de l'effet, qui agit, qui n'est donc pas apparent, ni fictif, qui existe actuellement et concrètement. Pour Svâmiji, tout ce qui est réel pour moi est vrai pour moi, est la vérité pour moi. Et il n'y a pas d'autre vérité à ce moment-là. Ainsi la formule « la vérité est ce-qui-est » désigne-t-elle aussi bien l'être que l'existence. La vérité est donc à la fois le chemin qui conduit de l'existence à l'être ainsi que l'aboutissement final, lorsque le but a été atteint : la non-dualité.

Ce qui est

– La vérité ou ce-qui-est.

Cette formule demande à être explicitée. Vérité vient du latin *veritas*, qui vient lui-même de *verus :* vrai, qui aurait donné le mot voir. Il y a donc un rapport étymologique entre vérité et voir. Le Robert en donne la définition suivante : « Ce à quoi l'esprit peut et doit donner son assentiment, par suite d'un rapport de conformité avec l'objet de pensée, par suite d'une cohérence interne. » On retrouve ici le sens d'une évidence qui s'impose : est vrai le fait qui a été vécu, éprouvé, constaté ou vérifié par expérience personnelle. Ce sens rejoint celui de réalité : est vrai ce qui est réel.

1. Source non trouvée : Svastha-śanta-sthira-bhûmâ-brahma.
2. *Chândogya Up.* 7.24.1 : Yo vai bhûmâ tad amṛtam atha yad alpaṃ tan martyam iti.

Le théologien russe Pavel Alexandrovitch Florenski oppose lui aussi *istina* (vérité) de la racine *iest* (être) à *vierit* (croire) dont la racine viendrait du *veritas* latin.

En Occident le mot vérité reste toujours suspect puisqu'il semble davantage relié à une croyance ou à un assentiment de l'esprit qu'à la réalité.

– Qu'est-ce que la vérité ? La différence et le changement.

– La vérité a deux caractéristiques : la différence dans l'espace, le changement dans le temps.

– Si la vérité existe, elle est partout. Tout change.

– La vérité (*satya*) est simple : ce qui est… Il est différent.

– La vérité est l'acceptation du changement continuel et peut être résumée par un seul mot : « oui ».

– « Cela eût mieux valu de ne pas être née », dites-vous. La vérité consiste à faire des plans ou partir de ce qui s'est passé, de ce qui est et non pas de ce qui aurait pu être. La vérité est ce qui est.

– Au lieu de dire « si cela n'était pas arrivé », dites « regarde ce qui est ». Ce que vous auriez voulu voir arriver est-il là, présent maintenant ? Il n'y a pas de non-vérité. Il n'y a que la différence entre « ce qui existe » et « ce qui est » : un tour joué par le temps.

– *Prajñâna*, c'est voir la vérité et agir en conséquence. Sous quelle forme la vérité apparaît ? Changement et différence.

– Rien, absolument rien n'est en dehors de la vérité. Tout ce qui existe à un moment donné, c'est la vérité de ce moment.

– La vérité peut-elle être appelée vérité si elle n'illumine pas tous les aspects de la vie ?

– Qu'est-ce que la vérité ? Ce qui est. Mais cette définition n'est pas complète. Ce n'est que la première moitié seulement. La deuxième moitié c'est qu'il n'y a rien d'autre que ce qui est.

Quel est cet autre « qui n'est pas » ? Pour Svâmiji c'est tout ce qui relève de l'imagination, des opinions, des croyances non fondées, etc.

– Comme le dit si bien l'*Upaniṣad :* le chemin de la connaissance, de la lumière, de l'immortalité (*devâyana*) est pavé par la vérité. Seule la vérité triomphe, jamais la non-vérité[1].

– Regardez comme c'est beau. Expression positive : la vérité seule triomphe. Pourquoi ? Ce qui n'est pas la vérité : la non-vérité ? Non, expression négative.

– La vérité seule peut triompher. Seule la vérité peut être victorieuse et non le mensonge (*falsehood*).

– Le mouvement seul triomphe. Rien n'est établi, rien ne dure. Il n'y a rien qui reste. Alors ? Ce qui est en cet instant, cela seul existe pour l'instant. Rien à garder pour l'instant suivant. Seulement maintenant ! L'éternel maintenant (*ânanda muhûrta*).

– « Et ces sages qui sont libres de désir ou plutôt qui ont obtenu (la satisfaction) de leurs désirs, par ce chemin attaquent le trésor ultime de la vérité. » Toute l'emphase est mise sur *satya*. Qu'est-ce que *satya ? Satya* signifie ce qui est. *Satya* signifie « est ». « Etait » et « sera » ne peuvent y être appliqués. « Est » de manière inaltérable. « Est » sans qu'on puisse rien y changer. C'est cela la vérité.

– Voyez ce que dit la *Kaṭha Up.* : « Ce n'est ni par les mots (*vâcâ*), ni par le mental (*manasâ*), ni par les yeux (*cakṣusâ*) qu'elle (la vérité) peut être obtenue (*prâptum*). Vous ne pouvez l'atteindre nulle part sinon en disant "Cela est[2]". »

– « Si c'est la vérité que vous voulez, vous ne pouvez pas l'exprimer par des mots (*na vâcâ*). Par le mental ? Non (*na manasâ*). Avec vos yeux, vous la verrez ? Non (*na cakṣusâ*).

Où alors ? Où ? Les gens imaginent toutes sortes de choses, construisent toutes sortes de représentations et vont comprendre ? Non. Où alors ? Où ? Seulement lorsqu'on dit « est », seulement « est ». Alors vous pouvez la trouver. Seulement « est ». Nulle part ailleurs vous ne pouvez la trouver (la vérité).

---

1. *Muṇḍaka Up.* 3.1.6 : Satyam eva jayate na-anṛtaṃ satyena panthâ vitato devayânaḥ, yenâ kramanty ṛṣayo hy âptakâmâ yatra tat satyasya paramaṃ nidhânam.

2. *Kaṭha Up.* 2 3.12 : Na-eva vâcâ na manasâ prâptuṃ śakyo na cakṣusâ, asti-iti brûvato'nyatra kathaṃ tad upalabhyate.

Où, quand et dans quelles circonstances ?

– Où, quand, dans quelles circonstances ? Partout, toujours, dans toutes les circonstances, la vérité ne tolère aucune limitation.

– La *sâdhanâ* de la vérité (*satya sâdhanâ*) c'est la recherche de la vérité... voir la vérité partout, dans toutes les situations.

– Etre dans la vérité, vivre la vérité, c'est voir l'infinie variété de la multiplicité, voir que je ne suis qu'une modalité (*pattern*) dans cette variété en changement.

Dans le flux du changement, ce qui reste est la vérité indivisible, paisible, constante, toujours et partout. Seul l'Un est ; tout le reste n'est qu'illusion visuelle, la séparation et la variété ne sont que des apparences extérieures. Y a-t-il quoi que ce soit d'étranger ? Soyez un avec chaque situation.

– Le chemin de la vérité ? Agir en toutes circonstances selon la situation du moment.

– La vérité c'est que chaque chose est à sa place. C'est ce qu'il vous faut reconnaître en tout premier lieu.

– La vérité est ce qui est omnipotent, omniprésent. Elle est partout, toujours. Sinon elle serait relative. Elle ne serait pas la vérité. Si c'est la vérité, où est-elle ? Elle est ici et maintenant.

– Tout ce qui est partiel et relatif fait partie de l'erreur (*untruth*). La définition de la vérité : ce qui est. Ainsi, ce que vous sentez maintenant, c'est la vérité pour vous, même si c'est en fait une non-vérité. Vous en faites alors l'expérience, vous la vivez, vous agissez en conséquence et alors seulement vous avez la possibilité de voir ce qui est.

– La vérité agit, la vérité joue partout, à chaque instant, dans toute manifestation. Si c'est la vérité, elle doit être ici et maintenant. Ainsi trois mots seulement expriment la vérité : ici, maintenant et cela. Cela est ici maintenant.

• Où est la vérité ?

– La vérité agit partout.

La vérité est partout. Elle englobe être et existence, être et apparence. Mais l'apparence est vérité à deux degrés : relatif et absolu. L'apparence en tant qu'apparence est relative : c'est la vérité relative. Dans son essence, l'apparence est être : vérité absolue. L'absolu se révèle comme l'essence du relatif. C'est pourquoi l'absolu n'est pas séparé du relatif. L'absolu, c'est le relatif dans son être propre, véritable. De même que l'habit dont un homme est revêtu n'est pas cet homme. Pour connaître l'homme dans sa nudité, dans sa nature véritable, il faut le dévêtir, enlever habit après habit. Ce que l'on connaît d'abord, ce que l'on expérimente, ce sont les habits. L'habit est donc réalité pour moi, tant qu'il recouvre le corps. Une fois enlevé, l'habit devient apparence.

Le revêtement a une double nature selon ma perception, selon l'endroit où je me place. Le revêtement est vrai ou faux relativement à mon expérience, à ma connaissance. Seule ma connaissance me permet d'affirmer : « Ceci est la vérité », ou : « Ceci est une apparence. » Je ne peux parler qu'en fonction de ma connaissance. Et ma connaissance vient de mon expérience vécue, de l'expérience intime des choses dont je parle après les avoir approchées, m'y être mêlé, y avoir participé. J'ai développé une intimité, une familiarité avec elles. Je les connais parce que j'en ai joui. Et je n'ai pu en jouir qu'après les avoir approchées.

La connaissance que j'ai d'elles est une connaissance sûre, sans le moindre doute. Je connais leur réalité exacte. Je connais la vérité à leur sujet, c'est-à-dire leur être véritable. Car je les ai dépouillées de tous leurs oripeaux, de tous leurs faux-semblants, de toutes les apparences séductrices, trompeuses, de toutes les représentations qui m'en ont été faites, de toutes les déclarations, exposés, idéologies qui prétendent en traiter. Je les ai goûtées moi-même, je les ai savourées moi-même. Je n'ai besoin d'aucun expert pour me dire ce qu'elles sont. Je sais. J'ai examiné, regardé, touché, palpé, senti, goûté. Je m'en suis imprégné. Rien de ce qui les concerne ne m'est étranger. Tout m'est familier, intime, proche.

Rien n'est resté dans l'ombre. Tout est clair. Je sais d'une conviction intime, où le doute n'a plus place, ce qu'elles sont. Je n'en suis pas séparé. Elles sont miennes, à moi. Je les possède. Je connais leur nature et leurs qualités, leurs caractéristiques dont je peux ou non me servir selon le but que je me propose d'atteindre.

• Quand ?

La vérité est partout dans l'espace. Elle est aussi partout dans le temps. Même clarté dans le passé : rien dans le passé ne reste dans l'ombre. Non pas que je connaisse tous les faits du passé, mais je connais tout ce qui m'est utile, tout ce qui m'a influencé, tout ce qui m'a fait mal. Je souffre de la présence d'un corps étranger. Le passé est comme un corps étranger. J'apprends donc à connaître sa nature, ses caractéristiques et à l'éliminer. Comment ? En lui permettant de s'exprimer librement. L'expression est ce qui permet de faire venir à la surface, de rendre apparent, donc de voir. Le passé exprimé ne fait plus pression à l'intérieur. Le poids du passé ne pèse plus, d'où le sentiment d'être à l'aise dans le présent.

La vérité est dans le présent. Chaque instant est un présent qui se renouvelle. Le présent est vraiment le présent, quand le passé n'intervient pas. Le passé agit comme une force qui fait intervenir, dans le présent, des éléments qui ne lui appartiennent pas et qui l'entraînent, par réaction, vers l'avenir. Le temps passé-présent-futur est comme la trilogie du pendule : action-point neutre-réaction. Mais l'action du passé est elle-même une réaction. Le point de neutralité, d'équilibre, d'harmonie est dans le présent.

• Dans quelles circonstances ?

La vérité est partout, toujours, dans l'espace et le temps. Que viennent ajouter les circonstances ? Ce sont tous les événements qui se produisent. L'événement est le déroulement du temps dans l'espace, c'est-à-dire ce qui est en mouvement. Cela veut dire que la vérité est mouvante, dynamique. Je ne peux pas posséder la vérité comme un objet, car la vérité est un processus. Elle est insaisissable. La vérité, c'est l'adéquation entre l'objet et moi. C'est pourquoi la vérité est connaissance. Or, je bouge, l'objet bouge. Comme le skieur qui descend la pente. Suivant la bosse qu'il rencontre, l'état de la neige, la nature de ses skis, ses compétences physiques, le skieur va « négocier la bosse ». Il va trouver le point de vérité de la situation globale dans laquelle il se trouve, le point de rencontre, le point d'équilibre, où tous les facteurs se trouvent réunis harmonieusement. C'est la vérité de la circonstance particulière rencontrée en ce lieu et à ce moment. Au moment suivant, au lieu suivant, les circonstances suivantes vont être différentes. Nouvelle réalité, nouvelle vérité. Le bon skieur ne connaît pas toutes les bosses. Il sait comment réagir à toutes les bosses. Il est à l'aise avec toutes les bosses qu'il peut rencontrer. En ce sens, il connaît toutes les bosses possibles. Et son action sera différente et adaptée à chaque circonstance particulière : sol gelé, neige molle, temps sec ou humide, etc.

La vérité est cette adaptation continue aux changements incessants. C'est l'habileté, l'aisance de l'adaptation, fonction de la connaissance.

Voir, accepter sont les deux étapes de la connaissance de la vérité. Que connaît le skieur ? Il se connaît lui-même : ses capacités, ses possibilités, il connaît son matériel et il connaît son environnement. Il a un savoir qui permet l'action. Il est ce savoir en action. Il ne connaît pas la vérité. Il est la vérité. Ou encore, il connaît la vérité parce qu'il est la vérité. La vérité n'est pas une abstraction, n'est pas une entité mystérieuse. La vérité est simple. C'est la connaissance en action dans une situation particulière, à un moment donné. C'est l'aisance à faire face à tous les changements : situation, temps, lieu. Et cette aisance vient de l'unité. Adaptation continue, sans heurts, sans brusquerie, sans sursaut, sans raideur, sans opposition avec le mouvement. C'est flotter avec le mouvement. Flotter gracieusement. La grâce, c'est l'harmonie des moyens et des fins.

La vérité est simple et facile

– La vérité est si simple, si facile. Un seul mot la contient : « Oui. »

– Le test d'une véritable compréhension c'est l'action. Si c'est simple, ce doit être facile.

– La vérité est simple, directe, elle a sa source en elle-même. Et c'est pourquoi cette simplicité est un défi qui vous met en cause, vous incite à la mettre en pratique ! La vérité est ici, là, partout, maintenant et toujours. Telle est la beauté et la fraîcheur qui, bien que simple, apparaît étonnante et surprenante au mental, qui dans sa complexité embrouille tout.

– La vérité est très simple et facile mais est également difficile et cruelle.

– La vérité est si simple et si difficile à cause du passé.

Svâmiji dit de la vérité qu'elle est « simple et facile », mais dans d'autres passages, il la qualifie également de « dure, cruelle et difficile ».

– La vérité est si simple et Svâmiji a tellement lutté pour arriver à ce point que la vérité est si simple.

Est-ce une contradiction ? Si la vérité est facile, comment peut-elle être dure ? Reprenons l'exemple du ski : c'est simple de faire du ski et facile pour celui qui sait en faire. Facile et évident. Mais dur et difficile pour un débutant. Svâmiji dit : « La vérité est cruelle. » Pourquoi cruelle ? Parce que douloureuse : il faut abandonner ses croyances chéries ! Il ajoute : « Difficile à percevoir, car recouverte d'illusions », et aussi : « Difficile, à cause du passé. »

Par contre, la vérité est simple, car la vérité est *satya* (de la racine *sat :* être). La vérité est ce qui est et non ce que nous souhaitons, imaginons ou espérons en fonction de nos attirances et de nos répulsions.

La vérité est toujours là, mais recouverte

– Non pas « mes expériences avec la vérité », mais « mes expériences avec l'erreur ». On ne peut pas faire d'expérience avec la vérité[1].

– La vérité, c'est ce qui est, toujours, partout, dans toutes les circonstances. Il n'est pas question de ce qui était, ni de ce qui sera. La vérité ne peut tolérer aucun changement. Où est-elle alors ? Viendra-t-elle ? Non, parce que tout ce qui vient s'en va.

– La vérité est ce qu'elle est et rien d'autre. Et le mental est si complexe et si illusoire et si fourbe qu'il essaye toujours d'y rajouter quelque chose.

---

1. Svâmiji se réfère ici au livre autobiographique de Gandhi : *Experiences with Truth.*

– Soyez la vérité ici et maintenant, un « oui » sans « non ». Il y a « est » et il ne peut pas y avoir « aurait dû être ». Un « oui » sans question, un « oui » défini.

– La source de toute tragédie vient du moi qui cherche à tout recouvrir.

– La vérité est ce-qui-est. Elle est difficile à percevoir car recouverte par l'illusion… Le « non », le « devrait », c'est le mental qui recouvre… Tout ce qui est, est la vérité. La vérité ne viendra pas. Elle est ici et maintenant.

– C'est la réalité des faits que nous cherchons à refuser en créant autre chose.

– La vérité est ce-qui-est. N'est-ce pas un fait que vous ne pouvez voir que ce qui est arrivé ?

– Qu'est-ce que la réalité ? C'est ce que vous voyez, ce que vous sentez mais que vous ne voulez pas accepter. La réalité est ce qui est, ce qui arrive. Cela est, oui. Et l'irréalité ? Le « ir » signifie que vous êtes hors de votre assise (*off your feet*).

– La vérité est recouverte. Seul ce qui la recouvre est enlevé… La vérité ne peut pas disparaître. Quand l'atmosphère est favorable elle resurgit.

– Comme le dit l'*Upaniṣad* : « La face (*mukha*) de la vérité (*satya*) est cachée (*hita*) par *hiraṇmaya* (litt. : un plat d'or *pâtreṇa hiraṇmayena*). *Hiraṇmaya* c'est ce qui attire, ce qui est tentant[1]. »

– O *Pûṣân* (le Soleil, le Protecteur), découvre le voile (*apavṛṇu*). C'est un ordre. Il ne dit pas « sois gentil de me dévoiler ». Il ne prend pas une attitude suppliante. Pour moi qui me consacre à la vérité (*satyadharmâya*), laisse-moi voir (*dṛṣṭe*) la vérité (ce qui est : *tattvam*).

– O *Pûṣân*, Toi qui entretiens la vie, écarte seulement ce qui recouvre. Pourquoi ? Découvre-le pour moi… pour que je le voie. Qui es-tu ? Ma moralité, ma vertu, mon entité est avec la vérité. Et tu ne peux pas ne pas me découvrir sa face ? Qu'est-ce que sa face ? La face de la vérité est recouverte. Enlève ce qui la recouvre. Qu'est-ce qui la recouvre ? Un couvercle d'or. Enlève-le, c'est un ordre. Il ne dit pas : « s'il te plaît… sois gentil ». Non. Enlève-le. Tu ne peux que

1. *Iśâ Up.* 15 : Hiraṇmayena pâtreṇa satyasya-apihitaṃ mukhaṃ / Tat tvaṃ pûṣân apâvṛṇu satya-dharmâya dṛṣṭaye.

l'enlever parce que je suis pour la vérité. Mon *dharma* est la vérité. Que signifie l'or ? Ce qui brille, ce qui brille. Tout ce qui brille n'est pas or. Ce à quoi vous attribuez de la valeur, ce qui est agréable, ce qui vous fait plaisir… si précieux, si brillant, si agréable, si attirant.

Svâmiji donnait l'analogie du miroir sale pour montrer que la vérité, comme le miroir, est toujours présente, mais recouverte. La vérité n'est pas dans les cieux. Elle est ici-bas, dans les situations réelles auxquelles nous nous trouvons confrontés.

La vérité a toujours été présente comme le soleil derrière les nuages, comme l'*aham* derrière l'*ahaṃkâra*, comme le silence dans le bruit, le repos dans l'agitation, l'immobilité dans le changement, l'informe dans les formes, l'absolu dans le relatif. Présence cachée mais réelle, la vérité est toujours présente. Il y a un rapprochement intéressant à faire ici avec la nouvelle d'Edgar A. Poe : *La Lettre volée*. La lettre est placée dans un endroit si accessible, si évident que personne ne la voit ni n'a l'idée d'aller la chercher.

Vérité relative et vérité absolue

L'aspect relatif et l'aspect absolu (nirapekṣa)

– La vérité se présente sous deux aspects : indivisible, calme, constante ; en apparence remplie de diversités et de changements dans cette diversité.

Svâmiji, pour illustrer cette apparente contradiction ou plutôt complémentarité, donne l'exemple de la maîtresse de maison :

– Vous n'êtes ni une femme, ni une épouse, ni une mère… Vous n'êtes rien de tout cela… et pourtant vous êtes tout cela aussi.

– L'absolu : *nirapekṣa*. Voir est absolu, la description qu'on en fait est relative. Je suis : absolu. Une femme ? Des cheveux noirs… description relative. Vous êtes tous ces relatifs et aucun d'eux. La vérité est toujours relative : qui suis-je ici et maintenant ? Vous n'êtes ni une femme, ni une épouse, ni une mère… Vous n'êtes rien de tout cela… et pourtant vous êtes tout cela aussi.

– Les deux modes de conscience sont : les deux pôles de la dualité (l'action et la réaction, l'attirance et la répulsion, le plaisir et la peine) et leur consommation finale : la vérité, l'équilibre. Le premier est l'expression de l'ego, le second d'une supra-conscience. Le premier est du domaine du relatif, le second de l'absolu.

• La vérité relative, c'est le changement et la différence

– Relatif signifie relié, dépendant, conditionné. Le relatif dépend du temps et du lieu, quand ? et où ? Ce qui est particulier n'est vrai que dans un endroit particulier et à un moment particulier, ni ailleurs, ni à un autre moment.

Le seul monde que nous connaissons est un monde relatif, soumis au changement, à la loi d'action-réaction et où règne la dualité. Svâmiji en tire des conséquences logiques, mais paradoxales :

– Il ne peut y avoir d'absolu puisque tout est relatif.

– Tout change, sauf le changement. C'est une vérité absolue.

– La vérité indépendante du temps, des lieux et des circonstances est absolue. Nous éprouvons des émotions et la vérité ici et maintenant consiste à les reconnaître comme réelles tant qu'elles nous paraissent réelles. Même si en fait elles sont illusoires, nous ne pouvons pas dire qu'elles le soient tant que nous sommes affectés.

– L'émotion est un mensonge, c'est une illusion. Ceci est l'absolue vérité. Mais pour le moment, l'émotion est la vérité. Ce n'est ni un mensonge, ni une illusion parce qu'elle a des conséquences. L'émotion est relative ; oui, pour le moment. Relative signifie dépendante du temps, du lieu et des circonstances. La vérité est indépendante du temps, des lieux, des circonstances. Mais vous vivez dans un temps, un lieu, des circonstances. Ainsi la vérité est relative.

La vérité relative c'est le changement et la différence. L'action est toujours relative.

L'homme se sépare de l'absolu. Il crée le relatif.

L'absolu, en fin de compte, est l'expérience de la non-séparation.

• L'absolu

– L'absolu est ce qui ne change pas, quels que soient le temps, le lieu ou les circonstances.

– Tout est relatif, c'est une vérité absolue.

– La vérité ultime est indescriptible (*anirvacanîya*), c'est-à-dire qu'on ne peut rien dire à son sujet.

– La vérité est ce qui ne change pas.

– Il n'y a pas de degrés dans la vérité, pas de stades. Il n'y a des degrés que dans l'erreur et dans le changement.

La vérité absolue reste absolue et des degrés de connaissance de la vérité subsistent. Ces degrés sont exprimés sous une autre forme. Ce ne sont plus des degrés de vérité mais des degrés d'erreurs. Chaque degré de relativité apparaît comme un absolu à celui qui est en train de les vivre. Ce sont des degrés de vérité pour lui, mais des degrés d'erreur pour celui qui est passé au stade suivant.

Du relatif à l'absolu

Je suis en chemin. Je passe progressivement de ma vérité à la vérité, de la vérité relative à la vérité absolue. Le relatif devient absolu. Mais il n'y a jamais co-présence du relatif et de l'absolu. Il n'y a jamais d'absolu au-delà du relatif. Il n'y a que le relatif qui devient absolu. Et tant qu'il y a le relatif, ce relatif est absolu pour moi tant que je ne perçois pas mon erreur, elle est une vérité pour moi. L'absolu n'est pas un point de vue, c'est un état d'être. On ne peut rester sur la berge et parler de l'eau. L'absolu implique d'être immergé dans le relatif, d'avoir dépassé, transcendé le relatif, de l'avoir pris à bras-le-corps, d'avoir fusionné avec lui. Je peux dire « c'est ma femme » uniquement quand je l'ai faite mienne sur tous les plans. Aspirer à… ce n'est pas connaître. Connaître, c'est participer, assimiler, s'approprier.

L'expérience de l'unité est celle de la vérité absolue. Chaque point de la dualité doit être expérimenté, c'est la vérité absolue. Il n'y a donc que l'absolu qui n'a jamais cessé d'être, même lorsqu'il a pris la forme du relatif. Le tourbillon d'eau (forme relative) n'a jamais cessé d'être de l'eau (absolu).

– Vous projetez votre monde. Si vous en tirez du plaisir, continuez ; ne dites pas « c'est une illusion »... Ayez la super-sensibilité et l'audace de vous y attaquer directement.

On ne peut poser a priori l'existence d'un au-delà ou d'un état de conscience au-delà de la conscience ordinaire (*samâdhi*). Le *samâdhi* c'est l'expérience des choses telles qu'elles sont, de la vérité sous son aspect absolu que pour l'instant nous ne connaissons pas.

– L'absolu n'est pas au-delà du relatif. Cela voudrait dire que le relatif n'est pas l'absolu et donc que l'absolu n'est pas absolu.

– Vous parlez de *samâdhi*, état où les choses sont expérimentées comme elles sont. Et c'est l'absolu d'une certaine façon. Que signifie absolu ? Ce qui est au-delà du temps, de l'espace et de considérations objectives. C'est-à-dire la conscience. Voir les choses comme elles sont, toujours et partout.

– Le *samâdhi*, dites-vous, est un état de conscience, où il y a un sentiment facile et spontané des choses comme elles sont, toujours, partout sans aucune condition d'aucune sorte. Bien, maintenant, est-ce vrai ou non ? C'est à vous d'en décider maintenant. C'est possible que cela existe. Bien. Mais vous sentez : « Je ne peux pas sentir cela maintenant. » Alors c'est quelque chose de faux pour vous (*falsehood*).

– Je suis partiel tel que je suis maintenant et dans la situation où je me trouve c'est ainsi que je me sens. Si je peux rejeter et quand je peux vivre au-delà de cette partialité alors j'atteindrai cela. Sinon, parler de cela est un pur non-sens.

Par ailleurs le *samâdhi* ne consiste pas seulement à voir les choses comme elles sont. Il a un aspect affectif et s'exprime dans l'action.

– La définition que vous avez donnée du *samâdhi* est une définition intellectuelle. Mais quelle est la partie affective ?

Un sentiment d'accomplissement et de satisfaction profonde que rien ne peut perturber : « Tout ce que j'avais à faire, je l'ai fait. Tout ce que j'avais à recevoir je l'ai reçu, tout ce que j'avais à donner, je l'ai donné. Voici l'idée complète : « Il n'y a rien à donner, rien à faire, rien à recevoir. »

– Dire « je ne veux rien de plus » signifie « je suis heureux ».

– La racine de toute souffrance c'est cette non-compréhension, ne pas comprendre les choses comme elles sont.

– Celui qui est en *samâdhi*, comment va-t-il agir ? Qui dit qu'il n'agit pas ? Est-il une pierre ? Brûlez ce *samâdhi* si l'homme n'est pas complètement accompli, s'il doit se transformer en pierre… ah ! c'est ce qu'on appelle *jaḍa samâdhi. Jaḍa* veut dire rigide, matériel. Ce n'est pas pour l'homme… Oui, il est libre dans l'action.

Etablir des distinctions entre relatif et absolu est la source de toutes les contradictions.

– Il n'y a rien, aucune différence entre l'absolu et l'étriqué, entre le petit et le grand. C'est la vérité. La vérité est partout et toujours. Elle est ici, ici, ici, ici et maintenant. Si elle n'y est pas, si elle n'est pas ici et maintenant, ce n'est rien, un pur non-sens.

Seul le présent est réel. La vérité est ici et maintenant.

– Vous devez faire un très gros effort, aussi grand que possible. Pour aller où ? Là où vous êtes. Tout est ici et maintenant. Mais vous ne le voyez pas.

• Une seule conscience

– Une conscience qui voit les choses comme elles sont et une autre conscience qui croit qu'elle voit mais qui en fait ne voit que sa propre image partout. Et si vous dites : Oh ! y a-t-il quelque chose au-delà de cette conscience-là, que voulez-vous dire par « au-delà » ? Que voulez-vous dire par « au-delà », « au-dessus », « autre que » ? Cette simple conscience n'est troublée d'aucune façon. Ce n'est que cela et rien de plus.

– C'est ce qu'exprime la *Kaṭha Up.* : « On ne peut l'atteindre que par le mental ! Il n'y a pas de diversité, pas de division[1]. »

Cela signifie donc qu'il y aurait deux « mentals » ! Quels sont-ils ? Quel est celui qui voit ? L'un des deux voit la « diversité » seule, comme étant la vérité, et l'autre ne voit pas de « diversité ». Quand et comment voient-ils différemment ? L'un voit avec les yeux et l'autre par le mental (par la pensée) !

– Pour savoir ce qui est au-delà de l'ashram, il vous faut y aller. Dès que vous entrez à l'orée du sentier, vous êtes arrivé au bout du chemin. Prenez seulement le bon chemin. Tout dépend du chemin sur lequel vous vous engagez. Bien partir c'est prendre le bon chemin, qui va dans la bonne direction. Vous ne pouvez alors qu'avancer vers le but.

– Faire quoi ? Ne jamais prononcer le mot « non » car le « non » est la voix de l'ego.

– Vous vous agitez, vous voltigez, pour ainsi dire comme un oiseau en cage qui essaye d'être libre. Bien que vous voltigiez, virevoltiez cependant vous éprouvez quelque mal à vous libérer de votre ego conditionné. Pourquoi êtes-vous attaché à cet ego ? Parce que vous pensez qu'être dans cet état est profitable et agréable.

• L'absolu, exprimé différemment, c'est l'absence d'attirance

– Prenez par exemple une mangue. Vous la goûtez : « Oh ! voyons s'il y a autre chose. » Puis vous dites : « Il n'y a rien là-dedans. Rien du tout. » Et vous la jetez. Y restez-vous accroché ? Dire : « il n'y a rien là-dedans » est neutre. L'expression est neutre. Qui parle ainsi ? Tout dépend de cela. Celui qui, en gardant toujours l'espoir de recevoir ce à quoi il aspire, dit : « il n'y a rien là-dedans » est comme le renard de la fable : le renard et les raisins. « Il n'y a rien là-dedans » peut être la voix de la force, de la jouissance, de la satisfaction et de l'accomplissement. Ce peut être aussi la voix de la dépression et de l'échec.

– Etre dans un état et vouloir en connaître un autre, qui reste en dehors de vos possibilités actuelles… Vous cherchez

---

1. *Kaṭha Up.* 2.1.11 : Manasâ-eva-idam âptavyaṃ na-iha nânâsti kiñcana.

à connaître intellectuellement. Vous dites que vous cherchez la délivrance, ce qui montre que vous êtes dans une position qui n'est pas celle de la délivrance.

– L'ego, le moi en tant que moi ne peut être satisfait, ne peut trouver la paix, l'accomplissement, car la nature même de l'ego c'est de toujours vouloir plus.

– Comment savoir si quelque chose existe ou non à l'extérieur du mur d'enceinte ? Tant que n'aurez pas atteint le mur d'enceinte, vous ne pouvez pas savoir ce qui est au-delà. Etant à l'intérieur de ce mur, vous ne pouvez pas dire s'il n'y a rien ou quelque chose au-delà. Pour pouvoir répondre, vous devez atteindre le mur d'enceinte d'abord et regarder. Sans atteindre la limite comment pouvez-vous dire ce qu'il y a au-delà ? Pareillement, votre monde, le monde des sens est là. Il vous faut traverser ce monde, au travers de vos sens.

Généralement l'*Advaita* pose dès le départ que « tout est *brahman* ». Ceci implique un acte de foi et la fait apparaître comme une philosophie, une abstraction aride si on n'y adhère pas d'emblée.

Svâmiji part de la dualité, de l'expérience commune. L'*Advaita* est le point culminant, l'aboutissement, le point final auquel on parvient lorsqu'on a vécu la dualité : ce que l'on est ici et maintenant :

– Allez au-delà des formes, certes, mais en passant par les formes.

– Développez-vous et cela viendra. Sinon, il y aura une réaction. C'est le lot des gens à la tête trop remplie. Si vous avez la tête trop remplie, vous ne pouvez que tomber. La croissance est un développement continu. Ainsi, dans la spiritualité, pour ainsi dire, les gens perdent la tête. Pourquoi ? Ils se refusent eux-mêmes. Comment peuvent-ils arriver ? La difficulté c'est cette extraversion : rechercher toujours quelque chose au-delà. Que veut dire cet absolu, au-delà de ce relatif ? Alors, il est lié au relatif. Il est donc relatif. Ce n'est donc pas l'absolu. Si c'est l'absolu, où est-il ? Ici, ici, ici, ici. Il ne peut être question ni de temps ni d'espace.

– La vérité ne peut être partielle. Elle ne peut être restreinte, limitée à certaines conditions. Elle doit être partout, toujours, dans toutes les circonstances. Il ne peut y avoir aucune séparation entre ce qui fait partie de ce monde-ci et ce qui est spirituel. Ce qui est général doit être vérifié expérimentalement dans la situation particulière.

– Pour aller au-delà de ses limites, il suffit de grandir à l'intérieur de ses limites, de les accomplir. Dans la vie de vérité, il n'y a pas de distinction entre vie mondaine et vie spirituelle.

• L'absolu est l'expérience de la non-séparation

Lorsque l'homme se sépare de l'absolu, il crée le relatif.

– Tout est neutre, tout est absolu, chaque chose est comme elle est. C'est vous qui la faites paraître bonne ou mauvaise, agréable ou pénible.

– L'absolu est là. S'il y a un relatif, il ne peut qu'être absolu. On ne peut accoler relatif et absolu ensemble. Ce que vous êtes ici et maintenant, c'est cela être absolu ici et maintenant.

– Vous êtes aussi la vérité : Un sans second. Mais vous pensez : « Je ne suis pas complet, je ne suis pas parfait. »

– Quand vous sentez votre partialité, l'autre partie vous attire. L'énergie étant infinie, ses manifestations ne peuvent qu'être infinies, des formes infinies.

– La vérité est complète et entière. La vérité ne change pas. Elle est constante, sans changement (*no variation*). Mais vous voyez toujours le changement, toujours des opposés. La vérité est un sans second.

– Pourquoi êtes-vous attiré ? Parce que vous êtes cela. La totalité c'est vous. Vous êtes la totalité. Aussi vous voyez les choses à l'envers.

• Le paradoxe de l'absolu

Il ne peut pas y avoir d'absolu en dehors du relatif. L'absolu serait dépendant ? Non, mais il ne peut être approché et connu que par l'intermédiaire du relatif. C'est-à-dire par annulation ou dépassement du relatif. Aucune transcendance chez Svâmiji ou plutôt la transcendance émerge de l'immanence, au point d'équilibre et de stabilité de la dualité :

– Qu'est-ce que la vérité ? L'unité, l'équilibre. Il n'y a pas de mouvement, pas de changement, rien de la sorte.

– Voir, sentir, agir dans le relatif en tant que relatif, c'est cela être dans la perfection, parce que le relatif ou le changement ne vous affecte pas.

– Voir le relatif comme relatif, c'est être dans l'absolu, la perfection.

– Vous ne pouvez pas amener la vérité à occuper la place du mental. C'est pourquoi ce qui est nécessaire c'est une conscience lucide (et non pas la méditation), suivie de l'acceptation puis de l'action. La vérité est au-delà du mental. Il faut aller au-delà du mental en passant au travers du mental.

– L'intellect peut voir. Le sentiment peut mettre un certain temps pour accepter. La beauté de la vérité est si exigeante ! La vérité est un grand magicien. Elle vous conduit à elle sans que vous le demandiez, pour ainsi dire, si, d'un coup, vous pouvez seulement voir ce qu'elle vous montre.

– Soyez vous-même. Dès que vous êtes vous-même, vous êtes en paix avec tout le reste.

– Qu'est-il préférable ? Passer à travers les joies et les peines ou bien aller au-delà ? Vous posez cette question qui exprime une confusion. Vous n'avez pas le choix. C'est le résultat de la traversée. Plus vous réduisez la distance, plus vous vous rapprochez. Sinon vous vous refusez vous-même.

– Non pas méditer et aboutir au vide, mais vivre. Partir de là où vous êtes.

– Deux mains se frappent l'une l'autre, et le son est entendu. Où est le son quand les deux mains sont ensemble, sont devenues une ?

La pratique de la vérité

Voir pour agir

– Qu'est-ce que la vérité ? Non pas un exposé des faits, mais les faits eux-mêmes. Son utilisation correcte, c'est voir les faits, les examiner et les utiliser pour l'action.

– Vous cherchez à voir les choses selon votre bon plaisir.

Accepter le changement

– Etre dans la vérité, vivre la vérité, c'est voir l'infinie variété de la multiplicité, voir que je ne suis qu'une structure (*pattern*) dans cette variété en changement.

– La vérité c'est oui ou non. Il n'y a rien entre les deux.

– La vérité c'est l'acceptation du changement continuel. Un seul mot la résume : « Oui. »

– C'est la réalité des faits que nous cherchons à refuser en créant autre chose.

– Tout ce qui arrive à un moment donné est la seule vérité de ce moment. La vérité consiste à accepter tout ce qui arrive.

Distinguer le présent et le passé

– Si j'ai une émotion, je peux être sûr, immédiatement, que je ne suis pas dans la vérité.

– « La vérité est vue et les désirs entraînent. » Non la vérité n'est pas vue, mais la vérité libère.

– Le passé : ce qui n'est pas, cherche à recouvrir la vérité : ce qui est. Le conflit est entre le présent et le passé, ce qui est et ce qui n'est pas, la vérité et l'erreur, la lumière et les ténèbres, l'unité et la multiplicité.

– Voyez l'essence de la vérité. La vérité n'a pas de réaction. Dès qu'à un « oui » vous pouvez trouver un « non », ce n'est pas la vérité. C'est un mensonge (*falsity*). C'est vous qui faites une supposition gratuite. C'est l'effet de votre pensée. La vérité n'a pas de réaction.

– Comme Agni, dites-vous, la vérité ne peut que brûler les impuretés. La vérité est dangereuse. Pourquoi ? Parce qu'elle présente un danger pour la non-vérité.

– Pas de salut hors de la vérité. Souffrance et agitation sont produites par des idées fausses et des comportements erronés.

– Chaque fois que l'on dit : « je vois mais… », c'est que le sentiment ne participe pas. Voir profondément signifie descendre dans l'affectivité. Dès que l'affectivité accepte, l'action suit automatiquement.

Être fidèle à sa vérité

– Soyez fidèle à votre vérité.

– N'essayez pas d'être gentil (*nice*) mais soyez vrai.

– Mais qu'est-ce que la vérité ? Ce n'est pas quelque chose d'abstrait. La vérité, pour être la vérité, est toujours partout : elle est ici et maintenant. Ce que vous ressentez, ce que vous ne pouvez pas éviter. Votre vérité est différente de la vérité d'un autre. Ce qui vous apparaît comme réel est la vérité pour vous. A partir de vos vérités, vous devez atteindre la vérité : comment ? Appuyez-vous fermement sur ce qui vous apparaît comme vrai. Soyez fidèle à vous-même, ici et maintenant.

– Vous ne pouvez parler que de ce que vous connaissez. Comment pouvez-vous dire qu'« un tel ou un tel » est réalisé ? Allez du particulier au général.

– *Ananda* et *samâdhi* sont loin de vous, de là où vous êtes. A quoi cela sert-il d'en parler ?

– Votre vie est toujours dans la vérité. Maintenant, vous êtes dans la vérité, en tant qu'individu soumis au jeu de l'action-réaction.

– Moins il y a d'actions et de réactions, plus vous êtes proche de la vérité.

– Quelle preuve avez-vous de vivre dans votre vérité à vous ? Parce que vous ne pouvez vous empêcher de la vivre. La vérité, c'est ce qui est impératif pour vous. Vous ne pouvez vous en rendre libre.

– Ce qui vous paraît vrai donne une information sur ce qu'est la réalité pour vous. Quand vous croyez qu'une chose est réelle, c'est la vérité pour vous. Vous agissez en fonction de cette perception. Vous ne pouvez pas faire autrement. Il y a donc des vérités, mais il y a la vérité.

– Quoi que vous fassiez à un moment donné, c'est la vérité : c'est vrai et c'est juste pour vous à ce moment-là.

– Ce qui vous plaît ! Rien ne peut arriver selon votre bon plaisir. La vérité est : tout ce qui vous arrive doit vous plaire, simplement parce que c'est arrivé et que vous l'avez vous-même attiré. C'est donc à vous. Sitôt que vous pouvez dire : « C'est à moi » et que vous ne refusez pas d'accepter ce qui vient, tous les problèmes sont résolus.

– Vous êtes ce que vous faites, non ce que vous dites.

– Ce que vous prenez pour la vérité est une erreur. Mais pour vous, c'est vrai.

– Etre dans la vérité, qu'est-ce que cela veut dire ? C'est être là où vous êtes. En pratique, la vérité c'est : ce qui est. Vrai veut dire que cela est.

– Il y a des vérités relatives. Et il y a la vérité des vérités.

– *Ajñânam*, la non-connaissance n'est pas l'ignorance. Mais la connaissance de quelque chose qui n'est pas. Ce n'est pas négatif. C'est quelque chose d'illusoire et qui paraît vrai.

– Aussi longtemps qu'on n'a pas trouvé que les erreurs sont des erreurs, ce sont des vérités. Aussi longtemps que vous y êtes plongés, ce sont des vérités pour vous. Par exemple, pour un jeune homme être amoureux c'est la vérité. Parce que vous ressentez les choses ainsi, ce ne peut qu'être vrai pour vous.

– Parfois l'ego se sent satisfait : « Oui, j'ai médité et j'ai fait ceci ou cela. Oh ! J'ai fait mon travail. Oui, je peux facilement y arriver. » Ce n'est rien d'autre que stimuler – pour ainsi dire – les commandements de l'ego ou de la *mâyâ*... Voyez-vous ce que toutes ces religions et toutes ces philosophies font ? Ce ne sont que des échappatoires. Aussi pourquoi recourir à des échappatoires ? Soyez vous-même.

On ne peut pas posséder la vérité

– On ne peut pas posséder la vérité. On ne peut qu'être la vérité. Il faut mourir à la vie du mental pour renaître à la vie de la vérité.

– On ne peut pas prêcher la vérité, on peut seulement la vivre. Mais si vous connaissez quelque chose, vous ne pouvez vous empêcher de le donner quand les gens sont perdus.

Cet autre qui n'est pas c'est tout ce qui relève de l'imagination, des opinions, des croyances non fondées, etc.

– Le passé qui influence le présent, « ce qui n'est pas » qui vient prendre le dessus de « ce qui est ».

– Il n'y a rien à apprendre par cœur, il faut voir seulement. C'est cela vivre dans la vérité. La vérité voit. La vérité est un défi. La vérité dit « je suis maintenant, je suis ici. Regarde. Je suis ici. Il suffit de voir. Si tu ne vois pas, tu souffres ».

– Il est incorrect de dire « sois vrai », parce que la vérité est toujours présente. Elle ne peut être acquise. Dites plutôt : « De combien mon écart à la vérité a-t-il diminué ? » Vous allez de la non-vérité à la vérité ou plus exactement aux vérités. Il y a tant de vérités à chaque stade ! Quel que soit votre stade, il y a une vérité de ce stade.

– La vérité est la réalisation que : « je ne suis rien, je ne suis personne ». Ainsi : « Je suis tous les autres (*everybody*), je suis tout. »

– La vérité seule libère.

Les différents stades de vérité

Le passage de la vérité relative à la vérité absolue se fait progressivement, graduellement, par étapes.

– Acceptez, avancez de la vérité partielle à la vérité complète. Il n'y a que des degrés entre « ce qui existe à un moment donné » et ce qui est.

– Pourquoi la vérité dégénère-t-elle en religion et en forme ? Dans le relatif, il y a des degrés comme les stades par lesquels passe l'eau avant de se mettre à bouillir.

– On parle de quatre degrés de connaisseur de vérité :

• Le connaisseur de la vérité : connaissance intellectuelle.

• Le bon connaisseur de la vérité : la connaissance intellectuelle commence à imprégner le sentiment.

• Le très bon connaisseur de la vérité : connaissance intellectuelle et imprégnation complète du sentiment.

• L'excellent connaisseur de la vérité : être à l'aise dans l'action en toutes circonstances.

CHAPITRE III

La non-dualité

Unité et dualité

L'unité est inséparable de la dualité. La dualité est toujours l'expérience première. Svâmiji insiste beaucoup sur le fait que l'unité n'est pas donnée a priori. C'est un accomplissement, un dépassement, une négation de la dualité. C'est pourquoi on parle en sanskrit de non-dualité (*a-dvaita*).

– Intellectuellement, on ne peut pas comprendre la non-dualité (*advaita*). Il faut la vivre. Encore une fois, on ne connaît que ce que l'on est. Savez-vous *qu'advaita* est un mot négatif ? *Advaita* = *a-dvaita* = non + *dvaita* = non-dualité. Ici vous remarquez que l'*advaita* annule la *dvaita* ou dualité. Ainsi elle pose d'abord la dualité et l'annule ensuite. En apparence, c'est la dualité qui existe. La vie est dualité. Chaque chose a deux aspects et la réalité, telle qu'elle apparaît, est dualité. Quand cette *dvaita* est annulée, l'*advaita* apparaît.

Mais comment annuler la dualité ? N'est-elle pas la base même de notre expérience du monde extérieur et intérieur ? A l'intérieur, ne suis-je pas continuellement en butte à des conflits, des oppositions, des doutes, des incertitudes, des contradictions. En un mot à la souffrance ? A l'extérieur, ne suis-je pas confronté au monde des formes, de l'action-réaction, de changement continuel, de la diversité ? En un mot, à la différence ? Oui, certes, c'est même le point de départ. Voici comment Svâmiji répondait à ces interrogations.

Il n'y a pas d'unité dans le monde extérieur

– Le monde tout entier ne peut arriver à l'unité... Le monde n'est qu'un jeu de la nature. Si le monde entier parvenait à l'unité, cela signifierait que le jeu de la nature se serait arrêté, car le jeu de la nature s'exerce dans la dualité. Ainsi le monde entier deviendrait un ! Si c'est ce que vous pensez, alors la nature se trouverait immédiatement dénaturée. Comment est-ce possible ?

Les formes sont en perpétuel mouvement. Je perçois une diversité, difficilement acceptable et que je cherche à refuser, croyant ainsi faussement conserver l'unité.

La volonté de refuser la différence entre les formes, le désir de trouver l'unité dans les formes extérieures est l'erreur la plus fréquente, la plus répandue, la plus naturelle. L'unité n'est-elle pas l'aspiration fondamentale ? Qui n'en a pas eu au moins le pressentiment ? Certains la recherchent dans le passé : nostalgie de la fusion avec la mère, croyance dans un âge d'or hypothétique, refuge dans la tradition, d'autres dans l'avenir : la science et le progrès de la technique, le socialisme et les lendemains qui chantent. D'autres encore dans le présent : les expériences artistiques de la beauté à l'état pur, fulgurantes, saisissantes mais qui ne durent pas.

Ce besoin incoercible d'unité est le fondement de toutes les idolâtries : prendre un aspect partiel pour la totalité. Certains, désespérés par une recherche vaine, vont jusqu'à nier la possibilité même de trouver cette unité. C'est pour eux un rêve, une nostalgie, une illusion et, dans tous les cas, un état inaccessible. Svâmiji leur donnait partiellement raison dans le sens où l'unité ne peut jamais être trouvée dans les formes, « car ce n'est pas dans la nature des choses ». Persévérer dans cette quête vaine c'est courir à la catastrophe. On attribue alors l'échec à une résistance, à un obstacle, à un ennemi : démon ou traître qu'il convient de combattre et d'éliminer. Solutions qui, historiquement, ont conduit à la chasse aux sorcières, aux camps d'extermination et au goulag.

L'unité est un mode de conscience ou un mode de perception

Le monde en tant que monde ne peut devenir un, car le monde est changement. Il est fait de dualité. Je ne connais que la dualité. Mais où est la dualité ? Uniquement dans mon expérience et mon interprétation de celle-ci. Je perçois une dualité chaque fois que je refuse quoi que ce soit. Une perception sans refus et voilà l'unité : une conscience, une compréhension, un sentiment. Non un comportement extérieur, ni une transformation du monde.

> – Aussi longtemps que la nature agit, il y a dualité. Seules quelques personnes, des êtres exceptionnels ou un groupe de personnes ou une catégorie de gens peuvent parvenir à l'unité. Mais non la totalité de la nature. Cela peut être l'expérience d'un homme, mais pas une expérience collective.

Toute existence est produite par une conscience qui perçoit les choses comme séparées, une conscience qui s'isole, qui se limite au corps :

> – L'obstacle à l'unité n'est pas le corps, mais la conscience limitée au corps (*body consciousness*).

Entendons bien, le monde n'est pas un obstacle, le corps n'est pas un obstacle, la matière n'est pas un obstacle. Il n'y a pas d'opposition entre matière et esprit et, par conséquent, nul besoin d'un intercesseur. Une seule chose est nécessaire : percevoir autrement. Mais comment ?

Voir et non penser

L'unité vient de « voir » ; la dualité vient de la pensée. L'unité vient quand on voit la différence ; la dualité quand on pense que l'autre est comme moi. L'unité est le fait, la réalité, ce qui est. La dualité c'est l'apparition d'autre chose, le refus de ce qui est, le non-voir :

> – La dualité n'est rien d'autre que de supposer que tout est moi.

– La dualité n'est rien d'autre que la faculté du « je » à établir des relations (*connections*). C'est cela ma dualité.

– Si vous pouvez voir qu'il y a des objets, vous n'êtes pas asservi. Mais si vous pensez seulement qu'il y a un objet vous êtes asservi.

Qu'est-ce que cela veut dire ? Simplement que la réalité c'est la différence. Voir cela, c'est être délivré. Par contre, penser, c'est-à-dire percevoir faussement qu'un objet existe, croire que cet objet est permanent, c'est l'asservissement, car immédiatement on se projette et on s'identifie. On établit une relation et c'est ainsi que la dualité est créée. Svâmiji fait une analyse très fine de la manière dont apparaît le sens de la dualité :

– Vous dites : « Je vois la rose, je me sens séparé, je souffre. » Non, vous ne voyez pas la rose, c'est votre rose que vous voyez. « Je » (ou l'ego) ne peux pas connaître un objet parce que « je » et l'objet sont des choses différentes. Tant que vous ne devenez pas l'objet, il ne peut y avoir de connaissance de l'objet... Vous ne pouvez pas tolérer la séparation. L'*advaita* est partout. Il ne peut y avoir de séparation. La séparation ne peut jamais être tolérée. Et votre ego non plus ne peut tolérer la séparation maintenant. Vous ne pouvez tolérer la séparation, aussi vous projetez immédiatement votre rose à cet endroit, et ainsi vous ressentez de la peine et du plaisir. Vous essayez d'annihiler le sens de la séparation physiquement dans le temps. Mais vous êtes dans le temps et dans l'espace. Aussi vous ne pouvez pas le faire. Et vous vous sentez malheureux. Cette conscience de séparation est à la racine de toutes les difficultés. L'ego est une conscience conditionnée, limitée. Et pourtant, il a le sentiment qu'il y a « un sans-second[1] ». C'est en lui. Alors que fait-il ? Il ne peut que chercher à s'établir partout. Aussitôt que vous sentez que toute forme n'est autre qu'elle-même, vous devenez sans forme. Dès que vous sentez cette séparation, vous atteignez l'au-delà de la séparation. L'ego étant limité, conditionné, essaye de sentir l'inconditionné. Comment ? Il essaye de rendre son état inconditionné. Aussi, il essaye de se projeter partout.

---

1. Ekam eva advitîyam.

L'*advaita* n'est donc pas une expérience mystique, ineffable, spirituelle, au-delà… mais au contraire le résultat d'une expérience de dés-espoir : la séparation est irrémédiable. C'est un fait. C'est la réalité, c'est la vérité des choses et de la vie.

– *Advaita :* non-dualité. Le mot non-dualité n'est possible que lorsqu'il y a dualité. Que signifie « il n'y a pas de dualité » ? Qu'il y a toutes les dualités. Il n'y a pas de dualité particulière.

– L'*advaita*, c'est l'infini, l'indéterminé. Alors que la *dvaita* c'est le fini.

Vérité à laquelle on cherche à échapper. Et ces tentations de fuite ont pour noms : pensées, désirs et émotions.

• Pensées

Tant que notre conscience reste une conscience limitée au corps ou individuelle (*jîva*) parler de conscience élargie ou vaste (*śiva*) n'a aucun sens :

– Vouloir garder *jîvatva* (conscience individuelle) et souhaiter obtenir *śîvatva* (conscience vaste), n'est-ce pas absurde ?

• Les désirs sont une autre manifestation du sens de la séparation

– L'unité ne peut s'établir tant que le désir est présent.

– Dès qu'il y en a deux, la peur apparaît[1].

– Pourquoi la maladie de votre fils est-elle venue comme un choc pour vous ? La vérité est le changement.

• De même les émotions

– La peur (ou l'émotion) vient de la dualité. C'est pourquoi l'absence de peur (ou d'émotion) est synonyme de *brahman*, c'est-à-dire de la non-dualité ou de neutralité.

---

1. *Bṛhadâraṇyaka Up.* 1.42 : Dvitiyâd vai bhayaṃ bhavati.

L'unité, c'est être un avec ce qui est

Etre un avec ce qui est implique de voir les choses comme elles sont et de les accepter, de manière telle que le sens de la séparation ou ego disparaisse :

– La création de la séparation c'est cela le sens du « moi ».
– L'unité : pas de distinction entre vous et le monde. Unité signifie partout où vous êtes, vous êtes cela.
– Le sentiment d'unité avec les autres c'est cela le « Je ».
– Tolérance, sympathie, se produisent aussitôt que vous êtes avec cette vérité « Oui, un autre n'est pas moi »... Les distances sont alors éliminées. Vous n'avez rien fait pour être là. Etre là est le résultat.
– Eliminez le sens de la séparation et vous êtes là.

C'est ainsi que s'effectue le passage du sens de la séparation du « moi conditionné » à l'unité, par la prise de conscience de la différence. D'où le conseil de Svâmiji :

– Essayez d'être le soleil, le poète de la lumière... Qu'est-ce que cela veut dire ? Soyez avec le soleil.
– *Mitra*, le soleil, est l'ami. Pourquoi ? « L'infini ou l'homme parfait est l'amitié personnifiée[1]. »
– Il est brahmane, celui qui est *mitra*, celui qui a un sentiment d'amitié envers tous (*mitra brahmaṇa eva*).
– Le soleil est source de lumière. C'est un aspect. L'autre aspect : changement continuel. Soyez avec le soleil et soyez le soleil. Qu'est-ce que cela veut dire ? Soyez la source de lumière de la compréhension.
– Quand l'acceptation est totale, c'est cela l'unité.

Ainsi on devient cela même en présence de quoi on se trouve.

– Etre un signifie : où que vous soyez, vous êtes cela.

---

1. *Manusmṛti* 2.87 et *Mahâbhârata* 12.60.12 : Maitro brahmaṇa ucyate.

Etre un, c'est devenir tout. Non pas l'ensemble en même temps, mais chaque chose qui se présente au fur et à mesure qu'elle apparaît.

– L'unité, c'est être avec ce qui est.

– Le but de la vie ? Etre un dans cette vie de veille.

– Autonome ne veut pas dire séparé du reste, car vous gardez l'autre présent. Tant que vous n'êtes pas un avec l'autre, vous ne pouvez être autonome.

– Quand vous êtes dans l'unité, vous êtes vide et plein en même temps. Vide en ce sens que vous ne refusez rien ni personne. Plein car vous n'avez ni attirance, ni répulsion pour rien. Ce qui est plein, complètement rempli, est vide, car vidé de choses particulières.

• La meilleure analogie de l'unité est celle du miroir

Le miroir reflète toutes les choses qu'on lui présente. Il ne choisit pas ; il ne garde pas les images précédentes et il est entier dans ce qu'il fait dans le présent. La totalité de la réflexion du miroir c'est l'adéquation complète à l'objet présenté ici et maintenant et non pas à l'objet passé, l'objet à venir ou un autre objet autre part. Le miroir est totalement présent. Il ne rejette rien de la réalité présente. Le sage est un miroir vivant. Il reflète ce qui lui est présenté. Il devient pour le moment, et aussi longtemps que nécessaire, ce qui est devant lui, sans aucune référence.

Dans un entretien de 1966, Svâmiji, se référant certainement à son expérience personnelle et en prenant l'exemple du sucre, distingue deux types de *samâdhi* :

– Une analogie rendra les choses claires, bien que l'analogie soit toujours partielle. Prenez de l'eau. Faites-la bouillir. Versez du sucre. Il se dissout. Quand la solution est saturée, y trouvez-vous différents cristaux de sucre ? Elle est une, sans aucune différence. Rien qu'une. Aucun cristal ne s'y trouve. C'est liquide. Un, seulement un, sans second.

Prenez cette solution et versez-la dans différents récipients. Alors elle se cristallise. Quand elle se refroidit, ce n'est qu'une masse solide constituée de tant de cristaux ! Voici des cristaux. Et, dans un morceau de sucre, il y a aussi des cristaux. Quelle est la différence ? Fondus dans la masse, tous les cristaux sont devenus un. Bien qu'il y ait des cristaux différents ils sont devenus un. Ainsi un… plusieurs en un ou plusieurs et un sont une même chose. Par contre dans un bloc de sucre, ils sont nombreux, séparés, sans aucune unité nulle part. Comment ces différents cristaux sont-ils devenus un ? En se dissolvant dans l'unité, en perdant complètement leur différence. Alors, après, quand la température se refroidit, que vous parliez d'unité ou de multiplicité, c'est la même chose.

Vous voyez des différences. Quand par la chaleur de votre détachement (*vairâgya*) et par votre discrimination (*viveka*), vous dissolvez ces différences et que vous vous sentez un, c'est ce qu'on appelle *samâdhi*. Mais cela aussi n'est que partiel. Bien que le sucre soit là vous ne sentez pas la présence du sucre dans la solution liquide. Ainsi, dans cet état, quand vous vous concentrez avec détachement vous en arrivez à un point où vous perdez conscience de tout le reste, de toute la multiplicité. Toutes les différences sont dissoutes dans l'unité. Vous avez conscience de l'unité et de rien d'autre.

Mais après cela, quand vous vous refroidissez, quand la chaleur du détachement se refroidit un peu, tout devient un avec toutes les diversités. Alors vous pouvez jouer avec toutes ces choses. Vous pouvez jouer avec la diversité. Les diversités sont là et ne sont pas là… Il ne voit rien d'autre qu'unité et différence. Il peut jouer avec. Alors il voit. Svâmiji voit tout, oui, le moindre détail… Aucun refus. Mais il n'y a aucune différence, aucun sens de la différence.

– Celui qui atteint cet état… Quel est cet état ? Il a du plaisir (*âtmarati*). Oui, il doit avoir du plaisir. Où le trouve-t-il ? En lui-même.

Vous dites qu'on ne peut vivre sans plaisir, sans plaisir physique… Oui, il est là. Où ? En lui-même.

Vous dites qu'on ne peut pas vivre sans dualité, sans relation sexuelle, sans association. Il est en relation également. Où ? En lui-même.

Il est toujours en lui-même[1]. Il devient maître de lui-même (*sa svarâḍ bhavati*).

---

1. *Châdogya Up.* 7.26.2 : Atma-ratir âtma-krîḍa âtma-mithuna, âtmânandaḥ sa svarâḍ bhavati, tasya sarveṣu lokeṣu kâma-câro bhavati.

En est-il ainsi ? Il est Seigneur et Maître de lui-même ? Il n'a ni servilité ni indépendance ? Non, il est complètement indépendant.

Comment puis-je savoir s'il est totalement indépendant ? Prendra-t-il aucun appui, d'aucune sorte, sur les autres ? Non. Parce que partout où il va, il est chez lui, partout, toujours. Partout où il va, il se sent chez lui, comme si tout était à lui.

– Vous pouvez dire : « Oh ! Il est en *samâdhi.* » Oui il est loin de tout. Alors inerte comme une pierre c'est le *samâdhi* alors ? Est-ce là le destin de l'homme ? L'homme deviendra-t-il une pierre sans aucune conscience ? Oh ! On appelle cela *jaḍa samâdhi*, c'est le *samâdhi* d'une pierre.

– « Non. Je suis un homme. Qu'ai-je à faire de cela ? » Les *Upaniṣad*[1] disent : *paripaśyanti :* il voit tout ce qui est autour ; *pari* signifie autour ; *paśyanti :* il voit. Il voit tout ce qui se passe autour. Ce n'est pas une pierre.

Que voit-il ? Il voit tout ce qui est manifesté (*yad eva vibhâti*). Il voit que ce n'est rien d'autre qu'une forme félicité (*ânanda*). Et c'est la perfection (*amṛta*). Partout il voit la perfection et voit également un mode ou une forme *d'ânanda* seulement. Et rien d'autre. Il ne voit aucune différence. Aussi où est-il ? Il n'est nulle part, il est partout. Il n'est personne, il est tout le monde.

Et c'est le *summum bonum* comme vous dites. Que veut dire *Upaniṣad* ? *Upa* veut dire proche, *ni* signifie mettre, *ṣad* veut dire vérité : ce qui vous met près de la vérité[2].

L'identité du sujet et de l'objet, de l'extérieur et de l'intérieur, de « l'autre » et de « moi », du *brahman* et de l'*âtman* n'a rien de nouveau puisqu'elle fait l'objet des grands énoncés (*mahâvâkya*) des *Upaniṣad.* Cependant la présentation de Svâmiji les éclaire d'un jour nouveau en les rendant plus proches, plus familiers, plus accessibles, puisqu'il exprime cette identité dans un langage simple, quotidien. Ainsi au lieu de parler d'*âtmajñâna* traduit généralement par connaissance du Soi, Svâmiji dira :

---

1. *Muṇḍaka Up.* 2.2 : Tad vijfiânena paripaśyanti dhirâ ânanda rûpamamṛtam-yad-eva-vibhâti.

2. Interprétation qu'on peut rapprocher du fragment 122 d'Héraclite : « S'approcher, c'est devenir un. »

– Le but de la vie c'est d'établir l'unité.
– L'unité c'est être avec ce qui est.

L'unité est toujours présente

L'unité n'est pas créée, mais découverte

Svâmiji donnait en illustration le soleil qui est toujours présent, même quand il est recouvert de nuages :

– L'unité n'est pas à créer. L'unité est là. C'est votre sentiment de la dualité qui tend à la recouvrir. Vous ne créez pas l'unité. Si c'est vous qui la faites venir, alors elle partira également. Tout ce qui vient s'en va.
– La vérité est là, l'unité est là, toujours, dans toutes les circonstances, établie en elle-même, dans sa propre gloire, dans sa propre majesté, dans sa propre perfection, dans son caractère unique. Mais l'illusion de la dualité apparaît et voile votre intelligence. Ainsi vous ne voyez pas le soleil, vous ne voyez que les ténèbres. Vous ne créez pas l'unité. Non. Car tout ce qui vient s'en va.
– « En vérité, il n'y a qu'un, sans second[1]. »

L'ego le sent profondément mais le déforme, sur le plan du manifesté, sur le plan physique.

– « Il n'y a que moi » ou bien « je ne change pas ». Le manifesté s'approprie la vérité du non-manifesté.
– La vérité ou réalité fondamentale est donnée par « Un sans second ». La vérité ou réalité est une mais le sage la décrit de différentes manières.

L'unité est donc la seule réalité

Au début, unité primordiale ; en chemin, unité de l'adéquation au présent ; et enfin unité finale de l'accomplissement.

1. *Chândogya Up.* 6 2.2 : Ekam eva-advitîyam.

• Unité initiale

Cette Unité n'est pas posée a priori. Elle n'est pas l'objet de spéculation, mais l'aboutissement de l'expérience. Svâmiji prend là le contre-pied de l'argument avancé pour défendre la révélation et un Dieu créateur. L'homme ne peut que trouver l'Unité, parce que l'Unité est la réalité, la vérité qui se révèle, se découvre à celui qui la recherche et qui n'est satisfait par aucune des formes qui lui sont présentées. Ce n'est pas l'effet de la grâce d'un Dieu personnel mais une nécessité.

– Ceux qui tuent, violentent ou établissent une division dans l'*âtman* (*âtmahana*), l'Un, le Soi, créent « deux » et se séparent des autres[1].

– Voyez quelle est la nature de la violence (*hiṃsâ*). Ils vivent dans l'aveuglement (*asûrya :* absence de lumière, une obscurité aveugle, sans joie) en proie à la peine, à la souffrance, à la peur.

– A présent, vous n'êtes rien, vous semblez seulement être. Vous avez toujours changé et continuez constamment à changer. A partir du moment où vous vous considérez comme étant quelque chose, vous vous séparez de l'Un, vous le tuez. Vous le découpez et créez un « deux » à sa place.

• Unité en chemin

Pratiquement tout le monde, à un moment ou un autre, a fait l'expérience de l'unité. Svâmiji donnait les exemples suivants :

– Quand vous êtes absorbé dans une activité quelle qu'elle soit, sentez-vous un ego quelconque ? Non, il n'y a plus de séparation.

– Si vous sentez « je suis séparé de cela », si vous sentez « je » et « cela », quel est le remède ? Ou bien c'est le « je » ou le « cela » qui doit disparaître. Le « je » peut être absorbé et dévoré par « cela », c'est vous qui agissez. Vous ne pouvez vous attendre à ce que l'autre agisse. Aussi est-ce à vous de dévorer cela. Il ne reste ainsi rien à l'extérieur.

---

1. *Iśâ Up*. 3. : Asuryâ nâma te lokâ andhena tamasâ vṛtâḥ, tân pretya-abhigacchanti te ca-âtma-hano janâḥ.

– Quand vous êtes vous-même ici et maintenant, vous devenez libre de tout le reste. Vous partez d'ici et maintenant.

– Quand vous faites une conférence, soyez un avec votre sujet.

– Que voyez-vous maintenant ? Rien que vous-même. Rien d'autre. Parce que vous vous possédez vous-même… Un chanteur quand il chante : unité et non identité… Etre objectivement subjectif : c'est sentir « je suis tout ». Un sujet qui n'est rien d'autre que le sujet.

– Vous écrivez « je suis heureux et reconnaissant ». Etre heureux n'est rien d'autre que le sentiment de celui qui est établi en lui-même. Il ne sépare rien de lui-même. Il absorbe seulement. Vous écrivez « je suis heureux » d'abord. C'est l'unité. Par contre dire « je suis reconnaissant » exprime la dépendance donc la séparation.

L'unité vient de « voir » ; la dualité vient de la pensée. L'unité vient de voir la différence ; la dualité de penser que l'autre est comme moi. L'unité est le fait, la réalité, ce qui est. La dualité c'est l'apparition d'autre chose, le refus de ce qui est, le non-voir.

Pour aller vers l'unité, il faut partir de l'unité. Séparé, identifié à l'erreur, c'est mon point de départ. Prisonnier de la dualité : je suis un avec la dualité telle que je la ressens, telle qu'elle m'apparaît.

– Alors où se tenir, d'où partir ? Toutes les activités sont dans la dualité. Ici et maintenant, vous êtes une dualité. Partez de cette dualité, observez-la, faites-en l'expérience, vivez-la jusqu'au bout et laissez-la dépérir. N'oubliez pas le secret et le mystère de l'action : soyez là où vous êtes, dépassez ce que vous êtes et vous arriverez automatiquement au but. Soyez ce que vous êtes, ici et maintenant : c'est cela, être non-dualité (*advaita*), ici et maintenant.

– Ce qui est maintenant est CE QUI EST.

– Vous n'aimez ni ne haïssez personne sinon vous-même. C'est parce que vous projetez vous-même à l'extérieur que vous aimez ou haïssez.

La dualité n'est pas un état stable. Elle tend toujours vers l'unité.

– *Śakti* doit toujours être combinée avec *Śiva*. Il ne peut en être autrement. La dualité ne peut rester. Dès que la dualité apparaît, il y a toujours la réaction pour aller vers l'unité.

– Je suis serein, je suis *Śiva* (le Bienfaisant), je suis *advaita* (non duel). Je suis l'Un[1].

– Il y a toujours deux : apparition, disparition. Si l'un prend le dessus, l'autre va venir et le détruire mais ce qui est au-delà est en paix (*śantam*) et stable. Comment ce qui est en paix (*śanta*) peut-il tolérer une multitude de troubles et d'ennuis ?

– Toute activité entraîne un mouvement et un changement. Mouvement veut dire amour et haine. Quand peut-il y avoir activité ? Lorsqu'il y a deux. Sans dualité, il n'y a pas d'action. Que se passe-t-il alors ? *Advaitam* (Un sans second), *śantam* (calme sans action). Et parce qu'il n'y a pas d'action c'est *Śiva*, celui qu'on appelle le Bienfaisant. *Śiva* signifie l'Un. Il y a trois aspects : *advaitaṃ śantaṃ śivaṃ*.

– Dans la dualité (le lait), la non-dualité (le beurre) est présente. Dans la non-dualité (beurre), il n'y a plus de dualité (lait).

La dualité ne peut jamais donner une satisfaction totale.

– Deux choses ou deux personnes ne peuvent occuper le même endroit. L'un doit partir : le bébé ou vous. Votre fils, votre femme, votre mari et même Dieu vous abandonneront si vous les considérez comme séparés de vous. Tout ce que vous considérez comme séparé de vous vous quittera.

Ces paroles de Svâmiji sont une paraphrase d'un énoncé des *Upaniṣad :*

– « Son fils, son épouse et ses amis, tous abandonneront celui qui les considère comme séparés de lui[2]. » Et non seulement eux, mais *brahman, îśvara*, etc., l'abandonneront éga-

1. *Mâṇḍûkya Up.* 1.7 : Śantaṃ śivam advaitam.
2. *Bṛhadarâṇyaka Up.* 2.4.6 : Putras taṃ parâdâd yo'nyatra-âtmano putraṃ veda/dârâ parâdât yo'nyatra-âtmano dârâṃ veda/lokâs tam parâduḥ yo'nyatra-âtmano lokân veda/brahma taṃ parâdâd yo'nyatra-âtmano brahma veda.

lement. Ainsi allez-vous considérer quoi que ce soit comme séparé de l'*âtman*, du Soi ?

• Unité finale : celle de l'homme accompli

L'état de celui qui a traversé la dualité : quel est-il ?

– Ce qui est (*bhûman*) c'est quand on ne voit rien d'autre, quand on n'entend rien d'autre, quand on ne pense à rien d'autre. Quand on voit autre chose, qu'on entend autre chose, qu'on pense à autre chose, c'est ce qui est limité, l'individu. L'infini (ce qui est) seul est immortel. Ce qui est fini est périssable. La souffrance et la mort se trouvent dans ce qui est étroit et limité. *Amṛta* se trouve dans *bhûman* (ce qui est vaste), ce qui est complet. En tant qu'être humain, cet *amṛta* est votre droit de naissance[1].

– L'infinitude est en bas, elle est en haut, elle est à l'ouest et à l'est, au midi et au nord, elle est tout ce qui existe. Mais la même description s'applique au moi : le moi est en bas, il est en haut, il est à l'ouest, il est à l'est, il est au midi, il est au nord, le moi est tout ce qui existe. La même description s'applique à l'*âtman :* il est en bas, etc.[2].

– Quelle erreur (*moha :* égarement) ou quelle souffrance (*śoka*) peut-il y avoir pour celui qui ne voit que l'unité[3] ?

– Comment agit celui qui voit l'Un ? Il est *kavi* (poète ou sage), *manîsî* (sage). Il agit en voyant les choses comme elles sont[4].

L'ASPECT AFFECTIF DE L'UNITÉ

De l'unité dans le ventre de sa mère et de l'unité, après sa naissance, dans les bras de sa mère lorsqu'il tète le sein, l'enfant

---

1. *Chandôgya Up.* 7.24.2 : Yatra na-anyat paśyati na-anyac-ṣṛṇoti na-anyad vijânâti sa bhûmâ/Atha yatra-anyat paśyati anyac-ṣṛṇoti anyad vijânâti tad alpam/Yo vai bhûmâ tad amṛtam atha yad alpam tan martyam iti.

2. Traduction d'Emile Sénart : Sa eva-adhastât, sa uparistât, sa paścât sa purastât, sa dakṣinataḥ, sa uttarataḥ, sa eva idaṃ sarvam iti.

3. *Iśâ Up.* 7 : Tatra ko mohaḥ kaḥ śoka-ekatvam anupaśyataḥ.

4. *Isâ. Up.* 8 : Kavir manîsî paribhûḥ svayabhuḥ.

en fait l'expérience la plus directe, la plus intime. Mais elle est rompue obligatoirement par la séparation de la naissance et la séparation de la croissance.

Plus tard dans les bras d'une femme, le jeune homme cherche à retrouver l'unité dans l'accouplement que Yajñâvalkya, considéré comme l'un des plus grands sages de l'Antiquité indienne, donnait comme la meilleure approximation de l'unité.

– « Complètement embrassé (*saṃparisvakto*) par son épouse chérie, il ne sent pas, il ne distingue pas l'intérieur de l'extérieur... De même lorsqu'un homme, tenu par son épouse complètement enserré, embrassé, ne distingue pas l'intérieur de l'extérieur[1]. »

Voyez cette belle description de Yajñâvalkya. Celui-ci, considéré comme l'homme le plus sage de son époque, décrit le *samâdhi*, comme vous l'appelez : « Lorsque l'ego réalise l'*âtman*, il est exactement dans la même situation, il a le même sentiment qu'un homme totalement tenu embrassé par sa femme chérie. »

Unité avec la mère, unité dans l'accouplement, deux absolus physiques qui servent de référence et sont la source de la recherche de l'unité dans les formes.

Passion amoureuse (kâma) et amour (prema)

– L'amour augmente et devient de plus en plus profond. Il réchauffe le cœur et l'illumine. « Loin des yeux, loin du cœur » est le credo du sentimentalisme superficiel et vulgaire, celui de la passion amoureuse (*lust*).

– Quelle est la différence entre l'amour et la fascination ? La fascination ne peut pas attendre. Elle éprouve le besoin de s'exprimer à tout instant. L'amour est confiant. L'amour n'a pas besoin de s'exprimer. L'amour peut attendre. L'amour est entièrement intérieur.

---

1. *Bṛhadâraṇyaka Up*. 4.3.21 : Tad yathâ priyayâ striyâ saṃparisvakto na bâhyaṃ kiñcana veda na-antaraṃ veda.

– Si j'aime quelqu'un et que je n'aime pas quelqu'un d'autre, c'est que j'éprouve de la fascination. Aimer, c'est aimer tout le monde.

– L'amour qui va toujours avec la haine c'est la passion amoureuse (*kâma*). On cherche à posséder l'objet de sa passion. L'amour sans haine (*prema*) cherche à servir celui qu'on aime. La passion amoureuse (*kâma*) est un amour qui dépend de quelque chose d'extérieur.

– L'amour a les yeux clairs et grands ouverts. Tandis que l'amour qui n'est pas ainsi est aveugle. Ce n'est pas de l'amour mais de la passion amoureuse. Celle-ci conduit aux ténèbres, à la division, aux conflits et à la mort, tandis que l'amour conduit à la lumière, à l'unité, à l'harmonie et ainsi à la vie.

L'amour : aspect affectif de l'unité

– L'unité est le concept intellectuel. Au niveau affectif, l'unité c'est la sérénité, l'égalité, l'équilibre.

– Une séparation verticale dans un bol d'eau divise la même eau. Pareillement le moi établit une séparation, d'un côté c'est moi, de l'autre c'est l'autre. Devenir un c'est abattre la séparation. Abattre la séparation des présupposés.

– L'amour ? Garder à l'esprit ce qui fait du bien à l'autre et non s'attendre à ce que l'autre fasse ce qui vous plaît... Faites un effort pour trouver ce qu'il veut.

– Eprouver un sentiment d'égalité envers tous les hommes est l'expression fondamentale de la vie spirituelle (*adhyâtmika jîvana*).

– Aimer, c'est comprendre et sentir que l'autre est différent.

– Donner selon vos souhaits, selon vos besoins, selon votre nécessité : « Je suis prêt à donner, mais je ne suis pas intérieurement contraint » est l'attitude juste.

– L'unité : c'est voir, comprendre et sentir l'autre tel qu'il est.

– L'amour ne peut pas apparaître avant qu'il n'y ait un sentiment d'unité.

– L'amour a deux aspects : donner de l'amour et demander de l'amour.

– Aimer : ce n'est pas penser ensemble mais grandir ensemble.

– D'abord on voit, puis on comprend, puis on éprouve de la sympathie et enfin l'amour vient. Quand l'amour vient, alors c'est l'unité.

L'unité n'est pas la disparition du moi de l'autre, mais la disparition de son propre moi. Seul « toi » existe. Se sacrifier est un contresens. On se sacrifie quand on n'aime pas, quand le moi continue d'exister :

– Dans l'amour, il n'y a pas « moi », seulement « toi ». En amour, il n'y a ni sacrifice, ni obligation.

– Que signifie aimer ? Prendre en considération l'intérêt de l'autre et non le sien. Lui seul est dans votre champ de conscience et non pas vous. C'est très difficile d'aimer quelqu'un d'autre, de faire passer l'intérêt d'un autre avant le sien.

– L'aspect intellectuel : l'amour voit et comprend. L'aspect affectif : se sentir un avec l'autre. L'amour c'est l'unité. Il n'y a pas de « moi » en amour, seulement « toi ». L'aspect comportemental : le souffle de l'amour se manifeste par le don. Pas d'attente, on ne s'attend pas à recevoir. Un tel amour est en lui-même sagesse, libération.

– L'amour n'est pas affamé d'expression. En amour, il n'y a pas de place pour l'impatience. Celui qui aime est confiant et sûr de lui. Il s'exprime avec naturel et aisance. Si les circonstances demandent qu'il n'y ait aucune expression, alors il ne s'exprime pas.

L'amour implique l'égalité. Si celle-ci n'existe pas, apparaissent les dérivés : admiration, pitié, sympathie et compassion : (*karuṇa :* le désir d'aider ou *dayâ :* le désir de donner) dans lesquels subsiste la dualité :

– L'amour ne peut exister qu'entre égaux. Pas d'admiration. Si l'on se sent supérieur ou inférieur, c'est de la pitié, de la sympathie, de l'admiration, etc., mais ce n'est pas de l'amour.

– L'amour est le ciment de la vie. Il rend Un deux personnes différentes.

– Quand on aime, on n'intervient pas dans la vie d'un autre. On est un avec l'autre.

– L'amour dans son expression positive : être un. L'amour dans son expression négative : se sacrifier. Parce que si vous ne sacrifiez pas votre « carapace », vous ne pouvez pas sortir de vous-même, vous ne pouvez pas connaître les autres.

– Svâmiji dit : « Voir et calculer. » L'amour peut-il être calculé ? Oui, le calcul est inhérent à l'amour. Mais qu'est-ce que le calcul ? Ce n'est rien d'autre que le fait de voir les choses comme elles sont, de définir leur situation respective, de sentir et d'agir de telle sorte que l'on éprouve un sentiment d'unité avec l'objet. C'est cela l'amour et son expression.

CHAPITRE IV

La délivrance : connaissance de la vérité ou non-dualité

La délivrance est un terme négatif. Elle implique un trouble, une souffrance, qu'on désigne généralement par la dualité ou l'asservissement à la dualité dont on cherche à se délivrer. C'est lorsqu'on parle du point de vue du sujet asservi, qu'on emploie le mot délivrance (*mukti, mokṣa*). Le but atteint, l'expression devient positive : Connaissance suprême (*prajñâna*) pour désigner la conscience qui englobe tout, vérité pour la conscience qui, fidèle à elle-même, établie en elle-même, ne s'écarte en rien de ce qui est ou encore non-dualité (*advaita*) pour la conscience de l'homme accompli, qui ne perçoit aucune séparation.

– A l'heure actuelle vous êtes asservi[1]. Il vous appartient d'être libre[2].

Le point de départ est la prise de conscience qu'on est asservi comme retenu par des liens invisibles, pris dans un réseau de contradictions, emmêlé dans des conflits internes. Je suis asservi est synonyme de « je souffre ». Le disciple dit dans les *Upaniṣad* : « Maître, je souffre (*socâmi*). Quel est le chemin pour sortir de cette souffrance ? »

---

1. *Bandha* en sanskrit, *bound* en anglais, peut aussi être traduit par asservi, lié, bloqué, retenu par des liens, entravé.

2. Svâmiji traduisait le sanskrit *mukti* ou *mokṣa* par *freedom* : liberté. En français on dirait plutôt libération ou délivrance comme dans l'expression *jivanmukta* : délivré vivant.

Être libre, c'est connaître

La position de Svâmiji est sans ambiguïté. La connaissance et elle seule permet de se rendre libre de l'asservissement.

– La connaissance seule libère.

La connaissance est à la fois une condition nécessaire et suffisante.

Pas de délivrance sans connaissance

– Vous devez savoir ce qu'est l'émotion et alors vous pouvez en être libre. Vous ne pouvez pas vous libérer de ce que vous ne connaissez pas.
– Etre libre c'est connaître. Quand vous connaissez une chose, vous en devenez libre. Il n'y a pas d'autre moyen.
– Quelle que soit l'activité, le point essentiel est d'être libre. Commencez par là.
– La compréhension seule libère.

Seule la connaissance libère

Cet énoncé si simple est d'une très grande portée car il semble éliminer d'emblée tous les autres moyens de délivrance préconisés par d'autres écoles et rejeter notamment la position syncrétique de la *Bhagavad Gîtâ*, si communément admise, qui pose la coexistence des trois voies : connaissance (*jñânayoga*), dévotion (*bhaktiyoga*), action (*karmayoga*).

• Les différentes voies

Dans les *Veda*, le sacrifice semble avoir davantage pour but d'assurer le succès dans les entreprises et l'efficacité dans l'action que la délivrance.

A titre d'exemple, on peut donner l'étymologie même des mots *sukha* (bonheur), *duḥkha* (souffrance) qui veulent dire bonne roue et mauvaise roue. *Kha* désigne la roue du chariot communément utilisé par les aryens. Le bonheur est aussi une réussite : une roue qui tourne bien.

D'où l'importance du rituel et des actes s'y rapportant. L'action (*karma*) désigne alors essentiellement les actes rituels. Cependant déjà dans les *Brâhmaṇa*, la délivrance de la mort ne dépend plus seulement des œuvres mais aussi de la connaissance. Cette tendance est accentuée dans les *Upaniṣad* qui rabaissent les œuvres et exaltent la connaissance. Rites et dons sont encore cités mais apparaissent comme une voie inférieure. L'ascétisme a une certaine efficacité mais à titre de moyen accessoire. Seul le savoir (*vidyâ*) assure le salut.

Svâmiji en donnant à la connaissance une place prééminente rejoint ainsi la position des *Upaniṣad* qu'on retrouve également dans le *Sâṃkhya, le Vedânta, le Yogavâsiṣṭha* ainsi qu'avec certains aménagements dans le bouddhisme. Toute cette tradition qui donne une place privilégiée à la connaissance s'est formée par opposition aux autres moyens de délivrance : accomplissement des rites védiques, austérités, purifications, pratiques d'abstinences alimentaires ou sexuelles, observance de règles : aumône, pèlerinages, bains…

Mais la voie de la connaissance s'est trouvée à son tour en butte aux critiques et dénoncée. On lui a reproché d'être trop intellectuelle, de ne pas tenir suffisamment compte de l'affectivité et du corps physique. D'où le développement des techniques psychophysiques : prise de postures (*âsana* du *haṭha-yoga*), contrôle du souffle ou de l'énergie vitale (*prâṇâ-yama*), concentration (*dhâraṇa*), méditation (*dhyâna*) exposés par Patâñjali dans les *Yogasûtra* ou encore des approches dévotionnelles (*bhakti*) à partir du xᵉ siècle après J.-C.

• La valeur des pratiques psychophysiques

Svâmiji n'attribuait à tous les moyens psychophysiques tout au plus qu'une valeur d'« exercice » d'appoint pour que le corps ne soit pas une gêne. Mais ils ne pouvaient en aucun cas, à eux seuls, conduire à la délivrance :

– Le *haṭha-yoga ?* Une simple gymnastique.
– Le contrôle du souffle (*prâṇâyama*) c'est mettre la charrue avant les bœufs. C'est le mental qui contrôle le corps et non l'inverse… Le souffle change automatiquement de rythme lorsque la transformation a eu lieu.

– La concentration (*dhâraṇa*) ? C'est une attention limitée qui exclut une partie de la réalité et qui s'oppose à la conscience lucide. La méditation (*dhyâna*) ? Ce n'est pas fermer les yeux et faire le vide en soi mais prendre conscience de la différence et du changement.

• Rejet des approches dévotionnelles (*bhakti*)

Quant à la voie dévotionnelle (*bhakti*) dont on connaît l'importance en Inde, Svâmiji, élevé lui-même dans cette tradition et la connaissant bien pour l'avoir pratiquée dans son enfance, la rejetait avec la plus grande fermeté :

– Ce n'est pas l'Inde, c'est du paganisme.
– C'est de l'infantilisme. Utiliser l'imagination, c'est de l'hystérie.
– La *bhakti* implique toujours une dualité. Elle pose l'existence d'un sujet, ce qui conduit à créer un support fictif qui servira d'objet d'adoration : *îśvara*, le Seigneur...
Le fidèle, pour continuer à ressentir la douceur de la présence du Seigneur, cherche à préserver cette relation. On dit communément en Inde que pour continuer à savourer le goût du sucre, il ne veut pas devenir sucre lui-même. Il veut rester séparé.

On ne peut jouir de quelque chose dans la mesure où cette chose existe de manière indépendante et séparée. La *bhakti* implique donc la séparation. Par ailleurs, le Seigneur (*îśvara*) est une création toute fictive que Svâmiji, à la suite de Freud, critique férocement :

– Si vous dégradez l'homme, alors vous créez Dieu. Tout homme est potentiellement un Bouddha. Le Bouddha n'est pas un être, c'est un état que tous peuvent atteindre.
– D'où vient l'idée de Dieu ? L'enfant sent que son père est omniprésent, omnipotent. Quand il grandit, il trouve que cette croyance est fausse, mais il garde cette impression et l'attribue à Dieu ou à la Mère divine.
– Dieu, ce n'est pas tout à fait superman, mais plutôt super-papa.
– Dieu le Père et la Mère divine sont les deux conceptions de Dieu. Qu'est-ce que cela veut dire ? Vous n'allez pas au-

delà du père et de la mère. Cette conception n'est donc rien d'autre que la compensation du père et de la mère terrestres.

– Le concept de Dieu en tant que personne est une illusion complète. Et l'illusion est venue du besoin de compensation du père et de la mère terrestres. Le concept de Dieu est le concept de l'enfant éternel. Les gens sont enfantins, ils grandissent en années mais mentalement ils restent enfantins. Alors ils veulent un Dieu personnel.

– S'il y avait un Dieu, un Dieu infini et s'il était un père parfait, alors il devrait désirer que son fils, l'homme, soit comme lui.

– Vous parlez de créateur et du but de la création ? Il n'y a aucun but défini ! Il n'y a qu'un jeu de va-et-vient.

• Rejet des religions

Svâmiji est tout aussi sévère vis-à-vis des religions ou des mythologies utilisant des images ou des représentations. Le besoin de recourir à une image vient pour lui de la non-reconnaissance de ce qui est et du refus :

– La mythologie n'est qu'un rêve d'enfant dû au refoulement et rien d'autre.

– La nature obéit aux lois scientifiques. Il n'y a aucune place pour la magie. La magie est pour les esprits enfantins.

– Il est inutile d'essayer de former une image de ce qui est au-delà des images ! Les images viennent du désir. Si quelqu'un est libre du désir, il est ce qui est, et devient libre des apparences.

– Il y a une place pour l'art, il y a une place pour le symbole mais entièrement différente de celle qui vient de la non-reconnaissance, de la non-acceptation, de la peur des besoins naturels.

– L'attirance pour la forme ou l'asservissement à la forme sont si forts ! Vous ne pouvez pas vivre sans formes. Vous ne pouvez vivre qu'avec des formes. Mais vous voulez être sans forme ! Vous ne pouvez vous en empêcher, car vous en avez un besoin fondamental. Mais vous ne pouvez pas réaliser ce besoin. Alors que faites-vous ? Vous essayez de mettre dans une forme ce qui est sans forme. De là vient l'adoration des idoles, etc., etc.

– Avez-vous besoin de religion, de Dieu, d'enfer, de paradis, etc., etc. ? Tout ceci est la création d'un mental insatisfait et divisé.

– Vous parlez de « point de vue traditionnel ». Vous laisserez-vous guider par une quelconque tradition ou bien ferez-vous confiance à l'expérience de la vie pour vous éduquer ?

– Rendre le mental pur, c'est impossible. Purifier le mental[1] n'est pas un concept hindou, mais chrétien. Les hindous disent : « voyez la vérité » (*darśaṇa*) et non « imaginez » ou « pensez ».

– Les religions ne sont rien d'autre qu'une tentative pour duper ou tromper l'ego.

Une connaissance à laquelle tout l'être participe

S'il n'y a pas de délivrance ni par le sentiment (*bhakti*) ni par l'action (*karma*) ce n'est pas que ceux-ci n'y participent pas. La connaissance dont parle Svâmiji n'est, en aucun cas, seulement un processus intellectuel. Elle implique également la participation de l'affectivité et de l'action, puisqu'il s'agit de sentir et d'expérimenter ce que sont les choses : ce qui est.

– Connaître, c'est ne pas être affecté.

En effet, comment sait-on qu'on est libéré ? Par l'absence d'émotions. Celui qui est libre connaît et la preuve de sa connaissance, c'est qu'il n'est pas affecté. Il est donc parfaitement à l'aise en tous lieux, en toutes circonstances. Il est libre et neutre. Neutre parce que non affecté. Neutre et infini, car ce qui est fini c'est-à-dire l'action-réaction n'a pas prise sur lui :

– Etre libre qu'est-ce ? Que cela soit présent ou non, c'est pareil pour vous. Etre libre des formes signifie qu'une forme soit là ou non c'est pareil pour vous… Cela n'a aucun charme pour vous. Non pas que vous voulez vous en éloigner.

---

1. Svâmiji traduisait l'expression *manośuddhi* (litt. : purification du mental) par libération du mental.

Ainsi être libre de quelque chose, c'est ne pas en être affecté ni positivement ni négativement, n'éprouver ni attirance ni répulsion :

– Quand êtes-vous en bonne santé ? Quand il n'y a pas d'élément étranger, ni de perturbation dans votre corps. Pareillement, quand, dans votre vie intérieure, vous serez libre de tous les corps étrangers, vous serez en bonne santé. Les corps étrangers sont les influences extérieures, les jugements de valeur, etc.

– Libre signifie que rien ne peut me troubler.

– Si vous savez ce qu'est le feu, vous ne vous brûlerez pas. Vous êtes libre. Vous pouvez vous servir du feu. Vous pouvez l'exploiter, vous pouvez en faire ce que vous voulez, mais vous ne vous brûlerez pas, vous en êtes donc libre.

– Neutre et libre sont équivalents. Vous n'êtes pas affecté. Rien ne peut vous affecter. Vous devenez un et infini. Ce qui est fini n'a pas d'influence sur vous.

La connaissance n'est donc pas seulement une activité intellectuelle. En fait, il n'y a pas de connaissance (*jñâna*) sans expérience (*bhoga*). Et pas d'expérience sans action (*karma*). Le point de départ est l'action dans le monde. Celle-ci permet de faire l'expérience des choses. Et, à partir de là, de voir les choses telles qu'elles sont (*tattva*) et de les accepter. Accepter c'est faire sien (*svîkâra*) donc être un.

– Absorber toutes les choses comme elles sont trouve son point d'aboutissement à ne rien absorber du tout, c'est cela la délivrance (*mukti*).

Intellect, sentiment et action se trouvent unifiés

Ainsi que le dit le *Yogavâsiṣṭha* :

– O sans péché, sois un grand homme d'action, un homme de grande expérience, un homme de grande connaissance[1].

---

1. *Yogavâsiṣṭha* 6 (1) 115.1-9 : Mahâhâkartâ mahâbhoktâ mahâjñânî bhava-anagha.

– *Mahâkartâ* signifie un homme d'action qui ne cesse d'agir (*great doer*).

– *Mahâkartâ* signifie un homme sans aucune action (*great non-doer*).

Paradoxe apparent : l'accomplissement de toutes les actions possibles conduit à la non-action. En effet :

– *Bhoga* (l'expérience des choses) se transforme complètement en *yoga* (unité avec ce-qui-est)[1].

Insuffisance des approches anti-intellectualistes

D'où l'insuffisance de toutes les approches qui par réaction anti-intellectualiste préconisent des méthodes qui exaltent l'affectivité ou l'action. Certes, elles peuvent donner des expériences bouleversantes, « un sentiment océanique » d'unité dont parlait Freud, « une conscience cosmique d'union du ciel et de la terre » si souvent décrite de manière poétique et imagée dans la littérature ou encore les grands élans des poètes et des mystiques. Mais toutes ces expériences aussi puissantes et convaincantes qu'elles puissent être pour celui qui les expérimente sont toujours suivies de retombées : exaltation-dépression, phase maniaque et dépressive dont parlent les psychiatres alors qu'en langage mystique on parlera de lutte entre les forces du bien et du mal, de combat entre la lumière et les ténèbres, d'opposition entre dieux et démons.

Toutes ces expériences – aussi exaltantes, aussi impressionnantes qu'elles puissent paraître à tous ceux qui restent nostalgiquement dans l'attente du miracle ou à la recherche de signes hors du commun et incompréhensibles par la raison (stigmates, absence prolongée d'alimentation…) – sont toujours de l'ordre du phénomène. Ainsi :

– Avoir des pouvoirs psychiques (*siddhi*) montre que le mental n'a pas encore complètement disparu.

1. Source non trouvée : Bhogo yogayate samyak.

D'où la place privilégiée de la connaissance. En effet, seule la connaissance permet un ancrage solide de l'expérience, ainsi que Svâmiji le fait remarquer à une disciple indienne M. qui, faute d'avoir pu consolider par la connaissance une expérience extatique de l'unité, n'a pu la conserver. Alors que la connaissance permet d'établir des fondations solides et d'avancer de manière sûre :

> – Seule la connaissance permet la non-dualité d'où le calme, la paix, la sérénité, l'équilibre, la non-fluctuation.

• La connaissance est la racine, le moyen et l'aboutissement

L'affectivité et l'action en sont les matériaux, sans lesquels rien ne peut être accompli. C'est eux qui se transforment, achèvent leur croissance pour aboutir à l'unité de la connaissance. La connaissance est le maître d'œuvre de cette alchimie, mais elle disparaît à son tour dans la Connaissance suprême (*prajñâna*) lorsque le travail est achevé.

> – Une connaissance entière et complète empêche de vous égarer. Si vous connaissez la loi qui régit les rapports avec toutes sortes de gens, dans toutes les circonstances et toutes les situations et si, de plus, vous mettez cette loi en pratique, vous ne pouvez pas vous égarer… Etre conscient de ces lois, les connaître entièrement et complètement, voilà ce qu'est *prajñâna* ou la Connaissance parfaite. Celui qui est protégé par *prajñâna*, celui qui prend refuge en *prajñâna* atteint une félicité (*ânanda*) éternelle. C'est pourquoi on dit : *« Prajñâna* est *ânanda*, mon seul refuge[1]. »

• La délivrance, tout comme la connaissance, ne peut être ni donnée ni transmise

La délivrance implique un effort de conquête. Elle doit être saisie sans violence mais avec force. Il n'y a donc ni grâce, ni miracle à attendre. C'est le fruit de l'effort personnel. Un maître ne peut rien transmettre à ses disciples. Il peut tout au plus leur indiquer qu'un chemin existe, quel est le chemin à suivre, montrer par son exemple que ce chemin conduit bien là où le disci-

---

1. *Bṛhadâraṇyaka Up.* 3.9.28 : Prajñâna-ânandaṃ śaraṇam.

ple veut aller, que le but proposé peut être atteint. Mais c'est au disciple de suivre la route. Personne ne peut le faire à sa place. De même que chacun doit manger lui-même pour être rassasié.

Si la connaissance est le seul moyen de délivrance, c'est que l'asservissement est mental :

– On ne peut pas se rendre libre de l'asservissement mental par une action extérieure.

– Car on est prisonnier de sa propre création mentale.

• Connaître, c'est voir et accepter

– Etre libre, c'est voir les choses comme elles sont.

– La délivrance ne peut pas venir du refus et de la frustration.

Se rendre libre du mental et de l'ego

Exprimée négativement, la délivrance, c'est se débarrasser de ce qui n'est pas à soi. C'est-à-dire éliminer, rejeter ce qu'on croit être sien et qui en fait est étranger (jugements de valeur, émotions, conscience limitée au corps). C'est pourquoi :

– Il ne peut y avoir de délivrance sans asservissement. Et plus on souffre de l'asservissement plus intense est la soif de délivrance. Sans tension, il ne peut y avoir de détente.

Exprimée positivement, c'est accueillir ce qu'on croit être étranger et qui est sien ou encore prendre possession de ce que l'on est, de ce que l'on possède déjà sans le savoir. C'est :

– Retrouver sa nature essentielle (*svabhâva*), agir selon ce que l'on est (*svadharma*), conformément à l'ordre des choses (*prakṛti*).

Exprimée négativement, la délivrance, c'est se débarrasser de ce qui n'est pas à soi. C'est-à-dire éliminer, rejeter ce qu'on croit être sien et qui en fait est étranger (jugements de valeur, émotions, conscience limitée au corps).

Se rendre libre du mental

La plus extrême confusion prédomine sur ce qu'est la délivrance et en quoi elle consiste. Ici encore, Svâmiji formule les choses avec la plus grande simplicité :

> – C'est du mental qu'il faut se rendre libre. On devient libre de quoi ? De sa propre création mentale.

Le mental est fait de représentations, de désirs et d'émotions.

• Se rendre libre de ses représentations mentales

Il s'agit de se rendre libre des jugements de valeur, de ses conceptions subjectives, du découpage arbitraire que l'on fait dans la réalité :

> – Libérez votre intelligence, votre émotion, votre action. Tous les modèles sont faux car ils viennent de l'extérieur.
>
> – Ce n'est pas du monde que je dois me libérer, mais de mon monde à moi.

Il ne s'agit pas de se rendre libre du corps, ni du monde, ni de la nature, ni de la société, ni des lois physiques, ni de la science, ni de la matière mais uniquement de nos idées fausses sur la réalité, c'est-à-dire de nos illusions. Nous sommes piégés par les mots que nous utilisons.

> – Le mental conçoit des mots tels que *brahman, âtman*, sous la forme d'une « existence » ou d'une entité quelconque. Comme si les trois mots *brahman, âtman* et *jagat* (le monde) étaient « quelque objet » spécifique comme une brique, un arbre, une pierre. Puis il procède à leur description ! Le récit d'un accouchement d'une femme stérile.

Nous interprétons continuellement de travers nos perceptions. Ainsi la perception de nos sens est un fait, par exemple, une douleur. Mais à cette douleur, sensation purement physique, nous surimposons notre propre interprétation, qui sera obligatoirement erronée car non conforme à la réalité : « Cette douleur ne devrait pas se produire… je n'en veux pas. » Cette interprétation surajoutée crée la souffrance, qui est une émotion. On passe ainsi de la réalité (ce qui est), à l'irréalité (le mental).

La sensation, excitation externe, se transforme ainsi en émotion dont la réalité est confirmée par la représentation que nous nous en faisons. Ces représentations forment la trame même de l'inconscient. La mésinterprétation des sensations se traduit dans le fonctionnement mental par les pensées, les désirs, les émotions. D'où le chemin de la délivrance : voir et non penser, exprimer ses émotions pour sentir, satisfaire ses désirs en agissant de manière délibérée.

Etre libre d'une relation avec autrui ce n'est pas couper les ponts, s'isoler, rejeter l'autre ou exprimer de l'indifférence mais c'est être un avec l'autre. De même, être libre ce n'est pas une licence effrénée, faire tout ce que l'on veut au gré de son impulsion, mais agir en fonction de la situation, des circonstances, des personnes avec lesquelles on se trouve en rapport. Ou, exprimé différemment, c'est faire ce que l'on veut, mais d'une volonté qui coïncide avec ce qui est.

• Se rendre libre des désirs

– Etre libre, c'est être libre du « je veux » et du « je ne veux pas ».

– « Sache que le mental (*citta*) n'est que désir. Quand celui-ci est apaisé, c'est la délivrance. Toutes les Ecritures, austérités, règles de conduite et de discipline ne sont que cela[1]. »

– Pour être libre du désir, il faut voir et réaliser la nature du désir.

– Vous parlez de conscient, subconscient, inconscient, tout cela est *icchâ*, le désir et l'apaisement de ce désir, c'est *mokṣa*, la délivrance. Si vous voulez savoir ce qu'est le mental, ce n'est rien d'autre que le désir.

Ici encore être libre du désir ne signifie pas ne pas avoir de sensations physiques. Ainsi :

– Avoir faim est une sensation physique, sensation apaisée par l'absorption de nourriture. Le désir, activité mentale,

1. *Yogavâsiṣṭha* 3.9.624 : Icchâmâtraṃ viduś-cittaṃ tac-chânti mokṣa-ucyate / Etavân tv-eva śâstrâṇi tapâṃsi niyamâ yamâḥ.

intervient lorsqu'on préfère telle ou telle nourriture particulière.

• Se rendre libre des émotions

– Il n'existe pas d'autre asservissement que l'asservissement aux émotions. Il est réduit à néant quand l'émotion peut s'exprimer complètement. C'est cela la libération (*mukti*).

– Oh ! toi à la grande intelligence ! Ceux qui s'exercent de manière répétée, longtemps, simultanément à la destruction du mental (*manonâśam*), à la conscience (*vijñânam*), à la destruction des *vâsanâ*[1].

– Cessation du désir (*vâsanâ-kṣaya*), connaissance (*vijñâna*) de la réalité (*tattva*) et annihilation du mental (*manonâśa*) pratiquées ensemble, régulièrement, procurent le bonheur.

– L'annihilation du mental est effectuée par la destruction des émotions refoulées et non satisfaites. L'annihilation des désirs est accomplie par la jouissance (*bhoga*) appropriée de ce qui apparaît dans la partie consciente de votre mental. La connaissance ou la connaissance de la réalité, c'est voir que rien n'est permanent, tout change, chacun est différent.

– Si l'on est complètement libre du passé, alors on est complètement libre et l'on atteint la sérénité, l'infini, la totalité.

– Si vous n'avez plus de passé, vous êtes libre (*mukta*). La libération (*mukti*) n'est rien d'autre que la libération du passé.

– De quoi dépend la libération ? De la force et du caractère du mental. Donc de la force de votre passé.

• Se rendre libre du plaisir et de la peine

L'émotion la plus tenace est le couple peine et plaisir. Comment s'en rendre libre ? La souffrance, c'est dire « ce n'est pas à moi ». Inversement « tout ce qui est à moi » m'est agréable. Il faut donc rendre « mien » tout ce qui m'est désagréable, pénible, source de souffrance :

> – Dès que vous considérez que cela vous appartient, cela devient un plaisir pour vous. Immédiatement cela cesse d'être désagréable. Ce qui est désagréable devient lui-même

---

1. *Yogavâsiṣṭha* 5.92.17 : Vâsanâ-kṣaya-vijñâna-manonâśaḥ mahâmate samaṃ kâlam cira-abhyastâḥ bhavanti sukhadâ matâ.

quelque chose d'agréable. Aucun effort à faire pour le rendre agréable. Cela m'appartient simplement et je ne peux le laisser.

Pour accepter ce qui est désagréable, il faut le connaître, c'est-à-dire l'expérimenter et pour cela l'exprimer. C'est-à-dire donner libre cours à l'émotion.

Tout ce qui existe s'exprime. La souffrance ne doit être ni refoulée, ni refusée. Expression pure et simple, expression totale : cris de douleurs, pleurs et sanglots.

– « Pourquoi seule la souffrance reste-t-elle dans la mémoire et non le plaisir ? », demandez-vous. Parce que le plaisir est un désir satisfait. Alors que la souffrance n'a pas trouvé d'expression.

– Comment se fait-il qu'un événement pénible ne vous secoue pas suffisamment ? Pourquoi ne l'expérimente-t-on pas comme un fait ? Parce qu'on se trouve si complètement immergé dans l'expérience agréable, on s'identifie tellement avec elle que l'expérience pénible semble être une exception.

L'expression permet de donner une forme à l'émotion. Encore faut-il apprendre à jouir, à rechercher le plaisir, à en faire une expérience totale et complète :

– Pourquoi êtes-vous attaché au plaisir ? Parce que vous n'expérimentez pas le plaisir de manière entière et complète. Bien que vous disiez que c'est agréable, vous n'agissez pas comme si c'était agréable.

Une fois la souffrance apaisée, on cherche la cause. La souffrance est un fait. Sa cause vient de la déception provoquée par l'attente d'un plaisir. Cette recherche de plaisir est la cause de la souffrance. On ne peut éviter la souffrance, sans éliminer la cause : la recherche du plaisir. Or, jouir du plaisir, c'est voir que celui-ci n'est jamais absolu. Il est toujours accompagné de déplaisir. Il n'y a pas de plaisir sans souffrance. Plaisir et souffrance sont inséparables car ils sont produits par un découpage arbitraire de la réalité.

– Le plaisir n'est qu'une moitié. Le plaisir est la maladie cruciale dont le remède est la souffrance.

Pourquoi ? Parce que le plaisir est un refus de la réalité dont on ne peut pas voir la nature, tellement on est identifié avec l'objet de son désir. On ne peut en voir la nature que sous son aspect négatif : la souffrance. Dès que la souffrance apparaît, on peut alors trouver sa cause : le plaisir. Celui-ci à son tour est une réaction à une souffrance : celle de la séparation.

Sans séparation, il n'y a ni souffrance ni plaisir. La recherche de la nature du plaisir nous conduit donc à la prise de conscience de la séparation, c'est-à-dire à l'ego.

La question : « Comment vivre sans plaisir ? » est absurde. Car elle implique que le plaisir est désirable et que je me prive de plaisir. Pas du tout. La vie spirituelle est une recherche intense de plaisir. C'est même l'expérience la plus complète du plaisir, car cette expérience aboutit immanquablement à la découverte de la souffrance. Le chercheur aboutit à la conclusion vécue et non pas seulement pensée que « tout plaisir est source de souffrance ». Alors la recherche de plaisir tombe d'elle-même. Il n'y a pas à abandonner le plaisir, à s'éloigner du plaisir, à éviter le plaisir. Le plaisir est à la base même de la vie, de toute action.

> – Sans plaisir on ne peut même pas remuer le petit doigt.

Mais c'est la recherche de plaisir qui construit la coquille de l'ego.

Comment se rendre libre de l'ego ?

L'originalité de Svâmiji, c'est de montrer qu'on peut se rendre libre de l'ego non pas en le repoussant, en l'annihilant ou en le rejetant mais par son expansion. En aucun cas, la délivrance ne peut venir du refus, ni de la frustration :

> – L'ego doit être rendu libre. Et la manière de le rendre libre, c'est de lui permettre de s'épanouir, de s'accomplir complètement et entièrement.
>
> – L'ego peut être libre de l'ego, l'ego peut être libre de lui-même de manière à trouver son accomplissement en lui-même.

L'ego ne peut compter sur personne sinon sur lui-même.

– Il vous faut vous libérer de vous-même avec l'aide de vous-même. Vous êtes pour vous-même votre meilleur ami et votre pire ennemi[1].

Comment l'ego peut-il s'épanouir ? Etre libre, c'est connaître. Connaître, c'est être. Etre quoi ? Ce que l'on est à chacun des stades où l'on se trouve. C'est être un, c'est-à-dire non séparé, non en conflit : être un avec son émotion lorsqu'on est dans l'émotion, être un dans l'action lorsqu'on agit.

– « Je suis ce que je suis ici et maintenant. » Connaître, c'est comprendre : « Je suis lui. »

– La liberté veut dire : aucune relation avec quoi que ce soit ou toutes les relations mises ensemble.

– Agir à chaque stade, absorber, dévorer, rendre sien : c'est se rendre libre.

– Etre libre, c'est être libre de la conscience ou de la prétention qui fait dire : « Je suis quelqu'un, je suis quelque chose. »

C'est pourquoi connaître, c'est être libre de soi-même, donc de ses émotions, de ses désirs, de son ignorance, de ses créations mentales, des relations que l'on a établies :

– C'est à l'homme d'être libre. Libre de quoi ? Libre de tout ce qui lui est extérieur.

Comment vient la délivrance ?

Le changement est progressif

La nature étant matérielle est soumise à l'inertie. Il n'y a pas de changement brusque, mais passage graduel d'un état à un autre. Svâmiji donnait l'analogie du miroir recouvert de poussière. Au fur et à mesure que la poussière est enlevée, l'image réfléchie devient de plus en plus nette.

1. *Bhagavad Gîtâ* 6.5 : Âtmâ-eva hy âtmano bandhur âtmâ eva ripur âtmanaḥ.

– Dans la nature, il n'y a pas de changement brusque. Le changement intervient et, entre deux changements, parce qu'il y a une différence, il doit y avoir quelque chose, qui n'est ni ceci, ni cela.

– Agissez progressivement. Vous ne pouvez changer d'un seul coup à cause de l'inertie. C'est aussi une loi de la nature. On ne peut pas changer une situation d'un seul coup. Elle cherche à se maintenir. Si vous voulez la changer, essayez de le faire progressivement.

Mais cette progression se fait par diminution de l'imperfection. De même que l'eau s'échauffe de plus en plus tant qu'elle n'a pas atteint 100 degrés… au-delà elle s'évapore. Ainsi :

– La perfection n'a pas de degrés. Il n'y a des degrés que dans l'imperfection.

Le temps nécessaire pour la délivrance est variable

Demander « dans combien de temps je serai délivré ? » est une question oiseuse puisqu'elle implique une projection dans le futur :

– Combien de temps cela va-t-il prendre ? Seul le passé existe.

– Il n'est pas question de temps. Agissez simplement jusqu'à ce que ce soit terminé.

– Pour quelqu'un, cela peut prendre un jour, deux jours. Pour une autre personne un seul effort sera suffisant, mais cette ignorance doit disparaître.

– Chacun son rythme.

– Je dois obtenir le succès (*siddhi*) maintenant. Même si ce maintenant doit durer mille ans.

– Ne vous préoccupez pas de la longueur du chemin.

– Votre droit, plutôt votre privilège est de travailler jusqu'à ce que ce soit terminé. Combien de temps faut-il mâcher ? Jusqu'à ce que le fait de mâcher soit mâché aussi, quand il n'y a plus rien à mâcher. Ainsi votre travail sera terminé quand il n'y aura plus aucune nécessité, ni aucun besoin de continuer à travailler.

– De quoi cela dépend-il d'être libre ? De la force et du caractère du mental, du passé. Pourquoi si peu d'hommes y arrivent si c'est naturel ? D'abord la culture, puis l'hérédité, puis l'environnement. Le vrai chercheur avance jusqu'à ce qu'il atteigne son but.

Mais la délivrance peut être immédiate

– La nature humaine, la sensibilité ne se préoccupent pas des calculs mathématiques ou théoriques. Parce qu'une seule expérience intense à n'importe quel endroit peut vous rendre libre.

– L'illumination immédiate se produit pour qui ? Pour celui qui y est préparé. Elle n'est pas immédiate pour lui. Elle vous paraît ainsi à vous. C'est parce qu'il était mûr pour la recevoir qu'il la reçoit. Il y était préparé. Sinon, elle ne peut pas durer.

– Prenez cette chambre par exemple. Imaginez qu'elle ait été fermée pendant quarante ou cinquante ans. Elle était complètement sombre. Craquez une allumette. Où est passée l'obscurité ? Il n'y a plus d'obscurité, même si cette obscurité a duré longtemps, même si elle était très épaisse. L'obscurité disparaît dès que la lumière apparaît.

– Si la compréhension est totale et la conviction complète, la délivrance est immédiate. Sinon elle vient progressivement.

– Si votre compréhension est profonde et intense, le passé disparaîtra immédiatement.

Il faut être capable de supporter la liberté

Dans une lettre à une disciple indienne, Svâmiji parle de la capacité du corps physique à supporter l'intensité de l'expérience de la délivrance :

– Souvenez-vous de ce qui arrive aux yeux quand ils sont soudainement confrontés à la lumière brillante de l'extérieur lorsque vous êtes resté enfermé dans une chambre sombre aux portes fermées. Ne sont-ils pas éblouis, comme aveuglés et brûlés (*scorched*). Quand vous êtes passé par l'expérience de la réalisation de votre « moi » vous souvenez-vous de l'intensité de votre agonie qui affectait votre être entier, toute votre poitrine et votre ventre et comment vous vous sentiez ? Comme si vous aviez perdu toute force.

Dans une lettre à un autre disciple, il explique que les douleurs physiques intenses sont dues à l'insuffisance du corps physique limité par sa matérialité.

Une autre difficulté vient du confort de la non-liberté : ainsi les oiseaux libérés d'une cage où ils ont été enfermés ont tendance à y revenir même lorsque la porte reste ouverte.

Les possibilités sont infinies et les probabilités limitées

Tout le monde est appelé à la délivrance, mais peu y arrivent :

– Les probabilités sont limitées et les possibilités infinies pour tout homme.

– Soyez libre de vos probabilités car chaque probabilité est une contrainte. Soyez libre de toutes vos probabilités et vous serez totalement libre.

– La graine a des possibilités infinies.

– Agissez de telle manière qu'en fin de compte, où que vous soyez, quels que soient le moment et les circonstances, vous vous sentiez à l'aise, où que vous alliez, vous êtes chez vous. Rien ne vous limite. C'est cela, la signification de possibilités infinies.

QUE SE PASSE-T-IL APRÈS LA DÉLIVRANCE ?

Celui qui n'est pas délivré ne peut rien en dire

– Enfermé dans votre conscience séparée, vous ne pouvez ni penser, ni sentir quoi que ce soit au sujet d'un état ou d'une manière d'être dans laquelle la séparation n'existe pas. Vous ne pouvez pas comprendre. Quels que soient vos efforts, vous ne pouvez pas. Seules des analogies peuvent vous le faire saisir.

– Parler de l'état de réalisation est quelque chose qui, d'une certaine façon, vous dépasse. Alors, il vaut mieux ne pas en parler.

Personne ne peut juger de l'état de délivrance d'une autre personne. L'observation du comportement extérieur n'est pas suffisante car les caractéristiques physiques ne changent pas ou peu. La seule différence avec un homme ordinaire c'est ce qu'il ressent dans son cœur : il n'a plus d'émotion, il est Un avec ce qui est :

– Celui qui est libéré, qui a atteint la sérénité, ne peut pas changer immédiatement son corps physique. Le changement est purement intérieur… dans l'attitude intérieure.

– Pour celui qui est libre, le changement ne se manifeste pas sur le plan physique, bien qu'il y ait une certaine influence du psychique (*internal*) sur le physique. Mais ce qui est physique demeure tel quel. Le changement a lieu seulement à l'intérieur.

C'est pourquoi les pouvoirs psychiques n'ont rien à voir avec la délivrance :

– Les pouvoirs psychiques (*siddhi*) sont une faculté mentale. Ils montrent tout simplement qu'une partie du mental continue à rester présente.

Dans son cœur, un homme libéré est prêt à connaître et à comprendre

– Un homme complet ? Il est prêt à connaître et tout comprendre. Dans son cœur il n'y a pas le sens de « quelqu'un est mien, un autre m'est étranger ». Chaque action est accomplie cependant selon les règles. Pour ce qui est de son apparence, son sourire est radieux dans le plaisir, la peine, la prospérité et l'adversité, la maladie et la peine.

– Svâmiji est comme une vieille feuille qui vole au vent. Pour Svâmiji, il n'y a rien de plus à voir. Svâmiji voit tout.

Car, lorsqu'on voit la racine de toutes les choses, il n'est pas nécessaire (*he may not*) de voir l'expression extérieure.

– Svâmiji n'a pas de désir, rien de la sorte. Les gens viennent et prennent… Svâmiji est à votre disposition. C'est à vous de prendre. Il ne doit y avoir ni « mien » ni « tien ». L'unité seulement. Vous donnez des ordres à Svâmiji. Svâmiji veut qu'on lui donne des ordres. Svâmiji est à votre disposition.

Dans ses actions il est détendu et à l'aise

– Pas de changement du corps à la libération. Le physique en tant que physique reste ce qu'il est.

– Un sage est détendu, à l'aise.

– Il est à l'aise, dans toutes les circonstances. Il est chez lui partout.

– Il agit correctement en respectant les règles en usage. L'action a lieu d'elle-même, de manière spontanée. Il n'y a plus d'acteur. Il n'agit pas mais est toujours prêt à agir. Les choses se mettent d'elles-mêmes en place. Qui êtes-vous pour intervenir ?… Un sage est complètement passif et complètement actif. Comment ? Il est passivement actif.

– Un sage n'intervient jamais… les choses s'arrangent. Un sage est complètement actif et complètement passif.

– Quand atteint-on la Perfection ? Quand on voit que tout est neutre, que l'action a lieu selon la situation présente. L'homme libre donne l'apparence d'agir. Mais il n'agit pas. L'action a lieu en lui, parce qu'il n'est pas responsable. Il ne prend pas l'initiative d'agir.

L'ego ne peut compter sur personne sinon sur lui-même.

– Il vous faut vous libérer de vous-même avec l'aide de vous-même. Vous êtes pour vous-même votre meilleur ami et votre pire ennemi[1].

– Si votre conscience ne se limite plus à ce qui est particulier, alors l'ego disparaît, l'action se déroule mais il n'y a pas

---

1. *Bhagavad Gîtâ* 6.5 (non trouvé) : Âtmâ-eva hy âtmano bandhuḥ âtmâ eva ripur âtmanaḥ.

d'acteur. L'action a lieu. Comment ? Selon les exigences de la situation.

– Quand on atteint la Perfection, l'action a lieu en fonction d'autrui.

– Qu'est-ce qu'un être libre ? C'est celui qui est dans un état de complète dépendance. Voyez bien cela. Il n'est pas dans un état de dépendance particulière, il est totalement dépendant.

– Il est à l'aise, dans toutes les circonstances. Il est chez lui partout.

– Celui qui connaît la réalité (*tattva*), pour lui toute activité dans le monde devient une source de joie, il s'amuse (*at play*), et est chez lui partout[1].

– Il est à l'aise, détendu. Rien ne produit de la tension. Il consume, dévore toutes choses et les rend siennes.

1. Source non trouvée : Jñâte tâttve ramanam-uttamaṃ jagatam-idaṃ, tasya sarveṣu lokesu kâmacâro bhavati. La plus proche est *Chândogya Up.* VII 25.2 : Sa svarâd bhavati tasya sarvesu lokesu kâmacâro bhavati.

PARTIE VII

L'ADHYÂTMA-YOGA, UNE SYNTHÈSE ORIENT-OCCIDENT

Svâmi Prajñânpad occupe, d'une certaine façon, une position unique en Inde. En effet, son approche se veut résolument scientifique et moderne. Il parle un langage clair, directement accessible à un Occidental, un langage rationnel dont ont été évacués tous les mythes, les dieux, les métaphores, les effusions mystiques, les ombres et les obscurités. Mais, en même temps, il se rattache à la tradition indienne, aussi bien par le cadre général, la problématique qu'il pose – la délivrance et les moyens d'y parvenir – que par les concepts utilisés.

Svâmiji a réalisé en fait une synthèse entre deux approches à première vue totalement opposées, qui n'est ni une juxtaposition ni un syncrétisme, mais qui se présente comme une incorporation, une unité organique de l'Orient et de l'Occident. Il a fallu que ce soit un Indien qui accomplisse cette tâche, les philosophes occidentaux, comme l'a montré Roger-Pol Droit[1] dans un récent ouvrage, n'ayant pas été à même de la réaliser.

Comment Svâmiji s'y est-il pris ? Quelle est donc cette approche scientifique dont il parle constamment ? Qu'entend-il exactement lorsqu'il parle de science à laquelle il rattache la psychanalyse ? Quels sont les rapports entre les *lyings* et l'analyse freudienne ? Et enfin quelle est la tradition indienne qui transparaît à travers les versets sanskrits qu'il citait dans ses lettres ou dans les entretiens ? C'est à toutes ces questions que je vais essayer maintenant de répondre.

---

1. *L'Oubli de l'Inde*, PUF, 1989.

CHAPITRE I

Adhyâtma-yoga et science

On tend généralement à opposer science et mysticisme, rationalisme et foi, matérialisme et spiritualité. Cette opposition a perdu depuis quelques années une partie de sa virulence. De grands efforts ont été déployés aussi bien de la part des « spiritualistes » que du côté des « matérialistes » pour essayer de réduire cette opposition. Du côté des « spiritualistes » on trouve grosso modo trois positions par rapport à la science :

– Certains s'efforcent de justifier leurs doctrines en montrant qu'elles sont confirmées par la science. Ils courent ainsi un double risque : d'abord, ils placent la science dans une position d'arbitre ou de juge, comme si la science était apte à confirmer le bien-fondé de leurs assertions ; ensuite, ils lient le sort de leurs doctrines à celui des théories scientifiques qui, on le sait, sont instables et fluctuent beaucoup trop pour qu'on puisse s'appuyer sur elles et fonder ainsi une métaphysique.

– Un autre courant considère que les vérités spirituelles contiennent leur propre justification et qu'elles relèvent d'un domaine où la science n'a pas accès. Mysticisme et science sont ainsi deux domaines hétérogènes l'un à l'autre.

– D'autres encore vont même plus loin et voient dans la démarche scientifique une erreur totale. Ils qualifient la science de luciférienne et rattachent le désir de savoir et de vérité au péché originel, au fait d'avoir enfreint l'interdiction de mordre le fruit défendu, le fruit de l'arbre de la connaissance.

Du côté des « matérialistes » on retrouve, à peu de chose près, les mêmes courants :

– Les intégristes pour lesquels mysticisme, spiritualité et tradition sont synonymes d'obscurantisme, de stagnation, de réaction.

– Ceux qui cherchent à établir des correspondances, à mettre en relief des équivalences, à montrer que la science ne fait que redécouvrir des vérités anciennes. La matière, autrefois symbole même de la réalité, devient de plus en plus insaisissable, évanescente, inconnaissable car l'observation même vient en fausser la perception. Les physiciens deviennent de plus en plus « spiritualistes ». Einstein a établi l'équivalence de la matière et de l'énergie. Aujourd'hui, l'énergie même est perçue de plus en plus comme conscience (Colloque de Cordoue).

– Enfin, ceux qui considèrent que science et tradition sont deux approches pour tenter de cerner la réalité mais totalement différentes quant au langage employé, si bien que toute tentative pour établir des correspondances est aussi vaine que de rapprocher un idéogramme chinois d'un mot latin.

– Svâmiji, de son côté, malgré son approche résolument matérialiste, ne s'est jamais laissé enfermer dans aucun système d'appréhension du réel. Il est à la fois tout à fait matérialiste ou tout à fait spiritualiste ou ni l'un ni l'autre. Sa position vis-à-vis de la science est originale. En effet, il s'est toujours présenté comme un scientifique, un homme de science, mais il ne séparait pas science et connaissance, science et délivrance. La science est une partie indispensable du chemin de la délivrance, de la voie royale qui permet le plein épanouissement, l'accomplissement de l'homme.

Il n'y a donc pour Svâmiji aucune rupture, aucune discontinuité entre la démarche scientifique et celle du véritable *jñânin*, l'homme de connaissance de la tradition indienne. Celle-ci était pour lui une véritable science et il traduisait le terme sanskrit *vijñâna* par science. Il citait notamment la *Muṇḍaka Upaniṣad* : « Le sage, l'homme équilibré, voit avec l'œil de la science[1]. »

– Le savant, l'homme de science ou l'étudiant en science (*vijñânin*) n'est qu'un fervent adepte (*votary*) de la vérité.

– Qu'est-ce que la science, sinon la recherche de la vérité ?

---

1. *Muṇḍaka Up.* 2.27 : Vijñânena paripaśyante dhîrâḥ.

Pour Svâmiji, il n'y a donc pas de conflit entre le monde de la science et le monde spirituel, entre la matière et l'esprit, entre la raison et l'intuition, entre l'intellect et le sentiment, pas plus qu'entre le physique et le psychique, la physique et la métaphysique :

> – Qu'est-ce que la physique ? La physique, c'est l'attraction. Et la métaphysique alors ? Ce qui est au-delà de l'attraction. Là où il n'y a pas d'attraction. Aussi la base de la métaphysique, c'est l'absence d'attrait (*dispassion*)... L'attirance que vous éprouvez... il vous faut sentir : « Oh ! il n'y a rien ! Non cette attirance n'a pas de sens. » Et alors vous pouvez aborder la métaphysique.

Cette absence d'opposition découlait de sa position évolutionniste, proche du matérialisme dialectique, où le supérieur vient de l'inférieur, où le point de départ est toujours matériel. Ce matérialisme reste, par ailleurs, tempéré par la conscience aiguë du caractère relatif de toutes les formulations, qui ne sont que des « points de vue ». Svâmiji accompagne toujours son auditeur dans sa manière de voir si bien que la présentation qu'il fait des choses est établie pour des raisons didactiques. Cela ne veut pas dire que tel est le « point de vue » de Svâmiji. En fait, la vérité serait plutôt que Svâmiji n'a pas de « point de vue » particulier mais utilise « tout point de vue » qui lui paraît utile pour permettre au disciple d'avancer dans la compréhension. C'est en ce sens que Svâmiji se réfère à la science et prône une démarche scientifique.

DÉMARCHE SCIENTIFIQUE

« La science et son mauvais usage »

Pour être plus à même de préciser la nature de l'approche scientifique de Svâmiji, il est utile de se référer à un article intitulé : « La mission de la science et son mauvais usage (*misuse*) » publié dans la revue *Vidyapith*, sous le nom de Yogeshvar en 1929, soit un an avant que Svâmiji ne devienne Svâmi Prajñânpad. Yogeshvar présente le savant comme « un fervent adorateur de la déesse vérité. Il cherche à pénétrer dans le sanctuaire où elle se cache et à s'unir à elle pour prendre connaissance de ses secrets ». En voici l'introduction :

> – Aujourd'hui, je suis à la recherche de l'esprit essentiel, de l'esprit omnipotent, dont la recherche incessante me donnera la clé des portes secrètes de toutes les pièces de la forteresse bien protégée, complexe et mystérieuse qui contient le sanctuaire de la déesse Nature, me permettant ainsi de déverrouiller les portes cadenassées et d'avoir un aperçu du sourire enchanteur qui éclaire à la fois la lumière et l'obscurité de l'univers et devant le regard pénétrant de laquelle, ce qui a une forme et le sans-forme s'étreignent l'un l'autre et tous les êtres animés et inanimés se mettent à danser ensemble. Je suis à la recherche de ce qui est à la fois sévère et tendre.
>
> La déesse Nature nous envoie sans cesse ses signaux secrets. Par nos efforts fervents et concentrés, nous essayons de dévoiler les mystères qui se trouvent derrière ces signaux. Quand nous réussissons à les percevoir, nous nous en approchons, ce qui nous permet d'entendre les battements de son cœur. Alors son contact se fait plus intime et elle nous fait part de ses secrets par de doux chuchotements.
>
> C'est ainsi que nos mains, notre cœur et notre tête prennent conscience de l'invitation qu'elle nous lance à pénétrer dans le temple. Nous gagnons le droit d'entrer, seulement lorsque nous nous sommes plongés dans leur triple confluence.

Dans la suite de l'article, Svâmiji développe déjà les thèmes qu'il reprendra ultérieurement sous une autre forme.

• Rechercher la vérité

– Le but premier du savant est d'observer la nature et son fonctionnement, de voir la différence. Le savant entretient un rapport particulier à la vérité : seules une confiance et une dévotion totales lui permettront d'entrer dans le temple. Le savant doit se rendre libre de sa subjectivité personnelle, car la vérité est objective, non subjective. Toute sa dévotion doit se porter sur l'observation de faits. Le savant est un *karmayogin :* tout fait est une offrande à la déesse qu'il adore. L'étude de la nature est un acte d'adoration. Le laboratoire est un sanctuaire.

• Se garder du dogmatisme

– Le savant n'affirme rien sans preuve. Ces preuves doivent être probantes pour lui comme pour les autres. Il ne doit pas tenir compte de ses inclinations subjectives. Toute théorie doit être prouvée. Dès que la preuve est faite, elle est totalement correcte. Cependant, il ne convient pas de se laisser enfermer dans une théorie. Aucune vérité n'est limitée. Tout change. Il n'y a donc aucune limite à la pensée et à l'énergie de l'homme. Celui qui s'accroche à l'ancien ne peut découvrir le nouveau. La vie est une. Il n'y a qu'une loi mais les points de vue sont différents. Rien n'est absolu, tout est relatif.

Et Yogeshvar termine en citant Pascal : « Il y a une limite à la raison. »

Tout ce développement montre combien Svâmiji garde l'esprit ouvert et refuse de se laisser enfermer dans des prises de positions dogmatiques, aussi scientifiques puissent-elles paraître. Plus tard, il disait :

– Restez toujours prêt à être surpris… La science s'efforce de donner une explication : mais celle-ci n'est valable qu'à l'intérieur de certaines limites. Les faits ont toujours raison.

Comme disait Nietzsche : « La raison est dans la réalité et non dans la raison. »

• Avoir une vue pénétrante

– L'œil du savant pénètre tout, ne s'arrête pas à la surface des choses. Il voit que l'énergie est une et égale partout. Tout – des confins les plus éloignés de l'espace à l'infiniment petit – est vibration. Il n'y a pas de séparation entre matière et énergie.

• La marche vers l'unité

– Le savant va de l'inertie à l'énergie. Plus il expérimente, plus il se rapproche de l'éternel. Le savant est proche du poète. Tous deux cherchent à se fondre dans la nature. Mais le savant ne se satisfait pas d'analogies (métaphores et images). Il ne dit pas « comme si » mais « ceci est ainsi ». Voici sa prière : « Je me prosterne en signe d'obéissance, encore et encore, à la déesse qui réside dans tous les êtres sous forme d'énergie (*yâ devî sarvaṃ bhûtesu śaktirûpeṇa saṃsthitâ, namas tasyai, namas tasyai, namas tasyai, namo namaḥ*). »

Le savant cherche à écarter l'écran formé par le nom et la forme et à démontrer ainsi la vérité du *mantra* de l'*Upaniṣad*[1] *:* Tous ceux-ci sont tous égaux, (car) tous ceux-ci sont éternels.

• Mise en garde contre une mauvaise utilisation de la science

Yogeshvar termine son article en citant un certain D. Taylor : « Utiliser la science pour la guerre, c'est dégrader le but de la science »…

– Le but de la science, c'est de poser les fondations d'une action parfaite. Il est dommage que certains mettent en doute la vérité du point de vue selon lequel la science, le développement de l'intellect et de l'éducation sont un remède sûr pour traiter ceux dont le cœur est perturbé (*out of control*).

Un véritable savant garde toujours en vue le but qu'il poursuit : la vérité (*satya*), le bien (*śiva*), le beau (*sundara*). Il est venu au monde pour créer, non pour détruire. Il apporte aux générations futures paix, joie et la possibilité d'atteindre les plus hauts sommets des buts moraux et spirituels.

Aujourd'hui, la lecture de ce texte nous laisse un sentiment mitigé. D'un côté, il nous paraît dépassé et démodé, car il n'est plus possible de défendre, de cette manière, ce qu'il convient d'appeler, avec une pointe de condescendance, le scientisme. Par ailleurs, on voit bien que Svâmiji ne s'y laisse pas enfermer et rejoint par certains côtés des positions d'avant-garde de certains physiciens modernes (K. Boehme, B. d'Espagnat) qui, se situant aux confins de la physique, admettent la possibilité pour l'homme de connaître la réalité, bien plus que ne l'avait pensé Kant, qui avait cherché à « démontrer » que l'homme ne peut appréhender la réalité qu'au travers des catégories de son esprit.

---

1. *Bṛhadâran'yaka Up.* 1.5.3 : Ta-ete sarvâ-eva samâḥ, sarvâ-eva-anantâḥ.

On voit aujourd'hui, plus clairement avec le recul du temps, de quelle manière Svâmiji a voulu établir un nouveau chemin, une nouvelle voie d'approche, une nouvelle voie de la connaissance (*jñana yoga*) en s'appuyant sur la science et sur la démarche scientifique. En ce sens, il est proche à la fois des philosophes-savants du XVIIe siècle (Newton, Kepler, Galilée), du positivisme d'Auguste Comte et du scientisme de la fin du XIXe siècle et du début du XXe siècle (Renan, Berthelot, Boutroux). Mais, par le pont qu'il établit entre science et tradition et la recherche qu'il poursuit de l'unité, il dépasse le pur scientisme. Il utilise les données de la science mais ne s'y arrête pas. C'est ce que nous allons essayer de voir en détail.

Dans la lignée de Newton, Kepler et Galilée

• Étude de la nature et de ses lois

Quand Svâmiji parlait de la différence et du changement, il employait indifféremment le mot « loi » ou « vérité » ou « fait » ou encore « principe ». Par loi, il entendait « loi de la nature » ou « loi scientifique » et donnait le plus couramment en exemple les lois du mouvement de Newton qu'il avait particulièrement bien étudiées puisqu'il était physicien de formation. Toutefois, puisque c'est le développement de l'homme qui l'intéressait, il étendait ces lois au psychisme de l'homme.

Ainsi, pour le principe d'inertie, suivant lequel un corps en repos reste de lui-même en repos, un corps en mouvement reste en mouvement, Svâmiji écrit :

> – Vous connaissez la première loi du mouvement : chacun continue dans son état de mouvement ou de repos : chaque entité, chaque finitude tend à se maintenir dans l'état où elle se trouve. L'ego cherche à rester intact, c'est naturel, mais le changement aussi est naturel.

La conservation de l'énergie.

> – L'énergie ne peut être détruite. Elle ne peut qu'être dépensée…

D'où les affirmations sur « l'énergie infinie… l'énergie éternelle » et la mise en parallèle de l'énergie physique et la *śakti* de la tradition indienne.

Loi d'action-réaction : Svâmiji reprend la formulation de Newton : « Pour chaque action, une réaction égale en sens contraire. »

> – Le monde physique ou mental est fait d'attraction. Les lois s'appliquent donc également au domaine psychique. Une émotion est une énergie. Elle doit s'épuiser. On ne peut donc la bloquer ni la refouler.

Toute action tend à être neutralisée. Le mouvement tend à l'équilibre, à la neutralité. Et cette neutralité, Svâmiji la rapproche du *brahman* des *Upaniṣad.* D'où le parcours à accomplir : le temps pour laisser s'épuiser la réaction, la nécessité de faire l'expérience des choses.

• Une seule loi

A un disciple qui s'étonnait de voir Svâmiji prendre toujours des exemples dans le domaine des faits observables, Svâmiji répondit qu'il n'y a pas de séparation entre ce qui est matériel et mental :

> – Le mental n'est que de la matière subtile, la matière n'est que du mental grossier… Une seule et même loi s'applique aussi bien dans le domaine physique que psychique.

Il faut se replacer au début du XVIIe siècle pour comprendre combien l'adage « sur la terre comme au ciel » a pu être libérateur pour tous les savants prisonniers de la vision aristotélicienne du cosmos. Celui-ci est présenté comme une unité, formée d'un tout hiérarchiquement ordonné dans lequel les parties différentes qui le composent, à savoir le ciel et la terre, sont sujettes à des lois différentes. Affirmer qu'il n'y a qu'une seule et même loi, c'est du même coup dire qu'il n'y a pas une loi divine dans les cieux et une autre loi sur la terre ; il n'y a pas ce qui relève de l'Esprit et ce qui relève de la Matière, il n'y a qu'unité dès le départ ; unité du corps et de l'esprit, l'un et l'autre ne sont que de la matière plus ou moins subtile. La loi psychologique est la même que la loi physique. La loi morale ne s'en sépare pas. C'est pourquoi, à partir du XVIIe siècle, la notion du cosmos est remplacée par celle d'univers, qui est régi par une même loi. Il s'agit là d'une révolution libératrice puisqu'elle a pour effet d'éliminer Dieu ou la Providence comme cause explicative. L'homme occupe ainsi toute la place. Il n'y a rien en dehors de la science.

C'est pourquoi Svâmiji part toujours du physique, du matériel, de la nature. Son approche est matérialiste, positive. Il montre le côté naturel des choses, les évidences sensibles. Il allait même plus loin puisqu'il avançait qu'il n'y avait pas de discontinuité, ni de rupture entre le relatif et l'absolu.

> – Le passage est progressif et graduel des ténèbres à la lumière, des vérités à la vérité… de la physique à la métaphysique. Il n'y a qu'une seule loi car le critère même de la vérité, c'est qu'elle est présente toujours, partout, en toutes circonstances.

On voit ainsi que pour Svâmiji loi et vérité sont synonymes. Et que comme la vérité est une toujours et partout, pareillement il n'y a qu'une seule et même loi qui s'applique partout, dans tous les domaines.

• Recherche de la vérité

Celle-ci implique de :

– Rechercher les faits et non des explications imaginaires. C'est le sens de l'expression de Newton : « Je ne m'interroge pas sur les causes (*Hypotheses non fingo*). » Dieu est mis ainsi hors-circuit.

– Rechercher l'objectivité, éliminer ses inclinations et préférences personnelles, c'est-à-dire la subjectivité.

– Rejeter les préjugés, les croyances, les a priori, les opinions, les actes de foi. On ne s'appuie que sur des évidences sensibles. Cette approche directe, réelle, concrète rejoint la tradition indienne, notamment celle du *Sâṃkhya* et celle du bouddhisme puisque le Bouddha ne parle que de l'expérience concrète de la souffrance. Cette approche a pour effet d'éliminer d'un coup tout jugement de valeur. Svâmiji pose d'emblée « la loi naturelle » qu'il oppose à la loi sociale ou religieuse, conditionnée et relative.

Influence du positivisme

Svâmiji a probablement étudié le positivisme d'Auguste Comte au travers de John Stuart Mill qui figurait dans le curriculum de toutes les écoles anglaises à la fin du XIXe siècle et donc des écoles indiennes que Svâmiji a fréquentées.

Pour A. Comte, la science permet la prévoyance donc l'action. Svâmiji reprendra la formule :

– Toute connaissance est en vue de l'action.

La loi scientifique d'après A. Comte est une moyenne. Elle est donc prouvée par son exception :

– Toute loi, parce que l'homme est la mesure de toutes choses, est établie par l'homme dans des circonstances particulières et ne fonctionne que lorsque certaines conditions sont remplies. Toute loi implique qu'il y ait des exceptions.

En effet, l'exception prouve la loi car la loi est le résultat d'idées générales dont la validité reste circonscrite seulement à l'intérieur de certaines limites. Il y a en effet toujours quelque chose de différent.

C'est pourquoi une loi pour Svâmiji n'est plus absolue. Il suit Auguste Comte qui pense que la loi est la présentation abstraite de faits concrets. C'est pourquoi la loi est le principe. La loi est établie à la suite de mesures. C'est donc une moyenne statistique.

– Parce que c'est une moyenne, la loi connaît des exceptions.

Pour illustrer comment l'exception confirme la loi, Svâmiji donnait l'exemple de la division en quatre stades de la vie humaine dans la tradition indienne. Après avoir été étudiant (*brahmacârin*) jusqu'à vingt-cinq ans, on devient maître de maison (*gṛhastha*) jusqu'à cinquante ans, puis travailleur social (*vana-prastha*) jusqu'à soixante-quinze ans. Alors on peut tout quitter (*saṃnyâsa*). Ces règles, énoncées avec une grande précision dans les *Dharmaśâstra*, préconisent un mode de vie différent pour chacun de ces stades et constituent le prototype idéal de toute vie humaine dont la durée est réputée être de cent ans.

> Cependant, si l'absence d'attirance pour le monde extérieur (*vairâgya*) apparaît plus tôt, on peut tout quitter immédiatement, quel que soit le stade dans lequel on se trouve, sans attendre d'être passé par toutes les étapes préconisées par les textes.

Svâmiji ne manquait jamais de préciser que toute loi avait un caractère relatif et n'était valable qu'à l'intérieur d'un système déterminé. Il donnait comme exemple la théorie de la relativité qui ne relègue pas aux oubliettes la mécanique newtonienne mais définit de manière plus précise son champ d'application.

Scientisme

Svâmiji, formé lui-même dans les années 1900-1920, reprend les thèmes dominants de l'époque, qu'on a qualifiés depuis de scientisme et auxquels sont associés les noms de Renan, Berthelot et Boutroux en France, John Stuart Mill et Herbert Spencer en Angleterre.

Ainsi Ernest Renan (1823-1892), influencé par Cousin, Herder, Hegel, donne à la science, dans le monde moderne, la grandeur d'une religion nouvelle, capable d'organiser rationnellement l'humanité. En 1848, il écrit à sa sœur : « Poursuivre à tout prix mon développement intellectuel. Je ne vis que par là : sentir et penser. » En 1863, dans une lettre à Berthelot, il parle d'une matière animée d'un « nisus » qui la pousse à sortir du chaos, à s'élever par étapes, jusqu'à l'apparition de l'humanité qui a donné à l'univers la conscience et l'exemple d'une cause libre. En 1890, il publie *L'Avenir de la science* qui eut un grand retentissement à l'époque et qui présente les principales thèses du scientisme : négation du surnaturel, confiance en la nature dont les lois n'ont jamais subi d'infraction, affirmation de la primauté de l'esprit et du progrès continu de la raison malgré des échecs passagers, foi en l'homme, opposition à tous les dogmes et traditions, fidélité à la science, opposition aux mythes, à la foi, à l'intuition, aux passions, opinions, préjugés et idéologies. Il préconise de libérer l'homme pour lui ouvrir la voie du bonheur. L'ignorance est présentée comme la source de tous les maux.

De même Marcellin Berthelot (1827-1907) assigne pour but à la vie « l'action scientifique dirigée vers notre développement individuel plus complet ». La science procure morale et bonheur : « Le bonheur et le bien-être ne s'acquièrent pas par de vaines paroles… On y parvient par la connaissance exacte des faits, par la conformité de nos actes avec les lois constatées des choses. »

Pareillement Maurice Blondel (1861-1949) soutient un « dogmatisme moral » : par quoi il entendait, en religion ainsi qu'en philosophie, une doctrine où l'accès à la certitude n'est procuré que si pensée et action, critique et pratique, réflexion intellectuelle et engagement moral se trouvent associés, interpénétrés, équilibrés dans un même jugement.

Tous ces thèmes sont présents chez Svâmiji, comme nous l'avons déjà vu dans l'article qu'il a écrit en 1929 sur la mission de la science.

• Confiance dans la raison

Svâmiji citait le verset sanskrit :

– Ce qui est raisonnable, accepte-le immédiatement, même si c'est un enfant qui le dit. Ce qui est contraire à la raison, écarte-le, même si c'est un dieu qui parle (*yukti yuktam upâdeyaṃ vacanaṃ bâlakâd-api / anyat tṛṇam iva tyâjyam apy-uktaṃ padma-janmana*).

• Foi dans la science, seule capable de libérer l'homme

Ni l'intuition, ni l'art, ni la dévotion, ni les rites, ni les mythes ne peuvent accomplir ce but. Ce qui implique le rejet des traditions, des dogmes, des croyances, des opinions et des préjugés. Ceci était déjà présent dans la philosophie du siècle des Lumières qui s'assigne pour tâche d'extirper tout préjugé, sur quelque argument qu'il s'appuie, quelque forme historique qu'il revête. C'est là l'unique moyen de libérer l'homme et de lui ouvrir la voie du vrai bonheur.

• Confiance en l'homme

– « L'homme est la mesure de toutes choses, le créateur de toutes choses », ou, comme le dit le *Mahâbhârata* : « Il n'y a rien de supérieur à l'homme ». Et encore : « L'homme peut tout. Réaliser la fission de l'atome… aller dans l'espace. Il n'y a aucune limite. »

• Croyance au progrès et à l'évolution

Svâmiji présente le développement de la conscience à partir des sensations, de la conscience de la matière. Il s'émerveille du progrès des techniques : rapidité des transports et des communications. L'homme est appelé à l'unité. Il fait l'expérience des choses. Il va de la dualité à la non-dualité.

Au-delà de la science

On voit que Svâmiji utilise la science jusqu'à ses plus extrêmes limites puisqu'elle lui permet d'atteindre le seuil même de la non-dualité. Mais elle ne peut dépasser la dualité. Svâmiji en donnait pour exemple l'attitude de Freud :

– Freud avait une attitude si scientifique ! Au sommet de la gloire il alla faire des conférences aux Etats-Unis. Le docteur Putman, le grand neurologue qui l'accueillit là-bas, lui dit : « Oui, docteur, mettez toutes vos découvertes scientifiques en système. Ce sera un grand service (*boon*) pour l'humanité. » Freud répondit : « Mon cher ami, je suis désolé, je ne le peux pas. Aujourd'hui, je suis parvenu là… Comment puis-je dire que c'est ma conclusion finale ? Peut-être y a-t-il quelque chose… La science est un processus de croissance. Comment puis-je mettre en système ? Non, je ne le peux pas. Je suis un savant. Je sais jusqu'où je suis arrivé »… De même dans un de ses livres, *Au-delà du principe du plaisir*, il déclare : « Au début, il y avait l'inanimé. » Il théorise dans une certaine mesure, sans aucun doute, mais il y a un passage où il dit : « Je dois m'arrêter ici. Parce que je n'ai pas de données cliniques suffisantes. »

L'étape suivante est le *Vedânta :* le fait d'aller au-delà. Il déclare : « Je dois m'arrêter ici. » Superbe ! C'est un savant. Il est effectivement arrivé au point, au-delà duquel il doit aller de manière inévitable… il ne peut faire autrement. Mais il dit : « Non, je dois m'arrêter. »

Aussi d'une certaine façon, il était libre de l'ego pour ainsi dire ou plutôt il était attaché à son ego scientifique, c'est-à-dire à l'ego de la vérité.

La science a donc un domaine d'application qui est le sien : le domaine des formes dont l'énergie fait également partie. Mais elle s'y arrête. Elle ne peut aller au-delà. Alors que c'est là justement que Svâmiji veut nous conduire ! La science est pour lui, pour reprendre une image célèbre du bouddhisme, comme une barque utile pour traverser la rivière mais qu'on doit laisser une fois qu'on a atteint l'autre rive.

Science moderne et science traditionnelle

La science n'est pas apparue au XVIIe siècle en Occident. L'idée que la nature est soumise à des lois est beaucoup plus ancienne. La notion d'ordre de la nature apparaît déjà dans la Bible et dans l'Antiquité grecque. Héraclite pense qu'il y a une loi unique qui régit le monde entier. Platon et Aristote également. Mais la loi qui régit la nature se distingue mal de celle que Dieu prescrit aux êtres raisonnables et se confond souvent avec la loi morale. Ainsi, dans la Bible, *chock* est la loi qui régit la pluie aussi bien que la loi morale et les rites prescrits.

Il en est de même dans la tradition indienne. Dans le *Sâṃkhya* on retrouve l'idée de la nature (*prakṛti*) soumise à la loi. Le *Sâṃkhya*, on le sait, est rationaliste et évolutionniste. Il y a un déroulement de *prakṛti* et une théorie de la causalité dans laquelle l'effet est contenu dans la cause. Il s'ensuit que la nature est stable, ne connaît pas de sauts et qu'il n'y a pas de miracles. Svâmiji commentait également le premier verset de l'*Iśâ Upaniṣad* : l'*Upaniṣad* du Seigneur, ainsi dénommée car elle commence par le mot *îṣâ*. Svâmiji commence par récuser la traduction courante d'*îśâ* par Seigneur, Maître ou Dieu. Certes *îśâ* vient bien de la racine *îś :* gouverner, commander, régner, régir mais Svâmiji préférait traduire *îśâ* par « ce qui gouverne, ce qui régit », c'est-à-dire « loi » ou encore « ordre des choses ». Cet ordre des choses, il le faisait correspondre au *ṛta* védique, l'ordre cosmique, l'harmonie dans le domaine physique et psychique. C'est la conformité à l'ordre des choses (*according to the justice of the situation*), résultante équilibrée des forces à un moment donné. Il le traduisait tout simplement par rythme ou rythme cosmique, rejoignant par là Louis Renou qui traduisait *ṛta* par agencement (manière dont le monde est agencé) et qui correspondrait ainsi à la notion plus moderne de « structure » à laquelle s'ajouterait la notion de changement puisque *ṛta* implique le mouvement. *Ṛta* appliqué plus généralement à l'ordre cosmique trouve son équivalent dans l'ordre personnel et social dans le mot *dharma* de la racine *dhṛ :* soutenir, supporter. C'est la structure interne, comme le squelette pour le corps ou la charpente d'une maison, ce qui permet au reste de fonctionner : l'appui ou la fondation.

Dharma est traduit généralement par devoir ou règle sociale, traduction que Svâmiji récusait. Il préférait traduire ce terme par « loi », compris dans le sens d'une loi qui s'applique à la société, qui permet son bon fonctionnement, d'où, par extension, la réponse adéquate, appropriée ou juste à une situation déterminée : le *dharma* est ainsi la nature intrinsèque des choses.

Svâmiji donnait l'exemple de l'eau et du feu pour bien faire comprendre ce qu'est le *dharma :* la nature (*dharma*) du feu est de brûler comme la nature (*dharma*) de l'eau est de couler. Le *dharma* est ainsi ce qui est inhérent à la chose même, le feu qui ne brûlerait pas ne serait pas du feu. Le *dharma* devient aussi l'essence même ou encore la structure même ou encore la loi qui soutient ou règle le fonctionnement ou l'expression d'une entité quelconque. Aussi « le *dharma* de l'homme est-il d'être constamment lucide (*aware*) ».

La notion de loi est également inséparable de vérité. La racine sanskrite *sat* (être) a donné à la fois *satya* : la vérité et *sat :* ce-qui-est ou la réalité dont le synonyme est *tattva* (litt. : l'ipséité). En rapprochant *sat* et *satya*, le sanskrit établit une concordance implicite entre vérité, fait, réalité, ce-qui-est ; et non plus seulement entre la vérité et ce-qui-est-dit, comme l'implique le latin *verus*. Nous arrivons ainsi à la notion de fait ou ce-qui-est et à son ambiguïté. Ce qui est, perçu par une conscience ordinaire, c'est-à-dire limitée, séparée, étroite, est le monde de la dualité, le monde de la vérité relative des oppositions et des conflits, de l'action-réaction et du changement. La même réalité perçue par une conscience élargie, apaisée, unifiée devient non-dualité ou vérité absolue. C'est pourquoi dans son commentaire du verset 2.2.7 de la *Muṇḍaka Up*. Svâmiji dit à propos de *paripaśyanti :*

> – Qu'est-ce que voir avec l'œil de la science ? C'est voir la succession de causes et d'effets et qu'il n'y a aucune entité nulle part. Il ne peut être question de bien ni de mal ni de quoi que ce soit de la sorte. Il n'y a pas d'individualité.
>
> – La véritable vision scientifique conduit à la perception que : rien (*nothing*) n'existe, c'est-à-dire qu'aucune chose (*no thing*) n'a une existence séparée. Tout est un flux.

Déterminisme et causalité

> – Tout effet a une cause et même si vous ne la connaissez pas, dites-vous bien qu'elle existe mais cachée à vos yeux.

Cette affirmation n'est pas une preuve mais est posée comme un principe évident. Ce n'est pourtant pas un acte de foi. Svâmiji ne fait que transposer la loi du mouvement de Newton. Celui-ci, on le sait, a montré que la force qui agit sur un point matériel est déterminée par l'ensemble des masses qui se trouvent à une distance relativement petite de ce point matériel. La force motrice ne vient pas de l'extérieur. Elle est une grandeur calculable identifiée à la pesanteur. On aboutit ainsi à la notion de causalité physique qui permet d'expliquer le mouvement sans faire intervenir aucune « cause » extérieure au système. C'est là que se trouve pour Svâmiji l'attrait de ce schéma explicatif qu'il élargit à d'autres domaines.

Poser la causalité permet d'éliminer l'intervention de la Providence, de la Volonté divine ou du Destin. La cause n'est jamais l'intervention d'un être immatériel, ange ou démon, mais l'état précédant l'apparition de l'effet. Il n'y a donc pas de grâce. Tout dépend de l'effort de l'homme qui se trouve ainsi divinisé : tout est en son pouvoir. Il peut tout faire, tout accomplir.

La causalité permet l'action. Voir la relation de cause à effet c'est prévoir. L'homme peut donc agir sur le monde et sur lui-même. Son énergie se trouve ainsi stimulée.

Il n'y a pas d'« accident », pas de « hasard ». D'ailleurs, pour Svâmiji la causalité ne s'oppose pas à la notion de hasard. La goutte d'eau tombée sur la montagne vient du nuage. Une fois tombée, elle va descendre le long de la pente selon l'environnement rencontré : les obstacles et la déclivité. Les obstacles sont les accidents placés « au hasard » du point de vue de l'eau, mais qui s'inscrivent dans une chaîne de causalité qui leur est propre. L'histoire racontée est celle de la goutte d'eau, non celle de l'obstacle ni celle de la montagne. Du point de vue de la goutte d'eau, la rencontre de l'obstacle est vue ou interprétée comme « hasard » ou « accident » ou « aléa ». Mais l'événement s'est produit. La conséquence en est une résultante qui va affecter chacun des participants. Au lieu de l'événement, il y a convergence de plusieurs séries causales qui interréagissent entre elles pour produire un effet. Il n'y a donc pas relation de cause à effet. L'expression ne peut qu'être mise au pluriel : causes-à-effets. Ce qui permet d'introduire dans le schéma les causes rétroactives, c'est-à-dire les effets qui rétroagissent sur les causes. On en arrive à un « système complexe », un bouillonnement qui apparaît comme un désordre en raison de sa complexité mais qui est fait d'une multitude de micro-ordres mélangés.

Le monde est alors perçu comme un tissu de causes, un *nexus causarum* disaient les stoïciens et à leur suite Leibniz. Tout est relié. Rien n'est séparé. Il y a une unité sous-jacente. L'énergie circule. Tout mouvement se propage. Et c'est peut-être là qu'il faut chercher la vérification du principe de causalité posé ainsi a priori par Svâmiji. Mais la causalité n'est pas absolue. Son domaine d'application reste limité au monde de la dualité. Elle s'applique au monde du changement, le monde où une entité est toujours en train de devenir autre, c'est-à-dire de perdre son identité propre. La causalité est ainsi une manière d'appréhender le changement. Le nouveau vient de l'ancien, chaque chose se transforme en une autre, une forme succède à une autre forme. Elle dépend de la forme précédente mais n'est pas cette forme. Elle en est issue mais reste différente.

Finalisme

Si Svâmiji n'a jamais fait appel à des causes premières, puisqu'il partait toujours de l'expérience commune ou des données des sens, il a toujours cependant présenté la nature et la vie humaine comme ayant un but. La manifestation, les formes, l'énergie toujours en mouvement tendent sous l'effet de l'action-réaction à un état d'équilibre, de neutralité, d'apaisement :

– Tout ce qui vient, vient pour s'en aller… tout apparaît pour disparaître.
– La réaction a pour but de neutraliser l'action.

Svâmiji n'a jamais précisé si ses paroles devaient être entendues métaphoriquement ou prises au pied de la lettre. Mais on a déjà vu que Svâmiji s'efforce toujours de présenter les choses de « manière scientifique » et on sait que la science se refuse à tout finalisme.

Freud, que Svâmiji considérait comme un savant, parle dans *L'Avenir d'une illusion* de l'inertie de la matière avant l'apparition de la vie. D'après lui, toute vie tend à faire retour à cette inertie dont elle est issue. Svâmiji ne parle pas d'inertie mais de neutralité. Tout vient de la neutralité et tend à revenir à la neutralité.

La réalité du monde

Qu'est-ce que l'on connaît ? Le fonctionnement de notre esprit ou la réalité des choses ? L'épistémologie moderne se garde bien de parler de réalité intrinsèque et se méfie de toute présentation qui y ferait appel. Pour aborder le problème, les constructivistes établissent une distinction entre correspondance (*matching*) et convenance (*fitting*). J'ai une connaissance qui me permet de fonctionner plus ou moins correctement, c'est-à-dire de survivre. C'est une connaissance qui convient. Celle-ci ne préjuge en rien de la nature de ce que je connais, c'est-à-dire de l'existence ou non d'une réalité existant par elle-même indépendante de l'observateur. Elle permet d'accepter l'existence d'autres connaissances, qui peuvent également « convenir ». On aboutit à une coexistence de connaissances ou à une pluralité de systèmes d'appréhension. Pluralité qui permet d'accepter « l'autre » comme centre de connaissances différentes mais aussi « moi-même » dans la mesure où je peux me permettre de passer d'un mode de connaissance à un autre, notamment du mode mythologique au mode rationnel, du mode affectif au mode intellectuel sans que ces différents modes se trouvent en conflit. Pour cela il est nécessaire de préciser les conditions d'emploi de l'une ou de l'autre suivant le champ d'application[1].

La présentation que fait Svâmiji du monde de la dualité est, à ce titre, une présentation qui convient pour l'usage qu'il veut en faire.

Si les épistémologues n'ont pas d'éléments pour affirmer ou infirmer la réalité, pour Svâmiji, comme pour les *Upaniṣad*, le monde est. Aucun doute quant à son existence réelle. Toute la difficulté vient de notre perception défectueuse. Celui qui voit la séparation, la dualité, ne voit pas. Celui qui voit la différence, le changement, la non-dualité voit la réalité selon l'adage indien bien connu : « Le monde (ou le mouvement) est erreur (ou illusion), la neutralité (*brahman*) est vérité (*jagad mithya brahman satya*). » Tout se joue dans notre perception. La réalité est. Elle se dévoile à nous dans sa nudité, dans sa vérité. La vérité, pour Svâmiji, reste la conformité de la chose perçue et de sa représentation. Mais la vérité est toujours une car il y a des degrés de vérité en fonction des degrés de perception. Plus la perception est large plus elle est vraie. On aboutit ainsi à la perception de l'unité, qui est la vérité ultime, absolue, parfaite, totale, où il n'y a plus ni « chose » ni « représentation ».

En conclusion, les principes, lois et vérités posés par Svâmiji avec tant de force et de vigueur ne sont que relatifs. Relatifs au disciple, à son problème, à son besoin, à l'échange, au moment où celui-ci a eu lieu ; relatifs à l'époque du dialogue, relatifs au langage parlé, relatifs aux connaissances dont disposait Svâmiji, relatifs à la présentation qui en est faite.

Quand Svâmiji parle de science, son but n'est pas épistémologique mais didactique. Il s'adresse à des interlocuteurs dont le critère de vérité est scientifique. La science est pour eux moyen de preuve. Mais la vérité de ce qu'il dit ne s'appuie pas sur la

---

1. Henri Atlan, *Le Cristal et la Fumée*, Le Seuil.

science. La science est utilisée pour montrer ce qui est, pour amener ses interlocuteurs à voir.

Svâmiji remplace les mythes classiques par la présentation scientifique : le mythe de notre époque, celui auquel les gens croient. Cela leur permet d'écouter, de commencer à comprendre. Différence, changement, action-réaction, loi, causalité sont les jalons d'une démonstration qui poursuit un certain but. On ne peut les isoler de leur contexte. Ce n'est pas la vérité mais une modalité d'expression relative qui s'insère dans une structure dont la finalité est de communiquer, de faire voir quelque chose. Ce sont en fait des moyens didactiques, des outils d'enseignement.

A quoi sert la différence ? Son but essentiel est de mettre en garde contre l'idolâtrie, tendance si naturelle, si répandue de l'esprit humain, qui consiste à dire, à penser, à sentir faussement « il est comme moi » ou « il est contre moi », donc à chercher à satisfaire le moi par identification à ce qu'il ressent et à le projeter à l'extérieur en l'objectivant.

Voir la différence, c'est poser la fondation du « désespoir » ou de « l'absence d'attente ». « Il n'y a rien à attendre de quoi que ce soit, ni de personne » et à reconnaître que l'unité ne peut jamais être trouvée dans le domaine des formes.

A quoi sert le changement ? A saper encore davantage le moi... toujours à le « désespérer :

– Si tout change... il n'y a pas d'entité. Donc pas de moi.

L'esprit humain s'accroche. Il cherche la fixité, la sécurité, le confort... et c'est la mort. Il n'y a d'homme que lorsqu'il y a mouvement, effort, dépassement, lorsque la difficulté est surmontée : perception pure de ce qui est, moment de passage, béatitude du présent. Déjà la victoire est vulgaire : triomphalisme, installation dans le présent figé, début du confort et de la mort. Une victoire n'a de sens que parce qu'elle permet de nouveaux affrontements, et de dépasser l'acquis. D'où la nécessité de la destruction périodique de ce qui a été acquis ; destruction ou redistribution. Le combat, c'est la vie et non le butin qu'on ramasse, ni les dépouilles qu'on conserve. Le discours de Svâmiji, ses paroles, ne sont donc pas des vérités. Ce sont des poteaux indicateurs, une direction à prendre, un chemin à suivre. Ce qui compte, ce ne sont pas les mots, ni les groupements de mots, ni la cohérence des indications données qui peuvent paraître comme un système mais la perception directe de celui qui écoute qu'il existe une réalité « autre » que celle de la conscience ordinaire et qui, en même temps, n'en est pas séparée ou en d'autres termes l'indication d'un chemin de dés-aliénation, de ré-unification, de dé-séparation.

Il peut donc arriver que les poteaux indicateurs aient vieilli, que les inscriptions soient défraîchies, que le vent les ait fait tourner et que nous les lisions aujourd'hui avec une autre sensibilité... De nouvelles théories scientifiques sont apparues, de nouvelles formulations ont imprégné notre conscience. Mais la formulation de Svâmiji reste remarquablement simple, claire, facile d'accès et dans l'ensemble toujours actuelle.

CHAPITRE II

Adhyâtma-yoga et psychanalyse

Il ne peut être question d'établir ici une étude comparative complète entre Freud et Svâmiji. Nous allons cependant passer en revue quelques emprunts importants de Svâmiji à Freud et voir comment ces emprunts, d'une part se rattachent à la tradition indienne et, d'autre part, ont été le plus souvent radicalement transformés, essentiellement en les plaçant dans un autre contexte.

Nous examinerons d'abord les bases théoriques en étudiant chez Freud et chez Svâmiji quelques concepts fondamentaux : l'inconscient, le Moi et le Surmoi, puis celui d'énergie psychique (libido) dont découlent les théories sur les instincts et les désirs, les mécanismes de défense et les lois du psychisme, enfin nous terminerons par une mise en parallèle de la cure psychanalytique et du *« lying »*.

L'INCONSCIENT

L'existence de l'inconscient

Comme l'indique Venkateshvar dans sa thèse, l'existence d'un inconscient psychique est connue depuis longtemps dans la tradition hindoue. Quelle est alors l'originalité de Freud ? C'est de l'avoir étudié le plus en détail et d'avoir essayé de décrire la dynamique de son fonctionnement de manière plus précise ou, comme disait Svâmiji, « de manière plus scientifique ».

Nous sommes aujourd'hui devenus si familiers avec la notion d'inconscient qu'il est difficile de s'imaginer la résistance que Freud a rencontrée lorsqu'il a commencé à en faire état dans ses travaux. L'activité psychique en Occident était synonyme de processus conscients et parler d'inconscient semblait être une contradiction dans les termes. Il n'en était pas de même en Inde où la notion de *manas* a toujours été plus large que ce que les Occidentaux entendaient habituellement par « mental » puisqu'elle comprenait aussi bien les processus conscients qu'inconscients.

En sanskrit, le mental est appelé *manas* ou *citta*. On utilise plutôt le terme *citta* pour désigner l'aspect émotionnel[1], mais on trouve également *hṛdaya :* le cœur, dans la *Chândogya Up*. 8.33 et même *brahman* dans la *Svetaśvâtara Up*. 16.3.7 comme synonymes de *citta*. Le mental non manifesté ou inconscient c'est *citta*.

Dans le *Vedânta*, l'inconscient est formé de *vâsanâ* et de *saṃskâra*. Les *vâsanâ* ou imprégnations mentales sont les traces laissées par les expériences du passé, comme l'odeur d'un parfum qui subsiste dans un flacon. Elles peuvent être bonnes ou bénéfiques, c'est-à-dire salvatrices (*su*) ou au contraire néfastes (*ku*), c'est-à-dire obstacles ou empêchements. Les *vâsanâ* sont la source des pensées conscientes. Elles ont tendance à se regrouper pour former des nœuds (*grantha*) et deviennent alors des *saṃskâra :* accumulations d'imprégnations mentales ou constructions inconscientes.

Svâmiji parlait très rarement de *vâsanâ* et de *saṃskâra*, même si les notions qu'elles recouvrent sont souvent présentes. Il utilisait de préférence les descriptions freudiennes, même dans ses *sittings* en hindi ou bengali, encore qu'il n'employait pas les termes de préconscient, ni de Ça. Il lui est cependant arrivé de parler de *saṃskâra* et de *vâsanâ* avec ses disciples indiens ou lors de citations de textes traditionnels, surtout pour montrer que la source du conscient (pensées, émotions, actions) se trouve dans l'inconscient :

> – Si vous n'êtes lié par aucun *saṃskâra*, vous restez fluide comme l'eau. Si quelque chose apparaît dans le mental, laissez-le apparaître, puis disparaître.

Ou encore :

---

1. *Patañjali Yoga-sûtra* 1.1-2 ; 1.37 ; 2.45.

– Si votre mental est prisonnier d'un *saṃskâra*, votre cœur devient dur comme pierre : vous n'aurez aucune gentillesse (*tenderness*) pour quelqu'un dépourvu de ce *saṃskâra*.

De même :

– Aucune honnêteté intellectuelle ne peut aider à voir que la racine inconsciente est présente. Vous ne pouvez que produire des pensées.

Interrogé par un disciple sur l'inconscient dans la tradition indienne, Svâmiji n'a parlé ni de *vâsanâ* ni de *saṃskâra*. Il a répondu :

– Oui, l'inconscient existe. *Mahat* (le Vaste) et *avyakta* (le non-manifesté) existent ou plutôt sont la source des activités conscientes.

Cette réponse de Svâmiji est caractéristique de l'importance qu'il accorde à l'inconscient. Celui-ci est non seulement la source des activités conscientes mais c'est une source cachée, non manifestée. La première conséquence que Svâmiji en tire, c'est que tout effet a une cause et que si la cause n'est ni évidente, ni manifestée, elle existe néanmoins sur un plan subtil, non manifesté. Ainsi tout événement de la vie psychique qui ne s'explique pas par la situation présente a sa cause dans l'inconscient.

Pour Svâmiji la notion d'inconscient permet d'expliquer des phénomènes incompréhensibles autrement et de les insérer dans une relation de cause à effet : l'inconscient est une cause non visible des phénomènes. C'est un principe explicatif. Il en est de même chez Freud mais peu à peu l'inconscient semble se solidifier, devenir un ensemble de groupes psychiques et même un lieu ainsi que l'expliquent Laplanche et Pontalis[1] :

« L'inconscient est une notion qui s'est dégagée de l'expérience de la cure. Celle-ci a montré que le psychisme n'est pas réductible au conscient et que certains contenus ne deviennent accessibles à la conscience qu'une fois les résistances surmontées… Elle a révélé que la vie psychique était "tout emplie de pensées efficientes bien qu'inconscientes et que c'était de cel-

---

1. Laplanche et Pontalis (abréviation utilisée : L. P.), *Vocabulaire de la psychanalyse*, PUF.

les-ci qu'émanaient les symptômes", elle a conduit à supposer l'existence de "groupes psychiques séparés" et, plus généralement, à admettre l'inconscient comme un "lieu psychique" particulier qu'il faut se représenter, non comme une seconde conscience, mais comme un système qui a des contenus, des mécanismes et peut-être une "énergie" spécifique. »

Les contenus de l'inconscient

Dans son article sur l'inconscient (*Das Unbewusste*, 1915), Freud nomme les contenus de l'inconscient « représentants de la pulsion ». On sait que pulsion est la traduction de l'allemand *Trieb*, traduit en anglais par *instinct*. En traduisant Svâmiji, nous avons traduit l'anglais *instinct* par « instinct » en français et non pas « pulsion », puisque Svâmiji ne faisait pas explicitement référence à Freud, les représentations de Freud sont faites de fantasmes, de scénarios imaginaires qui correspondent à des désirs, plus particulièrement à des désirs de l'enfance et des désirs sexuels difficilement acceptables par le moi adulte. Celui-ci les rejette donc comme lui étant étrangers. En les rendant inconscients, il fait comme s'ils n'existaient pas et s'épargne ainsi des sentiments pénibles, tels que la honte et la culpabilité.

Ces éléments fortement chargés d'énergie pulsionnelle tendent toujours à émerger dans la conscience et dans l'action, mais se heurtent à la censure qui ne leur permet de se manifester que dans des formations de compromis : actes manqués, symptômes névrotiques, etc.

Pour Freud, la pulsion, qui est une énergie, ne peut être refoulée. De même l'émotion ou affect ne peut être refoulée. L'émotion peut être réprimée et l'énergie qui la sous-tend transférée autre part. Seule la représentation peut être refoulée. Si bien que l'inconscient est fait de représentations et uniquement de celles-ci.

– Svâmiji n'établit pas de distinctions aussi systématiques. Peut être refoulé tout ce qui dans le passé a été source de frustration : pensées, désirs, émotions, sensations, énergie :

> – Pourquoi le passé existe-t-il ? Il existe sous forme de frustration. Le passé n'a pas été accompli. Il faut revivre cette même expérience, sous cette même forme.

De même :

– L'inconscient : une action non terminée du passé qui s'introduit dans le présent. Une force conservée (*stored up*) dans l'inconscient sous forme de mémoire.

Ou encore :

– Toute énergie se prolonge tant qu'elle n'est pas épuisée. Tant qu'elle n'est pas épuisée, elle s'accumule dans l'inconscient et cherche toujours à trouver une issue. Elle se conserve sous forme de mémoire. C'est pourquoi il est indispensable de permettre son expression ou de lui en trouver une. Ou encore : tant que l'émotion refoulée est présente, elle cherchera à s'exprimer. Quelle que soit la manière dont on souhaite la refouler, elle trouvera le moyen de s'exprimer, en prenant n'importe quel déguisement : mal à l'aise, etc. Une émotion est une énergie et toute énergie doit s'exprimer jusqu'à ce qu'elle soit épuisée.

L'inconscient est ainsi présenté comme une sorte de réservoir où tout est contenu pêle-mêle et qu'il faut vider. Parfois Svâmiji indique même le lieu du corps où l'énergie se trouve emmagasinée : « dans la colonne vertébrale » ou « dans le bas du ventre » ou encore « dans les nerfs ». Il faut certainement voir dans ces indications, sur lesquelles il n'a jamais trop insisté, l'influence de ses lectures de Freud, et plus particulièrement le résultat de l'influence de Fechner sur Freud. On sait que Fechner a recherché, sans succès, à localiser la conscience dans la moelle épinière, les nerfs, etc.

Vider le réservoir, c'est revivre le contenu de l'expérience vécue sous la forme même sous laquelle elle a été emmagasinée. Svâmiji distingue cependant entre refoulement et répression. Le refoulement (des représentations) est toujours inconscient, alors que la répression (des émotions et de l'énergie qui les sous-tend) ne l'est pas. C'est pourquoi Svâmiji conseillait lorsqu'une émotion apparaissait :

– Ne réprimez jamais (*suppress*), laissez-la s'exprimer.

Origine des expériences du passé : acquis ou inné ?

Dans la plupart des textes freudiens antérieurs à la seconde topique, l'inconscient est assimilé au refoulé. Mais il n'en est plus de même par la suite. En effet, pour expliquer comment une représentation était refoulée dans l'inconscient, Freud a été amené à postuler l'existence de fantasmes originaires (*Urphantasien*) et de refoulements originaires (*Urverdrängung*). Plus d'un texte réserve ainsi une place à des contenus non acquis par l'individu, d'origine phylogénétique, qui constitueraient le « noyau de l'inconscient ».

Ainsi Freud reconnaît que le rêve fait, entre autres, surgir des matériaux qui n'appartiennent ni à la vie adulte ni à l'enfance du rêveur. Il faut donc considérer ces matériaux-là comme faisant partie de l'héritage archaïque résultant de l'expérience des aïeux, que l'enfant apporte en naissant avant même d'avoir commencé à vivre.

De plus, pour Freud, l'inconscient n'est pas seulement constitué de contenus refoulés, mais de « ce qu'il y a de plus profond, ce qu'il y a de plus élevé. L'idéal du Moi a les liens les plus étendus avec l'acquis phylogénétique de l'individu, son héritage archaïque. Ce qui a appartenu au plus profond de la vie psychique individuelle, la formation d'idéal, en fait ce qu'il y a de plus élevé dans l'âme humaine ».

Ces positions ne sont pas sans rappeler celles du *Vedânta*. En effet, pour celui-ci, au moment de la renaissance, il y a transmigration du corps subtil fait de *saṃskâra*.

Ceux-ci sont formés non seulement des souffrances éprouvées pendant la période infantile, mais aussi pendant la vie adulte. Par ailleurs, il y a deux sortes de *vâsanâ :* celles qui concernent la spécificité particulière de chaque individu et celles qui sont transmises, de génération en génération, au moyen du langage, des mœurs, de la civilisation, etc. De plus, l'inconscient du *Vedânta* n'est pas constitué seulement de souffrances personnelles ou spécifiques, puisque chaque être porte en lui le désir de se libérer.

On retrouve chez Svâmiji ces différentes catégories d'inconscient. Svâmiji a surtout parlé de l'inconscient acquis dans la vie actuelle lors d'expériences douloureuses et plus particulièrement de la petite enfance.

Certes, il reconnaît également l'existence de l'inconscient généré dans une vie antérieure, également à partir d'expériences douloureuses, mais il a toujours refusé d'en parler. Chaque fois que le disciple avait tendance à y revenir Svâmiji le ramenait au présent. En effet, l'inconscient de la vie actuelle est la résultante de tout le passé, aussi bien de la vie actuelle que des vies passées. Il suffit d'être libéré de l'inconscient de la vie actuelle pour être libéré dans le même temps de l'inconscient de la vie passée. C'est donc sur l'inconscient de la vie actuelle qu'il faut faire porter l'effort.

En plus de l'inconscient porteur des traumatismes du passé, Svâmiji parle également d'un inconscient correspondant à « la nature propre » (*svabhâva*) de chaque personne : qualités intrinsèques que chacun porte à sa naissance, qui font, par exemple, que l'un est ordonné ou attentif et l'autre non ; caractéristiques propres à chacun : « C'est dans les fibres (*grain*) de la personne » disait-il. A cette nature propre particulière, peut-être faut-il rattacher la nature propre générale de tout être humain : le besoin d'infini qu'il porte en lui :

> – L'homme n'est pas limité, il est infini, éternel ; ce sentiment est là, inconscient en lui.

De plus, certaines formulations laissent entendre que Svâmiji place également dans l'inconscient ce qu'il attribue, par ailleurs, à la conscience de l'homme réalisé :

– L'inconscient voit tout. L'inconscient n'est pas lié, limité, conditionné comme l'est le conscient.

Formation de l'inconscient acquis : recherche du plaisir

Nous n'avons pas accès à l'origine de l'inconscient héréditaire ou phylogénétique. Par contre, il est possible d'observer la formation de l'inconscient acquis, en voyant la manière dont s'effectue le refoulement.

Pour Freud, le Ça, réservoir premier de l'énergie psychique (libido), entre en conflit avec le Moi et le Surmoi, qui en sont des différenciations génétiques.

Le Moi est l'instance refoulante dont les opérations défensives sont, en majeure partie, également inconscientes. Dans sa deuxième topique, Freud décrit le conflit entre le Ça et le Moi comme une opposition entre pulsions sexuelles et pulsions de mort. Ce qui caractérise le Ça, c'est la recherche du plaisir immédiat et sans détour, alors que le Moi, pour essayer d'obtenir la satisfaction cherchée, doit tenir compte de la réalité.

Le Ça entre également en conflit avec le Surmoi décrit par Freud comme une différenciation du Moi dans sa première topique et comme « plongeant dans le Ça » dans la deuxième topique. Un désir émanant du Ça et non satisfait dans la réalité va essayer de trouver une satisfaction substitutive dans les fantasmes.

Dans le *Vedânta*, l'origine des *vâsanâ* se trouve dans la recherche du plaisir. L'individu est poussé par le couple attirance-répulsion, goût-dégoût (*rasa-dveśa*), plaisir-déplaisir. L'individu cherche à éviter le déplaisir. C'est son ignorance (*avidyâ*) qui le pousse. Cette recherche de plaisir et l'évitement du déplaisir font partie du cycle des renaissances et des morts (*saṃsâra*).

Svâmiji, de son côté, n'a pas traité directement de la question de l'origine de l'inconscient, mais il a parlé beaucoup de l'apparition du mental qui se développe à partir des sensations physiques. En effet, un enfant reçoit le monde par ses sensations. Il n'a aucune discrimination, aucune connaissance :

– Le bébé a surtout des sensations, pas d'émotions.

– Sa conscience n'est que physique. Elle est limitée à son corps (*body consciousness*) et il interprète tout ce qu'il ressent de manière erronée, faute de connaissance suffisante.

Habituellement, un bébé dans le ventre de sa mère n'a pas de sensations physiques : lumière, toucher ne sont pas présents, à condition que la mère se comporte avec amour. Cependant, parfois, dans le ventre, le bébé peut aussi ressentir des choses désagréables si telle est la nature de la mère. Le mental apparaît alors à la suite d'une telle expérience, soit dans le ventre, soit après la naissance.

– Dès que le bébé est né, précise-t-il, il doit être protégé de toutes les sensations fortes, de tous les bruits violents… de sorte qu'il puisse lentement, graduellement s'adapter à la situation dans laquelle il se trouve. Si on n'agit pas ainsi, on gâte tout.

– L'enfant ne connaît que deux positions extrêmes : ou bien il s'accroche à la personne dont il reçoit de l'amour en abondance, ou bien aussitôt que cet amour lui est enlevé, il éprouve une totale hostilité envers cette personne et veut la tuer. Il ne connaît qu'une seule manière de se venger : tuer, détruire.

Et il précise :

– Dans l'esprit ou l'imagination d'un enfant n'existe qu'une seule punition : la mort… Pour la conscience enfantine, absence signifie mort.

L'inconscient apparaît aussi comme une partie du mental. Il s'est développé à partir de sensations physiques mal interprétées et refusées :

– Le mental se développe à partir de sensations physiques. Le contact provoque la sensation. De la sensation vient la perception. De la perception vient la conception. Et quand il y a conception, plaisir et peine, auxquels on s'identifie, apparaissent tous deux.

Le mental opère une classification des sensations en termes de plaisir et de peine. Il recherche l'un et rejette l'autre. La sensation refusée devient représentation qui est refoulée, tandis que l'émotion est réprimée :

– A l'origine, le mental apparaît sous une forme consciente, mais plus tard, à cause de la peur (qui inclut également la honte, le dégoût, la haine), il est refoulé et devient ainsi partiellement inconscient. De quelle manière ? Quelle est votre attitude maintenant vis-à-vis de ce qui vous apparaît comme mauvais ? N'avez-vous pas envie de le réprimer (*suppress*) ? Où cela ira-t-il si vous ne tolérez pas sa présence ? Certainement il va se cacher dans les recoins profonds du mental. Cela ne restera pas alors dans votre connaissance consciente. Cela deviendra inconscient, mais sans perdre son identité : cela cherchera à s'exprimer subrepticement car cela ne pourra apparaître ouvertement devant le mental. Le mental éprouvera une sensation d'inconfort : « Je ne sais pas ce qui ne va pas. Je ne sais pas ce qui m'arrive. »

Parfois le blocage des sensations est provoqué par l'intensité excessive de celles-ci :

– Les sensations fonctionnent à l'intérieur de limites. Si la sensation est trop intense, vous ne sentez plus rien, l'expression est bloquée.

L'énergie ou la sensation, conservée sous forme de tension, peut être ramenée à la conscience par l'expression. Seule l'expression permet de se libérer du malaise que l'on éprouve et dont on ignore la cause.

Mode de fonctionnement de l'inconscient et son devenir

Pour Freud, l'inconscient a ses lois propres, qui ne sont pas celles du système conscient. L'inconscient est indifférent au temps, ignore la réalité et la logique, s'accompagne de contradictions et n'est régi que par le principe du plaisir.

L'inconscient est décrit comme un processus dynamique dont le mécanisme essentiel est le conflit : conflit entre des forces contraires (tendances, désirs), conflit avec les exigences morales et religieuses, conflit avec le monde extérieur. Les contenus refoulés, investis d'énergie pulsionnelle, cherchent à faire retour dans la conscience et dans l'action.

Dans le *Vedânta*, les *vâsanâ* ne cherchent pas seulement à s'exprimer, mais à s'éteindre.

– Cette soif d'actualisation des *vâsanâ* est pénétrée de part en part par la soif d'extinction, de repos.

Svâmiji décrit également le mode de fonctionnement de l'inconscient comme ignorant la causalité, le temps, la rationalité :

– L'inconscient ne connaît ni la causalité, ni le temps. Ce ne sont que des séquences non connectées provoquant des associations.

L'inconscient est aussi un système soumis à l'inertie qui tend à préserver son identité :

– L'inconscient préserve intacts ses contenus : cela devient inconscient sans perdre son entité et s'exprimera subrepticement car cela ne pourra se montrer ouvertement au mental.

Mais c'est aussi un système soumis à la loi de l'action-réaction : le passé refoulé tend à refaire surface pour neutraliser l'action. La neutralité, à la différence de Freud, n'est pas le résultat de l'instinct de mort ou plutôt c'est bien une mort, mais la mort de l'action, qui a provoqué le refoulement. C'est donc effectivement une extinction, sens premier de *nirvâṇa*.

Les autres instances : Moi et Surmoi

Le Moi

La notion du Moi chez Freud ne se laisse pas saisir facilement. Freud a continuellement cherché à l'affiner et à la caractériser par ses différentes fonctions. Dans ses *Etudes sur l'hystérie* (1895), le Moi (*Ich* en allemand, *ego* en anglais) est tantôt défini comme : « Cette région de la personnalité », « cet espace » qui entend être protégé de toute perturbation (conflits entre désirs opposés par exemple), tantôt comme « un groupe de représentations » en désaccord avec une représentation « inconciliable » avec lui (le signe de cette incompatibilité étant un affect déplaisant), tantôt encore comme l'« agent de l'opération défensive ».

Dans sa première théorie de l'appareil psychique, dite première topique, Freud distingue trois systèmes dans la personnalité : le conscient, le préconscient et l'inconscient. Ce dernier est constitué d'éléments refoulés qui ne parviennent pas à avoir accès au système conscient-préconscient parce que des mécanismes de défense s'y opposent.

Dans sa deuxième théorie de l'appareil psychique, datant du début des années 1920, Freud substitue aux systèmes conscient, préconscient et inconscient trois instances. Le Ça (réservoir d'énergie psychique), le Moi et le Surmoi (formation critique constituée d'exigences et d'interdits parentaux). L'inconscient s'élargit et englobe le Ça, une partie du Moi et du Surmoi.

Dans *Au-delà du principe du plaisir* (1920), le Moi est une instance que Freud distingue du Ça et du Surmoi et dont les fonctions sont définies de trois points de vue :

Du point de vue topique, le Moi est dans une relation de dépendance tant à l'endroit des revendications du Ça que des impératifs du Surmoi et des exigences de la réalité.

Du point de vue dynamique, le Moi met en jeu une série de mécanismes de défense contre certaines représentations (négation, déni, etc.) lorsque celles-ci risquent de faire surgir un affect déplaisant.

Du point de vue économique, le Moi apparaît comme un facteur de liaison des processus psychiques ; mais dans les opérations défensives, les tentatives de liaison sont contaminées et prennent une allure compulsive, répétitive, irréelle, qui sont les caractéristiques des processus inconscients. Le Moi fonctionne en couples antinomiques : opposition et satisfaction des pulsions, connaissance objective et déformation... Dans une tentative de synthèse, Freud écrit en 1923 : « Nous nous sommes formé la représentation d'une organisation cohérente des processus de l'âme dans une personne et nous l'appelons le Moi de cette personne[1]. »

A noter l'importance attribuée par Freud à la notion de défense contre un affect déplaisant. Nous reviendrons ultérieurement sur les divers mécanismes de défense. Par contre, il faut souligner l'identité de vue avec Svâmiji concernant la recherche de la mise à l'écart de l'affect déplaisant comme caractéristique essentielle de la formation du moi.

Dans la tradition indienne, on trouve deux termes pour désigner le moi : *aham* (je) et *ahaṃkâra*. Ce dernier signifie : « je fais... ou je dis », qu'on traduit généralement par « je » ou « ego ». *Aham* est présent dans *aham-kâra*. Il est en quelque sorte voilé, recouvert par le *kâra*. On pourrait traduire *aham* par « Moi ou Je » et *ahaṃkâra* par « moi celui qui dit » ou encore « moi-individu », ayant la conscience d'être une entité séparée. Faute de cette distinction entre un moi étroit et un moi élargi, les théories freudiennes restent imprécises et devront constamment être remaniées pour y introduire des éléments nouveaux.

---

1. Freud, *Le Moi et le Ça*.

C'est pourquoi Freud a été amené à distinguer entre un Moi inconscient et un Moi conscient dans sa deuxième topique alors qu'il opposait le Moi à l'inconscient dans sa première topique.

D'après le *Sâṃkhya*, l'organe interne (*antaḥkâraṇa*) est composé de trois éléments : *buddhi* (traduit généralement par « intellect » mais qui est aussi l'inconscient, désigné sous le terme *mahat*), *ahaṃkâra* (ego) et *manas* (mental) qui découlent l'un de l'autre. L'inconscient (*mahat* ou *buddhi*) vient de la nature primordiale (*prakṛti*). L'ego vient de l'inconscient et le mental vient de l'ego.

L'ego est la conscience de « je », générée par le contact entre le connaisseur et l'objet, si bien que sans objet, il n'y a pas d'ego. L'ego se caractérise par l'orgueil ou le sentiment de suprématie[1]. Il cherche continuellement à créer un espace pour satisfaire ses intérêts, à se répandre partout et à s'approprier toute chose. Il s'identifie à toutes ces choses et dit : « Ma femme, mon fils, mes frères, mon corps, mon pays, mes richesses. »

Le mental est l'instrument de la connaissance et de l'action[2]. L'ego ne peut fonctionner dans le monde extérieur qu'avec son aide. Il est donc à la fois cause et effet du mental. Mais le *Sâṃkhya* n'établit pas une distinction précise entre conscient et inconscient. Certes, il affirme que rien n'est destructible et que, par conséquent, les impressions venant des sensations doivent donc se déposer quelque part ; ce lieu ne pouvant être que le corps subtil (*liñga-śarira*), porteur des *vâsanâ* et des *saṃskâra*.

Le *Yogavâsiṣṭha* est plus explicite. Tout en reprenant la présentation du *Sâṃkhya*, il accorde une place centrale à l'ego dans le mental. L'ego est à la fois le sujet, le connaisseur, l'acteur, le préservateur[3]. C'est l'ego qui contrôle les connaissances, les

---

1. L'ego, c'est l'orgueil ou le sens de la suprématie (abhimâno'haṃkâra).

2. *Sâṃkhya-kârikâ* : Le mental a une nature double (ubhaya-âtmaka-mâtra-manaḥ).

3. *Yogavâsiṣṭha* 5.16.3-4 : De même qu'un grand arbre est soutenu par son tronc énorme, de même le corps est soutenu par l'ego. De même que l'arbre tombe quand ses racines sont sciées, de même le corps périt quand l'ego est détruit (Jânu-stambhena mahatâ dhâryate sutarur-yathâ/ahaṃkâreṇa deho yam tathâ-eva kila dhâryate/ahaṃkâra-kṣaye dehaḥ kila-avaśyaṃ vinaśyati/mûle krakaca-saṃlûne sumahân iva pâdapaḥ).

émotions, les actions et dirige le mental conscient[1]. L'ego est ainsi maître de l'intellect et du mental. Mais l'élément central dans le *Yogavâsiṣṭha* devient *citta*, qui signifie, à la fois, imagination[2], désirs latents, désirs inconscients ou instincts ou encore même inconscient, où se déposent les impressions du passé. Le *Yogavâsiṣṭha* prend bien soin toutefois de préciser qu'il s'agit de distinctions arbitraires et que tous ces mots différents désignent la même énergie qui prend différentes formes.

Le *Yogavâsiṣṭha* distingue deux modes de conscience : la connaissance quand l'ego est annihilé, l'ignorance quand il fonctionne. L'ignorance est elle-même divisée en sept stades : l'état de veille latent (*bîja-jâgrat*), l'état de veille proprement dit (*jâgrat*), l'état de super-veille (*mahâ-jâgrat*), l'état d'éveil-rêve (*jâgrat-svapna*), l'état de rêve (*svapna*), l'état de rêve éveil (*svapna-jâgrat*) et l'état de sommeil profond (*svapna*).

Ces sept stades peuvent être ramenés à trois : veille, rêve et sommeil qui font partie de *citta* et que, d'après Venkateshvar, on peut rapprocher de la division tripartite de Freud : conscient, préconscient et inconscient.

Pour Svâmiji, le moi, dans le sens *d'ahaṃkâra* ou ego, n'est bien entendu ni toute la personne, ni toute la conscience. *Ahaṃkâra* c'est l'individu : ce qui fait que l'on se sent séparé, coupé, isolé du reste que Svâmiji appelle encore conscience limitée au corps (*body-consciousness*).

L'ego peut disparaître et même doit disparaître, mais la conscience reste. Cependant Svâmiji ne parle jamais de mort de l'ego. Il parle d'élargissement de l'ego, de sa disparition dans quelque chose de plus vaste. Pour Svâmiji, il y a passage gra-

---

1. *Yogavâsiṣṭha* 6 (1).78.20.21 : Le mental, en vérité, dont l'essence est la volonté, est inerte. Il est propulsé comme une pierre par les décisions de l'intellect. Mais l'intellect, qui prend des décisions, lui-même est inerte car il est déterminé (litt. : entraîné) par l'ego, de la même manière que le flux d'une rivière est déterminé par son lit (manas ca-evaṃ jadaṃ manye saṃkalpa-âtmaka-śakti yat/kśepanair iva pâśânaḥ preryate buddhi-niścayaih/ buddhi-niścaya-rûpâ-evaṃ jadâ sattâ-eva niścayaṃ/khâtena-iva śarin nûnaṃ sâ-ahaṃkâreṇa vahyate).

2. *Yogavâsiṣṭha* 3.117 (11.25) : La même énergie devient mental lorsqu'il y a volonté, intellect lorsqu'il y a décision, ego lorsqu'il y a orgueil, *citta* lorsqu'il y a mémoire (du passé) et *mâyâ* lorsqu'il y a manque d'attention (saṃkalpât sa mano bhaved adhyavasâyâd buddhiḥ/abhimanâd ahaṃkâraḥ smaraṇâc-cittaṃvikṣepa-śaktitvân mâyâ).

duel de l'individu (ego limité), à la personne (ego élargi) et élargissement de la personne au Je totalement épanoui qu'il appelle Ego cosmique ou Conscience parfaite ou neutralité ou *brahman*.

Une des caractéristiques essentielles de l'ego, sur laquelle Svâmiji insiste particulièrement, c'est « qu'il est inexistant, bien qu'il paraisse exister ». L'ego est une illusion et c'est pour cela qu'il peut disparaître. Sa mort est comme la disparition d'une bulle de savon qui éclate ou encore, suivant une image classique, le tourbillon d'eau, qui apparaît comme entité indépendante alors que ce n'est que de l'eau.

Indépendamment de l'*aham* et de l'*ahaṃkâra*, Svâmiji, suivant en cela la tradition indienne, parle également de mental, dont une partie recouvre ce que Freud appelle le Moi, mais qui serait mieux rendu par le mot « psychique », puisque le psychique comprend le conscient et l'inconscient, ainsi que les différentes instances : Moi, Ça et Surmoi.

Freud parle des pulsions et des « représentations de la pulsion ». Il parle peu des émotions, qu'il désigne sous le nom *d'Affekt*. La « représentation » de Freud correspond à ce que Svâmiji appelle « pensée ou imagination ».

Pour ce qui est de la relation du somatique au psychique, elle n'est conçue chez Freud ni sur le mode du parallélisme, ni sur celui d'une causalité ; elle doit être comprise par comparaison avec la relation qui existe entre un délégué et son mandant. C'est la pulsion somatique qui délègue un représentant psychique.

Chez Svâmiji, et en Inde en général, le mental est matériel mais composé d'une matière plus subtile (*subtle matter*). Svâmiji n'établit pas de séparation tranchée entre le somatique et le psychique, puisqu'il parle de « complexe physico-mental ». Mais le mental a néanmoins le rôle le plus important puisqu'il dirige le physique.

Le surmoi et les jugements de valeur

Freud a introduit la notion de Surmoi en 1923 dans *Le Ça et le Moi*. Le Surmoi joue un rôle assimilable à celui d'un juge ou d'un censeur à l'égard du Moi. Pour Freud, c'est une formation créée par le renoncement aux désirs œdipiens amoureux et hostiles, une intériorisation des exigences et interdits parentaux renforcée par les exigences sociales et culturelles (éducation, religion et moralité).

Freud lui assigne l'origine de la conscience morale, du sentiment de culpabilité, de la formation d'idéal... « ce qu'il y a de plus élevé dans l'âme humaine »... « formation substitutive qui remplace la nostalgie du père, il contient les germes à partir desquels toutes les religions se sont formées[1] ».

Svâmiji n'emploie pas le terme « surmoi », mais « jugements de valeurs » (*sense of value*) ou encore le mot sanskrit *śiṣṭa-ahaṃkâra* (ego formé ou conditionné) dans un sens proche de celui de Freud. Il convient cependant de noter deux différences :

Pour Freud, ces jugements de valeur (*Verurteilung*) sont inconscients, alors que, pour Svâmiji, ils peuvent être attaqués de front, ce qui implique qu'ils sont conscients ou du moins suffisamment proches du conscient pour être démantelés et déracinés par la discrimination.

Par ailleurs, pour Svâmiji, ces jugements de valeur apparaissent comme le plus grand obstacle à la liberté et ne jouent aucun rôle positif : la conscience morale, la poursuite d'un idéal, la culpabilité ne sont que des formations réactionnelles mais, en aucun cas, l'expression de ce qu'il y a « de plus élevé en l'homme ».

ÉNERGIE PSYCHIQUE (LIBIDO) : INSTINCTS ET DÉSIRS

Les instincts ou pulsions

Svâmiji distingue entre les instincts d'auto-conservation (*self-preservation* ou *ego instincts*) qui consistent à tout vouloir ramener à soi, et l'instinct sexuel : aller vers l'extérieur, qui implique l'éclatement et la destruction de l'ego. Il est ainsi très proche de la première topique de Freud qui distingue entre les pulsions du Moi (auto-conservation) et les pulsions sexuelles.

---

1. Freud, *Le Moi et le Ça*, p. 249.

Svâmiji ne reprend pas la distinction, établie dans la deuxième topique, entre pulsion de vie (sexualité) et pulsion de mort (conservation). En effet au niveau psychique, la pulsion dite de mort correspond pour Svâmiji à l'éclatement de l'ego et non à la mort de la conscience. La pulsion de mort est l'expression du principe de *nirvâṇa*, la tendance à la neutralité. Nous y reviendrons ultérieurement.

Sources des pulsions

Freud entend assigner à chaque pulsion une source déterminée. Ainsi en plus des zones érogènes qui sont la source de pulsions bien définies, la musculation serait spécifique de la pulsion d'emprise, l'œil la source de la pulsion de voir. Freud parle de source de pulsions : source intérieure à l'organisme : « source organique (*Organquelle*) », « source somatique (*Somatische Quelle*) ». Le terme source désigne alors parfois l'organe même qui est le siège de l'excitation. Mais, de façon plus précise, Freud réserve ce terme au processus organique physicochimique qui est à l'origine de cette excitation.

Svâmiji de son côté citait souvent ce verset de la *Bṛhadâraṇyaka Up.*[1] :

– L'organe sexuel est la source unique de tous les plaisirs.

Nature sexuelle du plaisir

Pour Freud, « la sexualité est une série d'excitations et d'activités présentes dès l'enfance, qui procure un plaisir irréductible à l'assouvissement d'un besoin physiologique fondamental (respiration, faim, excrétion) et qui se retrouve à titre de composant dans la forme dite normale de l'amour sexuel[2] ».

Svâmiji reprend cette thèse et cite à l'appui ce verset du *Kâma Sûtra :*

– « Est sexuel tout plaisir dérivé du contact de deux. »

---

1. *Bṛhadâraṇyaka Up.* 4.5.12 : Sarveṣâm ânandânâm upastha-eka-ayanam.

2. L.P., p. 443.

Svâmiji, de son propre aveu, a eu peu d'expériences sexuelles. Mais il témoignait dans ce domaine d'une connaissance approfondie qu'il semble avoir acquise des récits et des expériences rapportés par ses disciples, ainsi que de ses lectures de Freud. Il attribuait ainsi le complexe d'infériorité des femmes à l'envie de pénis, la peur de la castration à la comparaison qu'établit le petit garçon entre son pénis et celui de son père. Il déclarait comme Freud que tout excès, même de travail intellectuel, pouvait être source d'excitation sexuelle.

Instincts et désirs

Freud distingue entre « besoins » et « désirs ». Le besoin né d'un état de tension interne trouve sa satisfaction (*Befriedigung*) dans l'action spécifique que procure l'objet adéquat : par exemple, la faim, satisfaite par la nourriture. Le désir, dépendant également d'un support corporel déterminé, fait dépendre sa satisfaction de « conditions fantasmatiques » qui déterminent strictement le choix de l'objet et l'agencement de l'activité. Le désir cherche à retrouver des signes liés aux premières expériences infantiles de satisfaction.

Svâmiji également opère une distinction, mais entre instincts et désirs. La satisfaction d'un instinct ne pose aucun problème. L'instinct est « naturel, normal, juste ». Tout le problème est créé par l'apparition du désir qui se superpose à l'instinct. Le désir est toujours « particulier, dépendant, lié à une émotion et à des pensées conditionnées ». Les pensées ou l'imagination, au sens de Svâmiji, sont donc très proches des fantasmes (*Phantasie*) de Freud.

Énergie psychique et libido

La libido (du latin : envie, désir) est une énergie postulée par Freud comme substrat de transformations de la pulsion sexuelle et susceptible de s'investir dans différents objets par déplacement, sublimation, etc.

C'est un concept quantitatif, parce qu'elle peut augmenter, diminuer, se répartir, se déplacer. Freud la définit comme « manifestation dynamique dans la vie psychique de la pulsion sexuelle »... Il introduit d'ailleurs la notion de libido pour la distinguer, d'une part de l'excitation sexuelle somatique, et d'autre part de l'« intérêt », terme qui désigne l'énergie des pulsions du Moi. Le Ça est le réservoir premier de la libido. Mais, après ses études sur le narcissisme, Freud qualifie le Moi de « grand réservoir de libido ».

Dans la tradition indienne, on retrouve également la notion d'énergie psychique (*śakti*), d'énergie primordiale (*âdi-śakti*) dont l'élément essentiel (*âdi-devas*) serait l'énergie sexuelle (*maithuna-śakti* ou *kâma-śakti*). Un hymne de l'*Atharva Veda* donne la première place à *kâma :*

> « *Kâma* apparut le premier, ni les dieux, ni les ancêtres, ni les hommes ne sont parvenus à l'égaler[1]. »

Svâmiji a repris également la notion d'énergie psychique et a parlé plusieurs fois de libido. Mais il semblait se rattacher, dans ce domaine, davantage à la physique et au *Sâṃkhya*. L'énergie primordiale est la source des formes aussi bien externes qu'internes, c'est-à-dire des objets extérieurs et des instincts. La réalité extérieure est faite d'objets extérieurs dont le corps physique fait partie. L'énergie est toujours en œuvre, toujours en mouvement : « L'énergie est illimitée, infinie. Elle ne peut être liée à aucune forme. Elle peut prendre n'importe quelle forme. Aussitôt qu'elle prend une forme particulière, elle cherche à quitter cette forme. »

En ce qui concerne la sublimation, Svâmiji, comme Freud, la définit comme une translation d'énergie : une autre forme donnée à l'énergie. Mais pour Svâmiji, l'énergie doit être dépensée, épuisée et non pas transformée, la sublimation n'étant qu'une autre forme, aussi élevée soit-elle, que prend l'énergie. Ainsi la connaissance de l'absolu, l'expérience de l'unité, l'amour de celui qui connaît *brahman* ne sont en aucun cas une sublimation, ni un état de transformation de l'énergie, mais l'état de neutralité.

---

1. *Ṛg Veda* 10.129.4 : Kâma apparut le premier. Ce fut la semence du mental (kâmas tad agre samavartata-adhi manaso retaḥ prathamaṃ yadâ-asît).

Les mécanismes de défense

Défense

Svâmiji utilise couramment les notions de refus et de refoulement qu'il a empruntées à Freud, tout en leur donnant un sens et une portée qui diffèrent sensiblement de ceux du père de la psychanalyse, pour lequel elles étaient deux éléments essentiels du mécanisme de défense du Moi, alors que pour Svâmiji le moi lui-même est produit par le refus.

La notion de défense implique, d'une part d'interdire l'accès, de repousser quelque chose qui paraît inacceptable, et d'autre part les différents procédés qui sont utilisés dans ce but. Nous examinerons d'abord la notion générale de défense, puis ses deux modalités principales : le refoulement et le refus, et enfin l'ensemble des autres techniques de défense.

D'après Freud, « la défense est un ensemble d'opérations dont la finalité est de réduire, de supprimer toute modification susceptible de mettre en danger l'intégrité et la constance de l'individu biopsychologique. Le Moi se constitue comme instance qui incarne cette constance et qui cherche à la maintenir. La défense porte sur l'excitation interne (pulsion), sur les représentations (souvenirs, fantasmes), auxquelles celle-ci est liée, sur telle situation capable de déclencher cette excitation dans la mesure où elle est incompatible avec cet équilibre et, de ce fait, déplaisante pour le Moi, sur les affects déplaisants, motifs ou signaux de la défense. La défense prend souvent une allure compulsive et opère du moins partiellement de façon inconsciente[1] ».

C'est le Moi qui se défend contre une représentation déplaisante. Comment ? En séparant la représentation de l'affect. Freud oppose les excitations externes que l'on peut fuir ou que l'on peut bannir (pare-excitation) et les excitations internes qu'on ne peut pas fuir. Ainsi la pulsion est-elle une agression du dedans.

---

1. L.P., p. 108.

Refoulement

Le refoulement (allemand : *Verdrängung*, anglais : *repression*) est d'après Freud « l'opération par laquelle le sujet cherche à repousser ou à maintenir dans l'inconscient des représentations (pensées, images, souvenirs) liées à une pulsion. Le refoulement se produit dans le cas où la satisfaction d'une pulsion, susceptible de procurer par elle-même du plaisir, risquerait de provoquer du déplaisir à l'égard d'autres exigences[1]. »

Le refoulement (du latin *fullare*, soumettre à une forte pression) oppose un refus à la pression des exigences du Ça. C'est dans ce sens que Freud l'emploie dans son article de 1915 sur l'inconscient : « Son essence ne consiste que dans le fait d'écarter et de maintenir à distance du conscient. » Le refoulement est donc inséparable de l'inconscient. C'est une défense pathologique que Freud distingue de l'évitement qui est normal.

Il ne porte ni sur la pulsion, ni sur l'affect, mais sur les représentants (idée, image) de la pulsion. Le refoulement doit donc être distingué de la répression (allemand : *Unterdrückung*, anglais : *suppression*), l'acte conscient qui tend à faire disparaître de la conscience un contenu déplaisant : idée ou affect. L'affect ne pouvant pas être refoulé d'après Freud, on parlera de répression d'affect ou encore d'affect inhibé ou supprimé.

On trouve dans la littérature indienne un grand nombre d'exemples qui impliquent le refoulement de l'énergie psychique : refoulement de la faim, de la soif, du désir sexuel et du désir d'une manière générale. Le terme sanskrit le plus proche est *nigraha*[2] qui implique une non-saisie, une retenue. Les organes des sens doivent être retenus, l'énergie sexuelle doit être également retenue ; le *brahmacârin* qui la retient est comparé à du feu[3]. L'émotion est une force, elle est comme une rivière. Si

1. *Ibid.*, p. 392.

2. *Bhagavad Gîtâ* 3.33 : Les vivants suivent la nature, que peut faire le refoulement ? (Prakṛtiṃ yânti bhûtâni nigrahaḥ kiṃ kariṣyat).

3. *Katha Up.* 1.1.7 : Le feu entre dans une maison quand un brahmane y pénètre comme un hôte (vaiśvânaraḥ praviśaty atithir brâhmano gṛhân). – Il faut remarquer que cette citation se réfère au brahmane en général et non au *brahmacârin*. Ce point serait mieux illustré par la notion de *tapas*, l'ardeur ascétique qui s'accumule dans le corps de l'ascète et qui s'avère capable de « consumer les mondes ». D'où le thème de l'inquiétude susci-

la rivière est bloquée, elle se divise en branches multiples[1]. La colère est aussi un sous-produit du désir sexuel[2]. Mais on ne trouve pas une distinction nette entre le refoulement aux conséquences désastreuses[3], le retrait (*nir-harati*) des organes des sens des objets des sens[4] et la continence (*brahmâcarya*).

Svâmiji utilise, grosso modo, les mêmes distinctions que Freud, encore qu'il n'ait pas employé les mots refoulement (*repression*) et répression (*suppression*), dans le strict sens freudien. Ainsi l'inconscient est fait de refoulé : pas seulement de représentations mais essentiellement d'émotions et de sensations refoulées. De même, l'énergie s'accumule « dans les nerfs », sous forme de tension et y reste tant qu'elle n'est pas déchargée.

Ainsi Svâmiji disait couramment :

– Ne réprimez pas (*don't suppress*) vos larmes, ni vos réactions.

Réprimer est synonyme de repousser (*push back*) ou de retenir. On a envie de pleurer, mais on se retient :

– Chaque fois que vous vous sentez asservi (*bound*), cela vient du refoulement, alors exprimez-vous librement. Vous

---

tée chez les dieux par les *tapasvin*. Les dieux cherchent alors à les rendre inoffensifs, à les « neutraliser » (au sens où l'on dirait cela d'un engin explosif) en leur envoyant une nymphe céleste (*apsarâ*) tentatrice bien propre à leur faire décharger ce *tapas* sous forme d'acte sexuel.

1. *Yogavâsiṣṭha* 2.9.30 : La rivière des désirs s'écoule par des chemins bons ou mauvais (śubha-aśubhâbhyâṃ mârgâbhyâṃ vahanti vâsanâ-sarit).

Voir également *Śakuntalâ* (2.17) de Kâlidâsa : Une rivière obstruée par un rocher se divise en deux.

2. *Bhagavad Gîtâ* 2.62 : L'attachement produit le désir sexuel et du désir sexuel naît la colère (sañgât sanjâyate kâmaḥ kâmât krodho bhijâyate).

3. *Cf.* le poème *Uttararâmacaritam* de Bhavabhûti (3.19) : Quand la rivière déborde, le remède est un canal de dérivation. Pareillement, pour un cœur débordant d'agitation et de souffrance, ce n'est qu'en le faisant parler qu'on peut le préserver en vie (Pûrṇotpîḍe tadagasya parîvahaḥ pratikriyâ / śoka-kṣobhe ca hṛdayaṃ pralâpair iva dhâryate).

4. *Cf. Bhagavad Gîtâ* 2.59 : Les objets sensibles s'évanouissent pour celui qui n'en fait pas son aliment, à l'exception de leur saveur (Viṣayâ vinivartante nirâhârasya dehinaḥ rasavarjam).

vous sentez bloqué quand vous refoulez. Le blocage (*bondage*) vient seulement du refoulement.

– Les émotions, les émotions refoulées doivent être libérées. Alors et alors seulement la division, la séparation et, à leur suite, les conflits internes disparaîtront.

– C'est sous la forme du refoulement des émotions que le passé s'exprime.

Pour Freud, le refoulement porte sur les représentations (idées images, souvenirs), non sur l'affect. Que devient l'affect ? Freud parle de quantum d'affect (*Affektbetrag*). « Celui-ci n'a d'autre motif et d'autre fin que l'évitement du déplaisir : il en résulte que le destin du quantum d'affect est beaucoup plus important que celui de la représentation. » Ce « destin » peut être divers : l'affect est maintenu et peut alors se déplacer sur une autre représentation ; il est transformé en un autre affect notamment en angoisse ; ou encore il est réprimé. Mais cette répression n'est pas un refoulement dans l'inconscient, car il n'y a pas d'affect dans l'inconscient.

A noter que Freud n'a pas respecté exactement la définition qu'il a lui-même donnée puisqu'il a parlé également de refoulement des sensations : « D'une manière abrégée qui n'est pas tout à fait correcte, nous parlons alors de sensations inconscientes en maintenant l'analogie, qui n'est pas tout à fait justifiée, avec les représentations inconscientes. »

De même, Anna Freud écrit : « Le refoulement consiste en une rétention ou en un rejet, hors du Moi conscient, d'une représentation ou d'un affect. »

Refus

Freud a utilisé différents termes pour désigner le fait de dire « non » ou de rejeter un élément déplaisant. Il y a le déni (allemand *Verleugnung*, anglais *denial*), la forclusion (allemand : *Verwerfung*, anglais : *negation*). Svâmiji, lui, employait le mot *denial* que nous n'avons pas traduit par le terme spécifique « déni », mais par le terme plus général : refus. Voyons cependant la définition couramment admise en psychanalyse de ces modes particuliers de refus.

Le déni est « un mode de défense consistant en un refus, par le sujet, de reconnaître la réalité d'une perception traumatisante, essentiellement l'absence de pénis chez la femme ». Le mécanisme est particulièrement invoqué par Freud pour rendre compte du fétichisme et des psychoses. Le déni est surtout employé par les psychotiques qui cherchent à rejeter une partie de la réalité, alors que le névrosé refoule les exigences du Ça.

La forclusion, pour Freud, est aussi bien un refus qu'un rejet. Le moi rejette, sous la forme d'un jugement de condamnation, aussi bien la représentation insupportable que son affect. Le sujet se conduit comme si la représentation ne lui était jamais parvenue.

La négation est « le procédé par lequel le sujet tout en formulant un de ses désirs, pensées, sentiments, jusqu'ici refoulés, continue à s'en défendre en niant qu'ils lui appartiennent ».

Chez Svâmiji, le refus joue un rôle central. Le refus ou le déni n'a pas d'équivalent en sanskrit. Pourtant Svâmiji citait ce verset de la *Kena Up.* :

> – « Que je ne dénie pas *brahman* et que *brahman* ne me dénie pas[1]. »

Mais Svâmiji n'utilisait pas couramment le terme *nir-âkuryâm*. Il employait le mot sanskrit *asvîkâra* (litt. : ne pas faire sien, négation), de *svîkâra* (s'approprier, incorporer, accepter). Ce qui s'oppose à l'acceptation, c'est le refus (*asvîkâra :* non-acceptation ou *denial* en anglais).

Chez Svâmiji, le refus consiste à « ne pas vouloir que cela soit comme cela est ». Le refus est la non-acceptation d'une perception : dire non à ce qui est. Le refus est tout simplement l'expression du désir qui s'oppose et résiste au fait :

> – Le refus : ne pas vouloir ce qui est, mais vouloir autre chose.

Pour Svâmiji, dire « non » est la caractéristique fondamentale de l'homme. Ce « non » s'inscrit dans une évolution à trois étapes. D'abord l'homme naturel, pur produit de la nature : rien ne

---

1. *Kena Up.* (Introduction) : Mâ-ahaṃ brahman nir-âkuryâṃ, mâmâ brahma nirâkarod.

le distingue de l'animal. Puis l'homme contre nature, qui dit « non », s'oppose, résiste et est emporté. Enfin l'homme au-dessus de la nature, qui utilise la nature à son profit et la dépasse.

Quelles sont les causes du refus ? Svâmiji en cite deux.

D'abord les jugements de valeur qui viennent de l'extérieur.

> – Le refus vient de la censure et la censure des jugements de valeur.
>
> – Le refus absurde de la vérité est naturel chez l'homme. L'homme ne veut pas être mais paraître. Il ne veut pas voir ce qu'il est, mais essaye seulement de se prendre pour le personnage pour lequel les gens le prennent quand ils parlent de lui.

Ensuite la réaction ou la compensation par rapport à un manque. Mais fondamentalement le refus se ramène toujours au désir qui s'oppose à ce qui est. Pour Svâmiji, toute vie est ainsi faite de refus :

> – Comment crée-t-on la dualité ? Par le refus.
>
> – L'existence ou l'importance de quoi que ce soit ou l'importance excessive qu'on y met sont dues uniquement au refus. Sans ce refus, fondamentalement rien ne peut exister. Sans ce refus, rien ne prend une importance excessive et ce rien ne peut se renforcer.

Les autres techniques et processus de défense

Anna Freud, dans son livre *Les Mécanismes de défense du Moi*, en cite dix : le refoulement, la régression, la formation réactionnelle, l'isolation, l'annulation rétroactive, la projection, l'introjection, le retournement contre soi, la transformation en contraire et la sublimation.

On sait que Svâmiji avait lu ce livre paru en 1936, puisqu'on a retrouvé l'exemplaire qu'il a utilisé avec des notes marginales de sa main. Mais, d'une manière générale, Svâmiji a toujours évité d'utiliser le vocabulaire psychanalytique, sauf si cela était nécessaire, aussi ne faut-il pas s'étonner si tous ces mécanismes ne sont pas nommément cités par Svâmiji, même s'il les connaissait parfaitement ainsi qu'en témoigne la thèse de Venkateshvar qui fait une étude exhaustive de la régression[1], de la projection, de l'identification et de la sublimation.

Pour Svâmiji, le mental est comme un habile prestidigitateur, ayant de nombreux tours dans son sac et d'une inventivité infinie pour imaginer tous les tours et détours possibles pour se protéger. Il convient cependant de préciser que Svâmiji parlait souvent de projection et d'identification comme modes d'expression des émotions, et de rationalisation et d'intellectualisation comme exemples de l'activité mentale, caractéristiques de celui qui pense, au lieu de voir.

Les lois du psychisme

Freud, prenant pour modèle les sciences physiques, a essayé de dégager les lois qui régissaient le fonctionnement du psychisme. Il a tantôt parlé de complexes (de castration, d'Œdipe...), de principes (principe de constance, de plaisir, de réalité, d'inertie, de *nirvâṇa*), de tendance ou de compulsion (à la répétition).

Les complexes

Laplanche et Pontalis définissent le complexe comme : « Un ensemble organisé de représentations et de souvenirs à forte valeur affective partiellement ou totalement inconscient. Un complexe se constitue à partir des relations interpersonnelles de l'histoire infantile. »

Complexe de castration : le fantasme de castration vient apporter une réponse à l'énigme que pose à l'enfant la différence anatomique des sexes (présence ou absence de pénis) : cette différence est attribuée à un retranchement du pénis chez la fille. Le garçon redoute la castration comme réalisation d'une

1. Le mot sanskrit *pratyâhâra* est défini dans le *Yogabhâsya* 2.24 comme « le fait d'aller dans la direction opposée (pratîpaṃ viparîtaṃ prâpnoti iti pratyâhara) ». Il faut noter que ceci représente, dans les *Yoga-sûtra*, le cinquième des huit « membres » du « Yoga royal ». La traduction la plus habituelle est « retrait » ou « rétraction des sens ».

menace paternelle à ses activités sexuelles. Il en résulte une intense angoisse de castration. Chez la fille, l'absence de pénis est ressentie comme un préjudice subi qu'elle cherche à nier, compenser ou réparer.

Complexe d'Œdipe : chez Freud, son importance vient du fait qu'il fait intervenir une instance qui interdit (prohibition de l'inceste), qui barre l'accès à la satisfaction naturellement cherchée et lie inséparablement le désir et la loi.

Svâmiji ne parlait pratiquement pas des complexes, bien qu'il ait souvent parlé de désir de pénis pour expliquer le sentiment d'impuissance fréquemment ressenti par les femmes. Il considérait que l'histoire de chaque personne est irréductible à une théorie générale et qu'il faut voir la nature particulière du nœud de chaque personne. Il rejoignait par là les réserves de Freud lui-même sur l'usage du mot : « Un mot commode et souvent indispensable pour rassembler de façon descriptive des faits psychologiques. »

Quant à la frustration originaire, Svâmiji l'attribuait à l'ego, « qui se limite, se sépare du reste ».

Principe de plaisir et principe de réalité

Pour Freud, l'ensemble de l'activité psychique a pour but d'éviter le déplaisir et de procurer le plaisir, aussi bien au niveau conscient qu'inconscient.

Les pulsions ne cherchent qu'à se décharger et à se satisfaire par les voies les plus courtes. Elles font progressivement l'apprentissage de la réalité. Le Moi conscient leur permet à travers les détours et les ajournements nécessaires d'atteindre la satisfaction cherchée. Le principe de réalité est ainsi le régulateur du principe du plaisir. « Sous l'influence de l'instinct de conservation du Moi, le principe de plaisir s'efface et cède la place au principe de la réalité qui fait que, sans renoncer au but final que constitue le plaisir, nous consentons à en différer la réalisation[1]. »

Svâmiji reprend pour l'essentiel la présentation de Freud, tout en lui donnant une tonalité différente. La réalité c'est la différence : différence dans l'espace, différence dans le temps (changement). Tenir compte de la réalité, c'est voir et accepter

1. Freud, *Au-delà du principe du plaisir*, p. 10.

la différence. A ceci, s'oppose la recherche de plaisir de l'ego. L'ego s'attend à recevoir du plaisir de l'extérieur. Il ne peut être que frustré, car c'est dans la nature des choses que l'on ne puisse pas trouver à l'extérieur la satisfaction infinie que tout homme recherche.

Pour Svâmiji, l'unité est le point de départ et le point d'aboutissement. La réalisation de l'unité vient de l'acceptation de la réalité, c'est-à-dire des faits tels qu'ils sont (*tattva*). La nature (*prakṛti*) se dédouble en un intérieur et un extérieur. « L'intérieur » recherche le plaisir mais ne peut trouver la satisfaction cherchée car il se trouve confronté à « l'autre » : la réalité extérieure.

Le but est de faire coïncider le plaisir et la réalité ou plutôt de résorber la recherche du plaisir dans la prise de conscience de la réalité, ce qui se ramène à dissoudre la dualité faussement créée par l'opposition entre la recherche du plaisir et la réalité, et à retrouver l'unité de départ.

Principe de constance et principe de nirvâṇa

D'après Freud, l'appareil psychique tend à maintenir à un niveau bas ou aussi constant que possible la quantité d'excitation qu'il contient. La constance est obtenue par la décharge de l'énergie déjà présente et par l'évitement de ce qui pourrait accroître la quantité d'excitation.

Au départ, Freud a essayé d'établir un rapport entre le principe de constance et le principe de plaisir dans la mesure où le déplaisir peut être envisagé comme une augmentation de tension, et le plaisir comme traduisant une diminution de cette tension, mais Freud s'est aperçu plus tard qu'une sensation subjective de plaisir pouvait s'accompagner d'une augmentation de tension.

Le principe de constance reste ambigu dans la formulation de Freud. Tantôt Freud semble dire que l'énergie à l'intérieur d'un système reste stable par auto-régulation, en échangeant avec l'entourage, tantôt que le niveau énergétique d'un système tend à l'équilibre au niveau zéro. C'est ce que Freud a appelé le principe de *nirvâṇa*, défini comme : « Tendance à la réduction, à la constance, à la suppression de la tension d'excitation interne[1] » et qu'il rapproche de la pulsion de mort.

1. *Ibid.*, p. 59.

Svâmiji parlera de la loi d'action-réaction : Toute action entraîne une réaction qui a pour but de neutraliser l'action et d'aboutir à l'équilibre. Cette neutralité, cet équilibre n'est pas la mort, mais plutôt son contraire, « l'immortalité (*amṛta*) », ou si c'est la mort, c'est la mort de la réaction, la cessation du jeu de l'action-réaction.

Svâmiji parle également de l'inertie, notamment de l'inertie des habitudes, mais aussi de la possibilité de changement :

– La tendance de toute entité est de se maintenir dans l'état où elle se trouve et à se préserver intacte. Malgré cela, le changement est possible et naturel.

Compulsion de répétition

Pour Freud, la compulsion de répétition est un facteur autonome, irréductible à un conflit et où n'intervient que le jeu conjugué du principe de plaisir et du principe de réalité. Freud l'interprète comme l'expression du caractère conservateur des pulsions.

Dès l'origine, la psychanalyse s'est trouvée confrontée à des phénomènes de répétition (rituels…).

Freud, qui en a été très frappé, dit que : « le refoulé cherche à faire retour » dans le présent sous forme de rêves, de symboles, de mise en acte… « ce qui est demeuré incompris fait retour[1] ».

Il attribue donc la compulsion de répétition au refoulé inconscient[2]. Il ajoute : « Le lien de tendresse qui attachait l'enfant surtout au parent du sexe opposé a succombé à la déception, à l'attente vaine de la satisfaction… » L'adulte reproduit dans le présent la situation où il a été si déçu : « Il s'agit naturellement de l'action de pulsions qui devraient normalement mener à la satisfaction, mais aucune leçon n'a été tirée du fait que, même jadis, elles n'ont apporté que du déplaisir au lieu de la satisfaction attendue. Cette action des pulsions est répétée malgré tout ; une compulsion y pousse[3]. »

1. *Analyse d'une phobie d'un enfant de cinq ans*, p. 180.
2. *Au-delà du principe de plaisir*, p. 59, trad. L. P.
3. *Ibid*, p. 61.

« La compulsion de répétition nous apparaît plus originaire, plus élémentaire, plus pulsionnelle que le principe de plaisir qu'elle met à l'écart[1]. »

La nature de cette compulsion reste ambiguë chez Freud. S'agit-il d'une tentative d'abréaction du moi qui cherche à rétablir la situation antérieure au traumatisme ? Ou bien d'une tendance plus radicale du Ça qui recherchc une décharge absolue et aboutit à la pulsion de mort ?

Cette tendance de retour à la mort ou à l'inertie est exprimée de manière très claire dans le *Sâ* et le *Yogavâsiṣṭha*. Pour le *Sâ*, la dissolution est le but ultime de la manifestation : l'individu (*jîva*) sera libéré (*kevala*) et toutes les distinctions apparues dans la nature (*prakṛti*) vont disparaître. Alors en s'exprimant dans une terminologie de dualité : l'être émancipé atteint l'état de non-existence, « au-delà du mien et du je », qui est l'état de la connaissance parfaite[2] ainsi que l'état de non-conscience[3]. Car *brahman* est neutre et sans défaut[4].

De même, pour le *Yogavâsiṣṭha*, le but de la vie est la mort[5]. Pourquoi la vie est-elle apparue ? Le *Yogavâsiṣṭha* répond :

> – L'individu (*jîva*) est une vibration (*sphuraṇa*) de *brahman* comme une vague sur un océan sans vent ou comme la flamme d'une bougie dans une atmosphère sans vent. L'âme individuelle est une vibration spontanée dans le ciel de la conscience[6].

Pour Svâmiji la tendance à la répétition est de même nature que le principe de *nirvâṇa :* la réaction tend à neutraliser l'action pour aboutir à l'équilibre. La réaction continue, l'abréaction se manifeste, tant que le traumatisme d'origine n'aura pas été dissous par l'expression et la compréhension.

---

1. *Ibid*, p. 63.
2. Nâsmi na me na-âha mithyâ-pariśeṣa.
3. Na saṃ jñâ-asti.
4. Nirdośam hi samaṃ brahma.
5. *Yogavâsiṣṭha* 6 (2) 93.73 : La chance devient malchance, le plaisir devient souffrance. Le but de la vie lui-même est la mort et tout cela est un déploiement de la *mâyâ* (apadaḥ saṃpadaḥ sarvaḥ sukhaṃ duḥkhâya kevalam/jîvitaṃ maraṇâya-eva bata mâyâvijṛmbhitam).
6. *Yogavâsiṣṭha* 4.64.8 : brahmaṇaḥ sphuraṇaṃ kiñcid yad avâta-ambudher iva/dîpasya-iva-apy avâtasya taṃ jîvaṃ viddhi râghava/svâbhâvikaṃ yat sphuraṇaṃ cid-vyomnaḥ so'ngajîvakaḥ.

Les conflits entre couples d'opposés

Au travers de toutes ses élaborations successives du fonctionnement du psychisme, Freud a toujours mis en valeur l'opposition entre deux éléments en conflit. Lutte entre deux forces : un désir et une crainte, une pulsion et une interdiction ; opposition entre deux instances : conscient et inconscient, entre deux pulsions : pulsion de vie et pulsion de mort, entre deux principes : principe de déplaisir et principe de réalité. Tout est toujours duel chez Freud, car pour lui, l'homme est un être fondamentalement divisé et en conflit.

Pour Svâmiji, cette dualité est effectivement le point de départ. Toute manifestation est l'expression du jeu de l'action et de la réaction. Mais la dualité peut être dépassée et transcendée par le remplacement du refus, source de la mise en jeu de l'action et de la réaction, par son contraire : l'acceptation. En fait, les couples d'opposés n'existent pas réellement. Il s'agit d'un découpage arbitraire de la réalité, un découpage dans le flux de la vie.

Pour Svâmiji, Freud est allé aussi loin que possible en tentant de rester dans les limites de la science de son temps, mais il n'a pas osé franchir le pas qui lui aurait permis de connaître ce que décrivent les sages indiens : la fin de toute science, la fin du savoir ou *Vedânta*. Il attribue la réticence de Freud à la même crainte que Goethe a exprimée dans une lettre à Humboldt : « Je n'ai absolument rien contre l'Inde, mais j'en ai peur, car elle entraîne mon imagination dans le domaine du sans forme et de l'informe et je dois m'en défendre plus que jamais. »

LYING ET CURE PSYCHANALYTIQUE

C'est vers 1928, nous l'avons vu, que Svâmi Prajñânpad a commencé les *lyings* que ses disciples indiens appelaient *psychanalyse*. Celle-ci, à l'époque, suscitait de grands espoirs. Venkateshvar dans sa thèse écrit : « La psychanalyse traite du mental. Or le désir c'est le mental. La libération du mental, c'est la libération du désir. »

Pour Svâmi Prajñânpad le *lying* ou *manonâśa* (destruction du mental) n'est qu'une modalité particulière, ayant pour but de rendre l'inconscient conscient et employé plus spécialement lorsque des émotions se trouvent bloquées, si bien que le sujet conscient se trouve dans l'impossibilité de voir la réalité en face et d'agir de manière appropriée aux circonstances. On comprend que Svâmi Prajñânpad ait changé de terme. Malgré de nombreux points communs, les différences sont notables quant au but, aux modalités, au processus et à la perlaboration finale.

But commun : soigner les névroses et l'anormalité

Pour Freud comme pour Svâmi Prajñânpad, le but est de permettre au sujet de fonctionner dans le présent sans être soumis à des compulsions d'actions ni à des troubles névrotiques. L'anormal est celui qui est emporté par des émotions particulières, qui refoule ce qu'il ressent. Il faut donc le libérer de ses jugements de valeur :

> – Le but unique de la psychanalyse, dit Svâmi Prajñânpad, est de libérer le Moi des griffes du Surmoi et de le rendre suffisamment fort pour lui permettre de prendre appui sur lui-même… Le Surmoi ce sont les jugements de valeur.
>
> – Le but de Svâmi Prajñânpad n'est rien d'autre que de vous permettre de prendre appui sur vous-même ou d'être vous-même, de vous aider… ou en langage psychanalytique, de rendre votre Moi suffisamment fort pour affronter les faits et les accepter. Accepter quoi ? Ce qui est.
>
> – L'analyse n'est rien d'autre qu'un effort pour vous libérer de votre infantilisme ou de votre enfantillage.
>
> – Quel est le but de l'analyse ? Quelle est la fonction de l'analyse ? En une seule phrase ? C'est se libérer du Moi enfantin. L'ego doit devenir adulte. Les émotions en fait asservissent l'ego qui essaye d'aller de l'avant, en le retenant attaché, du passé… L'émotion doit s'exprimer totalement de façon à la rendre claire et à montrer…
>
> Montrer c'est apprendre à l'enfant comment grandir. Montrer quoi est quoi, montrer la relation exacte. Tel est le but de l'analyse. Parce qu'il faut dépendre de l'intellect, s'appuyer

sur lui et lui permettre de fonctionner de manière droite et indépendante. Et ceci est le fonctionnement d'un adulte.

L'analyse traite en premier lieu des anormalités émotionnelles. Aussi le travail de l'analyse est-il de libérer l'ego, pour ainsi dire, de ce qu'on appelle anormalités, distorsions, etc. de façon à lui permettre de voir les choses, autant que possible, telles qu'elles sont. Intellectuellement : libération du doute et émotionnellement : libération de l'hésitation.

– Si l'intellect n'est pas développé, l'analyse doit être poursuivie davantage, de façon à rendre les émotions aussi normales que possible, de façon à ce que l'intellect puisse être capable de fonctionner.

– Svâmiji peut parler à des adultes, pour les aider à voir quoi est quoi. C'est le chemin de la vérité… un enfant ne peut faire cela. Et si cette réaction infantile est toujours présente, ceci montre que l'adulte jusqu'à maintenant n'est pas sorti de son enfance. L'analyse vous a libéré jusqu'à 75 % au moins. Il reste 25 %. Et c'est très facile pour vous de continuer par vous-même. Parce que, étant 75 % adulte, vous savez quoi faire.

Pour Freud, comme pour Svâmi Prajñânpad, le refoulement est la cause de la névrose. L'inconscient, fait de refoulé, doit devenir conscient, ce qui permet de se libérer du poids du passé. Le but peut ainsi être formulé de trois manières différentes : rendre l'inconscient conscient, se libérer du passé ou encore vivre dans le présent.

Cependant le *manonâśa* a une portée plus large. En effet, si l'homme normal est purifié pour une grande part de ses émotions et de ses jugements de valeur, il garde, tout en agissant comme un adulte, un ego, le sens de la séparation. Tel n'est plus le cas de l'homme supranormal. Même si Svâmi Prajñânpad a soigné des névroses, ce n'était pas son objectif. Son but n'était pas de conduire de l'anormal au normal mais d'aider à la délivrance, c'est-à-dire de conduire à la supranormalité.

– Dans la psychanalyse, il n'y a pas de synthèse. Ce n'est que la moitié du travail. Ce n'est que la partie matériellement normale du travail. Elle peut être appliquée seulement aux cas qui sont, pour ainsi dire, anormaux. Mais vous pourriez dire : « L'anormalité est partout. » Oui, ce n'est qu'une question de degré. Dans la vie ordinaire, tout le monde est anormal, aussi le degré particulier d'anormalité montre si la psychanalyse est vraiment nécessaire ou non. Ceux qui ne sont pas trop anormaux peuvent faire face (*cope*) directement à leurs émotions.

– Le psychanalyste ne peut donner qu'un point de vue très partiel. Il ne peut pas donner une vue complète. Il ne peut pas intégrer la psychanalyse dans la science du Soi... c'est utile seulement pour débrouiller (*clear*) les nœuds.

– Dans l'analyse, seule la partie anormale des émotions est redressée. Vous les rendez normales, de l'anormal au normal. Mais après, il y a le supranormal.

– Dans l'analyse vous ne prenez les choses que négativement ; vous laissez de côté l'aspect positif. Maintenant le positif et le négatif ensemble font la réalité... Aussi sous cet aspect, l'analyse est très partielle. Elle n'essaye que de casser, elle ne construit pas. L'analyse n'est pas la synthèse.

Et quelques jours plus tard :

– De l'analyse il faut arriver à la synthèse. L'analyse n'est que la moitié. La synthèse est l'autre moitié. L'analyse et la synthèse prises ensemble forment la totalité. Psychanalyse et psychosynthèse combinées ensemble vous conduisent au Soi, à l'unité.

– L'analyse ne peut aller plus loin... Freud écrit dans *Au-delà du principe du plaisir* : « Je suis arrivé au point où je dois m'arrêter car je n'ai pas de données cliniques. » Le point suivant est l'*adhyâtma...* Freud a accompli des miracles ! Aucun doute à ce sujet. Mais (il n'est allé que) jusqu'à une certaine limite.

– L'analyse est très partielle. Elle ne traite que de la partie anormale de l'esprit. Aussi elle n'accomplit qu'un quart du travail.

Modalités de la cure

Pour Freud, « la cure est une méthode psychothérapique qui s'appuie sur une méthode d'investigation, fondée sur les libres associations et caractérisée par l'interprétation contrôlée des résistances, du transfert et du désir ». Chacun des termes de cette définition mérite d'être examiné pour faire ressortir la différence avec l'approche de Svâmi Prajñânpad.

• Méthode

Svâmi Prajñânpad a spécifié à de nombreuses reprises qu'il n'utilise pas de « méthode » mais qu'il répond à chaque personne qui vient le voir en fonction de la demande de celle-ci. Pour illustrer ce point, il donnait l'exemple du médecin qui traite chaque malade de manière différente, après avoir établi son diagnostic, c'est-à-dire après l'examen des faits particuliers, propres au patient.

• Investigation

Il n'y a pas de curiosité intellectuelle ou de recherche sur les lois du psychisme chez Svâmi Prajñânpad. A aucun moment, le disciple n'a l'impression que Svâmi Prajñânpad cherche à pénétrer dans son intimité en lui posant des questions pour le sonder. Quand Svâmi Prajñânpad pose une question, c'est parce qu'il n'a pas compris la formulation, le sens de la question ou pour aider le disciple à préciser le sens de sa demande. C'est une collaboration amicale, une recherche en commun.

• Libre association

Svâmi Prajñânpad encourageait ses disciples à s'exprimer en toute liberté devant lui et à exprimer tout ce qui leur venait à l'esprit et plus particulièrement toutes les émotions qu'ils éprouvaient. Svâmi Prajñânpad conseillera à un de ses disciples français d'entrer en analyse en France. Au retour de celui-ci en Inde, il lui demande comment cela s'est passé et se montre très surpris de ce que lui rapporte ce disciple :

– Pendant votre analyse, avez-vous vu des images et avez-vous aussi exprimé des émotions ? C'est la seule chose à faire en analyse. Les interprétations à elles seules ne vous aideront en rien.

– Ne permettez jamais à vos connaissances théoriques de la psychanalyse d'intervenir dans le processus. Ou plutôt, essayez de faire en sorte de ne rien savoir sur la psychanalyse. Vous ne faites que découvrir. Sinon vous ne ferez qu'empiéter (*impinge*) sur un autre domaine, d'intellectualiser (*over-rate*), et d'essayer de vous débarrasser par l'explication des choses (qui vous gênent).

On voit que pour Svâmi Prajñânpad l'analyse consiste à exprimer libre des émotions sans aucune forme d'inhibition et à permettre le libre jeu du transfert : « S'il n'y a pas d'expression, il n'y a pas d'analyse », dit-il. Ceci n'est certes pas ce que Freud entend par analyse. L'expression libre des émotions est connue sous le nom de « catharsis » et a été pratiquée par Breuer et également par Freud avant l'invention de la psychanalyse. Freud a toujours pris soin que l'analyse ne soit pas « une expression d'émotions » mais « des associations libres ». Ce qui est bien illustré par le dialogue suivant entre un disciple et Svâmi Prajñânpad :

D. L'analyste très souvent me ramenait aux mots en disant : « Oui, nous devons cependant admettre que l'analyse s'effectue avec des mots »...

S. Non, non. Pas avec des mots seulement, mais par l'expression également... Avez-vous pu exprimer, pendant votre analyse à Paris, l'hostilité envers votre père et la peur qu'il vous inspire ?

D. Non, jamais.

S. Oh ! l'analyse n'a pas été profonde alors ? Vous restez toujours conscient pendant l'analyse ?

D. Oh non !

S. Vous devenez inconscient également ?

D. Pas complètement. Les émotions ont beaucoup de mal à s'exprimer.

S. L'analyse a donc été partielle dans ce cas.

Lorsque Svâmiji emploie le terme « analyse », c'est *lying* qu'il faut entendre.

En effet, le mot *lying* n'a été employé la première fois qu'en 1966 et Svâmi Prajñânpad désigne par « analyse » aussi bien l'analyse freudienne classique que le *lying* qu'il pratiquait.

– Le tout premier principe c'est de faire sortir les émotions... de les exprimer complètement. Et en les exprimant, il vous faut être seulement une machine au travers de laquelle elles s'expriment. Vous ne devez pas être conscient... L'analyse... pas seulement au travers des mots... par l'expression également. Vous voulez tout casser ? Cassez tout mentalement. Et cassez tout de manière objective… parfois cela peut même être nécessaire que vous soyez autorisé à tout casser effectivement.

L'analyse freudienne classique se déroule le plus souvent sur un plan verbal uniquement, alors que le *lying*, tel qu'il était pratiqué par Svâmi Prajñânpad, est essentiellement un processus d'expression émotionnelle sous toutes les formes : mots, images, pleurs, cris, mouvements, etc., selon les besoins d'expression de l'inconscient :

– Dans l'analyse, il faut insister sur l'aspect émotionnel. L'émotion doit sortir complètement. Celui dont l'intellect est développé n'est bloqué que par la partie émotionnelle, c'est pourquoi il faut permettre à la partie émotionnelle de fonctionner et de s'exprimer jusqu'au moment où l'intellect sera capable de prendre le relais.

On voit qu'il existe une grande différence entre cure psychanalytique et *lying*. De plus, il ne faut pas oublier que le *sitting* fait partie également du processus. Certains disciples ont réussi à s'exprimer émotionnellement de manière complète dans des entretiens face à face avec Svâmi Prajñânpad, sans avoir jamais éprouvé la nécessité de s'allonger pour donner libre cours à leurs émotions. L'expression dans les *sittings* était alors directe, aussi intense et aussi efficace que dans les *lyings*. C'est la raison pour laquelle Svâmi Prajñânpad n'avait recours aux *lyings* qu'en dernier ressort, c'est-à-dire lorsque la possibilité d'expression émotionnelle était bloquée par le refoulement.

Par contre *sitting* ou *lying* impliquaient une grande confiance de la part du disciple : détente physique, relâchement des défenses, expression en toute confiance de tout le ressenti physique, émotionnel, mental ; confiance que Svâmi Prajñânpad avait l'art de susciter, non seulement par son attitude d'acceptation, mais aussi par les entretiens préalables qui servaient de préparation intellectuelle : examen critique de la moralité conventionnelle, dénonciation des jugements de valeur, rejet de la censure, prise de conscience que le meilleur et le pire se trouvent présents en chacun de nous, etc.

• Interprétation des résistances

On sait que Freud s'est trouvé confronté très tôt à la « résistance » des patients, ce qui l'a amené à abandonner la méthode d'abréaction cathartique qu'il avait mise au point avec Breuer et à porter son attention sur l'interprétation de ces résistances.

Rien de tel chez Svâmi Prajñânpad. L'interprétation est inexistante, puisque Svâmi Prajñânpad n'interprète pas et se contente de répondre aux demandes formulées par les disciples. Même s'il perçoit des éléments qui échappent au disciple, il ne les exprimera pas et attendra que le disciple lui en parle de lui-même. L'interprétation, d'une certaine façon, exprime un décalage entre celui qui parle et celui qui écoute. A aucun moment, Svâmi Prajñânpad ne s'écarte de ce qui est dit par son interlocuteur pour exprimer son propre point de vue. En fait, il n'a pas de propre point de vue. Il prend le point de vue de l'interlocuteur et cherche à l'élargir dans la mesure exacte qui est acceptable par celui qui parle. D'où l'absence de résistance. D'un entretien avec Svâmi Prajñânpad, le disciple ressortait le plus souvent avec un sentiment de détente, d'élargissement de son moi, de valorisation intellectuelle et d'apaisement émotionnel.

Cette non-interprétation des résistances avait pour conséquences d'établir des différences supplémentaires avec la cure psychanalytique en ce qui concerne la règle de neutralité, et la frustration pendant la cure. Svâmi Prajñânpad était naturellement neutre, c'est-à-dire qu'il ne cherchait pas à être neutre, mais qu'il était « réellement » non affecté par tout ce qui pouvait lui être dit ou exprimé devant lui. Cette neutralité n'était pas indifférence ou impassibilité, mais une participation chaleureuse, bienveillante, « vibrante » aux points forts de l'expression de l'intensité émotionnelle, comme un mouvement de houle sur un lac lorsque souffle le vent et qui s'apaise immédiatement dès que la rafale est passée. Svâmi Prajñânpad était à la fois neutre et participant, sensible et non intervenant.

Pour ce qui est de la frustration, celle-ci n'était jamais délibérément provoquée, ni recherchée. Par contre Svâmi Prajñânpad insistait beaucoup pour construire une tension, afin de faciliter la décharge émotionnelle : séparation avec l'environnement extérieur habituel, séparation de sa famille, continence sexuelle, une certaine frustration qui se produisait naturellement en Inde avec les conditions de vie dans l'ashram (nourriture indienne, logement dans des conditions de confort rudimentaires, présence d'insectes : mouches, moustiques, termites), absence de distractions, de discussions, d'échanges affectifs ou intellectuels, etc.

Abréaction cathartique et transfert

Dans la pratique du *lying*, Svâmi Prajñânpad est resté proche de l'abréaction cathartique mise au point par Breuer et Freud et que ce dernier a délaissée au profit de l'interprétation des résistances et des transferts après 1920. Dans *Au-delà du principe du plaisir*, Freud décrit avec beaucoup de finesse les trois problèmes auxquels il s'est trouvé confronté : « Le malade ne peut pas se souvenir de tout ce qui est en lui refoulé et, peut-être, précisément pas de l'essentiel, de sorte qu'il n'acquiert pas la conviction du bien-fondé de la construction qui lui a été communiquée. Il est bien plutôt obligé de répéter le refoulé comme expérience vécue dans le présent au lieu de se le remémorer comme le préférerait le médecin... Cette reproduction se joue régulièrement dans le domaine du transfert, c'est-à-dire de la relation au médecin... le médecin est forcé de lui laisser revivre un certain fragment de sa vie oubliée. »

Il ressort de ce texte que :

1. Le patient « résiste » à l'interprétation qui lui a été communiquée par le psychanalyste.

2. Le malade « ne peut pas se souvenir ». Il doit « revivre » le passé, alors que le médecin préférerait qu'il « se le remémore ».

3. Ce passé revécu dans le présent s'exprime dans le transfert, c'est-à-dire dans la relation au thérapeute.

Nous voyons clairement sur le vif comment le transfert peut être, pour ainsi dire, suscité par l'intervention même du psychanalyste lorsque celui-ci cherche à forcer en quelque sorte le patient à accepter son interprétation. Le patient, pour les raisons les plus diverses, n'en veut pas et la rejette, aussi justifiée et appropriée soit-elle. De plus, le psychanalyste « préfère » que le patient se souvienne, se remémore et exprime calmement les fragments du passé dégagés par les libres associations plutôt qu'il ne « revive » le vécu antérieur.

Or, si le passé pour s'exprimer doit être « revécu » et non « remémoré » et si le psychanalyste éprouve une réticence ou « résiste » à ce que le patient « revive » le passé, il cesse d'être neutre et devient impliqué dans le processus. Il a en quelque sorte suscité le transfert du patient par son attitude interventionniste. Mais c'est lui qui par son interprétation a mis le doigt dans l'engrenage du transfert et, partant de là, mis en branle son propre contre-transfert.

• Transfert et dévotion

A entendre le discours des psychanalystes, toute expression affective, négative ou positive, envers une autre personne serait un transfert dû à la projection ou à l'identification. C'est là que la distinction de Svâmi Prajñânpad entre émotion et sentiment va nous permettre de distinguer s'il y a effectivement transfert ou si c'est l'expression d'un sentiment de gratitude que Svâmi Prajñânpad appelle dévotion.

Un transfert est une émotion : il est donc réactionnel. Il comporte un élément compulsif et excessif et vient du passé :

> – Le transfert qu'est-ce ? Vous avez ressenti une émotion concernant votre père. Et maintenant votre père n'est plus là. Cela vient sur celui qui prend la place du père. C'est une réaction.

Or la dévotion, au sens que lui donne Svâmi Prajñânpad, n'est pas une émotion.

C'est un sentiment de reconnaissance. Le disciple a tellement reçu, que spontanément apparaît le besoin de rendre à celui qui lui a tant donné. C'est un remerciement qui vient du fond du cœur parce qu'il s'est senti enrichi :

> – Dans le transfert, il y a un élément de compulsion. C'est une réaction et non pas un accomplissement positif. Il est emporté. Alors que dans la dévotion, il sent : « j'ai reçu quelque chose. Je ne m'y attendais pas ». Dès que vous sentez les choses ainsi, le mental se sent redevable parce qu'il a reçu quelque chose sans rien donner. Le mental ne peut s'arrêter là. Il ne peut pas rester là sans donner.
>
> Dans le sentiment de dévotion positive, il y a un enrichissement. Mais pas dans le transfert. Le fait même de sentir

« j'ai reçu », le fait même que « je me sente enrichi » engendre un sentiment de plénitude qui vous ouvre totalement à celui dont vous avez reçu. C'est cela la reconnaissance. Cela vous vide de l'ego. Dès que vous exprimez ce sentiment, la dernière trace de l'ego qui subsiste s'en va, parce que vous vous abandonnez. L'ego ne veut pas s'abandonner. L'ego désire toujours prendre. Dès que l'ego apprend à donner… l'ego se sent enrichi, l'ego va se sentir accompli ou plutôt négativement, maintenant, l'ego va s'en aller.

– Le transfert est un travail inconscient… Le transfert vient inconsciemment. Aussi avoir un *guru* ou sentir un « rapport » avec lui, ce n'est pas un transfert. Ce rapport ou dévotion (*sañga*) n'est pas un transfert. C'est un choix qui vient du cœur, il est fondé sur un choix judicieux et conscient[1].

Elément central de la cure psychanalytique, le transfert n'a pas la même importance dans le *lying*, bien qu'il se soit parfois manifesté dans les relations entre les disciples et Svâmi Prajñânpad. Par contre, et là c'est une différence notable avec la psychanalyse, il n'était pas question de contre-transfert de la part de Svâmi Prajñânpad.

• Absence de contre-transfert

A la différence du psychanalyste, qui cherche à rester neutre mais ne l'est pas réellement, Svâmi Prajñânpad était réellement neutre vis-à-vis de ses disciples : ouvert, bienveillant, disponible, égal envers tous, même si parfois des disciples pouvaient, de temps en temps, avoir l'impression que Svâmi Prajñânpad témoignait parfois d'une certaine partialité envers certains disciples. Tantôt il manifeste par exemple une attention particulière envers tel ou tel disciple, tantôt au contraire, il peut paraître froid et réservé.

---

1. Dans le récit rapporté dans la *Bṛhadâraṇyaka Up.* 4.1.2/7, le roi Janaka est tellement submergé de reconnaissance envers le sage Yajñâvalkya qu'il lui dit : « Tu me donnes tant de choses… prends ceci… prends cela… prends mon royaume, prends tout, prends-moi. » Yajñâvalkya répond : « Tant que je ne t'ai pas conduit à la vérité, si je te prends quelque chose ce serait du vol. »

Ainsi, Svâmi Prajñânpad semble parfois se prendre d'enthousiasme pour tel ou tel disciple. Tel est le cas notamment pour M., une disciple indienne. Svâmi Prajñânpad lui écrit des lettres de plusieurs pages dans lesquelles il lui raconte de longues histoires ou cite des poèmes, lui confirme qu'elle est parvenue à la réalisation… puis son enthousiasme semble décroître.

Mais il s'agit là de péripéties somme toute assez secondaires. D'une manière générale, chaque disciple a le sentiment d'avoir une relation privilégiée, particulière avec le maître, d'être celui qui en est le plus proche, de l'avoir le mieux compris, bref d'être son disciple privilégié, et même dans certains cas, d'être son véritable héritier spirituel.

• Transferts des disciples sur Svâmi Prajñânpad

En l'absence d'opposition de Svâmi Prajñânpad contre le fait de revivre le passé d'une part et « d'interprétation des résistances » d'autre part, le transfert est privé des deux points d'appui qui le suscitent dans la cure. D'où une importance et une intensité moindres de transfert négatif ou positif envers Svâmi Prajñânpad.

Le transfert étant un phénomène si général, il n'est donc pas étonnant que certains disciples aient effectué un transfert sur Svâmi Prajñânpad, en le prenant alternativement pour le père haï, source d'autorité et d'imposition ou le père bien-aimé et aimant.

Svâmi Prajñânpad savait bien entendu que le transfert était un processus inconscient. Pourtant lorsque certains disciples par projection lui attribuaient les caractéristiques négatives de leur père, il cherchait à leur montrer combien cette attribution ne correspondait pas à la réalité présente, comme si la prise de conscience pouvait, à elle seule, être suffisante pour dissoudre cette fausse identification. Mais, le plus souvent, Svâmi Prajñânpad laissait le transfert se dérouler suivant son rythme et se résorber par la prise de conscience directe du disciple au moment opportun et sans aucune intervention de sa part :

> – Le transfert est de même nature que l'infantilisme. Parce qu'il ne voit pas la totalité. Aussi pour vous rendre libre de ce transfert, laissez ce transfert jouer. Ensuite, demandez-vous : « Qu'est-ce ? » Voilà ce qu'est le transfert : vous avez transféré vos émotions d'un endroit à un autre.

– Le transfert ? Le Moi adulte est submergé par le moi infantile.

S. Dans votre analyse, avez-vous exprimé (*work off*) votre transfert ? L'avez-vous exprimé complètement ? Avez-vous pu exprimer le transfert de l'image paternelle ? ou plutôt, en langage ordinaire, avez-vous pu pendant l'analyse exprimer l'hostilité envers votre père et la peur qu'il vous inspire ? Le travail de l'analyste ou son devoir plutôt c'est d'exciter le transfert puis de le dissoudre.

D. Mais la difficulté avec mon analyste c'est que puisque le transfert a eu lieu plus ou moins sur Svâmi Prajñânpad, je ne peux pas… je ne crois pas que le transfert puisse avoir lieu deux fois.

S. Non. Avec Svâmi Prajñânpad, le transfert a été positif. Le transfert négatif envers Svâmi Prajñânpad n'a pas eu lieu alors. Il est apparu sous forme positive. Alors que le transfert négatif aurait dû se produire avec votre analyste.

– Votre père dit non, Svâmi Prajñânpad dit oui. Votre père donne des ordres, impose son autorité, Svâmi Prajñânpad ne vous impose rien. Votre père dit : « Tu es un enfant. » Svâmi Prajñânpad dit : « Toi et moi sommes un. » Votre père est votre père. Svâmi Prajñânpad est Svâmi Prajñânpad. C'est votre père et non Svâmi Prajñânpad. Ne confondez pas. Votre père vous dit « non », Svâmi Prajñânpad dit « oui ».

– Cette peur de la castration n'est rien d'autre que la peur du père. Et encore vous confondez. Vous ne pouvez pas placer Svâmi Prajñânpad à la place de votre père, parce que le père est un symbole de l'autorité. Il n'y a pas d'ordre ici. Il n'est pas question de donner des ordres, pas question d'imposer quoi que ce soit, rien de la sorte.

– Cette castration est toujours en rapport avec le complexe du père. Et quand un enfant grandit et devient adulte, c'est-à-dire qu'il devient un père, alors il est l'égal du père. Cela signifie qu'un père ne permet pas à son enfant d'être un adulte. Il dit toujours : « Tu es un enfant. » Parce que alors l'enfant devient son égal et le père perd sa propre position.

– Vous dites : « Je hais Svâmi Prajñânpad. » La haine, le désir de tuer ne sont rien d'autre qu'une attente déçue, une attente d'amour frustrée. Mais l'amour, vous l'avez reçu de Svâmi Prajñânpad. Votre frustration ne vient pas de Svâmi Prajñânpad, mais du passé, de votre père… « Je voulais de l'amour, de l'attention, etc., que je n'ai pas pu avoir. Aussi je proteste. » Protester, haïr et vouloir tuer c'est la même chose… Voyez si Svâmi Prajñânpad vous a refusé de l'amour ou non ? Aussi quelle est la cause de la haine et de l'opposition ? « Où est la cause ? La cause n'est pas ici, alors la cause doit être dans le passé… dans ma manière de penser… Mon père est mon père. Svâmi Prajñânpad est Svâmi Prajñânpad. » Aussitôt que vous voyez clairement, le transfert se dissout aussitôt… immédiatement il se dissout.

– Svâmi Prajñânpad n'attend rien de vous. S'il attend quoi que ce soit c'est que vous soyez vous-même. C'est tout. Aussi où est-il question de refus ici ? Ce sont les faits. Commencez par là : « Aussi parce que rien n'est refusé, Svâmi Prajñânpad ne me demande pas de refuser quoi que ce soit. Aussi, je n'ai rien contre Svâmi Prajñânpad. Alors pourquoi cette haine ? Pourquoi cette opposition ? Allons… Ainsi la cause de la haine et de l'opposition n'est pas ici. » C'est dans votre pensée. Et ce mode de pensée a donc dû se former dans le passé. Il ne vient pas du présent. Parce que le présent montre qu'il n'y a aucune cause à cela. Svâmi Prajñânpad n'attend rien de moi, Svâmi Prajñânpad ne me donne pas d'ordres. Svâmi Prajñânpad ne pose pas de tabous… rien qui s'en rapproche.

Pour Svâmi Prajñânpad, une psychanalyse n'est pas une analyse du transfert mais essentiellement une expression aussi libre et aussi complète que possible des émotions. L'expression de celles-ci étant épuisée, l'intellect devient à même d'intervenir. Dans cette optique, le transfert devient une forme d'expression de l'émotion parmi d'autres possibles. Mais ce n'est pas une forme privilégiée.

Svâmi Prajñânpad racontait combien il a été amené à souffrir des mains mêmes de ses disciples. Par exemple, lorsqu'un disciple indien, Nantu, lui nettoyait les oreilles avec un bâtonnet en bois, il s'y prenait de manière si maladroite que les oreilles saignaient. Svâmi Prajñânpad le laissait faire, puis devant le désarroi de Nantu le consolait :

– Ce n'est rien. Vous avez blessé votre père. Maintenant, voyez le fonctionnement de l'inconscient. Ce pauvre inconscient lutte toujours, encore et encore pour se rendre libre. Aussi faites attention.

Une autre raison pour laquelle Svâmi Prajñânpad n'encourageait pas le transfert c'est que celui-ci crée toujours une dépendance :

– Si vous pouvez exercer votre propre jugement, le transfert peut être dissous très facilement ; si vous pouvez accepter le fait tel qu'il est, voir les choses comme elles sont, il sera dissous… Si cela se produit, alors vous deviendrez peu à peu maître de vous-même, parce que le transfert implique une certaine dépendance.

Bien entendu, cette dépendance doit être dissoute. Mais il vaut mieux autant que faire se peut éviter de le faire apparaître. Il disait ainsi dans une formule imagée pour montrer l'inanité des transferts :

– Dites-vous : Svâmi Prajñânpad est la poussière de mes pieds.

Le transfert peut aussi exprimer des sentiments positifs. L'esprit enfantin reste toujours dépendant. Il a besoin de prendre appui ou refuge en quelqu'un. On connaît la formule du bouddhisme : « Je prends refuge dans le *dharma* et la *sangha.* » C'est le rôle qu'un *guru* accepte de jouer. Servir d'appui ou de refuge au disciple, qui, faute de cela, se sentirait perdu :

– Les gens cherchent toujours à rester des enfants… toujours dépendants. Et toujours à créer de nouvelles formes encore et encore… des formes de dépendance et de refuge. Oui, tel est le chemin : on doit prendre refuge. Et pour cela, un *guru* est nécessaire parce que le *guru* permet… « Oui, prenez appui, prenez refuge. » Il permet… c'est là, la beauté. Oui, accrochez-vous, accrochez-vous. » Mais il sait comment vous rendre libre. Parce que l'état du disciple est tel que s'il ne s'accroche pas, oh il sera perdu !… Aussi l'image du père est là, jusqu'à la fin. Jusqu'à la fin, c'est la dernière infirmité de l'homme. Dans la vie physique, la soif d'applaudissement, la soif de renommée, la soif d'approbation.

– Amour, respect, affection sont des émotions et il faut leur donner libre cours de façon à ce qu'elles s'expriment et se stabilisent sous forme de dévotion. Svâmi Prajñânpad sait comment permettre aux gens de venir s'accrocher et sait comment les rendre libres.

Svâmi Prajñânpad permettait ainsi que certains disciples manifestent vis-à-vis de lui un attachement excessif qui s'exprimait, par exemple, par une forme de culte qui lui était rendu : prosternations répétées, massages prolongés de ses jambes, etc. Svâmi Prajñânpad acceptait patiemment ces soins, ces manifestations d'attachement sentimental. Peut-être exprimait-il le mieux « sa neutralité » en n'étant pas affecté par ces soins excessifs, qui auraient pu irriter d'autres personnes moins libérées.

En fin de compte, Svâmi Prajñânpad cherchait toujours à rendre le disciple indépendant en lui montrant que la cause d'une émotion n'est jamais à l'extérieur :

– Pourquoi dites-vous : « Svâmi Prajñânpad ne me donne rien » ? Enfant, je ne savais pas. Maintenant je sais que toute émotion que je ressens a ses racines en moi et non à l'extérieur. Appliquez-le chaque fois. Vérifiez toutes les émotions. Bien. Puis dites : « Oh ! qu'est-ce ? C'est moi qui crée tout cela. Je sens quelque chose. Ce que je sens est en moi et je dis que l'autre en est responsable. Comment est-ce possible ? C'est en moi. Aussi est-ce moi, moi, moi, ce petit moi qui me trouble. Et non pas cela ou lui. »

– Aucun agent extérieur ne peut rien faire pour moi parce que c'est moi qui suis créateur. Personne ne peut rien faire pour personne. Vous êtes le créateur de votre propre monde. Il n'y a que vous qui puissiez faire quelque chose pour vous.

CHAPITRE III

Adhyâtma-yoga et tradition indienne

L'enseignement de Svâmiji, faisant si largement appel à la science ainsi qu'à la psychanalyse, peut-il encore être considéré comme un enseignement traditionnel ? Question à laquelle il est difficile de répondre d'emblée. Il est toutefois certain que cet enseignement n'a pas jailli d'un coup, tout armé, comme Minerve de la tête de Jupiter. Svâmiji était tout imprégné de la tradition indienne la plus orthodoxe dans laquelle il a été élevé. Il en a accepté certains éléments et en a rejeté d'autres. Parfois certaines de ses formulations, au cours des entretiens (*sittings*), me paraissaient tellement iconoclastes et anti-traditionnelles que je me demandais avec inquiétude sur quelle autorité il s'appuyait. Alors, avec un sourire bienveillant, comme pour me rassurer, Svâmiji citait de mémoire tel ou tel verset sanskrit. Après sa mort, j'ai eu la curiosité de rechercher leurs sources que Svâmiji ne donnait pour ainsi dire jamais et de les classer pour essayer de voir exactement quels étaient les textes indiens auxquels il se référait.

LES TEXTES TRADITIONNELS INDIENS

On sait que les textes traditionnels indiens sont d'une extrême diversité et jouissent d'une autorité différente selon leur nature. Il y a d'abord par ordre d'autorité décroissante :

– La *Śruti* (Ecritures ou Science révélée) dont font partie les *Veda*, les *Brahmaṇa* et les *Upaniṣad*.

– Puis la *Smṛti* (textes sacrés provenant de la tradition humaine) qui comprend tous les *Dharmaśâstra* (*Manusmṛti*), les poèmes épiques : *Râmayana* et *Mahâbhârata* (dont fait partie la *Bhagavad Gîtâ*), ainsi que les *Purâṇa* (récits mythologiques).

– En troisième position viennent les systèmes (*darśana*, litt. : points de vue) dont font notamment partie le *Sâṃkhya* et le *Vedânta*. On rattache généralement le *Yogavâsiṣṭha* à ce dernier.

Par ailleurs, certains courants, tel le bouddhisme, rejettent l'autorité des textes traditionnels mais peuvent néanmoins être considérés maintenant, après plus de deux mille cinq cents ans, comme traditionnels.

Citations et commentaires des Veda et des Upaniṣad

A deux ou trois exceptions près, Svâmiji ne se réfère pratiquement jamais aux *Veda* mais cite souvent les *Upaniṣad*, qui représentaient pour lui l'essence même de l'Inde :

> – Dans les *Upaniṣad*, tout est sous forme condensée. On n'y trouve aucune explication. Rien que des énoncés condensés.

Parmi les nombreuses *Upaniṣad* – la tradition parle de cent huit mais il s'agit d'un chiffre conventionnel – Svâmiji ne cite pratiquement que des versets tirés des douze plus importantes.

1. La *Bṛhadâraṇyaka Up.* contient six chapitres (*adhyâya*) et fait partie de la section finale du *Śatapatha Brâhmaṇa*. On y trouve le Grand Enoncé (*mâhâvâkya*) : « Je suis *brahman* (*ahaṃ brahma-asmi*). » Svâmiji en cite dix-huit versets.

2. La *Chândogya Up.* est composée de huit lectures (*prapâthaka*) subdivisées en sections (*khanda*). Les trois premières lectures sont techniques mais la troisième contient le célèbre Grand Enoncé (*mahâvâkya*) : « Tout en vérité est neutre (*sarvam khalv-idam brahma*). » Svâmiji cite plus de huit *mantra* tirés de la sixième et de la septième lecture, dont le deuxième Grand Enoncé (*mahâvâkya*) : « Tu es cela (*tat-tvam asi*). »

3. L'*Iśâ Up.* ne contient que dix-huit versets. Elle est appelée ainsi car elle commence par le mot *iśâ*. Svâmiji en a écrit un commentaire pratiquement complet.

4. La *Kaivalya Up. :* un verset cité (1.3).

5. La *Katha Up.* qui contient l'enseignement reçu de la Mort par Naciketas fut l'une des premières *Upaniṣad* à être connue et traduite en Occident. Elle est composée de deux parties (*adhyâya*), chacune divisée en sections (*vallî*), elles-mêmes divisées en versets (cent vingt en tout). Svâmiji en cite six.

6. La *Kena Up.*, ainsi appelée parce qu'elle commence par le mot *kena* (par qui… ?), est courte car elle est composée de quatre chapitres et n'a en tout que trente-deux versets. Svâmiji n'en a commenté que deux mais particulièrement significatifs.

7. La *Mahâ-Nârâyana Up. :* deux versets cités (1.6 et 2.2).

8. La *Mândûkya Up.* contient douze *mantra* en prose et deux cent quinze versets classés en quatre chapitres. On y trouve l'un des quatre Grands Enoncés (*mahâvâkya*) *:* « Cet *âtman* est *brahman* (*ayam âtmâ brahma*). » Quatre versets cités (1.1/1.3/1.7/2.2.5).

9. La *Muṇḍaka Up.* écrite en vers (*mantra*) contient trente-cinq versets. On l'appelle l'*Upaniṣad* « qui rase » car elle coupe les erreurs comme un rasoir. Il faut rappeler que les moines bouddhistes sont appelés « les rasés » et que cette *Upaniṣad* est très proche des doctrines bouddhistes. Cinq versets cités (1.2.1/2.2.7/3.1.4/3.1.6/3.2.4).

10. La *Praśna Up. Praśna* veut dire « question ». C'est l'*Upaniṣad* des six questionneurs qui interrogent leur maître Pippalâda : « D'où vient le monde ? Quelles sont les énergies ? Qu'est-ce que la vie ? Qu'est-ce que le sommeil ? Quelle est la valeur de la méditation sur *aum ?* Qui est la personne aux seize parties ? » Un verset cité (5.6).

11. La *Śvetâṣvatara Up.* ou *Upaniṣad de la Mule blanche*, ainsi nommée à cause du nom du maître qui l'aurait composée,

est divisée en six parties (*adhyâya*) et contient cent treize versets dont un seul est cité par Svâmiji (4.21).

12. La *Taittirîya Up.*, l'une des plus anciennes avec la *Kena*, *l'Aitareya*, la *Chândogya* et la *Bṛhadâraṇyaka*, est composée de trois parties de dix chapitres. Svâmiji en a commenté cinq versets (1.3.1 ; 1.8.1 ; 2.1.1 ; 2.4.1 ; 2.7).

Citations et commentaires de la Smṛti

De la *Smṛti*, Svâmiji citait des aphorismes tirés des *Lois de Manu* ainsi que des versets du *Mahâbhârata*. Quant à la *Bhagavad Gîtâ*, il se montrait très sévère à son égard, la considérant comme un texte hybride, un conglomérat provenant de sources différentes, sans aucune unité, remplie de contradictions. Il en citait pourtant quelques versets pour en montrer le caractère erroné.

Rapports avec les darśaṇa : Sâṃkhya et Vedânta

Svâmiji ne s'est jamais référé aux six *darśana* classiques, même s'il utilise de manière courante un grand nombre de concepts tirés du *Sâṃkhya* et du *Vedânta*.

Pour le *Sâṃkhya*, c'est tout d'abord tout ce qui a trait à la nature (*prakṛti*) et à son évolution : le changement, le matérialisme (le mental est matériel), la notion d'organe interne (*antaḥkaraṇa*) composé d'intellect (*buddhi*), de l'ego (*ahaṃkâra*), du mental (*manas*), puis l'athéisme, le rejet du rituel, la notion d'entrave (*bandha*) et de délivrance (*mukti*) dont le seul moyen est la discrimination (*viveka*) et la connaissance (*jñâna*), enfin la méthode empirique, l'approche par l'expérience commune, la notion de libération graduelle de la souffrance : après la délivrance rien n'est changé, tout reste en place, seule la vision change.

On voit que le *Sâṃkhya* présente un grand nombre de points communs avec la présentation de Svâmiji, encore que celui-ci n'en ait pratiquement jamais fait mention ni ne l'ait jamais vraiment cité. Cela vient peut-être du fait que les notions du *Sâṃkhya* se trouvent dans un nombre considérable de textes :

notamment dans le *Mahâbhârata* (section du *Mokṣadharma*), les *Purâṇa*, les *Tantra*, les *Agama*, les *Saṣhita*, les *Dharmaśâstra*, etc. Le *Sâṃkhya* est proche à la fois du bouddhisme et du *Vedânta* bien qu'il ait été combattu par les deux. En fait, il fait partie du fonds culturel indien.

Si Svâmiji se réfère à l'*Advaita Vedânta*, ce n'est pas à celui des *Brahmasûtra* de Bâdarâyana, ni des *Vedântabhâsya* de Śañkarâcârya, ni de l'*Atmabodha* ou du *Vivekacûḍâmaṇi* du même Śañkarâcârya qu'il ne cite pratiquement jamais. Il s'en distingue, à la fois par le rejet de l'autorité des Ecritures et par le rejet de la présentation scolastique sous forme de système qui en fait un sujet de discussion et d'argumentations et non d'expérience vécue.

Par contre Svâmiji se réfère abondamment à l'*Advaita Vedânta* du *Yogavâsiṣṭha*. Ce texte, écrit probablement entre le XIe et le XIIIe siècle, encore que certains (Atreya) lui donnent une origine antérieure (VIIIe ou IXe siècle), était le seul livre dont Svâmiji recommandait la lecture. Mais après avoir parcouru les traductions anglaises existantes qu'on lui avait présentées, Svâmiji avait hoché la tête en disant qu'elles avaient si peu de valeur, qu'il valait encore mieux s'abstenir de les lire.

Le *Yogavâsiṣṭha*, qui effectue une synthèse nouvelle et audacieuse des *Upaniṣad*, du *Sâṃkhya* et du bouddhisme en attribuant un rôle essentiel au mental (*manas*), se caractérise par :

– Une approche rationaliste : le rejet de toute autorité ancienne ou moderne, humaine ou divine. La vérité doit être découverte par chacun et être le résultat de sa propre expérience. La connaissance est obtenue par expérience directe (*pratyakṣa* ou *anubhâva*) ou à l'aide d'exemples et d'analogies (*dṛṣṭanta* et *upamâna*).

– Une absence de critiques et de polémiques avec les vues des autres.

– L'absence d'argumentation intellectuelle et le grand nombre d'histoires servant à illustrer ses positions.

– Ce qu'il est convenu d'appeler un idéalisme absolu : le monde entier est une modification d'une forme de conscience (*kalpânâ*), qui, quand elle est objective et manifestée, est appelée *manas* et dans sa réalité propre est *brahman*. Il n'y a qu'une seule réalité : *manas* qui inclut le sujet, l'objet et la connaissance qui les relie.

Rapports avec le bouddhisme

C'est, semble-t-il, du bouddhisme que Svâmiji se sentait le plus proche ou tout du moins c'est avec les présentations intellectuelles du bouddhisme qu'il avait le plus d'affinités, car Svâmiji a surtout approché le bouddhisme par les textes. Il n'y voyait qu'une élaboration des *Upaniṣad* : « Rien d'autre que ce qui se trouve dans les *Upaniṣad* », en disait-il. Il en est proche par le rejet de la tradition, des textes sacrés, de l'autorité, du théisme, du ritualisme sacrificiel ainsi que par l'approche expérimentale qui met la libération de la souffrance au premier plan.

On pourrait rechercher dans la tradition indienne, notamment dans le śivaïsme du Cachemire ou dans les *Tantra*, d'autres points de convergence avec l'enseignement de Svâmiji. Mais celui-ci ne s'y est jamais référé. C'est pourquoi j'ai préféré m'en tenir aux citations et aux commentaires faits par Svâmiji lui-même.

LES CITATIONS DES TEXTES SANSKRITS

Pour faciliter la présentation des citations sanskrites de Svâmiji et des commentaires qu'il en a faits, je les ai regroupées comme autant de réponses aux questions par lesquelles l'enseignement de Svâmiji peut être abordé :

– Quelle est la nature du monde extérieur ?
– Quelle est la nature du monde intérieur ?
– Quel est le chemin de la délivrance ?
– Quelles sont les caractéristiques de l'homme accompli ?

Je me suis alors aperçu à ma grande surprise que pratiquement tout l'enseignement de Svâmiji pouvait être exprimé au moyen des citations sanskrites tirées des textes traditionnels. Rien d'étonnant à cela. Svâmiji a choisi dans la tradition tout ce qui correspondait à sa propre expérience, négligeant délibérément tout ce qui lui paraissait sans valeur ou dépassé, n'hésitant pas à s'inscrire en faux contre telle ou telle affirmation qui lui paraissait dénuée de fondement.

Le monde extérieur

Le monde extérieur selon les Veda

D'après Svâmiji, le monde y est présenté comme changement :

– Hari (nom de Viṣṇu) vient de *harati :* le pouvoir ou la force qui fait disparaître toute chose. Ce qui apparaît exister disparaît. Rien n'est fixe… tout est transitoire, tout change, tout en vérité est *Hari*. Ainsi seul le nom de *Hari* est (*harer nâma-eva kevalam*). Le mot *Hari*, son nom, sa signification, seul cela est, simplement est. Il n'y a rien d'autre. Rien que le changement, rien que le *saṃsâra :* seulement le mouvement. Il n'y a rien d'autre. Rien n'est constant, rien ne dure, rien ne va durer.

– *Śakti* c'est l'énergie, *Śiva* c'est l'équilibre, le calme, la paix, la liberté, la maîtrise de soi, l'expérience de ce-qui-est. *Śiva* c'est la neutralité, *Śakti* c'est l'énergie en action. *Śakti* cherche à se fondre en *Śiva*. Comme dans *Natarâja, Śiva* est calme et voilà *Śakti* qui vient. *Śiva* est réveillé et commence à danser. Il danse et il crée, il agit et il détruit, ainsi de suite. Et il détruit tout. Quand il n'y a plus rien à détruire, il revient en lui-même. C'est une allégorie. Il n'y a pas deux entités différentes. S'il y a entité, il n'y en a qu'une : *Śiva*. La *Śakti* vient de lui et se fond en lui. Action-réaction, voilà la *Śakti. Śakti* se répand et s'épuise pour aboutir à *Śiva*.

Cette interprétation et les commentaires sont très caractéristiques de la manière de Svâmiji. Les dieux, en l'occurrence Viṣṇu et Śiva, sont ramenés à une interprétation psychologique, au processus de transformation de la conscience.

Le monde extérieur selon les Upaniṣad

Les *Upaniṣad* ne nient pas l'existence des choses, mais posent avec force leur existence : l'univers est.

Le changement est la caractéristique de l'existence. Le monde est « ce qui est en devenir (*bhâva* ou *bhâvanâ*) » ou « le mouvant (*jagat*) » ou « transformation (*prakṛti*) ». La douleur (*duḥkha* ou *śoka*) est ce qui caractérise l'existence.

Ce changement n'est qu'une apparence (*yad vibhâti*) ou plutôt une vue partielle, limitée. La vraie réalité (*sattva*) est immuable, infinie (*ananta*), stable (*sthira*), en paix (*śânta*), absolue, non duelle (*advaita*), dont on ne peut rien dire (*acintya*), sans qualité (*nirguṇa*). Elle est désignée par « Cela (*tad*) » ou « Il (*sa*) » ou « Ce-qui-est (*bhûman*) » ou « Ce qui est immortel ou au-delà de la mort ou du changement (*amṛta*) » ou « Ce-qui-est neutre (*brahman*) ».

> *Śvetâṣvatara Up.* 1.6 : *Ṛta* seul est la vérité. Cela seul est le *brahman* suprême.

Voici comment Svâmiji le commente :

> – Le *saṃsâra*, le monde (*jagat*) est en mouvement. Ceci est la vérité. Tout mouvement prend la forme du jeu continu et rythmé du progrès et du déclin, de l'apparition et de la disparition. Ce courant continu d'apparition et de disparition c'est cela *ṛtaṃ :* le rythme… le rythme cosmique. Ce *ṛtaṃ* seul est la vérité !

Ṛta et *satya*, traduits généralement par « ordre » ou « droit » ou « justice » ou « vérité », sont deux mots particulièrement importants dans les *Veda*. Le *ṛta* est l'ordre cosmique, l'harmonie dans le domaine physique et psychique. C'est la conformité à l'ordre des choses (*according to the justice of the situation*), résultante équilibrée des forces à un moment donné. Plus tardivement, ce mot a été remplacé par *dharma* (de la racine *dhṛ :* soutenir), ce qui soutient. C'est la structure interne comme le squelette pour le corps ou la charpente d'une maison, ce qui permet au reste de fonctionner : l'appui ou la fondation.

Satya est à la fois ce-qui-est (*sat*) et la vérité (*satya*). D'où l'équivalence entre vérité et ce-qui-est. Svâmiji ici renouvelle le sens du mot *ṛtaṃ :* ordre des choses, non pas comme la loi intrinsèque mais comme la loi du changement. Il identifie *ṛta* et *satya* en disant : « La loi du changement seule est la vérité. »

> *Taittirîya Up.* 1.8.1 : *Aum* est *brahman*.

Aum en écriture devanâgari est un mot symbolique. C'était la coutume autrefois, et c'est encore le cas aujourd'hui, d'employer un mot symbolique de quelques lettres pour permettre de garder une idée en mémoire : *Aum* = *a* + *u* + *m* + (un point). Ceci représente la création (*udaya*) + la stabilité ou la continuité (*sthiti*) + la dissolution (*laya*) + l'état au-delà de ces trois-là. A partir du moment où vous prononcez om, où vous vous souvenez de om, le concept de création et dissolution (*udayâsta*) vous vient à l'esprit…

La toute première perception de l'homme dans sa vie, ce qu'il voit dès qu'il ouvre les yeux, est considérée par son mental comme stable dès le début. Tout objet existe pour lui. En s'y associant constamment, il s'y attache. Il croit que toutes ces choses existent et vont continuer à exister. Il ne veut pas accepter que quoi que ce soit puisse être perdu. Face à toute perte, à tout changement, tout s'assombrit devant lui. Il passe en fait par les affres de la mort. Il devient impatient de quitter cette souffrance, cette obscurité, cette mort. Il souhaite être soulagé de cette agonie. Il cherche donc la cause de cette obscurité qui est souffrance, de cette dépression (*dejection*) qui est la mort. C'est alors qu'il apprend à voir :

> « J'ai cru, dur comme fer, que tout était à moi et continuerait d'être mien, mais rien n'est resté pareil. Une transformation constante a lieu continuellement. Rien n'est resté stable. Tout ne se met à exister qu'une fois. Cela semble se prolonger pendant un certain temps et de nouveau cela cesse d'exister. Ce flux incessant de *udaya* + *sthiti* + *laya*, j'ai cru qu'il était fixe ; cette grande non-vérité (*asatya*), je l'ai prise pour la vérité (*satya*). Voilà d'où vient cette obscurité devant moi, cette mort. Tout ce qui apparaît comme existant, fixe, immuable "n'existe même pas" ; tout est instable, tout change.
>
> » Le sentiment ou la perception que : tout est "non-vérité", tout est "transitoire", tout est périssable, tout est *aum*, permet au mental de sortir de la souffrance, de l'obscurité, de la mort et conduit à la lumière, à l'immortalité, à *brahman*. C'est pourquoi *"aum* est en vérité *brahman* (*aum iti brahman*)". »

Mâṇḍûkya Up. 1.7 : Je suis serein, je suis bienheureux, je suis non duel. Je suis l'Un.

Commentaires :

– Il y a toujours deux : apparition, disparition. Si l'un prend le dessus, l'autre va venir et le détruire mais ce qui est au-delà est en paix (*śantaṃ*) et stable. Comment ce qui est en paix (*śantaṃ*) peut-il tolérer une multitude de troubles et d'ennuis ? C'est pourquoi Rudra (le Terrible) apparaît et détruit l'apparition de ce qui est faux. Après la destruction effectuée par Rudra, alors Śiva (le Bienfaisant) apparaît. La danse de Rudra continue aussi longtemps que l'illusion du limité et du fini reste présente. Après cela vous ressentez la présence rafraîchissante et infinie de la majesté fixe et stable de Śiva.

– Toute activité entraîne un mouvement et un changement. Mouvement veut dire amour et haine. Quand peut-il y avoir activité ? Lorsqu'il y a deux. Sans dualité, il n'y a pas d'action. Que se passe-t-il alors ? Un sans second (*advaitaṃ*), calme sans action (*śantaṃ*). Et parce qu'il n'y a pas d'action c'est Śiva, celui qu'on appelle le Bienfaisant. Śiva signifie l'Un. Il y a trois aspects : *advaitaṃ śantaṃ śivam*.

Le monde extérieur selon le Sâṃkhya

Le *Sâṃkhya* dénombre les éléments constituants de l'univers. Ces éléments coopèrent entre eux car ils sont liés (*bandha*) les uns aux autres. Il est possible toutefois de les désenchevêtrer ou de les séparer. On est alors libéré (*mokṣa*).

L'univers se fonde sur une dichotomie de *puruṣa* (litt. : homme ou conscience) et de *prakṛti* (matière, base, substance, nature).

Prakṛti, base de toutes les existences phénoménales, comprend le monde physique et psychique. Elle est l'indéterminé ou le non-manifesté (*avyakta*). Elle est le premier moteur. Origine du mouvement, elle s'oppose à toute transformation (*vikṛti*) en s'appuyant sur l'inertie (*pradhâna*). Elle est à la fois substratum des phénomènes, cause efficiente et matérielle et substance. Absolument une, elle est constituée par trois essences, les *guṇa*, comparables aux trois torons d'une corde : l'existence (*sattva*), le changement ou le dynamisme (*rajas*) et enfin la dissolution (*tamas*).

Cette division en *guṇa* a beaucoup été utilisée dans les traités médicaux de l'*Ayur Veda*. *Sattva* est associé à l'air (*vâyu*), au tempérament sanguin et à l'intellect. *Rajas* correspond au tempérament bilieux et à l'activité. *Tamas* est associé au tempérament flegmatique (*kapha*) et à l'affectivité. L'homme est ainsi un agrégat d'intellect, d'action et d'émotion.

Il existe aussi d'autres classifications des *guṇa*. *Sattva* c'est l'équilibre ou encore le bonheur (*sukha*) des dieux car ils sont dans la neutralité. C'est la conscience. *Rajas* c'est la souffrance (*duḥkha*) des hommes car ils sont dans la rougeur de l'action. C'est l'énergie. *Tamas* c'est la torpeur des animaux car ils sont dans l'obscurité de la réaction. C'est la matière.

Certes Svâmiji n'a pas repris la théorie des trois *guṇa*. Il a plutôt parlé de dualité ou d'action-réaction. Mais on peut rapprocher la loi d'action-réaction dont parle Svâmiji des trois *guṇa*. L'action serait *rajas*, la réaction *tamas*. L'équilibre serait *sattva* bien qu'on ne puisse, à proprement parler, faire correspondre *sattva* ni à *brahman* ni à *puruṣa*.

Puruṣa est le connaisseur du champ (*kṣetra-jña*). C'est le principe au-delà de la conscience, l'expérimentation au-delà de l'expérience. Il est présent dans l'expérience mais n'est pas impliqué. Pure conscience (*cin-mâtra*), flambeau (*prakâśa*) qui éclaire l'activité de la nature. Unique en son essence, il est innombrable en ses manifestations. Il y en a autant que de corps, mais on en parle au singulier car la multitude est secondaire. Sinon, les principales caractéristiques de *puruṣa* sont proches d'*âtman*. Immatériel, sans pouvoir d'agir, il n'est pas la cause matérielle ou efficiente. Non créateur, il ne s'étend ni ne se transforme. Absolument isolé (*kevala*), connaissance pure, il a la capacité de s'associer avec des attributs conditionnels, limitants (*upâdhi*). Ainsi *puruṣa* associé à des *upâdhi* fait apparaître l'individu (*jîva*). On l'appelle animateur, seigneur (*svâmin*), contrôleur (*adhisthâtar*). Dans le jeu d'échecs, *puruṣa* est le roi, l'organe interne (*antaḥkaraṇa*) est la reine, les ministres sont les serviteurs…

L'évolution : *pariṇâma* (litt. : modification).

Au départ, il y a la matière, composée des cinq éléments, qui sont en parfait équilibre. Toute l'évolution est décrite comme le passage de l'équilibre au travers d'une succession de modifications (*vikṛti*). La première est *mahat :* le Grand, le Vaste, l'Immense, la Potentialité. De là vient l'individualité (*ahaṃkâra*) *;* de là les cinq éléments fins (*tanmâtra*) qui contiennent potentiellement les cinq éléments grossiers (*bhûta*) ; de là les dix sens d'aperception et d'action (*indriya*).

Suivant une autre classification, du plus fin au plus subtil, il y a vingt-cinq éléments (*tattva* : réalités ou principes) qui comprennent :

– *Puruṣa* et *prakṛti*.
– Les trois sens psychiques (*buddhi, ahaṃkâra, manas*).
– Les dix sens d'aperception et d'action.
– Les cinq éléments fins (*tanmâtra*).
– Les cinq éléments grossiers (*bhûta*).

L'individu est un processus matériel (*prakṛti*) autour d'une conscience immatérielle (*puruṣa*). C'est la conjonction de *prakṛti* (aveugle) et de *puruṣa* (paralysé).

Le monde est changement. Il a dû y avoir « neutralité » à un moment donné. Les *tattva* se dissolvent, se diversifient suivant un ordre fixe, puis les manifestations se réemboîtent dans l'ordre inverse. Il y a déploiement ou création (*sarga*) puis réabsorption et isolement dans l'unité. Il y a manifestation (*âvirbhâva*) de ce qui était caché ou obscur (*tirohita*). Il y a développement (*udbhâva*) parmi les forces en présence de la manifestation (*prakâśa*), activité (*pravṛtti*), retenue (*niyamana*).

Le but de cette manifestation est donné par *puruṣa*, de la même manière que l'aimant oriente la limaille de fer.

Le lien (*bandha, sambandha*) qui s'établit entre *puruṣa* et *prakṛti* est réel et éternel, puisqu'il n'a pas eu de commencement. Mais il peut s'achever par la délivrance. Il n'est donc pas inhérent. C'est une juxtaposition, un voisinage.

Quand Svâmiji utilisait les termes *prakṛti* et *puruṣa*, il leur donnait son interprétation personnelle. Ainsi *prakṛti* est synonyme de nature et donc de changement. *Puruṣa* c'est l'état d'équilibre, de neutralité :

> – Tout ce qui s'est passé et se passe, c'est *prakṛti* (la nature). *Prakṛti* est l'aspect cinétique de l'énergie, tandis que *puruṣa* en est l'aspect potentiel. *Puruṣa* n'est perçu que lorsque toute action atteint sa quintessence finale. Mais ce même *puruṣa* est le fondement de toute action.

Svâmiji parle peu de *puruṣa*, de même qu'il parle peu d'*âtman*. Certes *puruṣa* est multiple tandis que l'*âtman* est « un et sans second », mais on a vu que la multiplicité des *puruṣa* est secondaire. Par ailleurs, *puruṣa* est neutre, donc sans félicité (*ânanda*). Il se distingue par là de l'*âtman* du *Vedânta* qui est existence-conscience-félicité (*ṣad-cid-ânanda*) alors que, pour Svâmiji, l'*âtman* c'est la neutralité et qu'*ânanda* appartient au monde de la dualité.

Par contre, la notion de *prakṛti*, que Svâmiji traduit par nature ou lois de la nature, correspond en grande partie à la description du *Sâṃkhya*. Elle est en perpétuel changement et transformation : une succession d'apparitions et de disparitions à partir d'un état de neutralité, de repos, suivant l'analogie du pendule dont le mouvement part de l'équilibre et aboutit à l'équilibre. Ce changement n'est pas arbitraire. Il s'effectue dans une relation de cause à effet, ainsi qu'on le trouve dans les *Sâṃkhya :*

« Il n'y a pas d'autre cause que la nature (*Na prakṛter kâranântaram asti iti*). »

« A tout effet, il y a une cause, même si elle n'est pas perçue. Dans ce cas elle n'est pas manifestée (*kâraṇam asty avyaktam*). »

« Le réel est produit par le réel. Le réel ne peut être produit par l'irréel (*sataḥ sânjayate na asato sadutpadyate*). »

« Car la (cause) potentielle ne peut avoir pour effet que ce dont elle est capable (*śaktasya śakyakaraṇât*). »

« S'il y a une cause, il doit y avoir un effet qui s'ensuit. S'il y a un effet, il doit y avoir une cause qui le produit (*kâraṇe satyavaśyam kâryeṇa bhâvyaṃ karye satyavaśya kâraṇena bhâvyam*). »

« L'effet est contenu dans la cause (*satkâryam*). »

Le monde extérieur selon le Vedânta

Le *Vedânta* classique adopte les positions suivantes :

– La matière est une forme de conscience.

– Le monde apparaît tantôt comme un jeu (*lîlâ*), tantôt comme une illusion (*mâyâ*) ou encore comme une aberration mentale (*bhrama*). Toutefois Śaṅkara admet l'existence empirique du monde. Il l'appelle vrai par expérience (*vyâvahâra-sad*), faux en réalité (*yathârtha-asad*).

– L'existence apparente du monde est expliquée par l'intervention de *mâyâ*, force cosmique, pouvoir d'illusion, issue de l'ignorance (*avidyâ*) et qui apparaît presque comme une entité.

L'approche de Svâmiji est beaucoup plus « matérialiste » : le mental est « une forme de matière subtile » ; le monde existe.

Neutre dans sa réalité intrinsèque, il est toujours réel, mais sa réalité varie selon la perception que l'on en a. Il n'y a pas d'autre réalité que la perception que l'on a, à un moment donné. On ne peut donc jamais opposer apparence et réalité. Si je perçois « l'apparence », telle est ma réalité. Cette « apparence » est-elle réelle ? C'est à chacun de le découvrir par son expérience personnelle. On est mis sur la voie par l'expérience que nos perceptions sont coloriées, viciées, transformées par nos émotions. Celles-ci sont l'expression de l'action-réaction donc de la dualité. L'action-réaction vient de la non-perception des faits, du refus de voir les choses comme elles sont. Ce refus est la source de la dualité. Car il empêche de voir la totalité de ce qui est et remplace ce-qui-est (*tattva*) par autre chose. Le refus est la source de *mâyâ* qui devient simplement vision incomplète ou vision fausse :

– *Mâyâ* est une fausse apparence, mais n'existe pas en réalité. Ce que vous voulez refuser n'a pas d'existence en réalité. Cela semble en avoir une. C'est cela *mâyâ*.

– *Mâyâ*, c'est le voile, ce qui recouvre, le mensonge. *Mâyâ* est ce qui devrait être. C'est cela *mâyâ :* on continue d'espérer obtenir alors que ce n'est pas possible.

– *Moha* est l'égarement (*delusion*). Ce qui ne laisse pas voir une personne ou une chose telle qu'il ou qu'elle est, et à sa place fait voir cette personne ou cette chose comme quelqu'un d'autre ou autre chose. Par exemple, tout est instable, mais ce qui vous fait croire que tout est stable est appelé *moha*. Ce qui crée dans votre mental la distinction entre « moi » et « l'autre » est *moha. Moha* n'est qu'un produit du mental et c'est pourquoi c'est un égarement.

La réalité suprême n'est pas l'existence-conscience-félicité (*sad-cid-ânanda*) *:*

– *Cit*, c'est la conscience d'être, le sentiment d'être. Cela évolue. Dans les formes les plus primitives de la vie, elle est dormante. Les plantes ressentent la souffrance mais ne l'expriment pas tellement.

– *Sad-cid-ânanda* n'est pas l'ultime, car cela continue d'évoluer. L'ultime est libre de *sad-cid-ânanda*. Il est. C'est *brahman, âtman*, Cela (*tat*), Je (*aham*).

Le monde extérieur selon le Yogavâsiṣṭha

Le monde de l'expérience : objets, espace, temps, lois naturelles sont des manifestations du mental. Le temps et l'espace ne sont que des successions d'idées. Les lois de la nature (*niyati*) ne sont que l'ordre de succession entre deux idées. La stabilité et la permanence sont des idées. Le monde extérieur est la matérialisation des idées, très semblable à ce qui se passe dans le rêve. La force qui pousse à la matérialisation est le désir ; désir d'avoir quelque chose, d'être quelque chose.

Il y a autant d'imaginations particulières (*kalpâna*) que d'individus. Tous sont issus d'un mental (*manas*) cosmique : *brahman*. Comment la création apparaît-elle ? *Brahman* se met à vibrer et la nature apparaît. L'impulsion créatrice (*spanda-śakti*) se manifeste sous des formes finies : imagination (*saṃkalpa-śakti*), monde (*jagan-śakti*), nature (*prakṛti*), qui sont autant de synonymes. Ce monde des apparences est faux (*mithyâ*), ignorance (*avidyâ*), illusion (*mâyâ*), tromperie (*bhrama*). Rien n'est réel, c'est-à-dire indépendant du mental.

• Il n'y a pas d'effet sans cause

> *Y.V.* 3.56.33 : Un effet sans cause n'a jamais été vu ni entendu nulle part depuis le début de la création.

• Tout est relié à tout

> *Y.V.* 6. (2).159.41 : Tout est présent, partout, de toutes les façons, toujours, dans toutes les formes.

Le monde extérieur selon le bouddhisme

La première noble vérité du Bouddha est la constatation de la souffrance due à l'impermanence. Svâmiji parle du changement. Le monde extérieur et intérieur, composé de cinq agrégats (*skandha*) : matière et sensation (*rûpa*), affectivité (*vedana*), perception cognitive (*sajñâ*), organisation volontaire (*saṃskâra*) et relation sujet-objet (*vijñâna*), est en mouvement. Tous les agrégats sont en interaction les uns avec les autres.

Svâmiji, dès le départ, met la perception du changement au premier plan : « Tout est impermanent, a-t-il répondu à son propre maître, je ne connais pas le Soi. » A la parole de Bouddha : « Tout ce qui a la nature d'apparaître a la nature de disparaître (*yam kînci samudayad dhammam. Śubbham tam nirodha dhammam*) » répond en écho la phrase de Svâmiji : « Tout ce qui vient s'en va. »

Le monde intérieur

Le monde intérieur selon les Veda

On trouve dans les *Veda* un certain nombre de notions concernant le psychisme et qui sont tantôt reprises, tantôt rejetées par Svâmiji.

Nâma-rûpa (littéralement nom et forme, traduit habituellement par individualité), qui exprime la distinction entre la matière statique (*sthita*) appelée aussi forme matérielle (*rûpa*) et la force agissante (*nâma*). Elle implique la distinction entre perception et conception, sensation et abstraction, physique et psychique.

Bien que les *Veda* reconnaissent parmi les caractères psychiques la parole (*vâk*), le mental (*manas*), le Soi (*âtman*), ils ne distinguent pas explicitement l'aspect corporel et psychique. Aussi la meilleure traduction de *nâma-rûpa* est peut-être celle de psycho-physique ou ce que Svâmiji appelle le corps physico-mental (*body-mind complex*).

La vie : elle est désignée par deux mots, *aśu* et *prâṇa* (principe vital). Elle prend la forme du dieu *Prajâpâti* ou *Agni* qui symbolise l'unité de *nâma-rûpa*. Svâmiji ne parlait pas de *prâṇa* mais plutôt d'énergie (*śakti*).

Le mental (*manas*) est dans les *Veda* un organe d'action. Il siège dans le cœur (*hṛt*). Le *Ṛg Veda* (10.103.2) parle de douleur dans le cœur (*hṛtsu śoka*). Le cœur est le siège de la souffrance, de la peur et de toutes les émotions. Ce cœur, différent du cœur physique, est le siège de la partie affective du mental. Mais le mental a aussi un aspect intellectuel : il peut être mûr, ferme, acéré.

Svâmiji n'a jamais précisé le siège du mental, mais, comme les *Veda*, il décrit le mental comme fait d'émotions, de désirs et d'idées. Par contre, le mental mûr, ferme et acéré est appelé par lui intellect (*buddhi*).

Dans l'hymne de la création du *Ṛg Veda*, la source du mental est *kâma* (le désir) :

> *Ṛg Veda* X.129.4 : *Kâma*, le désir, apparut le premier. Ce fut la semence du mental (*manas*). Les sages cherchèrent et trouvèrent dans leur cœur, par une méditation profonde, cette racine première de l'existant dans le non-existant.

Faut-il le rapprocher du désir sexuel, de la libido de Freud ? *Kâma* veut effectivement dire désir ou passion sexuelle, mais avait-il ce sens aux temps védiques ou bien faut-il comprendre désir de vivre, volonté de puissance ? Winternitz traduit par désir sexuel. Mais Schopenhauer et Deussen le traduisent par volonté, non pas dans le sens de volonté humaine, mais de volonté de puissance ou même de vouloir-vivre, ce qui le rendrait proche de la notion d'*ahaṃkâra.*

Pour Svâmiji le désir est également une caractéristique fondamentale du mental (*manas*). Il vient de l'idée fausse que l'on se fait des choses. On se sent séparé et on aspire à l'unité. Désir sexuel et volonté de puissance sont deux modalités qui ne diffèrent que par l'objet auquel ils s'appliquent.

Le Soi (*âtman*) *:* dans les *Veda, âtman* est synonyme de *prâṇa* ou *d'asu*, mais il signifie aussi la nature essentielle d'une chose (*Ṛg Veda* VI, 164.4). L'*âtman* est le témoin du mental car il est détaché de ce qui se passe. Les émotions disparaissent « brûlées par le feu de la connaissance (*jñâna-agninâ dagdham*) ». En effet, il n'y a pas de maladie mentale. Le mental est lui-même la maladie. C'est en se rapprochant de l'*âtman* que le mental est guéri.

De son côté, Svâmiji s'est toujours opposé à une présentation rigide qui opposerait d'un côté le moi individuel et de l'autre un Moi cosmique ou *âtman*, dont la nature serait totalement différente du moi individuel. C'est pourquoi, il n'a jamais parlé de « témoin » et de « détachement » sinon pour critiquer ces notions. Vouloir être témoin ou détaché tant que notre mental reste actif ne peut conduire qu'à la division interne, au refoulement et qu'à renforcer la dualité, car c'est se séparer de ce-qui-est et se couper de sa propre expérience de la réalité. Pour Svâmiji, le passage se fait graduellement d'une conscience étroite et limitée à une conscience plus vaste

De même, pour Svâmiji, le mental n'est pas une maladie mais un mode de fonctionnement « normal » de l'être humain. Il y a trois modes de fonctionnement du mental pour Svâmiji : l'anormal, le normal et le supra-normal qui correspondent à des degrés différents. Chaque degré doit être franchi avant d'accéder au degré suivant. Il n'est donc pas possible de passer directement de l'anormal au supra-normal. Par contre, Svâmiji aurait pu faire sienne la formule : « Les émotions sont brûlées par le feu de la connaissance. »

Le monde intérieur dans les Upaniṣad

La description de la structure de l'organe interne (*antaḥ-kâraṇa*) et de son fonctionnement dans les *Upaniṣad* est assez proche de celle utilisée par Svâmiji.

La *Chândogya Up*. 3.14.1 caractérise un être humain par trois éléments : désir (*kâma*), lumière (*tejas*) qui désigne l'intellect ou la conscience et un but (*kratu*), tandis que la *Taittirîya Up*. 3.1.7 dresse un tableau de l'évolution du matériel au spirituel en distinguant cinq phases : un être humain est constitué d'un corps physique (*anna*, litt. : nourriture), de sensations (*prâṇa*, litt. : souffles vitaux), d'un mental (*manas*), de conscience (*vijñâna*), de félicité (*ânanda*). Le mental est bien matériel, car il tire son être de la nourriture.

Pour la *Bṛhadâraṇyaka Up*. 5.6 et la *Śvetâṣvatara Up*. 3.12 et 13, un être humain est celui qui est « maître de tout et dirige le monde ». En langage moderne, on dirait « qui contrôle son environnement ».

La *Praśna Up*. 4.8 distingue quatre organes internes : le mental (*manas*), l'intellect (*buddhi*), l'ego (*ahaṃkâra*) et la pensée (*citta*) et établit une distinction entre les sens (*indriya*) et le mental (*manas*).

• Indriya

Les *indriya* sont des capacités d'appréhension et d'action. On traduit par « sens » en français. Il faudrait plutôt dire des « attrapeurs » car ils saisissent (*graha*).

D'après la *Bṛhadâraṇyaka Up*. 3.2.1 à 9, il y en a huit : l'œil, l'oreille, le nez, la langue, la peau ainsi que le mental, la parole et les mains.

La *Kausitaki Up*. en rajoute trois à la liste précédente : les pieds, le sexe, l'intelligence. Dans les systèmes, on distinguera plus tard cinq sens d'appréhension (*graha-indriya*) *:* œil, oreille, nez, langue, peau et cinq sens d'action (*karma-indriya*) *:* voix, mains, pieds, anus et organes génitaux.

• Manas

Manas (le mental) vient de la racine *man* qui signifie penser. Pourtant, dès l'origine, *manas* inclut les émotions, les désirs, les idées et les images. Il a une fonction duelle. En tant que sens d'appréhension, il transforme les données des sens en idées, en tant que sens d'action, il transforme les idées en résolutions (*saṃkalpa*). Son action est indépendante des sens.

• Rapports entre le physique (*indriya*) et le psychique (*manas*)

Le problème est de déterminer lequel est le plus important. Est-ce le corps physique ou le mental ?

La *Mândûkya Up*. examine la question à propos du rêve :

> Dans l'état de veille (*jâgrat*), les sens fonctionnent avec le mental (*manas*). Dans le rêve (*svapna*), seul *manas* fonctionne.

La *Bṛhadâraṇyaka Up*. 4.3.9-18 précise : « Celui qui désire rêve. Celui qui ne désire pas ne rêve pas. »

On retrouve dans ces deux dernières citations toute une théorie du rêve qui n'est pas sans rappeler celle de Freud : le rêve comme expression des sensations transmises par *manas* et le rêve comme expression de *manas* qui, étant un produit du passé, « invente » les rêves en fonction de ses désirs.

La *Bṛhadâraṇyaka Up.* rapporte l'histoire de la querelle entre le corps et le mental. La prééminence est donnée au souffle vital (*prâṇa*) appelé sensation, enfant de Prajâpâti. Ce qui veut dire qu'il est l'émanation de la conscience.

La *Chândogya Up.* 7.1.15 établit une séquence différente : on parle (*vâk*) parce qu'on le veut (*manas*) ; on le veut, parce qu'on s'est fait une idée (*saṃkalpa*) ; se faire des idées, c'est penser (*citta*), qui vient de l'application (*dhyâna*). C'est pourquoi le corps est soumis au mental puisqu'on fait ce que l'on pense.

La *Kaṭha Up.*, dans l'analogie bien connue du maître du chariot (*âtman*), des rênes (*manas*), des chevaux (les sens), établit une séquence qui va du plus matériel au plus subtil.

Pour Svâmiji, l'organe le plus important est *manas* sous sa double identité, celui qui dirige le complexe psycho-physique au niveau empirique et celui qui se révèle comme *brahman*.

• L'ego

L'ego n'apparaît pas de manière explicite dans les *Upaniṣad*. On y parle plutôt de séparation comme source de la souffrance :

> La *Bṛhadâraṇyaka Up.* 1.4.2 : Ce n'est que d'un second que vient la peur. (Autre traduction : Dès qu'il y a deux, la peur apparaît.)

– C'est le désir qui vous tient lié à autre chose. D'où conflit. Et dès qu'il y a deux, la peur apparaît : peur de perdre quelque chose, peur de l'insécurité, peur de la peur et, en fin de compte, peur de la mort. Ce deux… deux… deux… cette dualité est la source de tous les maux.

> *Bṛhadâraṇyaka Up.* 1.4.10 : Je suis *brahman*… Celui qui croit que « cela » est différent et que « je » suis différent, celui-là ne sait pas. Il est comme un animal pour les dieux.

> *Bṛhadâraṇyaka Up.* 2.4.5 : C'est par amour de soi-même que toute chose nous est agréable.

Traduction littérale que Svâmiji rendait par : « Personne n'aime personne. Chacun ne s'intéresse qu'à lui-même. »

> *Bṛhadâraṇyaka Up.* 2.4.6 : Son fils, son épouse et ses amis, tous abandonneront celui qui les considère comme séparés de lui… et non seulement eux, mais *brahman, îsvara*, etc., l'abandonneront également. Ainsi allez-vous considérer quoi que ce soit comme séparé de l'*âtman*, du Soi ?

• Le désir est la caractéristique principale de l'homme

> *Bṛhadâraṇyaka Up.* 3.9.11 : Ce *puruṣa* (l'homme) est fait de désir. Ce désir vient du sens de la séparation, de l'isolement.

> *Bṛhadâraṇyaka Up.* 1.4.3 : Seul on n'est pas heureux. C'est pourquoi il souhaita un second.

Le désir a pour but l'expansion, qui prend d'abord la forme de la multiplication : soif de possession de richesse et de progéniture.

> *Taittirîya Up.* 2.6 : Il souhaita, que je sois nombreux, que je me multiplie.

> *Chandogya Up.* 6.2.3 : Il pensa que je sois nombreux et que je me multiplie.

> *Aitareya Up.* 1.1 : Il pensa, puissé-je créer des gens.

Le monde intérieur selon le Sâṃkhya

L'organe interne est composé de trois éléments : *buddhi, ahaṃkâra, manas*, chacun d'entre eux étant produit par celui qui le précède. Cet organe interne est lui-même issu directement de *prakṛti* (nature) ce qui met en relief son aspect purement matériel. On dirait aujourd'hui physico-chimique, puisqu'il n'a aucun rapport avec *puruṣa*.

• Buddhi

Buddhi, traduit généralement par intellect ou entendement parce que sa fonction est de décider et de juger, est le seul apte à connaître la nature. Par cet aspect lumineux, il se rapproche de *puruṣa* dont il est le reflet. Voici ce qu'en disait Svâmiji :

– Les sens (*indriya*) fonctionnent toujours à l'intérieur de limites. *Buddhi* a aussi des limites, pourtant *buddhi* peut être illimité, aiguisé et pointu. Votre vue peut être illimitée. Vous pouvez voir qu'un grain de poussière est infini.

– *Buddhi* est l'intellect, qui voit au-delà des plaisirs et de la peine, des goûts et des dégoûts. Essayez de rendre votre *buddhi* acéré (*sukṣma*) et pointu (*agra*).

– *Buddhi* signifie se concentrer. Par exemple quand on dit : « C'est un arbre. » Un bébé n'a pas de *buddhi. Buddhi* apparaît avec la première expérience. C'est un mécanisme qui relie la cause et l'effet. Un *buddhi* non aiguisé est celui qui s'attache aux apparences et non à la cause et aux effets réels.

Mais *buddhi* est par ailleurs la modification (*vikṛti*) la plus proche de *prakṛti*. Il est alors appelé le Vaste (*mahat*), le non-manifesté car il contient les impressions du passé (*saṃskâra*) et les prédispositions latentes (*vâsanâ*). C'est donc aussi l'inconscient :

– L'inconscient en sanskrit est désigné par le mot *mahat* (le Vaste) et *avyakta* (le non-manifesté). Ce sont les sources des activités conscientes.

Buddhi n'est donc pas seulement l'intellect conscient mais également l'inconscient. C'est pourquoi il apparaît le premier et antérieurement à l'ego dont il est la source.

• Ahaṃkâra

Ahaṃkâra (ego) : le suffixe *kâra* signifie celui qui fait, comme dans *ghata-kâra :* le potier. Mais il peut aussi vouloir signifier « celui qui dit », comme dans les *Veda :* celui qui dit « *svâhâ* ». Il émane de *buddhi* et est cause de *manas*. Sa principale fonction (*vṛtti*), c'est l'orgueil ou l'affirmation de soi (*abhimâna*) qui consiste à donner naissance à l'idée du moi et du mien et par conséquent au fait que tout être se sent séparé. Il est caractérisé par l'appropriation par transfert (*adhyâropa*) de qualités qui ne lui appartiennent pas. Il est aidé dans cette fonction par *manas*.

• Manas

Manas (le mental) est l'organe qui détermine la perception alors que les sens fournissent la sensation. Sa fonction est de construire, mettre en ordre (*saṃkalpayati*). Par projection, il se mue continuellement en objet dont il prend conscience. Par identification, il assume les formes et les couleurs de tout ce qui se présente à lui par les sens, l'imagination, la mémoire, les émotions. En constante agitation, il est doué d'un pouvoir de transformation ou de métamorphose qui est sans limites et jamais en repos.

Pour caractériser les trois fonctions de l'organe interne (*antaḥ-kâraṇa*), le *Sâṃkhya* propose la métaphore suivante : le *puruṣa* est le roi auquel les impôts sont dus, l'intellect (*buddhi*) est le ministre, l'ego (*ahaṃkâra*) est le percepteur, le mental (*manas*) est le chef de village.

Par ailleurs, le *Sâṃkhya* pose l'existence d'un corps subtil (*liñga-śarîra* ou *sukṣma-śarîra*) qui comprend l'organe interne, les sens (*indriya*) et les *tanmâtra*. C'est en lui que réside le *karma*, cause de la souffrance. Il fournit une base semi-matérielle à la transmigration. Il est porteur des *saṃskâra* et des *vâsanâ* dont la plus fatale est l'ignorance (*avidyâ*) c'est-à-dire la non-discrimination (*aviveka*) entre *puruṣa* et *prakṛti*. L'ignorance maintient le *puruṣa* associé à *prakṛti* et l'implique dans le réseau d'une ronde de transmigrations (*saṃsâra*).

Svâmiji, en dehors des questions qui lui ont été posées directement sur la notion de corps subtil, n'en a pratiquement pas parlé. Dans ses réponses, il s'est contenté d'expliciter ce que disaient les textes sans les reprendre à son compte. En fait, il n'en avait pas besoin car la notion du corps subtil fait double emploi avec l'inconscient.

Par contre, il a pratiquement adopté la présentation de l'organe interne (*antaḥkârana*) du *Sâṃkhya*, que ce soit pour l'inconscient (*mahat*) qui contient les *saṃskâra* et les *vâsanâ*, impressions emmagasinées dans le système nerveux, l'ego (*ahaṃkâra*) comme affirmation de soi ou le mental (*manas*) comme pouvoir d'interprétation, de déformation et de création.

L'identité de vue est particulièrement nette entre le *Sâṃkhya* et Svâmiji en ce qui concerne le mental (*manas*) *:* celui-ci existe, est matériel, commande au corps et crée l'illusion. Etre libre, c'est être libre du mental

Le monde intérieur selon le Vedânta

Pour la description de l'organe interne, le *Vedânta* reprend la présentation du *Sâṃkhya* mais les distinctions sont moins tranchées entre les trois éléments qui le composent. Le *Vedânta* rajoute *citta*, mémoire ou souvenir des choses qui l'intéressent pour son plaisir. Ces éléments ne sont plus que des fonctions différentes non hiérarchisées. Ainsi selon *Śañkara :*

« L'organe interne (*antaḥkâraṇa*) est appelé mental (*manas*) lorsqu'il doute, intellect (*buddhi*) lorsqu'il détermine » (*Vedânta Sûtra* 2.3.32)…

« Manas : ce sont les désirs, représentations, doutes, croyances, besoin de croire, mémoire, inconséquence, culpabilité, peine, peur » (*Vedânta Sûtra* II 3.32).

« Buddhi est la faculté de déterminer la vérité des objets, de porter des jugements précis sur les objets »… « *Ahaṃkâra* naît de la notion du moi. »

La description de l'organe interne a pour but de montrer les causes d'erreur dans la perception, qui sont sources d'ignorance (*avidyâ*). Les fonctions mentales (*vṛtti*) vont de la perception brute à la formation des idées et tendances sous le mode synthétique (*saṃkalpa*) ou analytique (*vikalpa*).

L'erreur réside dans un vice organique du sujet qui conçoit l'objet autrement qu'il n'est (*anyathâkhyâti*) *;* selon d'autres vues, la perception fausse est causée par quelque chose de positif mais d'inexplicable (*anirvacanîyakhyâti*).

Le monde intérieur selon le Yogavâsiṣṭha

La place essentielle dans l'organe interne est prise par le mental (*manas*) *:*

> *Y.V.* 2.9.17 : Le désir n'est rien d'autre que le mental et le mental est l'homme.

Y.V. 3 96.1 : Le mental n'est qu'émotion.

Y.V. 3.14.5 : L'individu est la vibration du mental. L'homme est ce qu'est le mental.

Manas et *citta* sont tous deux utilisés en sanskrit pour désigner le mental. *Citta* est plutôt employé pour en désigner l'aspect émotionnel et de là l'inconscient.

Svâmiji traduit *citta* par mémoire dans le sens où la mémoire est le dépositaire des *saṃskâra* ou impressions inconscientes. *Citta*, synonyme de *manas* et d'inconscient, est défini dans le *Yogavâsiṣṭha* de la manière suivante :

Y.V. 5.13.51 : Les érudits décrivent *citta* comme l'imagination.

Y.V. 6 (2) 36.25 : *Citta* n'est rien d'autre que le désir.

Y.V. 6 (1) 101.128 : On appelle *citta* le désir dense (*congealed*) qui conduit à la réincarnation. Il n'existe pas chez l'homme de connaissance.

Toute individualité est *manas*, un mode particulier de la réalité ultime, déterminé par un mouvement particulier, une tendance, un désir, une imagination. Il est appelé par des noms différents selon les fonctions qu'il accomplit : *buddhi* quand il connaît quelque chose de manière définie ; *ahaṃkâra* quand il assume une existence séparée ; *citta*, quand il est troublé ; *karma* (action) quand il se meut vers un but désiré ; *vâsanâ* (désir), quand il s'attache à quelque chose qui n'est pas en sa possession ; *indriya* (action des sens), quand il dévoile des objets extérieurs aux organes des sens ; *prakṛti* (nature) quand il crée des objets à partir de lui-même ; *âtman* quand il atteint la plénitude de ce qu'il est ; *brahman* quand il est en équilibre et neutre :

Y.V. 3.67.21 : La même énergie devient le mental (*manas*) quand elle imagine, l'intellect (*buddhi*) quand elle réfléchit, l'ego par l'orgueil, *citta* par la mémoire et *mâyâ* par manque d'attention.

C'est pourquoi le *Yogavâsiṣṭha* peut dire que « tout est le mental », énoncé que Svâmiji commente ainsi :

– Parfois, *manas* désigne les quatre parties de l'organe interne, comme dans la phrase : « Tout, en vérité, est le mental (*sarvaṃ mana-eva*). Tout… la manifestation de toute chose est due au mental, sinon pas de manifestation (*play*). Quand vous êtes « un avec » il ne peut plus y avoir de manifestation.

Ce mental n'est ni différent, ni séparé de *brahman*. C'est *brahman* lui-même qui se manifeste comme agent créateur, c'est la totalité qui est regardée d'un point de vue particulier.

Le mental, qui a trois manifestations : l'individu (*jîva*), l'ego (*ahaṃkâra*), le corps (*deha*), forme la plus grossière du mental, a d'immenses pouvoirs.

Tout-puissant, créateur, il est absolument libre, c'est pourquoi nous pouvons atteindre ce à quoi nous aspirons et nous obtenons ce que nous voulons en fonction des efforts que nous faisons. Nous fabriquons nos vies, selon les pensées que nous avons. Nous devenons ce que nous pensons. Nos pensées sont notre destinée. Une croyance très forte (*bhâvanâ*) est le secret de nos succès.

Le corps est une création du mental. La maladie est due à un trouble du mental. On peut guérir quand on pense de manière juste. La souffrance est due à la croyance erronée que nous sommes des êtres séparés.

Le corps est la manifestation extérieure de notre volonté d'être. Les désirs non satisfaits conduisent à un nouveau corps et à un nouveau monde. La mort peut être contrôlée par celui qui n'est pas affecté par les soucis, les chagrins et les anxiétés, par celui qui n'est pas l'esclave de ses émotions.

Svâmiji, comme nous l'avons vu, a repris l'essentiel de ces thèmes sur les pouvoirs immenses du mental.

Le chemin de l'accomplissement

Ce chemin passe par un développement complet des différents aspects de l'homme : aspect intellectuel (voir), aspect affectif (accepter), aspect relatif à l'action (faire l'expérience des choses pour s'élargir) et qui culminent dans la connaissance, car connaître, c'est être. *Brahman*, en nous, prend conscience de lui-même. On devient ce que l'on connaît. Ainsi que le dit la *Manusmṛti :*

> *Lois de Manu* 1.109.82 : Un brahmane dont la conduite est indigne ne jouit pas du fruit de la connaissance.

Svâmiji citait cet aphorisme pour montrer qu'une discussion purement intellectuelle ne servait à rien, si celui qui parle ne met pas en application ce qu'il dit.

– Connaître, c'est être ou savoir c'est pouvoir. On ne connaît que ce que l'on fait. Il ne peut y avoir de connaissance sans expérience, sans mode de vie correspondant.

Voir

• Voir avec un intellect fin et acéré

> *Kaṭha Up.* 1.3.12 : Il est vu par un intellect fin et acéré. Qu'est-ce qui est vu ? La vérité, le Soi. Vu par qui ? Par ceux dont la vision est fine et subtile. Vous voyez, toujours, voir, voir, voir.

• Voir avec toutes ses perceptions

> *Kena Up.* 2.4.5 : A travers chaque perception (*bodha*) il est connu.

– Dans toutes les actions que j'accomplis, dans toutes les expériences que je fais, dans mon interrogation : qui et quoi sont toutes ces choses à l'extérieur de moi ? Dans la perception de « ce que je suis » en tout, c'est mon propre « moi » qui se manifeste sous des formes multiples.

• Voir et non penser

Kaṭha Up. 2.1.11 : On ne peut l'atteindre que par le mental. Il n'y a pas de diversité, pas de division.

– Cela signifie donc qu'il y aurait deux « mental » ! Quels sont-ils ? Quel est celui qui voit ? L'un des deux voit la « diversité » seule, comme étant la vérité et l'autre ne voit pas de « diversité ». Quand et comment voient-ils différemment ? L'un voit avec les yeux et l'autre par le mental (par la pensée) !

• Voir ce qui est

Kaṭha Up. 2.3.12 : Ce n'est ni par les mots (*vâcâ*), ni par le mental (*manasâ*), ni par les yeux (*cakṣusâ*) qu'elle (la vérité) peut être obtenue (*prâptum*). Vous ne pouvez l'atteindre nulle part sinon en disant « Cela est ».

Verset que Svâmiji commente ainsi :

– *Na vâcâ :* si c'est la vérité que vous voulez, vous ne pouvez pas l'exprimer par des mots… *Na manasâ.* Par le mental ? Non. *Na cakṣusâ :* Avec vos yeux, vous la verrez ? Non. Où alors ? Où ? Les gens parlent, alignent des mots et vont comprendre ? Non. Les gens imaginent toutes sortes de choses, construisent toutes sortes de représentations et vont comprendre ? Non. Où alors ? Où ? Seulement lorsqu'on dit « est », seulement « est ». Alors vous pouvez trouver la vérité. Seulement « est ». Nulle part ailleurs vous ne pouvez la trouver.

• Etre lucide

Taittirîya Up. 1.1.60 : La lucidité complète (*all-awareness*) et l'infini, c'est cela *brahman.*

Svâmiji, dans sa citation, remplace *jñânam* par *prajñânaṃ.* On trouve d'ailleurs *prajñânaṃ brahma* dans l'*Aitareya Up.* (5.3). La traduction littérale donnerait : « La vérité, la connaissance, l'infini, c'est cela *brahman.* »

Taittirîya Up. 7.26.27 : Soyez libre entièrement, complètement (*vipramokṣa*) de tous les nœuds, de tous les complexes. Comment cela peut-il se produire ? Si vous avez la mémoire[1] ou le souvenir (*smṛtilaṃbhe*). Comment la mémoire peut-elle être constante (*dhruvâ*) ? Si votre vie est vécue correctement… Comment pouvez-vous vivre correctement ? En prenant une nourriture appropriée.

Dans la suite du commentaire de ce texte, Svâmiji enchaînait en demandant :

– Qu'est-ce que la nourriture ? La nourriture n'est pas seulement la nourriture physique, les aliments, mais inclut également toutes les sensations, toutes les perceptions. « L'homme a dix-neuf bouches » dit la *Mâṇḍûkya Up.* 1.3.

Qu'est-ce qu'une bouche ? C'est le lieu où s'établit la relation entre l'extérieur et l'intérieur. Une « nourriture » appropriée entraîne un mode de vie approprié qui permet d'exercer une attention lucide constante. Cette lucidité de tous les instants permet la libération totale de tous les complexes émotionnels.

Śaṇkara explique que les dix-neuf bouches sont les cinq organes des sens (*buddhîndriya*) : l'ouïe, la vue, le goût, l'odorat, le toucher ; les cinq organes d'action (*karmendriya*), les cinq souffles vitaux (*prâṇa*), *manas, buddhi, ahaṃkâra* et *citta*.

• Voir qu'il n'y a pas de salut dans les choses extérieures

Bṛhadaraṇyaka Up. 5.3.4.

Yâjñavalkya, interrogé par Maitreyî, lui répond :

– Non, il n'y a aucun espoir d'obtenir *amṛta* (*amṛta* signifie absence de changement, immortalité, perfection à partir de choses extérieures).

Et celle-ci réplique :

– Si je ne peux obtenir *amṛta* de ces choses-là, qu'en ai-je à faire ? Je n'en veux pas. Indique-moi le moyen d'obtenir *amṛta*.

---

1. *Smṛti* (mémoire) est l'équivalent de l'anglais *awareness* que nous avons traduit par « lucidité ».

Ou dans une autre version :

Bṛhadaraṇyaka Up. 2 4.2.3.

Maitreyî répond :

– Même si la terre est remplie de richesse pour moi, vais-je par là atteindre l'immortalité ?

– Non, non, non. Ta vie sera comme la vic de ceux qui courent après les objets de ce monde (de mort en mort) ; on ne peut devenir immortel par la richesse.

– Qu'ai-je donc à faire avec ce qui ne permet pas de devenir immortel ? Parlez-moi, Seigneur, de cela seulement que vous savez (être le moyen d'obtenir l'immortalité).

Réponse que Svâmiji commente avec enthousiasme :

– Seules les femmes sont capables de relever le défi : « Je ne veux pas. Oh non ! Je ne veux pas ces biens matériels que vous proposez. Que la poussière reste dans la poussière ! »

• Voir qu'il n'y a pas de bonheur dans ce qui est limité

Chândogya Up. 7.23.1 : Il n'y a pas de bonheur dans le fini (ce qui est limité, étroit, mesquin). Le bonheur est dans ce qui est.

– Ce-qui-est (*bhûman*) ne peut être connu tant qu'on reste dans ce qui est limité (*alpa*). *Bhûman* n'est là que si on est libre d'*alpa*. Ce n'est que lorsqu'on a une vision juste (*satya-dṛṣti*) que l'on peut voir cela.

Source non trouvée : Ce qui est limité est périssable.

– Ce qui se tient en soi-même (*svastha*), en paix (*śanta*), ferme (*sthira*), ce-qui-est (*bhûmâ*), *brahman :* ceci est *amṛta :* ce qui est, cela est immortel (*yo vai bhûmâ tad-amṛtam*). Et tout ce qui est différent de cela est soumis à la dualité. C'est destructible (*alpa*).

• Voir que le plaisir et la peine sont inséparables

> *Mahâbhârata Śantiparva* 25.24 : Même le plaisir se termine en souffrance ; rarement la souffrance produit du plaisir. C'est pourquoi celui qui désire un bonheur permanent doit abandonner (litt. : vaincre) les deux.

Svâmiji insistait souvent sur l'aspect complémentaire du plaisir et de la peine, de l'agréable et du désagréable, aussi inséparables l'un de l'autre que la face convexe et la face concave d'un récipient.

Accepter

• Accepter, c'est devenir ce qui est

> *Kaṭha Up.* 2.3.13 : Il s'établit (*prasîdati*) dans ce qui est (*tattvabhâvah*).

La traduction complète du verset est la suivante : « Il doit être réalisé (*upalabdhavyas*) à la fois (*ubhayoḥ*) en disant "cela est" et en devenant ce-qui-est (*tattvabhâvena*). Celui qui le réalise en disant "cela est" s'établit dans ce qui est. »

Ce verset peut servir de fondement à l'affirmation connaître, c'est être (*to know is to be*). Reconnaître ce qui est, l'accepter et le devenir.

• Pas de déni

> *Kena Up.* (Introduction) : Que je n'abandonne pas, que je ne refuse pas *brahman* (ce-qui-est-vaste) et que ce-qui-est-vaste ne m'abandonne pas. Qu'il n'y ait pas de refus…

Svâmiji ajoute : « Même *brahman* abandonnera celui qui considère que *brahman* est séparé de lui. »

C'est le seul texte traditionnel dans lequel apparaît le mot refus ou déni (*nirâkuryaṃ*), qui pour Svâmiji est la source ou l'origine de toute dualité.

Agir

• Absence d'attirance (*vairâgya*)

> *Kaivalya Up.* 1.3 : Ce n'est ni par l'action, ni par la progéniture, ni par la richesse, mais seulement en se rendant libre (*tyâgena*) qu'on peut obtenir l'immortalité.

– C'est par *tyâga* seul qu'on obtient *amṛta :* la félicité au-delà du plaisir et de la peine, la félicité éternelle, stable qui ne change pas ! Non en faisant un effort pour obtenir *tyâga*, mais quand l'attachement tombe automatiquement.

• Sans penser au résultat, l'action est impossible

Svâmiji prend ici le contre-pied du verset bien connu de la *Bhagavad-Gîtâ* 2.47 ou plutôt en donne une traduction et une interprétation tout à fait différentes :

> *Bhagavad-Gîtâ* 2.47 : Tu as droit seulement à l'action. Tu n'as aucun droit au résultat. Ne sois pas la cause du résultat de ton action et ne sois pas inactif.

Il y a les trois stades ici selon Svâmiji :

– Tu as droit à l'action seulement. Cela veut dire que cela dépend de toi d'agir et de rien d'autre.
– Quel en sera le résultat ? Je ne sais pas.
– Alors que dois-je faire ? Je dois agir, car j'ai l'idée d'un résultat. En effet, on ne peut pas agir sans but. Il y a un but. C'est pour atteindre un but que j'agis. Mais vous ne pouvez pas dire que vous obtiendrez le but immédiatement car cela dépend des circonstances. Si les circonstances sont favorables, alors votre action vous apportera tous les fruits mais si les circonstances sont défavorables ou contraires, vos efforts ne donneront pas un résultat complet.

Ce verset a été compris de travers : « agis sans penser au résultat » ou bien « une action sans désir (*niṣkâma karma*) ». Non ce n'est pas le sens. Cette interprétation a pour effet de rendre les gens sans énergie. Ceux-ci disent : « Oh ! Cela ne dépend pas de moi. Que puis-je faire ? » Non, vous avez droit à l'action. Vous n'avez pas droit aux fruits de l'action.

Faire l'expérience des choses

> *Muṇḍaka Up.* 1.2.12-13 : Après avoir examiné avec attention le monde et l'avoir reconnu comme le lieu du changement, que le brahmane en soit dégoûté : « Il n'y a rien qui ne soit le résultat d'une relation de cause à effet. » Pour obtenir cette connaissance, qu'il aille, une bûche à la main, vers ce *guru* seulement qui est savant dans les écritures, pourvu de connaissances et bien établi en *brahman*.

– Quand vous avez fait l'expérience du monde (*parîkṣya lokân*), que vous l'avez vu comme le lieu du changement (*karma-citân*)... (le *karma*, c'est la relation de cause à effet, la chaîne sans fin, le changement...) alors allez voir un *guru*. Qu'est-ce qu'un *guru ?* Celui qui est instruit (*śrotriya*) et bien établi en *brahman* (*brahmaniṣṭha*). Ce sont les deux qualifications du *guru*. Pourquoi instruit ? Il doit connaître le fonctionnement de la nature et se connaître lui-même. Ainsi il peut apaiser vos doutes.

> *Taittirîya Up.* 1.3.1 : C'est seulement lorsque le monde extérieur (*adhilokam*), les explications le concernant (*adhyjyautisam*), la connaissance de ce monde (*adhividyâm*), la progéniture (*adhiprajam*) ont été obtenus qu'*adhyâtma* peut commencer.

– Faites d'abord l'expérience du monde extérieur, dit Svâmiji, apprenez ce qu'il est, goûtez-le, voyez par vous-même qu'il est soumis au changement, qu'il est impermanent, instable, ensuite vous pourrez chercher à l'intérieur.

La traduction de Svâmiji est étonnante et se distingue de toutes les autres : d'abord par la traduction du terme *adhijyautis : jyotis* est la lumière. Le terme est généralement traduit par corps lumineux. On ne sait pas exactement quelle pouvait être sa signification dans le contexte de l'*Upaniṣad.* Certains traducteurs parlent de « corps célestes lumineux », d'autres de

« lumières célestes ». Un autre encore d'« êtres lumineux ou dieux ». Toutes ces traductions sont justifiées par les explications ultérieures, car la forme première d'*adhy-jyautis* est le feu, la forme dernière est le soleil. L'eau est le produit de leur union. Et cette union se réalise dans l'éclair. Apparemment, on parle de choses physiques mais il ne faut pas oublier que le feu est ce qui brille, ce qui éclaire et qu'il préside à la lumière intérieure. Il n'est donc pas interdit de parler d'« explications » pour traduire *adhijyautis* dans le sens de « ce qui éclaire » ou ce qui est éclairant.

Svâmiji, par ailleurs, distingue *adhyâtma* de l'énumération des cinq niveaux. Car, dit-il, l'*adhyâtma* est l'accomplissement des quatre autres. Cette séparation n'apparaît pas de manière évidente dans le texte. L'*adhyâtma* n'a aucun statut privilégié. Le texte se contente d'énumérer les cinq niveaux. *Adhyâtma* vient cependant en dernier. Il vient à la suite d'*adhipraja* et on sait combien était forte l'injonction védique d'assurer la continuité de la lignée de ses descendants avant d'aller se rendre auprès d'un Maître pour lui demander d'indiquer le chemin de la connaissance ultime.

Svâmiji ne traduit pas *adhyâtma* mais le rend par « à l'intérieur » dans le commentaire. La signification d'*âtman* a beaucoup évolué. Dans la *Taittirîya Up.* on le trouve encore dans le sens de corps ou tronc. Il signifie alors la nature intrinsèque et il est donc tout à fait acceptable d'opposer le monde extérieur au monde intérieur (*âtman*).

Satisfaire ses désirs

• Satisfaire ses désirs pour le non-soi

> *Bṛhadaraṇyaka Up.* 4.3.21 : Le désir de soi (*âtmakâma*) devient absence de désir (*akâma*). Comment le désir de soi vient-il ? En satisfaisant le désir pour le non-soi (*âptakâma*).

– Qu'est-ce que cela veut dire ? Il a satisfait tous ses désirs, celui qui a accompli tout ce qu'il voulait, lui seul a le désir de soi, lui seul est sans désir. Cet état sans désir est au-delà de la souffrance : sans peine ni souffrance.

> *Bṛhadaraṇyaka Up.* 3.4.7 : Quand on transcende tous les désirs que l'on a dans le cœur, alors on (litt. : le mortel) devient libre (litt. : immortel) et on atteint *brahman* ici et maintenant.

Cela ne peut se produire que si tous les désirs que vous gardez au fond de vous-même sont libérés, sont relâchés, sans refus, sans rejet d'aucune sorte.

• Non pas abandonner le désir mais transcender

> *Bhagavad Gîtâ* 2.55 : Oh ! Pârtha ! (Arjuna), celui qui abandonne (*prajahâti*) tous les désirs qui se trouvent dans son cœur et est satisfait en lui-même, par lui-même, alors on dit qu'il a l'esprit stabilisé.

Svâmiji s'oppose avec force à cet enseignement :

– Celui qui abandonne ne peut jamais être apaisé (*tuṣṭaḥ*). Les *Upaniṣad* parlent de transcender les désirs et non d'abandonner (*Bṛhadaraṇyaka Up.* 3.4.7).

• Satisfaire ses désirs par l'expérience du désir

> *Bhagavad Gîtâ* 9.19.14 : Le désir n'est jamais apaisé par la jouissance (*upabhoga*) des désirs. Au contraire il augmente de la même manière que le beurre clarifié versé sur du feu ne l'éteint pas mais augmente encore ses flammes.

Ce même verset qu'on retrouve dans la *Manusmṛti* 2.94 servait souvent d'illustration à Svâmiji. Tantôt il en prenait le contre-pied en disant :

– Le désir ne peut être apaisé qu'en le satisfaisant… tout en sachant qu'il ne peut être satisfait, mais il faut savoir comment s'y prendre pour étouffer un feu en versant du combustible dessus.

Tantôt il distinguait entre la vraie jouissance (*bhoga*) et la jouissance superficielle (*upabhoga*). Il citait alors la *Bhâgavata Pûraṇa* 6.5.41 :

Sans faire l'expérience des objets des sens, on ne réalise pas leur amertume. De sorte que l'aversion envers eux doit se produire de manière naturelle. Personne ne peut acquérir une aversion pour le monde, seulement d'après les paroles d'autrui.

S'élargir en allant du « je » au « nous »

Gâyatrî Mantra du *Ṛg Veda* 3.62.10 : Que notre intellect (*dhî*), notre faculté discriminatrice, augmente et progresse.

– On donne ce mantra, dans la tradition védique indienne, à un enfant de six, sept, huit ans. On lui dit : « Vois le soleil. C'est la lumière. Et quand le soleil apparaît, tu vois tout. Pareillement quand tu ne sais pas, que ton intelligence, ta faculté discriminatrice grandisse et se développe. » La faculté discriminatrice doit être renforcée, doit être affinée, doit être poussée jusqu'au bout pour vous permettre de voir tout et vous éviter de commettre des erreurs.

Dans une autre lettre, Svâmiji précise :

– Pour *Savitâ* (le Soleil), qui a créé tout cet univers visible (*Sûrya* est également appelé *Savitâ*), tout lui appartient. Tout est le produit de cet univers d'une grande diversité : qui peut en être séparé et lui être étranger ? Et ce *Suryâ* est aussi appelé *Mitra* (ami). Il répartit l'énergie de manière égale entre tous : c'est pourquoi toute cette variété existe mais personne n'est un étranger.

Le « je » dans les premiers stades de son développement implique seulement celui qui réside dans le corps. Tout le monde considère le corps comme une entité séparée, et cela seul produit des conflits. Si l'on pouvait penser en termes de « nous », il n'y aurait pas de conflit venant de « mien » et « tien ». C'est pourquoi la première chose que l'on enseigne à un petit enfant lorsqu'il arrive à la maison de son *guru* est la suivante : « Tu n'es pas une entité isolée. Tu ne peux pas vivre seul ; ce n'est qu'en vivant ensemble avec tous les autres qu'on trouve force et joie. »

Maintenant ce sens du « moi, ensemble avec les autres », ce sens du « nous » doit se développer et prendre la place du petit « moi ». Pas « moi », mais « nous », de façon que l'intellect de chacun puisse apprendre à observer et à comprendre ce « nous » ; de façon à ce que chacun apprenne à développer en lui-même le sentiment, non de « son » propre intérêt, mais de « notre » intérêt, que c'est dans « notre » intérêt que réside « mon » propre intérêt. C'est cela en vérité la signification du *Gâyatrî*, c'est de s'extraire des liens de l'intérêt personnel mesquin et de s'immerger dans la vastitude (*expanse*) du « nous ». Ce « nous » qui englobe tout et contient l'univers entier.

– L'exhortation n'est pas : « je médite » mais « nous méditons ». On en appelle non pas au développement de « mon » intellect, mais de « notre » intellect. C'est ainsi que l'on passe du « moi » au « nous ».

Le même thème est repris dans la *Kaṭha Up. :*

> *Kaṭha Up.* (Introduction) : Puissions-nous être protégés ! Puissions-nous être réunis ensemble ! Puissions-nous travailler ensemble avec vigueur ! Puissent nos études être vigoureuses et efficaces ! Puissions-nous ne pas nous haïr ! *Om* Paix ! Paix ! Paix !

– Vous voyez, partout il y a « nous » et non pas « je ». Le « je » est une entité séparée, compartimentée.

Connaître

Que ce soit pour les *Upaniṣad*, le *Sâṃkhya*, le *Vedânta* ou le bouddhisme, le point d'aboutissement du chemin est la connaissance. En effet, connaître, c'est être :

• Pour les *Upaniṣad*, la connaissance de soi est essentielle

> *Mândûkya Up.* 2.2.5 : Connais seulement ce qui est toi-même. Laisse tout le reste. Cela seul est le pont pour l'immortalité.

Ou encore :

– Ne t'occupe de rien d'autre. Connais-toi toi-même et laisse tomber toutes les autres paroles. Voilà le pont pour l'immortalité.

Chândogya Up. 7.1.3 : Je ne connais que les mots (dit Nârada lorsqu'il se rend auprès de Sanatkumâra), et non l'*âtman*. Enseigne-moi, je souffre.

Svâmiji le commente ainsi :

– « Il traverse la souffrance (*śokam :* ce que le Bouddha appelait *duḥkha*), celui qui se connaît (*tarati śokam âtmavid iti*) »… Celui qui se connaît lui-même transcende la souffrance ou la peine. Qui donc souffre ? Celui qui ne se connaît pas : connaître, c'est être. Ce que l'on est forme la base de la connaissance. Seul celui qui vit en lui-même est « lui-même » et transcende la souffrance ou la peine. Alors qui souffre ? C'est celui qui ne se connaît pas, qui ne vit pas en lui-même. Alors qu'y a-t-il donc en dehors de soi ? Il y a « l'extérieur », « l'autre ». Celui qui vit dans « l'autre » doit souffrir. D'où vient l'autre alors ? C'est le mental qui le fabrique.

• Pour le *Sâṃkhya*, la seule cause de la misère de l'homme est l'ignorance (*avidyâ*)

Cette ignorance est source d'erreur sur la relation avec le monde et l'idée qu'il a de lui-même. La délivrance passe par la compréhension que l'homme est étranger au domaine du changement et donc de la souffrance. Elle est la rupture du lien qui joint *puruṣa* et *prakṛti*, c'est-à-dire la rupture de l'imputation erronée (*adhyâsa*) qui attribue à *puruṣa* une activité qui relève en réalité de l'organe interne.

Celui qui suit ce chemin discrimine entre ce qui est *prakṛti* et ce qui est *puruṣa* (*viveka-jñâna*). Cette discrimination (*viveka*) s'effectue par un lent travail et par une appropriation progressive qui le conduit de l'erreur (*viparyaya*) à la paix (*tuṣṭi*) et à la réalisation (*siddhi*). Il s'agit pour l'aspirant de se libérer des cinq afflictions (*kleśa*) sources d'asservissement : l'ignorance (*avidyâ*), l'égoïsme (*asmitâ*), l'attachement (*râga*), le dégoût (*dvea*) et enfin le désir de vivre (*abhiniveśa*).

Le *Sâṃkhya* ne mentionne à aucun moment le rituel ou la purification du *karma* comme moyen de délivrance et dénonce déjà les erreurs de ceux qui suivent de fausses méthodes qu'il énumère de la façon suivante :

– Ceux qui se reposent sur la nature et croient qu'elle fera tout le travail.

– Ceux qui se fient aux moyens extérieurs sans comprendre.

– Ceux qui comptent sur le temps pour arranger les choses.

– Ceux qui croient à la chance…

Seule la connaissance permet la délivrance. Cette connaissance s'acquiert en vivant dans le monde et en l'expérimentant (*bhoga*). Il faut avoir vu les imperfections du *saṃsâra* avant que la conversion (*apavarga*) ait pu avoir lieu.

A noter qu'aucun système indien ne sépare la connaissance de l'expérience. Le moyen c'est l'élargissement de la vision étroite et l'extirpation des propensions contraires. Que se passe-t-il alors ? Aucune transfiguration, seule la vision subit un changement. L'homme accompli rejette les fausses notions surimposées et retrouve son identité réelle.

La présentation du *Sâṃkhya* présente de nombreux points communs avec celle de Svâmiji :

– L'homme est entravé (*bandha*). C'est pourquoi il souffre.

– Il peut se délivrer (*mokṣa* ou *mukti*) de ses entraves (*bondage*).

– Cette délivrance s'obtient par la connaissance et non par des rites, ni par des cultes, ni par l'ascèse. Cette connaissance est une expérience vécue. La délivrance est progressive et passe par différents stades.

– Pour connaître, il faut vivre dans le monde, jouir du monde (*bhoga*) afin que se produise le détachement (*vairâgya*).

– Il ne s'agit pas de changer ses caractéristiques, mais d'élargir sa vision étroite. C'est un processus d'élargissement. A la délivrance, rien ne change extérieurement.

• Pour le *Vedânta*, la connaissance occupe également une place centrale

Quatre moyens salvifiques sont cités : en premier lieu vient la discrimination (*viveka*) entre ce qui est permanent et impermanent, entre « le Soi et le non-Soi ». C'était, on s'en souvient, la réponse de Nirâlamba Svâmi à la demande de Svâmiji (voir biographie), puis vient le détachement (*vairâgya*). En troisième position, les six trésors qui sont : le calme de l'esprit (*śama*), la maîtrise de soi (*dama*), la cessation de toute activité en vue d'un but intéressé (*uparati*), l'endurance (*titikśâ*), la concentration et la stabilité de l'esprit (*samadhâna*) et enfin la foi (*śraddhâ*) : adhésion délibérée de l'entendement à la vérité et ferme conviction dans la possibilité d'atteindre soi-même la libération. Enfin, en quatrième position, une intense aspiration à la délivrance (*mumukṣutva*).

La connaissance consiste d'abord à éliminer les fausses conceptions du Soi. En effet, l'ego vient d'une identification erronée du Soi avec ce qui n'est pas le Soi : les choses extérieures, le corps, l'énergie vitale (*prâṇa*), les émotions, les pensées, les croyances, les idéologies, l'intellect. Puis à révéler la vraie nature du Soi, en discriminant entre le spectateur et le spectacle. C'est devenir témoin (*sâkṣin*). « Rien ne peut trancher les liens de l'assujettissement si ce n'est la merveilleuse épée de la connaissance forgée par la discrimination » (*Viveka-cûḍâmaṇi* 147). Enfin se désidentifier : le remède est *apa-vâda :* discipline de négation qui consiste à éliminer par la discrimination les attributs faussement attribués au Soi.

Pour Svâmiji, les moyens ne sont guère différents mais compris d'une autre manière. D'abord la discrimination ne porte plus sur le Soi et le non-Soi, mais uniquement sur le non-Soi. Tout l'effort porte sur la découverte et l'expérience de la réalité empirique et non sur l'*âtman* ou le *brahman*. Le changement doit faire l'objet d'une découverte personnelle, d'une réalisation et non d'une simple appréhension intellectuelle. C'est le changement qu'il faut réaliser et non *brahman* posé comme un absolu extérieur et séparé de la conscience ordinaire.

Le détachement (*vairâgya*) est le résultat de l'expérience des choses et de la discrimination et non un but désirable, recherché pour lui-même. Ensuite la connaissance occupe toujours la place centrale, mais elle ne s'occupe pas de l'*âtman* mais de l'ego. Elle dissout l'ego ou épanouit l'ego de telle manière qu'il devienne le Soi. Il n'y a pas à s'occuper de devenir le Soi.

- Pour le *Yogavâsiṣṭha*, la délivrance est obtenue par une action concomitante sur trois plans

> *Y.V.* 5.92.17 : O toi à la grande intelligence ! Obtiennent le bonheur ceux qui s'exercent de manière répétée, longtemps, simultanément à la destruction du mental (*manonâśam*), à la conscience (*vijñânam*), à la destruction des *vâsanâ*.

Autre traduction : « Cessation du désir (*vâsanâ-kṣaya*), connaissance de la réalité (*tattva vijñâna*) et annihilation du mental (*manonâśa*) pratiquées ensemble, régulièrement, procurent le bonheur. »

– L'annihilation du mental est effectuée par la destruction des émotions refoulées et non satisfaites. L'annihilation des désirs est accomplie par la jouissance (*bhoga*) appropriée de ce qui apparaît dans la partie consciente de votre mental. La connaissance ou connaissance de la réalité, c'est voir que rien n'est permanent, que tout change, que chacun est différent.

La Connaissance suprême est l'aboutissement de l'action et de l'expérience :

– O sans péché, sois un grand homme d'action, un homme de grande expérience, un homme de grande connaissance (*mahâkartâ mahâbhoktâ mahâjnânî bhava-anagha*). *Mahâkartâ* signifie un grand agissant (*great doer*) et également un grand non agissant (*great non-doer*).

Nous sommes asservis par nos idées fausses. Nous limitons nos intérêts à certaines choses, nous sommes attachés à nos préférences, nous rejetons ce qui nous déplaît. En réalité, nous sommes illimités, omnipotents alors que nous nous sentons limités et faibles.
Un seul moyen de délivrance : la connaissance de Soi car la cause de notre attachement est l'ignorance de ce que nous sommes ici et maintenant. Ascétisme, renoncement, austérités, pèlerinages, aumônes, bains rituels, études, cultes d'adoration d'un Dieu personnel, ne servent à rien. La connaissance vient d'une vision juste. La délivrance ne peut être donnée par personne :

– Quand il y a la connaissance, ce qui est est vu tel qu'il est et le doute disparaît (*jñânâd-yâthâ-sthitaṃ vastu dṛśyate naśyati bhramaḥ*).

Comme on le voit, l'enseignement du *Yogavâsiṣṭha* malgré son aspect idéaliste n'est pas une théorie philosophique mais est éminemment pratique. Comme chez Svâmiji, l'enseignement du sage Vaśiṣṭha s'applique à une situation concrète. Il a été appelé auprès de Râma qui a perdu goût à la vie, on dirait aujourd'hui qu'il est déprimé (*viṣâda*, litt. : décentré, en dehors de son assiette). Vaśiṣṭha répond aux questions très concrètes du prince et illustre ses dires de nombreuses histoires. Le but du dialogue est de délivrer Râma de sa dépression, de le remettre sur pied, de le recentrer en lui-même, de lui faire découvrir sa véritable assise (*prasâda*). Le *Yogavâsiṣṭha* est la description d'une cure de psychothérapie qui débouche sur la libération. Le passage de *viṣâda* à *prasâda*, de l'homme coupé de lui-même à l'homme qui s'est retrouvé. C'est un peu le même but que Svâmiji poursuivait avec ses disciples : les aider à voir.

• Bouddhisme

Aucun équivalent chez Svâmiji de l'octuple noble chemin, bien que Svâmiji donne une interprétation très personnelle de ce qu'est la vraie moralité. Toutefois on peut établir un grand nombre de correspondances :

– Le Bouddha parle d'extinction du désir (*râgakṣaya*) qui correspond au *vairâgya* de Svâmiji.

– Le bouddhisme est la voie du milieu. Svâmiji met en garde contre les extrêmes et notamment contre les dangers de l'ascétisme.

– Le Bouddha parle d'attention juste (*smṛti*) et de vue juste (*dṛṣṭi*) qui correspondent à la lucidité (*awareness*) et au fait de voir (*seeing*) de Svâmiji.

– Le Bouddha décrit la perfection comme compassion (*karuṇa*) et discernement (*panna* ou *prajña*), faculté de prise de conscience. Svâmiji parle d'unité, forme la plus haute de l'amour.

Ecoutons ce que dit Svâmiji de Bouddha :

> – Bouddha n'a jamais employé le mot *ahiṃsâ* (non-violence) ni le mot *satya* (vérité). Le Boudha a dit : « Je suis éveillé. » Il a forgé de nouveaux mots : *śunyatâ* (le vide) au lieu de *brahman, mara* au lieu de *mâyâ*.
>
> – Le Bouddha n'a jamais parlé d'*ahiṃsâ* (non-violence), mais disait : « Abstenez-vous de tuer sans nécessité », ou encore : « Ne cueillez même pas un brin d'herbe sans nécessité. » Le Bouddha était pratique. Il ne répondait jamais aux questions abstraites. Il disait que c'était inutile.

Il faut pourtant relever des divergences avec les positions de Svâmiji :

– Pas de communauté des disciples (*sangha*).

– Pas de concentration qui élimine du champ de la conscience une partie de la réalité. A moins d'entendre par concentration le fait d'être un avec un objet, de l'incorporer.

– Pas de méditation, c'est-à-dire d'absorption dans l'objet, mais une attention lucide (*awareness*) à l'ensemble de la situation interne et externe. Pourtant, d'une certaine façon, l'unité enseignée par Svâmiji rejoint la méditation du bouddhisme. A cette différence près que l'unité ne doit pas être recherchée avec un objet que l'on se représente mais avec la réalité quotidienne quelle qu'elle soit, avec laquelle on est en contact, ici et maintenant.

Svâmiji, par ailleurs, faisait remarquer que le Bouddha n'avait pu éliminer ses *saṃskâra* de prince. En effet « le Bouddha a organisé la communauté des moines (*sangha*) comme la cour d'un royaume »... de plus « il n'a connu que des plaisirs dans son enfance et a ignoré l'insatisfaction que l'on éprouve lorsqu'on a réussi à obtenir ce qu'on voulait. C'est le deuxième type de souffrance, beaucoup plus important que la souffrance venant de la découverte du déplaisir ».

Résumé du chemin de l'Iśâ Upaniṣad

L'*Iśâ Upaniṣad* dans son entier, avec la traduction et les commentaires de Svâmiji, donne un excellent résumé du chemin.

• Donner pour recevoir

Iśâ 1 : Iśâ vâśyam idaṃ sarvaṃ yatkiñca jagatyâṃ jagat/Tena tyaktena, bhuñjîthâḥ ; mâ gṛdhaḥ, kasya svid dhanam.

– Le changement ou le mouvement qui se produit dans le monde (*jagat : gachatti iti jagat :* le monde : il est en mouvement), tout cela est imprégné et pénétré (*imbued*) par *iśâ*, c'est-à-dire par un ordre intégral irrévocable, ininterrompu. C'est pourquoi, aie du *bhoga* (jouissance) ainsi que du *tyâga* (renoncement). Ne sois pas avide. A qui donc appartient toute cette richesse ?

– La vraie signification de ce mantra est rarement comprise. Les commentateurs en donnent des interprétations diverses. En voici trois :

1. Tout ce qui est changement dans ce monde éphémère, tout cela doit être enveloppé par le Seigneur. En y renonçant, soutiens-toi toi-même. Ne sois pas concupiscent. A qui est donc cette richesse ?

2. Tout ce que l'on voit dans ce monde éphémère est imprégné par le Seigneur. C'est pourquoi renonce et jouis. A qui est cette richesse ? Ne sois pas concupiscent.

3. Tout ce qui apparaît et disparaît dans le monde, il faut le considérer comme imprégné par le Seigneur. Cherche refuge dans cette idée. Ne prends que ce qui est nécessaire pour subvenir à tes besoins. Ne convoite pas la richesse des autres.

Toutes ces interprétations sont vagues. Chaque commentateur veut que nous renoncions et jouissions. Ou il nous faut renoncer ou bien jouir : on ne peut faire les deux en même temps. Ils essayent alors d'opérer une réconciliation laborieuse qui laisse le lecteur perplexe et confus. Le sens correct est : « Tout ceci qui change dans ce monde changeant est soumis à la règle de la Loi. C'est pourquoi laisse aux autres leur part et jouis de la tienne. Ne sois pas avide. Car à qui appartiennent toutes ces richesses ? (Elles sont communes à tous.) » Cette *Upaniṣad* commence par *îśa* (*îśvara*). *Iśâ* c'est la loi : ce qui contrôle, ce qui gouverne et qui est faussement traduit par Dieu.

Vous gagnez le droit de recevoir seulement si vous donnez. Donnez si vous devez prendre, car le but de prendre c'est uniquement pour devenir « cela ». Y a-t-il place pour l'avidité ? L'avidité serait justifiée seulement si la richesse était permanente. Dans l'avidité est incorporée la croyance que « je vais rester » et ma richesse également. Le mouvement seul est réel. Rien d'autre n'est. Même si vous pensez que la richesse existe, à qui appartient-elle ? Elle ne peut appartenir à une seule personne. Si elle existe, elle appartient à *îsa*, à tous. Tous y ont des droits égaux. Vous appartenez à tous. Tous vous appartiennent. Car seul l'un est. Tout le reste n'est qu'une manifestation de cela. Personne n'est séparé. Ils sont comme les vagues, l'écume et les bulles dans l'eau qui apparaissent et disparaissent et changent de forme. Tout cela n'est qu'apparition momentanée. En fait il n'y a rien d'autre que l'eau. L'eau seulement, rien que l'eau : le reste n'est qu'apparence.

Iśâ, c'est l'*âtman*. On pourrait tout aussi bien dire rempli d'*âtman* (*âtmanâ pûritam*) au lieu de *îśâvâsyam*. Quand vous employez le mot *îśa* vous pensez à *îśvara*, séparé de vous-même et c'est ainsi que vous créez « deux ». Quelle conclusion en tirer ? L'Un seul est : Tu es Cela.

• Prendre pour se délivrer de l'idée qu'on est séparé

Iśâ 2 : Kurvan eva-iha eveha karmâṇi jijîvisec chata samâḥ/ Evaṃ tvayi na-anyathâ-iti-asti na karma lipyate nare.

– En agissant de cette manière (selon le mantra 1), vous devez aspirer à vivre cent ans (cent ans c'est la durée complète de la vie : *śata ayur vai pûruṣaḥ*, la durée de la vie d'un homme est de cent ans d'après le *Śâtapatha Brâhmaṇa* 5.4.1.13). En suivant ce chemin vous n'aurez pas d'ennuis ; aucune action ne sera source de servitude. Vous n'aurez ni peine, ni souffrance.

– L'*Upaniṣad* enjoint de prendre ; mais dans quel but ? Dans le but de vous rendre libre de l'idée que vous êtes une entité séparée. Cela seul est le but de votre courant de vie.

• Se sentir séparé, c'est être mort

Iśâ 3 : Asuryâ nâma te lokâ andhena tamasâ vṛtâḥ/tân pretya-abhi-gacchanti ke te ca-âtma-hano janâḥ.

– Ceux qui tuent, violentent ou établissent une division dans l'*âtman*, l'Un, le Soi (*âtmahana*, litt. : tueurs d'eux-mêmes) créent « deux » et se séparent des autres.

– Voyez quelle est la nature de la violence (*hiṃsâ*). Ils vivent dans une absence de lumière (*asûrya*), une obscurité aveugle, sans joie, en proie à la peine, à la souffrance, à la peur.

A présent, vous n'êtes rien, vous semblez seulement être. Vous avez toujours changé et continuez constamment à changer. A partir du moment où vous vous considérez comme étant quelque chose, vous vous séparez de l'Un, vous le tuez. Vous le découpez et créez un « deux » à sa place.

• Voir l'unité

Iśâ 7 : Tatra ko mohaḥ kaḥ śoka-ekatvam anupaśyataḥ.

– Quelle erreur (*moha*, litt. : égarement) ou quelle souffrance (*śoka*) peut-il y avoir pour celui qui ne voit que l'unité ?

– Il n'y a pas de « deux », il n'y a que « Un ».

• Voir les choses comme elles sont

Iśâ 8 : Kavir manîsî paribhûḥ svayaṃbhûḥ.

Comment peut-il agir, celui qui voit l'Un ? Il est *kavi* (poète ou sage), *manîsî* (sage). Il agit en voyant les choses comme elles sont.

• Connaître le monde extérieur ainsi que soi-même

Iśâ 9 : Andhaṃ tamaḥ praviśanti ye'vidyâm-upâsate/tato bhûya-iva te tamo ya-u vidyâyâṃ ratâḥ.

Ceux qui se consacrent seulement à *avidyâ* (ignorance) pénètrent dans une obscurité aveugle (*andha-tamas*), peur extrême, angoisse, mais ceux qui prennent plaisir seulement dans *vidyâ* (la connaissance) et s'y consacrent exclusivement aboutissent à une obscurité encore plus profonde.

Toute la difficulté de ce verset vient des termes *avidyâ* et *vidyâ* qui signifient habituellement ignorance et connaissance. En prenant ces traductions le verset ne veut plus rien dire.

Voici l'interprétation qu'en donne Svâmiji :

– Qu'est-ce qu'*avidyâ ?* Les connaissances externes : toutes les sciences, tous les phénomènes (*śruti-tathyâ*), les apparences (*dṛśyâ*), c'est-à-dire les relations extérieures. Qu'est-ce que *vidyâ ?* La connaissance interne, la réalité (*tattva*), la vérité (*satya*). *Avidyâ* inclut le corps, le monde extérieur, la famille, la société, le pays. Ceux qui suivent les sciences extérieures sont dans un aveuglement complet mais ceux qui ne le font pas sont dans un aveuglement encore plus profond. Comment agir alors ? Il faut avoir la connaissance aussi bien de ce qui est intérieur que de ce qui est extérieur. La connaissance de l'intérieur est *vidyâ* et celle de l'extérieur est *avidyâ*.

Ceux qui sont plongés dans la civilisation industrielle ne pourront jamais trouver le bonheur… toujours agités, toujours mécontents… ils ne peuvent rester en repos, fût-ce un instant. Ils sont totalement aveuglés. Mais ceux qui méprisent la science, qui rejettent la vie matérielle et ne s'occupent que de recherche spirituelle ou d'illumination intérieure sont aveuglés encore davantage.

Iśâ 14 : Vidyâ ca-avidyâṃ ca yas tad veda-ubhayaṃ saha/ avidyayâ mṛtyuṃ tîrtvâ vidyayâ-amṛtam asnute.

– Ceux qui connaissent *vidyâ* et *avidyâ* ensemble, ceux-là, en vérité, surmontent la mort (*mṛtyu*) à l'aide d'*avidyâ* et atteignent l'immortalité (*amṛta*) à l'aide de *vidyâ.*

– *Mṛtyu*, c'est la détresse matérielle, la souffrance, la peur. N'est-ce pas ce que la science accomplit ? Et *amṛta :* l'état où l'on a dépassé la mort en transcendant le plaisir et la peine.

C'est pourquoi au lieu de fuir, essayez de goûter et de jouir. Vous ne devez rien abandonner, vous devez tout dépasser en acceptant et en prenant possession de tout, de façon que le concept même de « deux », le sentiment de « deux » soit dissous. Où est le conflit alors entre le matériel et le spirituel ? Vous avez atteint la plénitude. *Avidyâ* et *vidyâ* doivent être pris ensemble. Ceci seulement produit la stabilité, ce qui vous permettra de voir seulement « l'Un ». Cela vous permettra d'expérimenter l'infini au travers des manifestations diverses de votre propre « je ».

• Voir ce qui est

Iśâ 15 : Hiraṇmayena pâtreṇa satyasya-apihitaṃ mukhaṃ/tattvaṃ pûsan apâvṛṇu satya-dharmâya dṛṣtaye.

– La face de la vérité est cachée par *hiraṇmaya* (litt. : un plat d'or *patreṇa hiraṇmayena*). *Hiraṇmaya* c'est ce qui attire, ce qui est tentant… O Pûṣân (le Soleil, le Protecteur), découvre le voile (*apavṛṇu*).

– C'est un ordre. Il ne dit pas « sois gentil de me dévoiler ». Il ne prend pas une attitude suppliante. « Pour moi qui me consacre à la vérité, laisse-moi voir la vérité (litt. : ce-qui-est). »

Les qualifications requises

Etre fort

> *Muṇḍaka Up.* 3.2.4 : Le Soi ne peut être atteint par les faibles.

Lutter, faire des efforts

> *Śvetâṣvatara Up.* 4.21 : O Rudra (avec ton visage bienveillant), donne-moi ta protection.

– Dans la vie lutter est la source de la force et de la paix de l'esprit. D'abord Rudra le Terrible, ensuite Śiva le Bienveillant.

> *Śvetâṣvatara Up.* 1.22 : O Rudra (le Bienveillant), éveille-toi en moi. Que Rudra (le Destructeur) s'éveille dans mon cœur.

– Il faut tuer à l'extérieur et tuer à l'intérieur : tuer les goûts et les dégoûts, emblèmes de l'ignorance et de l'aveuglement.
– Puissions-nous connaître le *puruṣa* (l'Etre cosmique), le Grand Dieu aux mille yeux. Puissions-nous méditer. Que Rudra, dans ce but, s'éveille en nous !...
Rudra est le pouvoir qui gouverne la connaissance et la sagesse. Il est celui-qui-donne-la-connaissance (*jñânadatâ*).

Ici, Svâmiji traduit *Rudra* par Bienfaiteur (celui qui donne) et par Destructeur (celui qui détruit les obstacles). La destruction d'obstacles est une aide à la connaissance.

Nécessité d'avoir des parents et des éducateurs

> *Bṛhadâraṇyaka Up.* 4.1.2 : Il parle comme quelqu'un qui a une (vraie) mère, un (vrai) père et un (vrai) maître.

– Qu'est-ce que cela veut dire ? Pour devenir un sage il faut avoir une vraie mère, un vrai père et un vrai maître, et vous savez qu'un précepteur vaut dix maîtres, qu'un père vaut cent précepteurs et qu'une mère vaut mille pères.

Lois de Manu : Jusqu'à l'âge de cinq ans l'enfant doit être traité comme un roi, ensuite comme un serviteur pendant dix ans. Mais dès qu'il atteint l'âge de seize ans, il doit être traité comme un ami.

Environnement favorable

Lois de Manu 3.56 : Dans le pays où les femmes sont honorées, là les dieux se réjouissent. Là où elles ne sont pas honorées, là tous les efforts sont vains.

Être indépendant

Lois de Manu 4.160 : La souffrance c'est être dépendant d'autrui. De sorte que le bonheur c'est dépendre de soi-même.

Commentaires de Svâmiji :

– Mais puisqu'on doit dépendre de l'extérieur, le secret du bonheur c'est essayer de rendre cette dépendance aussi réduite que possible.
– La souffrance c'est d'être totalement dépendant d'autrui ; le bonheur vient en ne dépendant complètement que de soi. Ceci est vrai dans tous les domaines et en tous temps.

La délivrance

• Dans les Veda, c'est l'unité

Yajur Veda 34.1.6 : Que mon mental soit *śiva-saṃkalpa*, c'est-à-dire qu'il n'ait qu'un seul *saṃkalpa* (volonté, désir) et qu'il ne poursuive pas une multitude de désirs.

Commentaire de Svâmiji :

– Le mental est toujours à la poursuite de la satisfaction d'une multitude de désirs : d'où souffrance, dépression, agitation. C'est pourquoi ce *sûtra* concernant *śiva-saṃkalpa* est vraiment superbe. Śiva signifie l'Un. C'est pourquoi Śiva signifie auspicieux ou bon.

• Les Grands Enoncés des *Upaniṣad*

La découverte de l'identité de « Cela » et de « Moi », de *brahman* et de *aham* fait l'objet des Grands Enoncés des *Upaniṣad :*

« Je suis *brahman* (*ahaṃ brahmo'smi*) » de la *Bṛhadaraṇyaka Up*. (I.4.10) ainsi que : « Tu es Cela (*tat tvam asi*) » de la *Chândogya Up*. (III. 14.6.8). De même : « La Conscience suprême est *brahman* (*prajñânam anantaṃ brahma*). »

Ces Grands Enoncés se retrouvent dans des formulations diverses dans un grand nombre d'*Upaniṣad*. Svâmiji en admirait la concision et la netteté et les citait souvent :

| *Chândogya Up*. 3.14.1 : Sarvaṃ khalv-idaṃ brahma.

Svâmiji a donné de nombreuses variantes pour la traduction :

– Tout est en vérité *brahman.*
– Tout en vérité est infini.
– Il semble qu'il y ait des différences mais non. Tout est neutre.
– Cela apparaît bon ou mauvais… Cela dépend de vous… mais dans sa gloire et sa majesté intrinsèque c'est neutre.

Svâmiji traduit donc *brahman* par « infini » ou « neutre » ou encore donne des équivalents sanskrits : *bhûman* (ce-qui-est), *amṛta* (immortel), *bṛhat* (vaste) :

– Tout est *brahman*, dites-vous ? Oui tout… L'unité est *brahman. Brahman* est ce-qui-est-sans-second.
– *Brahman* est tout, partout, toujours (*sarvaṃ sarvatrâ sarvadâ*).
– *Anantaṃ brahma :* qu'est-ce que cela veut dire ? *Brahman* est *ananta. Ananta* signifie *an* + *anta*… *an* est le priva-

tif, *anta* est la fin, la limite, *an* + *anta* c'est ce qui est au-delà de la limite, l'illimité : *brahman*.

– *Amṛta*, c'est l'absence de mort, l'immortalité. *Amṛta* est aussi le nectar des dieux, l'ambroisie. Mais on ne peut pas traduire ainsi. *Amṛta* est la condition au-delà... au-dessus de la mort... au-delà de la souffrance. Le vrai sens de *amṛta* c'est de dépasser la mort, la condition au-delà de la mort, qui transcende la dualité, qui dépasse l'action-réaction, pour employer un langage moderne.

Chândogya Up. 7.2.2 : Un en vérité sans second.

– En vérité, il n'y a qu'un, sans second. L'ego le sent profondément mais le déforme, sur le plan du manifesté, sur le plan physique. « Il n'y a que moi » ou bien « je ne change pas ». Le manifesté s'approprie la vérité du non-manifesté.

– La vérité ou réalité fondamentale est donnée par « Un sans second ». La vérité ou réalité est une, mais le sage la décrit de différentes manières.

– *Advaita* signifie non-dualité. Le mot non-dualité n'est possible que lorsqu'il y a dualité. Que signifie : « Il n'y a pas de dualité ? » Qu'il y a toutes les dualités. Il n'y a pas de dualité particulière.

– *Advaita* = Infini = Indéterminé. Alors que *dvaita* c'est le fini.

Bṛhadâraṇyaka Up. 1.5.3 : Tout ce que vous voyez : toutes ces formes et ces expressions différentes sont égales en vérité. En vérité, elles sont toutes infinies.

Bṛhadâraṇyaka Up. 2.5.19 : Cet *âtman* est *brahman*.

Bṛhadâraṇyaka Up. 4.4.19 : Aucune diversité en lui.

Kaṭha Up. 1 2.20 : Cela est plus petit que le plus petit et plus grand que le plus grand.

Mâṇḍûkya Up. 1.1 : Tout ceci en vérité est *brahman*. Cet *âtman* est *brahman*.

Mâṇḍûkya Up. 7 : Serein, Bienheureux, Non duel.

Chândogya Up. 7.24.2 : Ce-qui-est (*bhûman*) c'est quand on ne voit rien d'autre, quand on n'entend rien d'autre, quand on ne pense à rien d'autre. Quand on voit autre chose, qu'on entend autre chose, qu'on pense à autre chose, c'est ce qui est limité, l'individu.

Variante :

L'infini (ce-qui-est) seul est immortel. Ce qui est fini est périssable. La souffrance et la mort se trouvent dans ce qui est étroit et limité. L'immortalité (*amṛta*) se trouve dans ce-qui-est-vaste (*bhûman*), ce qui est complet. En tant qu'être humain, cet *amṛta* est votre droit de naissance.

Muṇḍaka Up. 3.1.6 : Le sentier de la connaissance, de la lumière, de l'immortalité est pavé par la vérité. Seule la vérité triomphe. Pourquoi ? Ce qui n'est pas la vérité : la non-vérité ? Non, expression négative.

Commentaire :

– Le mouvement seul triomphe. Rien n'est établi, rien ne dure. Il n'y a rien qui reste. Alors ? Ce qui est en cet instant, cela seul existe pour l'instant. Rien à garder pour l'instant suivant. Seulement maintenant ! L'éternel maintenant (*ananta muhûrta*).

Bṛhadâraṇyaka Up. 1.3.28 : Conduis-moi de l'irréel, du mensonge (*asatya*) au réel, à la vérité (*satya*). Conduis-moi de l'obscurité à la lumière. Conduis-moi de la mort à l'immortalité.

A noter qu'on traduit généralement « conduis-moi du non-être à l'être… ». Svâmiji remplace en effet *sat* par *satya.*

• Le *Sâṃkhya*

La manifestation a lieu en vue du *puruṣa* et le *puruṣa* a pour fin la délivrance qui est la rupture du lien qui joint *puruṣa* et *prakṛti*, c'est-à-dire la rupture de l'imputation erronée (*adhyâsa*) qui attribue à *puruṣa* une activité qui relève en réalité de l'organe interne.

La délivrance c'est la fin de la souffrance, un isolement total (*kaivalya*), une assise en soi-même (*svastha*). Il atteint alors un état où : « Je n'existe pas, rien n'est à moi, rien n'est moi (*nâsmi na me nâham ity apariśesam*). »

• Pour le *Yogavâsiṣṭha*, la délivrance est l'apaisement du désir

Y.V. VI 2.36.25 : Sache que le mental n'est que désir (*icchâ*). Quand celui-ci est apaisé c'est la délivrance. Toutes les Ecritures, austérités, règles de conduite et de discipline ne sont que cela.

Commentaire :

– Vous parlez de conscient, subconscient, inconscient, tout cela est *icchâ*, le désir et l'apaisement de ce désir c'est *mokṣa*, la délivrance. Si vous voulez savoir ce qu'est le mental, ce n'est rien d'autre que le désir.

CHAPITRE IV

Les éléments non rationnels

Passer de la science ou de la physique à la métaphysique n'a rien pour nous surprendre. En effet, suivant la définition même de Svâmiji : « La métaphysique n'est-elle pas ce qui vient après la physique, son prolongement naturel ? » Svâmiji part toujours du sensible, du concret, du présent, du relatif, pour en voir la nature exacte, car la vérité est ce-qui-est. La démarche est pour lui rigoureusement scientifique, de la même façon que l'observation et l'étude des phénomènes conduisent à en dégager la loi générale qui permet de rendre compte de tous les autres phénomènes particuliers.

Son approche est purement rationnelle et on ne peut y détecter la moindre trace de mysticisme. Les élans du cœur, examinés pour en voir la nature, sont dépouillés des projections qui les recouvrent et libérés des réactions émotionnelles. Tout ce qui est obscur, mystérieux, incompréhensible est élucidé.

– Rien ne doit rester vague ou imprécis.

Tout est ainsi clarifié :

– La vérité est si simple. C'est le mental qui complique tout.

Aussi peut-on s'étonner de le voir défendre la réincarnation, s'intéresser à la télépathie, à l'astrologie, à la numérologie ou à la chirologie, accepter de se soigner à l'homéopathie ou même essayer toute autre méthode dont on lui aura vanté les bienfaits.

Les maîtres ont souvent des comportements paradoxaux et contradictoires qui étonnent les disciples. Ceux-ci y voient le plus souvent une preuve supplémentaire de la grandeur du maître « qui ne se laisse pas enfermer dans des catégories ou des définitions trop précises » ou bien au contraire ils les considèrent comme des faiblesses ou des incongruités dont il vaut mieux ne pas trop faire état à l'extérieur du cercle des disciples.

Mais ce reproche ne peut être adressé à Svâmiji. Son action n'est pas différente de son enseignement, les connaissances dont il fait état ne sont pas différentes de l'expérience commune de tout homme. Aussi son intérêt pour la réincarnation et la parapsychologie d'une manière générale ne peut être écarté comme un paradoxe. Ce n'est pas non plus l'expression d'une « connaissance d'un type supérieur », à laquelle n'auraient accès que ceux qui auraient atteint un degré suffisant d'évolution. Tout ce que Svâmiji enseigne reste toujours rationnel : « Si vous n'êtes pas convaincu, si cela ne peut résister au test de la raison rejetez-le, quelle que soit l'autorité de celui qui prononce ces paroles », disait-il. Lui-même a toujours observé ce précepte. Aussi, faut-il examiner ses prises de position avec attention, même si parfois les arguments qu'il avance pour les soutenir n'emportent pas la conviction. C'est ce que nous nous proposons de faire maintenant.

Origine de la vie

La science n'est pas encore parvenue à élaborer une théorie qui soit complètement convaincante pour expliquer l'apparition de la vie sur terre. Et bien que Svâmiji, d'une manière générale, ne trouve pas nécessaire de résoudre ce problème, il lui arrive de temps à autre d'aborder le sujet au détour d'une discussion.

La première trace que nous avons concernant sa position sur cette question se trouve dans le dernier chapitre de la thèse de Venkateshvar à propos de la *compulsion de répétition* de Freud :

> « La théorie de Freud est compatible avec les positions spirituelles. D'après lui, au début, il y avait un état d'inertie non duelle, dans laquelle, en raison de quelque cause indescriptible l'énergie a commencé à vibrer. De la vibration de cette énergie est apparu le principe de vie ou élan vers l'extérieur

(*pravṛtti*) ou sexualité, qui en reliant toutes les diversités inanimées cherche à atteindre, de manière générale, un état non duel, éternel. Simultanément, le principe de mort, de renoncement ou ego, poussant dans la direction opposée cherche à annihiler la dualité et à parvenir à un état d'unité ressentie. Le premier est le principe d'expansion, le second est le principe de renoncement. La vie qui se trouve entre les deux est leur terrain de jeu. L'homme reste ignorant de son état véritable et cherche toujours à le fuir. Il mène une vie inconsciente qui, en elle-même, est un monde à l'intérieur d'un monde plus large.

» D'un point de vue spirituel, il a quitté sa demeure d'origine et est arrivé ainsi à son existence présente. D'un point de vue temporel, il cherche également toujours à quitter sa situation présente. »

Cela a été écrit en 1929, mais, plus de trente ans plus tard, en 1963, Svâmiji reprend le même thème dans plusieurs entretiens :

– Parce que l'individu est « on ne sait comment (*somehow*) » sorti de l'infini, il est assoiffé d'y revenir. Et ceci a bien été exprimé d'une autre façon par Freud, qui a forgé l'expression *compulsion de répétition*. Ainsi, selon les théories courantes de la psychologie générale, l'homme cherche à trouver du plaisir et à éviter la souffrance. C'est le principe du plaisir qui domine l'homme et qu'on trouve à la base de toutes ses activités. Mais Freud dit : « Non, ce n'est pas ça. » Il a écrit une belle étude *Au-delà du principe du plaisir*, dans laquelle il dit qu'il y a quelque chose qui est au-delà du principe du plaisir et c'est la *compulsion de répétition*. Selon ce principe, tout organisme se trouve contraint de répéter encore et encore de façon à revenir à son propre état initial. Et la théorie étant matérialiste, l'état initial, d'après Freud, est inanimé. C'est de cet inanimé que la vie, « d'une certaine façon (*somehow*) », est apparue.

Par quel processus précisément cette vie a-t-elle émergé ? De cela, Freud n'a aucune idée. Il ne fait qu'affirmer, que « d'une certaine façon la vie émerge » et qu'ayant émergé elle est obligée de se répéter de façon à revenir à cet état inanimé. Ce qui pousse ainsi à revenir à l'état d'origine, selon Freud, c'est l'instinct de mort. Mais Freud a toujours eu peur, continue Svâmiji, d'aller un peu plus loin car il reconnaît franchement qu'il n'a pas de « preuves cliniques » pour aller au-delà. Aussi la théorie s'arrête-t-elle sur le plan physique.

Cependant, Svâmiji ne s'arrête pas là et affirme que « dès que l'individuation fait son apparition, la réaction pour la rejeter se met en place, de façon à ce qu'il soit fait retour à l'état originel d'infini. C'est pourquoi l'individu n'est jamais satisfait avec ce qui est petit ou limité. Il est toujours à la recherche de plus et plus encore. Cette recherche d'« encore plus » indique clairement qu'il recherche un état où il ne sera plus question d'aucun « encore plus ».

Dans un autre entretien, il va encore plus loin et examine le présupposé de Freud selon lequel l'énergie et l'animation, étant apparues une fois, reviennent à l'état originel d'inanimé.

– Pourquoi vers un état d'inertie, demande Svâmiji, et non de neutralité ? Si vous dites qu'il y avait l'inanimé au début, cela implique que vous avez l'idée de l'animé également. Ainsi plutôt que de supposer un état inanimé au début, si nous considérons un état neutre à sa place, nous transformons ce concept physique en métaphysique.

Svâmiji modifie ainsi la théorie de Freud en disant :

– Un jour « d'une certaine façon » l'énergie est apparue et la vie a commencé et cela a été le début de l'action-réaction. Et la réaction ne consiste en rien d'autre que de revenir vers l'état d'origine qui n'est pas inanimé mais neutre. Or un état neutre est un état qui ne change pas. Ainsi l'état originel est l'état du non-changement dont « d'une certaine façon », le changement est apparu. Mais, nous ne savons pas comment le changement est apparu.

Svâmiji précise alors :

– En parlant de manière ontogénétique, l'état dans la matrice est la condition de la plus grande béatitude et parce que l'enfant en est sorti, il est naturellement désireux d'y revenir. Pareillement la destinée de l'homme est de revenir vers la matrice de cette neutralité, la matrice de l'immortalité (*amṛta*).

On voit que la présentation de l'origine de la vie chez Svâmiji est décalquée de celle de Freud. Il la modifie en remplaçant le mot « inertie » par « neutralité ». Cependant si Freud lui-même l'a présentée comme une hypothèse de travail, Svâmiji, de son côté, laisse entendre qu'il s'agit d'un fait. Toutefois, on peut supposer que, s'il l'adopte temporairement faute de mieux, il garde toujours l'esprit ouvert, restant, selon ses propres termes, « toujours prêt à être surpris ».

RÉINCARNATION

La première mention dont nous disposons concernant la position de Svâmiji sur la réincarnation vient d'un récit de Minoti Prakash, qui se trouvait présente à l'ashram Prasad en 1946, lorsque Nantu, un jeune homme qui faisait des *lyings*, meurt soudainement d'une crise cardiaque. C'est une des rares occasions où Svâmiji alla au lieu de crémation pour superviser la cérémonie. Minoti, étonnée de voir Svâmiji sans la moindre trace d'émotion, lui demande :

– Svâmiji ne se sent-il pas triste de cette mort inattendue ?

– On ne s'attriste pas quand une fleur se flétrit et tombe à terre, répondit Svâmiji.

– Mais dans le cas présent, la fleur s'est-elle flétrie naturellement ou bien est-ce plutôt une cueillette soudaine et brutale ? demanda Minoti d'un ton choqué.

– Vie et mort sont liées ensemble, répondit Svâmiji. Il n'y a pas de mort d'un individu qui ne soit immédiatement suivie par une naissance sous une nouvelle forme. Avant sa mort, Nantu avait déjà choisi, sans en avoir bien sûr une connaissance consciente, son nouveau lieu de naissance. Il a quitté son corps pour renaître à ce moment même.

On trouve dans ce bref échange l'essentiel de la position de Svâmiji concernant la réincarnation. Interrogé plus avant, Svâmiji faisait un exposé charpenté qui montrait que la réincarnation était pour lui une notion à la fois logique et rationnelle. Son argumentation est claire même si elle n'est pas toujours convaincante.

La démonstration de Svâmiji

Lorsque Svâmiji parlait de la réincarnation, il la présentait généralement comme un aspect du changement. Nous en avons déjà fait une présentation détaillée précédemment[1]. En voici le résumé :

• Une succession ininterrompue de morts et de naissances

Tout change et « le changement est continu ». Une forme apparaît, une forme disparaît. Il n'existe dans notre expérience commune aucune apparition qui ne soit suivie d'une disparition, aucune disparition qui ne soit suivie d'une apparition.

Or, « naissance et mort sont apparition et disparition ». Par ailleurs : « Il y a une continuité ininterrompue de naissances et de morts. » Ainsi, « morts et naissances se produisent à chaque instant »... Sans naissance pas de mort, sans mort pas de naissance.

Il y a donc un continuum ininterrompu de mort-naissance : parler d'une naissance non suivie d'une mort ou d'une mort non suivie d'une naissance est contraire à toute expérience.

La renaissance est immédiate et instantanée. Il n'y a pas de période intermédiaire et donc ni enfer, ni paradis, ni purgatoire ; il n'y a pas non plus d'âme ou d'entité désincarnée.

Lors d'un de mes premiers entretiens avec Svâmiji, je lui avais demandé :

> – Qu'est-ce qu'un fantôme ?
> – Ce sont des idées mentales ou plutôt supra-physiques.
> Après la mort, des idées peuvent rester quelque temps. Ce sont des formes physiques subtiles.

• Le désir qui assure la continuité du cycle mort-naissance en est le moteur

On connaît chez Svâmiji la toute-puissance du désir, forme active du mental qui est le maître d'œuvre de tout ce qui arrive. Le désir a fondamentalement pour but d'éliminer la séparation

1. Pour plus de détails, voir le chapitre sur le changement dans le volume I.

et donc d'aboutir à la dissolution de l'ego ou encore ce qui pousse à faire retour à l'état de neutralité. C'est ce que Svâmiji disait déjà en 1938, dans un entretien avec Sumangal Prakash :

> – L'individu, s'étant séparé de ce-qui-est (*bhûmâ*), devient agité, impatient d'annihiler la séparation ou l'aliénation qu'il a créée et, dans son ignorance complète, veut incorporer en lui par le mécanisme du désir tout ce dont il s'est trouvé séparé ou aliéné… Puis il découvre que c'est tout à fait impossible et qu'il doit laisser tomber le sens de la séparation sous la forme de son petit moi et qu'il doit se fondre dans ce-qui-est. Par conséquent, on est obligé de passer par autant de naissances et de morts que nécessaire pour l'annihilation de ses désirs et pour atteindre l'état de non-désir ou de liberté de tout asservissement.

• Tout désir doit donc être satisfait

En 1938, au cours du même entretien, la discussion se poursuit concernant la nécessité de satisfaire ses désirs et Svâmiji ajoute :

> – Puisqu'un désir dans un individu n'apparaît que pour chercher satisfaction et accomplissement, il s'ensuit que si quelqu'un, avant sa mort, reste avec un désir insatisfait, il doit chercher et trouver un autre corps de façon à satisfaire ce désir insatisfait.

• Sans désir, pas de réincarnation

> – Etre libre de tous les corps, c'est être libre de la potentialité de tous les corps. Tant que le désir n'est pas satisfait, il faut avoir un corps.
>
> – Le désir est ce qui fait passer le corps d'un endroit à un autre. Le corps dans lequel le désir est satisfait est le dernier corps.

Le désir est donc tout-puissant. En effet, c'est le désir qui crée le corps, le maintient en vie et aussi le fait mourir. Nous y reviendrons par la suite. Nous examinerons seulement pour l'instant le rôle déterminant du désir dans la manière dont se passe la réincarnation.

• Manière dont se passe la réincarnation

– Le mental quitte le corps seulement quand il trouve que l'environnement dans lequel se trouve le corps ne fournit pas de possibilité adéquate pour satisfaire ses désirs. C'est pourquoi le corps présent est abandonné pour en trouver un autre qui paraît offrir plus de possibilités. Quand le mental devient libre du corps physique, il peut aller là où il veut. Au moment de la mort, le mental devient libre de cette conscience de corps et de son poids matériel. Il cherche alors un endroit où il peut se réincarner. Voyant, par exemple, deux personnes s'accoupler, il les considère comme des parents potentiels pouvant convenir pour lui permettre de satisfaire ses désirs, il décide immédiatement de se transporter dans la matrice. Le mental peut ainsi aller partout et choisir n'importe quel être vivant pour son prochain corps : homme, oiseau ou animal, selon la nature de ses désirs insatisfaits.

Il y a une très belle histoire dans la mythologie indienne. Il y avait un saint dans un ashram et il y avait un daim. Et le daim donna naissance à un faon et mourut. Et le saint dit : « Que va-t-il lui arriver ? Qui va en prendre soin ? Il n'y a personne. Je vais m'en occuper. » Et il se mit à l'élever. Et il lui donna du lait et ainsi de suite. Le daim grandit. Le saint se fait vieux et sa mort approche : « Si je meurs, qu'arrivera-t-il ? Oh ! » Et il se trouve piégé par la pensée du daim. La vie suivante, il devient un daim et sous cette forme, il fréquente les ashrams des saints. Le daim était conscient : « Je suis un daim maintenant ; je suis devenu un daim… Que mon désir soit satisfait maintenant. Ainsi serai-je dans la condition mentale appropriée pour… » Puis il mourut et à nouveau devint un homme.

Vous pouvez objecter, en disant que « ce n'est que de la mythologie ». Non, c'est un fait. Cela permet de donner une idée de la manière dont cela se passe. Vous pouvez devenir un oiseau, un animal, un tigre ou bien un homme de type supérieur. Cela dépend du désir au moment de la mort… Et cela continue tant que le désir n'est pas complètement comblé. Et quand cet état est atteint, ce corps particulier dans lequel le désir est satisfait sera son dernier corps. Il n'y aura plus de naissance. Jusqu'à ce que ce temps vienne, le cercle de naissances et de morts se poursuivra.

Cette description de la manière dont se passe la réincarnation ne peut manquer d'apparaître comme une histoire plaisante, pas très convaincante, proche d'une spéculation, sans aucune preuve à l'appui. Et pourtant on ne peut écarter avec légèreté des concepts énoncés par Svâmiji, alors qu'il a déjà, par le passé, donné tant de fois des preuves d'une attitude sans aucune compromission pour rejeter tout ce qui « n'était pas scientifiquement fondé ».

Il était sûr de la validité du phénomène et disait, chaque fois que l'occasion s'en présentait, que le souvenir des vies antérieures était effacé par le traumatisme de la naissance, comme les souvenirs refoulés de la petite enfance mais qu'il était possible, lorsque les circonstances s'y prêtaient, de retrouver le souvenir de vies antérieures.

Que penser de cette argumentation ?

Lorsqu'il parle de la réincarnation, Svâmiji ne s'écarte à aucun moment de la rationalité. Il explique, argumente, cherche à prouver mais, contrairement à sa manière habituelle de faire, ne cite aucune expérience, ni la sienne, ni celles des autres à l'appui de sa démonstration. Je n'ai personnellement jamais pu être convaincu par cette argumentation, même si pendant plusieurs entretiens, à différentes années d'intervalle, j'ai discuté âprement, point par point, avec Svâmiji la plupart des arguments avancés.

Bien entendu, seules des preuves expérimentales incontestables pourraient emporter la conviction et confirmer le bien-fondé de l'argumentation de Svâmiji. Celui-ci s'est toujours montré très intéressé par toutes les informations publiées de temps à autre dans les journaux indiens qui relataient le cas de telle ou telle personne, le plus souvent des enfants, qui se souvenaient de leur existence antérieure et qui retrouvaient des traces de leur ancienne vie lorsqu'ils se rendaient sur les lieux où cette ancienne vie s'était déroulée.

Par contre, parmi les disciples indiens, pratiquement aucun, à ma connaissance, n'a retrouvé, lors des *lyings*, des souvenirs de vies antérieures. Pour les disciples français directs qui ont fait des *lyings*, rares sont ceux qui en ont retrouvé. Svâmiji décourageait d'ailleurs ce type de recherche :

– Pourquoi aller dans une vie antérieure ? Vous souvenez-vous seulement de ce que vous avez fait il y a une demi-heure ?

Il encourageait plutôt le développement de la lucidité dans cette vie-ci. Par contre Denise Desjardins semble avoir eu des souvenirs de vies antérieures qu'elle a d'ailleurs relatés dans un livre[1]. Et un grand nombre de gens qui ont pratiqué des *lyings* avec elle ont retrouvé plus ou moins facilement des vies antérieures, si bien que ce qui auprès de Svâmiji était un cas exceptionnel est devenu plutôt banal.

Le souvenir de vies antérieures, s'il s'agit d'une réalité et non d'une construction fantasmatique, doit pouvoir être vérifié. Mais je ne sais si de telles recherches ont été entreprises ni si elles ont abouti. A ma connaissance, aucune preuve objective n'a pu être établie qui soit complètement convaincante. Les souvenirs de vies antérieures peuvent être retrouvés, mais cela ne prouve en rien leur réalité. Ces souvenirs correspondent certainement à une expérience réelle, qui peut être importante pour celui qui les visualise, de la même manière qu'un rêve est également réel et a une signification pour celui qui rêve mais n'exprime pas nécessairement la réalité.

Un chercheur américain, Ian Stevenson, spécialisé dans la recherche dans le monde entier de tous les cas signalés, et plus particulièrement des enfants se souvenant de leurs vies antérieures, a publié plusieurs livres sur ce sujet mais déclare en toute honnêteté qu'il y a toujours un décalage ou plutôt un doute qui ne permet pas d'être sûr à cent pour cent. Ces dernières années, il s'est particulièrement intéressé aux taches qu'on trouve parfois à leur naissance sur le corps de jeunes enfants et qui pourraient correspondre aux cicatrices des blessures reçues dans une vie antérieure.

A la racine du concept de réincarnation chez Svâmiji se trouve la croyance de base, qu'on trouve d'ailleurs dans de nombreux textes traditionnels et notamment dans les *Upaniṣad*, que l'émergence d'une entité individuelle est causée par le désir, désir de l'un d'être nombreux : « Etant un, je désire être nombreux (*eko-ham bahu syam*). » De même le *Yogavâsiṣṭha*

1. *La Mémoire des vies antérieures*, La Table Ronde.

fait de la toute-puissance du désir le véritable maître d'œuvre de toute destinée humaine.

Mais la théorie de Svâmiji se distingue de la plupart des conceptions traditionnelles. Traditionnellement, après la mort, l'ame reste présente (*hover around*), sous forme d'esprit, le plus souvent sous la forme de mauvais esprits pour des temps plus ou moins longs, selon le bon ou le mauvais *karma*, puis s'établit en enfer ou au paradis avant de revenir dans un autre corps. Tous les rites funéraires hindous scrupuleusement observés impliquent que l'esprit du mort doit être nourri et habillé par ses parents proches de façon à apaiser les dieux pour que l'âme du disparu ne souffre pas trop dans le monde des esprits. Nulle part il n'est indiqué qu'immédiatement après la mort l'entité individuelle entre dans la matrice de la nouvelle mère qu'il s'est lui-même choisie.

Pourtant, paradoxalement nous l'avons vu, Svâmiji a toujours plutôt découragé chez ses disciples la recherche des souvenirs de vies antérieures. Un disciple lui demande :

> – Ce que j'expérimente maintenant dans cette vie est-il lié à ce qui s'est passé dans ces vies précédentes ?
>
> – Ne soyez pas déterministe… Quand vous naissez, vous venez avec toutes vos potentialités ou avec le capital… Vous commencez votre vie avec toutes les expériences de toutes vos vies précédentes ou comme vous dites, de votre hérédité… c'est la même chose exprimée dans un autre langage.

Svâmiji semble introduire ici une notion tout à fait nouvelle : la vie antérieure devient alors identique aux gènes dont nous sommes porteurs. Parler de vie antérieure serait alors une manière imagée de dire que nous ne naissons pas comme une *tabula rasa* mais que nous sommes porteurs de tout un passé.

La réincarnation apparaît alors comme une idée porteuse d'une vérité : dès qu'il y a entité, conscience d'ego, il y a séparation donc désir. Le message fondamental transmis par le concept même de réincarnation c'est qu'on n'échappe pas à l'emprise du désir. La seule libération est la libération du désir. Et celle-ci ne peut s'accomplir que par la satisfaction du désir d'une part et la compréhension concomitante que celui-ci ne peut être satisfait d'autre part. Pourquoi ne peut-il être satisfait ? Parce que son aspiration est le retour à la neutralité, qui est la réalité, l'infini, peu importe le nom qu'on lui donne et que rien de fini ne peut le satisfaire. La croyance en l'existence d'une entité séparée, d'un moi, est l'illusion par excellence, la source de toutes les autres. Cet ego n'existe pas. D'où cette affirmation paradoxale de Svâmiji :

> – Il n'y a personne qui naît, il n'y a personne qui meurt. Il y a naissance et mort et personne pour prendre part à ce phénomène.

Il n'y a donc réincarnation que pour celui qui croit à l'illusion d'un moi séparé. C'est une vérité relative. Il n'y a pas de réincarnation en réalité, c'est-à-dire pour celui qui est libéré.

Ainsi la croyance en la réincarnation correspondrait à une étape du développement de la conscience. Le premier stade est celui de l'individu qui se sent une entité séparée. Il vit par conséquent dans la peur. La mort est une menace permanente, car tout ce qui naît meurt. Le deuxième stade correspond à la perception du changement ininterrompu : apparitions et disparitions, naissances et morts. Cette succession ininterrompue de morts et de naissances est représentée par la théorie de la réincarnation. Enfin au troisième stade, la conscience s'est tellement imprégnée de la perception du changement qu'il n'y a plus ni entité, ni ego, ni personne qui meurt, ni personne qui naît et par conséquent aucune réincarnation.

La toute-puissance du désir

Toute mort est voulue

La toute-puissance du mental entraîne des conséquences que Svâmiji pousse jusqu'au bout et qui viennent prendre le contrepied d'un grand nombre de nos idées toutes faites. C'est d'abord le changement du corps :

> – Ce corps que vous avez change continuellement en raison des lois physiques et du désir.

On voit que Svâmiji introduit ici la notion de lois physiques. Ces lois agissent aux côtés du désir. Ainsi notre corps vieillit et s'affaiblit en raison de son usure. Celle-ci relève de la physique et de la biologie. Mais, en même temps, les lois de la biologie et de la physique sont influencées par nos idées, nos émotions et nos désirs. Le désir est l'élément déterminant dans le sens où il règle le fonctionnement du corps. Ce sont là, en fait, des vérités bien connues depuis longtemps (influence du bon moral sur la santé, éviter les émotions fortes, prendre le temps de se reposer et de se détendre, éviter le stress, etc.) et somme toute assez banales que la médecine psychosomatique redécouvre tous les jours. C'est maintenant devenu une évidence, par exemple que les maladies sont à la fois des phénomènes physiques et en même temps inséparables du jeu de nos désirs.

Par contre c'est beaucoup plus difficile à admettre pour les « accidents » et encore plus pour la mort. Svâmiji s'exprime à ce sujet de manière forte, percutante et volontiers provocatrice :

> – Au moment de la mort, chacun désire mourir et sans ce désir de mourir, on ne peut pas mourir. En ce sens, toute mort est un suicide. Aucune mort ne peut arriver à un homme conscient.

Il en donnait plusieurs illustrations tirées de sa propre expérience et de ses observations :

> – Un incident est survenu dans l'enfance de Svâmiji. Il peut facilement s'en souvenir. Il y avait un couple. Le mari mourut. Et il fut emporté sur l'aire de crémation. La femme resta seule à la maison. En Inde, comme vous le savez, la femme est complètement dépendante et ne peut même pas penser ou imaginer qu'elle puisse vivre sans son mari. Et quand il fut emporté, elle se sentit perdue. Ils n'avaient pas d'enfants et elle sentit : « Oh ! Tu t'en vas ! Oh ! Tu t'en vas ! Que vais-je faire ? Comment vais-je vivre ? Je ne peux vivre sans toi. » Et quand les gens revinrent après la crémation… En Inde, ils marchent en silence et disent : « *Hari, Hari, Hari* », ce qui veut dire : « Tout passe, tout s'en va, rien ne reste. » Aussitôt l'épouse : « Oh ! oh ! C'est terminé… Ils reviennent… ! » Et aussitôt son cœur s'arrête. Voyez comme la mort est venue : pas de maladie, pas d'acci-

dent. Rien. Simplement le mental dit : « Non, je ne peux pas continuer à vivre. »

– Il y a quelques années, raconte Svâmiji, un avion d'Air India s'écrasa et là mourut le Dr Bala, expert indien mondialement connu, qui dirigeait alors la recherche atomique en Inde. Il devait prendre l'avion le jour suivant mais, à la dernière minute il changea son programme, décida de partir de Bombay à Delhi et prit cet avion-là. Pourquoi ? Que s'est-il passé ? Il avait réservé l'avion du lendemain. Il ne devait pas prendre cet avion-là. Mais, au dernier moment, il modifia ses plans. Pourquoi ? Indirectement, comme si cela l'attirait… Aussi devait-il changer d'avion et prendre cet avion qui devait s'écraser. Vous pouvez l'expliquer ainsi… Mais il ne savait pas que l'avion allait s'écraser ! Alors ? Un fait est un fait. Mais le fait ne peut pas être expliqué par lui-même. Il y a des causes plus profondes, des causes indirectes, des causes inconscientes.

Il n'y a pas d'accident

Pour Svâmiji, tout ce qui nous arrive c'est nous qui le provoquons en l'attirant. En voici une illustration dans laquelle Svâmiji commente les circonstances de la mort à Tachkent de Lal Bahadur Shastri qui était à l'époque Premier ministre :

– Ce que vous avez raconté au sujet de Lal Bahadur est parfaitement vrai. Voyez maintenant pourquoi il devait mourir à ce moment-là. Cela vous rendra les choses très claires. Personne ne meurt sans le désirer. Selon votre récit – et votre description correspond exactement à la situation – il entretenait de grands espoirs. Il a réellement senti que ce qu'il avait accompli était un grand succès… qu'il avait triomphé là où tous les autres avaient échoué. Il avait le sentiment d'un grand accomplissement. Et, comme vous l'avez dit, il était très attaché à sa famille. Il n'y a aucun doute à ce sujet. D'après les photographies publiées de temps en temps dans les journaux, on pouvait très bien voir qu'il était un homme dépendant de l'affection des siens. Et quand il a entendu ces critiques sévères et inattendues de la part de ses proches, il s'est senti complètement perdu : « Plus rien n'a de valeur pour moi. Je ne suis rien. Comment puis-je rentrer et faire face à tout cela ? Pourquoi et comment continuer à vivre ? » Et il est mort…

Pourquoi cela s'est-il passé ainsi ? Uniquement parce qu'il s'est senti seul, « abandonné de tous ». Victime de ce désespoir, que lui restait-il dans la vie ? Rien.

Pourquoi a-t-il pris les choses ainsi ? Parce que « je veux avoir, mais je n'ai pas obtenu ». C'est pourquoi cette blessure l'a rendu totalement désespéré : « Non… non… plus de cette vie. » C'est pourquoi, il a dû mourir.

TOUT EST RELIÉ

Un fort désir ne peut qu'être satisfait

– Ce que l'on désire intensément se produit. On trouve cette affirmation dans le *Yogavâsiṣṭha* : « La ferveur intense (*bhâvanâ*) ou une forte détermination (*dṛdhanścâya*) fait survenir l'événement désiré[1]. »

– Tout accident est voulu… toute mort est voulue… on ne meurt pas si on ne veut pas.

Cette affirmation est difficile à prouver « scientifiquement » même s'il est possible d'en vérifier parfois la véracité expérimentalement.

Cela se répand dans le monde

– Tout ce qui vous arrive, c'est vous qui l'attirez. Il y a comme un champ magnétique autour de vous.

Il est ainsi possible de sentir, même à distance, l'état affectif d'une personne. Tout sentiment dans une personne affecte l'entourage et se répand. On retrouve la notion de « vibrations sympathiques » qui se répandent dans le monde entier lorsqu'on

---

1. Cette croyance n'est guère éloignée des pouvoirs attribués à la prière, notamment par les adeptes de la Science chrétienne.

éprouve un sentiment de grande intensité : « Le sentiment qui naît dans le cœur, dit Svâmiji, se répand également. Personne n'est séparé. L'énergie joue dans chaque centre. Chaque personne a un centre d'énergie. C'est pourquoi les sentiments étant apparus en un lieu passent à un autre. » Svâmiji donne dans l'histoire qui suit une illustration frappante de la toute-puissance du désir :

– Quand Indu était ici, lors de sa dernière visite, elle a demandé un livre qui était là et qui lui a été donné. Maintenant elle écrit :

« En ce qui concerne le livre, *Le Vaillant Compagnon*, je savais bien sûr qu'il vous appartenait, mais l'autre : *Adhyâtma-yoga*, je ne sais pas comment vous l'avez eu. Je l'ai demandé et vous me l'avez donné. Je l'ai donc reçu de vous. Mais en fait, je ne l'ai pas reçu seulement de vous, mais aussi de la personne qui l'a donné à Svâmiji. Je n'ai rien donné à cette personne pour cela. Pourtant je l'ai reçu. Et j'ai reçu beaucoup. Quelque chose qui a été donné par quelqu'un, il y a longtemps, donne des fruits maintenant. Ce don n'a pas été perdu. Il a donc été récompensé. Combien de dons circulent ainsi de par le monde, Svâmiji, et combien de non-dons aussi, et combien aussi se perdent ? Le oui ou le non de quelqu'un, un comportement aussi bien qu'un non-comportement, l'amour de l'un, la haine de l'autre, se répandent très loin, dans des endroits très éloignés et concernent tellement de gens… comme s'ils remplissaient l'atmosphère.

» Comme on est étroitement relié aux autres ! Tout le monde est un en vérité. Si quelqu'un reçoit quelque chose de moi, il ne le reçoit pas seulement de moi, mais, bien sûr, à travers moi, de Svâmiji lui-même. Et non seulement de Svâmiji, mais d'une source encore antérieure. Recevoir et donner se répandent à l'infini et appartiennent à chacun, appartiennent à tous ceux qui sont suffisamment sensibles pour en ressentir la présence. C'est en droit la propriété de tous, mais le privilège de peu de l'avoir. Bien sûr, le premier qui a donné a fait naître un courant. De même, l'esprit de non-donner fait naître un courant de "non".

» D'une certaine manière, on peut tenir le monde entier dans sa main et atteindre le cœur humain le plus éloigné en donnant. Certainement, l'acte de donner commence à un certain point, mais c'est seulement un commencement. Il va croissant et se répandant, parmi tellement de gens, pendant tellement d'années, à une distance tellement éloignée.

» Un seul acte de donner donne naissance à tant d'actes de donner ! Et il se multiplie parce qu'il est fertile. Mais le non-don est tout aussi fertile que le don. Lui aussi, bien sûr, se répand et se multiplie, il rend des nouveau-nés tristes, il tue des nourrissons.

» Il répand la mort. Il répand le chagrin et la tristesse. Il répand la négation, il apporte la mort. Mais on ne peut pas l'appeler une création, car la création propage aussi bien la vie que la joie. Sans qu'on le sache, ces actions et ces émotions atteignent tellement de personnes, en tellement d'endroits ! Elles cessent d'être à soi quand elles vont si loin. Alors elles appartiennent à ceux qui les reçoivent. Elles deviennent leur, elles sont reçues et données tour à tour. Alors ce qui est reçu appartient à tous : à tous ceux qui sont capables de le recevoir. Comme nous sommes si merveilleusement liés les uns aux autres ! N'est-ce pas ainsi que les vibrations de sympathie continuent à se répandre ? Ce qui est nécessaire, c'est une super-sensibilité pour le sentir. »

N'est-ce pas merveilleux qu'elle ait senti si profondément comment chacun est relié à tous les autres… que tous, en vérité, sont un ? N'est-ce pas un sentiment extraordinaire ? Que ce livre, elle ne l'a pas seulement reçu de Svâmiji, mais de la personne aussi qui en a fait cadeau à Svâmiji, et qu'elle-même n'a rien donné à cette personne de qui Svâmiji avait d'abord reçu le livre, et qu'ainsi on reçoit, sans avoir rien donné en échange. Cela, bien sûr, demande de la sensibilité.

Voici la réponse que Svâmiji lui a envoyée : « Ce processus ne commence pas seulement avec l'acte de donner, comme vous l'avez dit. Tout sentiment qui naît à l'intérieur du cœur se répand aussi. C'est pourquoi chacun répand tellement de choses, sans même s'en rendre compte. Si un mauvais sentiment envahit votre cœur, alors il commence à se répandre aussi à l'extérieur. Si un bon sentiment occupe votre cœur, il se répand aussi à l'extérieur. C'est ainsi et cela continue. C'est ce qui se produit tous les jours. Car personne n'est séparé. Un jeu d'énergie… un courant d'énergie passe en chacun. Chaque personne est un centre d'énergie. Cette énergie est présente partout. Cette énergie se manifeste partout. C'est pourquoi, après être apparu à un endroit, un sentiment se transporte plus loin. Ce qu'on appelle la vibration de sympathie n'est rien d'autre que cela. »

Un appel à travers l'espace

La télépathie pour Svâmiji ne faisait pas de doute. Les exemples de transmission télépathique avec ses disciples sont nombreux :

Ainsi, Anasuya, l'épouse de Svâmiji, reconnaît un visiteur qu'elle n'a jamais vu[1]. De même Svâmiji vient spontanément de Channa à Calcutta après avoir entendu l'appel silencieux de sa fille Chinmayee. Celle-ci, nouvellement mariée, se sentait désespérée lorsqu'elle entendit sonner à la porte de sa maison à Calcutta et voit alors surgir son père, qui lui dit : « Pourquoi m'as-tu appelé ? Que se passe-t-il[2] ? »

Il écrit à un disciple :

– Qu'est-ce, Mère, pourquoi un tel appel ? Dimanche dernier, en particulier qu'est-ce qui vous a fait tant souffrir, que Svâmiji a ressenti votre appel si pressant ? Très bien, très bien continuez à appeler ainsi. Les sentiments se transmettent par des courants souterrains, chère Mère.

Et à un autre :

– Avant d'aller à Madhupur, tandis que je considérais la question de savoir où aller (pour la saison des pluies) cette année, l'idée d'être avec votre famille m'est venue en fait à l'esprit. Quand je suis venu chez vous sans avoir été appelé, j'ai découvert combien intense était la force de votre désir qui me poussait vers cet endroit : l'attirance concentrée d'un cœur blessé (*single-pointed*). Combien est merveilleux ce jeu des forces subtiles (*lîlâ*).

A l'occasion d'une rupture avec une femme qui lui avait été très attachée, un disciple demande à Svâmiji s'il est souhaitable pour lui de continuer à rester en relations ne fût-ce qu'épistolai-

---

1. Voir *Svâmi Prajñanpad* (*biographie*), chapitre 9, La Table Ronde, 1993.
2. Voir chapitre 2.

res avec celle-ci, alors qu'elle va épouser son meilleur ami. Svâmiji l'en dissuade en disant :

– Si cette femme peut encore vous être attachée d'une certaine façon, votre désir d'être avec elle ou simplement le fait de vous rappeler d'elle-même inconsciemment l'attirera naturellement vers vous. Ceci peut ruiner sa vie avec son mari.

A l'occasion de la mort d'un enfant, il écrit aux parents :

– Aimant si tendrement votre enfant, vous ne pouvez pas le tourmenter et vous ne pouvez faire que des choses qui lui soient agréables ! Alors, parce qu'il s'en va, comment pouvez-vous l'appeler et le retenir près de vous ? Sa destinée ou les circonstances naturelles dans lesquelles il était placé étaient telles qu'il a été emporté de cette manière. Si, dans de telles conditions, vous pleurez sa mort, vous ne ferez que l'attirer vers vous, dans une direction opposée à la sienne ; avec pour résultat de le placer entre deux attirances ! N'en sera-t-il pas malheureux ?

Quand il s'en va, dites-lui de tout votre cœur : « Oui, fils, puisque tu pars, va là où ta destinée t'emmène ; nous te disons adieu, cher enfant, adieu. »

D'un tout autre ordre est l'intérêt que Svâmiji a manifesté pour la chirologie et l'astrologie qui ne font pas partie à proprement parler de son enseignement.

Numérologie et astrologie

Numérologie et chirologie de Cheiro

Vers 1938, Svâmiji commença à s'intéresser beaucoup à la numérologie et à la chirologie de Cheiro dont il se procura les livres. Il se mit à faire ses propres expériences. Il chercha à lire la paume de ses disciples, leur demanda leur date de naissance et se mit à faire des calculs pour voir si cela correspondait au caractère de la personne.

Il donnait même des indications sur la couleur des habits que la personne devait porter de préférence et leur demandait de voir si cela donnait les résultats indiqués.

Egalement, suivant en cela Cheiro, il donnait une valeur numérique à chaque lettre de l'alphabet qui apparaissait dans le nom et le prénom et faisait la somme de ces valeurs, trouvant le nombre compris entre un et neuf qui caractérisait cette personne.

Son motif essentiel dans cette étude, pour autant qu'on puisse le savoir, semble être de corroborer si possible ses observations sur les potentialités de développement spirituel de ceux qui venaient le voir car, ainsi qu'il l'explique à Sumangal Prakash en 1944, il cherche à éviter de perdre son énergie avec ceux dont l'intérêt n'était que superficiel et pour lesquels la perspective de faire des progrès était négligeable de façon à pouvoir consacrer plus de temps à ceux dont les possibilités étaient plus grandes.

Cela permet ainsi d'éclairer une caractéristique particulière de Svâmiji à savoir qu'il n'avait pas de préjugés contre les croyances modernes ou anciennes et qu'il était toujours disposé à en vérifier le bien-fondé. S'il trouvait que cela avait une validité quelconque, il en faisait un usage pratique.

Tout phénomène dans l'univers doit, d'après Svâmiji, avoir une cause. Trouver la cause et l'établir de manière qui ne laisse aucun doute est le domaine des scientifiques. Pour trouver et établir la cause, il faut partir d'hypothèses. Toute hypothèse concevable est explorée car il part du principe que tout phénomène ou manifestation est un mystère tant que sa source et sa cause restent inconnues. C'est pourquoi Svâmiji n'a jamais exprimé a priori d'opinion négative concernant des phénomènes ou manifestations aussi mystérieux qu'ils puissent paraître, ne se préoccupant que de les observer et d'en vérifier le bien-fondé.

« En 1938, raconte Sumangal Prakash, lorsque je lui rendis visite pour la première fois à l'ashram Channa, il y avait un jeune homme qui était venu le voir. Svâmiji étudia la paume de la main du jeune homme pendant longtemps puis lui demanda sa date de naissance et l'interrogea sur les événements de sa vie. Le jeune homme ne resta pas longtemps. » Après son départ, Svâmiji confie à Sumangal qu'il a demandé au jeune homme de partir car celui-ci ne montrait pas beaucoup de perspectives d'amélioration, ajoutant que la lecture des lignes de la main et le calcul numérologique confirmaient le diagnostic.

En 1942, il demandait systématiquement à tous les gens de son entourage de lui communiquer leur date de naissance ainsi qu'une empreinte de leurs paumes de main. Dès qu'il avait un moment de libre, il les étudiait, le livre de Cheiro ouvert devant lui.

Svâmiji ne souhaitait pas que ses disciples attachent une importance excessive à ses propres recherches et expériences dans ce domaine ni qu'ils dépendent de ces lectures pour modifier le cours de leurs vies, même si lui-même semblait convaincu que la chirologie de Cheiro présentait un intérêt certain. Il ajoutait cependant qu'aucune prédiction ne pouvait avoir une valeur absolue et que toute vie pouvait être changée à tout moment par un fort désir contraire.

Astrologie

Après avoir étudié Cheiro, Svâmiji s'intéressa quelque temps après à l'astrologie indienne. L'objection rationaliste courante, selon laquelle les planètes ne peuvent pas influencer l'homme de si loin, ne le touchait pas car, l'interdépendance de tout ce qui existe dans l'univers était pour lui une évidence.

Son intérêt pour l'astrologie semblait confiné à la lecture de son propre horoscope. Bien que son père ait été astrologue lui-même, il semble que l'horoscope de Yogeshvar ait été perdu après la mort de ses parents, si bien qu'il subsiste des doutes quant à la date précise de sa naissance. Pourtant son frère aîné Sejda a dû faire établir un horoscope au moment du mariage de Yogeshvar comme c'est la coutume parmi les hindous de haute caste. Il semble que Svâmiji ait eu des doutes sur l'heure exacte de sa naissance et, d'après Minoti Prakash, donna son horoscope à son ami Paresh pour que celui-ci fasse effectuer des vérifications auprès d'un astrologue réputé de Calcutta. Après une étude complète l'astrologue hésita et pour déterminer si cet horoscope était celui de quelqu'un de haut placé, un prince ou un personnage spirituel de grande envergure, voulut savoir s'il avait des enfants. Ayant obtenu la réponse, il fit les corrections appropriées et fournit des indications qui donnèrent satisfaction à Paresh. C'est cet horoscope que finalement Svâmiji accepta comme correct.

En 1963, Svâmiji apprit que Srinath, un ami de Sumangal qui avait rencontré Svâmiji, s'était mis à étudier l'astrologie. Svâmiji lui demanda de faire une étude détaillée de son horoscope. Puis Svâmiji eut, d'après Sumangal, de longs entretiens quotidiens en tête à tête avec Srinath pendant près d'une semaine et entra avec lui dans les moindres détails de son thème. Srinath fut très flatté de voir Svâmiji corroborer la plupart de ses observations.

Non seulement Svâmiji avait effectivement été satisfait de l'exactitude de l'horoscope, mais cela l'avait confirmé dans l'idée que l'astrologie était un domaine qui ne pouvait être condamné sous prétexte que c'était une série de conjectures non fondées ou un produit de l'imagination.

CHAPITRE V

Svâmi Prajñânpad, un délivré-vivant ?

Lorsqu'on présente un maître, il est difficile d'éluder la question que les lecteurs ou même les disciples ne peuvent manquer de se poser : « Svâmiji était-il un délivré-vivant (*jîvanmukta*) ? » Qu'est-ce tout d'abord qu'un *jîvanmukta ?* C'est un homme libre de tout asservissement, qu'il soit en dehors du monde ou même dans le monde[1]. Cette définition, on le voit, est négative. Exprimée positivement c'est vivre dans l'Unité, l'Equilibre, la Paix ou la Neutralité.

Mais donner cette définition ne nous est pas d'un grand secours, encore faut-il déterminer si elle peut s'appliquer à Svâmiji et c'est là que les difficultés commencent. Observer le comportement du maître ne peut suffire car comment éviter les projections, les identifications ou plus simplement les interprétations subjectives ? S'en remettre à la tradition qui met en garde contre toute critique du maître ne peut plus suffire à notre époque. Il est nécessaire de garder son esprit critique et d'éviter de succomber à la tentation de faire un dieu ou un demi-dieu de toute personne aussi admirable puisse-t-elle nous paraître. Pour ce qui est de Svâmi Prajñânpad, la seule manière de procéder pourrait être d'appliquer son propre enseignement pour essayer de résoudre cette difficulté et tenter de trouver une réponse.

---

1. Dans la tradition indienne, un des exemples les plus caractéristiques est celui du roi Janaka qui, tout en exerçant sa fonction, reste neutre face à des situations qui seraient sources de plaisir et de souffrance pour des individus ordinaires. Un autre exemple est celui de Krishna tel qu'il est décrit dans le *Mahâbhârata*, où il apparaît comme un surhomme, au-dessus et au-delà de toutes sortes de règles morales établies par la société.

Comment parler de la réalisation d'un autre ?

Observer le comportement du maître ?

Peut-on partir de l'observation du comportement de Svâmiji ? Certes, je peux donner mon impression subjective mais ce n'est plus Svâmiji que je décrirais alors mais moi-même. Comment parler objectivement de Svâmiji ? Même si je m'efforce d'en faire une description neutre, le simple choix des événements décrits révèle déjà ma subjectivité. Quant à l'interprétation que je peux en donner, celle-ci ne peut être qu'une projection négative, si l'événement a eu un impact douloureux, ou une identification positive, si au contraire j'en ai retiré une impression agréable. Je ne peux empêcher ni le choix subjectif, ni mes réactions personnelles. Celles-ci fluctuent selon la manière dont je ressens Svâmiji, selon les heures et les jours. Je me sens tantôt poussé à le critiquer, c'est-à-dire à le présenter comme un homme ordinaire : il se trompe, il commet des erreurs, il est partial, peut se montrer injuste, n'arrête pas de manipuler etc., tantôt, au contraire, à l'encenser, à mettre en valeur ses qualités : j'en fais alors un être exceptionnel par sa perfection. Dans ces deux cas ma description est émotionnelle, expression d'un regard particulier.

Pourtant je ne peux m'empêcher d'avoir des doutes et de m'interroger sur l'enseignement et surtout le comportement de ce maître. Certes ces réserves ne concernent que moi. Ce que j'exprime peut être le reflet de la réalité mais, plus vraisemblablement, ce n'est que le reflet de « ma » propre réalité, c'est-à-dire de ma subjectivité. En effet pour déterminer l'état de délivrance de qui que ce soit, il faut avoir soi-même atteint ce même état de détachement et de neutralité, faute de quoi il n'est pas possible de voir ni de placer l'action de l'autre dans une perspective correcte. Que le résultat de l'observation soit positif ou négatif, rien de ce que l'on pourra dire ne sera fiable car tout dépend de l'interprétation qu'on en fait ou qu'on en donne en fonction de ses propres projections et identifications. Pour que ces observations aient une quelconque valeur, il faut préalablement être libre soi-même de transfert positif ou négatif. C'est ce que les enseignements traditionnels avaient bien perçu.

Les mises en garde de la tradition

Il n'est pas possible de parler de qui que ce soit sans projection ni identification. Aussi n'est-il pas étonnant que toutes les traditions recommandent, une fois le maître choisi, de ne jamais le critiquer. Sage précaution qui permet au disciple de se remettre en cause plutôt que d'essayer de dénigrer tantôt l'enseignement du maître tantôt son comportement. On enjoint au disciple de respecter et de servir son maître, sans jamais le contester d'aucune manière que ce soit, sinon, dit-on, « c'est un grave empêchement ou obstacle sur le chemin ».

Cependant, la tradition ne pose aucune limite à la vénération dont le maître peut faire l'objet. Et c'est là que se trouvent son insuffisance et le danger inverse : faire du maître l'égal d'un dieu, accepter toutes ses paroles comme l'expression de la vérité suprême, justifier toutes ses actions aussi aberrantes soient-elles comme l'expression d'une sagesse qui dépasse le disciple. Or il existe de mauvais maîtres et de faux maîtres et même si c'est un vrai maître, il ne demandera jamais au disciple de le croire aveuglément. Bouddha ne disait-il pas : « Acceptez ce que je dis non pas parce que c'est Bouddha qui le dit mais parce que vous êtes convaincu que telle est la vérité. » Svâmiji ne disait pas autre chose et ajoutait :

> – Si vous ne comprenez pas, c'est votre privilège de demander. Posez des questions si vous avez le moindre doute mais n'interprétez pas.

Poser des questions, essayer de dissiper ses doutes est devenu une nécessité encore plus grande à notre époque où les gens sont si perdus, la confusion si grande, les repères et contrepoids si incertains, qu'il est indispensable d'essayer de se repérer dans le foisonnement des *gurus* ou prétendus tels. Les faux *gurus* abondent. Il importe peu d'ailleurs de savoir si ce sont des charlatans escrocs ou s'ils sont sincères et ignorants, le résultat est le même. Accepter quelqu'un comme maître n'est pas sans danger. Or, il arrive fréquemment que l'on fasse taire ses doutes, sous couvert de respecter la tradition ou de s'en remettre entièrement au *guru* ou d'avoir une foi à toute épreuve ou encore par méfiance envers la raison et l'intellect. En agissant ainsi on risque de se trouver piégé dans une alternative pénible : ou bien on se met à douter, à poser des questions et on risque alors non seulement de perdre le *guru* mais également le point d'ancrage qu'il représente, ou bien on fait taire ses doutes et ses interrogations et l'on décide de s'en remettre complètement au *guru* avec tous les risques bien connus que cela comporte.

Aussi, il ne nous paraît ni possible ni souhaitable d'éviter de poser la question : Svâmiji était-il un délivré-vivant ? On ne peut ni se taire, ni laisser la question sans réponse.

Nécessité de garder l'esprit critique

Tout disciple, dans la relation à son maître, doit donc se garder contre deux risques : le transfert négatif par projection et le transfert positif ou déification par identification. C'est pourquoi pour examiner l'enseignement de Svâmiji, il est important de s'y ouvrir complètement pour s'en laisser pénétrer, mais il faut aussi ne pas prendre Svâmiji pour une « autorité », aussi parfait puisse-t-il paraître, et admettre que Svâmiji puisse se tromper et même commettre des erreurs.

Mais comment procéder ? La première difficulté consiste à conserver son esprit critique face à un maître dont les assertions sont présentées comme prenant appui sur des faits incontestables. Ce n'est pas toujours facile ni évident. Par ailleurs, l'admiration, le respect et la reconnaissance qu'on éprouve envers une personne qui a donné, manifesté tant d'amour, peuvent entraîner facilement une attitude d'acceptation inconditionnelle de tout ce qu'il dit, quitte même à ne pas tenir compte des conseils qu'il donne lui-même : « Ne prenez que ce qui vous paraît vrai. » Mais comment conserver son indépendance d'esprit ? Le maître a vu juste tant de fois, qu'on se sent poussé à accepter chacune de ses paroles, même celles qu'on ne comprend pas sur le moment ou qui paraissent inexactes. S'y opposer ne serait-ce pas l'expression d'un transfert négatif ? On peut alors être poussé d'y réagir en disant : « Je ne vois pas, mais le maître, lui, voit exactement ce qui se passe. Je dois donc lui faire confiance et accepter ce qu'il me dit. »

Le disciple est alors tenté d'accepter toutes les paroles du maître en partant de l'idée que celui-ci est « parfait » et ne peut donc pas se tromper. Il en fait alors un dieu ou un demi-dieu. Si les paroles du maître ne correspondent pas à la réalité ou à la perception que le disciple en a ou à la raison, le disciple aura tendance à attribuer au maître un mystérieux pouvoir de connaissance d'un type supérieur, qui exprimerait, de son point de vue, le rapport direct que le maître entretient avec la réalité et à laquelle le disciple n'a pas accès. C'est ainsi que certains disciples très ou, peut-être, trop admiratifs de Svâmiji, lui attribuent d'emblée des qualités surhumaines et en font quasiment un dieu. L'un d'eux pourra ainsi déclarer : « Svâmiji n'a pas d'inconscient. » L'autre surenchérira : « Svâmiji est né ainsi. Dès son plus jeune âge sa lucidité était déjà parfaite », puis termine d'un ton sans réplique : « D'ailleurs, il est né sans ego. »

« Projection sans aucun intérêt », pourrait-on répliquer si le débat n'était pas sans rappeler la querelle entre les premiers chrétiens qui tantôt voulaient faire de Jésus un Dieu et tantôt un homme. Dans le premier cas, Jésus ne pouvait servir de modèle aux hommes puisqu'il était Dieu. Par contre s'il était homme, il pouvait être contesté sur tel ou tel point particulier. On sait comment les conciles ont résolu les difficultés en introduisant le Mystère de l'Incarnation faisant de Jésus un être « à la fois parfaitement homme et parfaitement dieu ».

Svâmiji, de son côté, prenait toujours soin de montrer qu'il ne disposait que de connaissances accessibles à tout le monde et n'a jamais manifesté, du moins en présence de ses disciples, aucune forme de pouvoirs occultes (*siddhi*). Le disciple était ainsi encouragé à conserver son indépendance d'esprit.

Appliquer l'enseignement même de Svâmiji

Serait-il possible de trouver un moyen terme entre l'idéalisation et le rejet ? Existe-t-il une autre voie ? Pourquoi ne pas mettre en application pour résoudre cette difficulté l'enseignement même de Svâmiji : exprimer, exprimer le plus ouvertement possible ses doutes, ses difficultés, ses incertitudes, son incompréhension ? « Ce que l'on exprime ainsi n'est-ce pas autre chose qu'une émotion et, si c'est le cas, en quoi cela nous avancera-t-il pour connaître la réponse ? » pourrait-on objecter.

Effectivement ; mais quand bien même ce ne serait qu'une émotion, le fait même de l'exprimer sans retenue me permettra de voir ce dont il s'agit. Ainsi poser les questions telles qu'elles se présentent sur l'enseignement et le comportement du maître va éventuellement me permettre d'en découvrir la naïveté. Car si on ne peut aboutir à aucune certitude pour ce qui est de l'état atteint par un autre, on peut du moins se libérer des fausses idées que l'on peut avoir sur ce qu'est la délivrance. Poser ces questions c'est découvrir « le mythe du maître » que l'on porte dans son cœur, le mythe d'un état surhumain, d'un statut exalté d'un homme-dieu. Or la délivrance est tout à fait autre chose que l'idée que l'on s'en fait communément. Poser la question c'est découvrir notre capacité à créer des mythes, découvrir la réalité qu'ils désignent tout en éliminant l'ignorance qu'ils véhiculent lorsqu'on s'attache trop aux formes.

Questionner l'enseignement de Svâmiji, examiner son comportement, émettre des doutes et des réserves ne peut qu'être avantageux : ou bien mes réserves sont justes, conformes à la réalité des faits et je dois en tirer les conséquences qu'elles impliquent ou bien elles ne font que décrire mes propres limitations. Dans ce cas, l'expression me permettra de les découvrir et de m'en libérer.

Svâmiji, lorsque je parle ainsi de lui, sert de support à mes projections. En les exprimant, je les épuise. L'expérience m'a souvent montré que lorsque j'ai exprimé tout ce que j'avais sur le cœur : doutes, critiques, réserves et que j'ai pu donner libre cours à tout ce qui m'a blessé et meurtri, alors vient l'apaisement, une vision plus juste, celle qui permet de sentir l'unité. Je comprends alors d'emblée ce que signifie « voir sans juger ». Je perçois l'amour de Svâmiji et me sens porté par celui que je ressens pour lui. Nous naviguons alors ensemble. Mon regard semble embrasser tous les éléments de la situation. Je participe à ce qu'il dit, à ce qu'il fait. L'unité est dans les cœurs.

Et, peut-être, puis-je alors mieux communiquer une partie de ce qu'il était, de l'ambiance qu'il dégageait, ni homme ordinaire, ni dieu, mais un homme accompli qui s'exprime au travers des mille et une vicissitudes de la vie quotidienne, source d'étonnement, source de ravissement, enseignement vivant pour ceux qui l'ont approché.

Interrogations sur l'enseignement

L'enseignement de Svâmiji m'a séduit dès le premier entretien. D'abord, par sa clarté et sa simplicité, ensuite par la forme personnalisée qu'il prenait et le sentiment de totale liberté qu'il me laissait, d'accepter ou non cette approche, d'en prendre certains éléments qui me paraissaient immédiatement accessibles ou à en mettre d'autres temporairement de côté pour les intégrer éventuellement plus tard, au fur et à mesure de l'approfondissement de ma compréhension. Cependant mon admiration et ma reconnaissance ont été accompagnées d'un certain nombre de doutes et d'interrogations.

Que pourrait-on contester dans l'enseignement de Svâmiji ? Une multitude de petites incongruités qui ne remettent pas en cause l'ensemble mais qui provoquent une certaine gêne. C'est tout d'abord une formulation tranchante, qui dénonce toutes les autres voies avec une violence que je ne peux m'empêcher de trouver excessive, un hyper-rationalisme s'appuyant sur la science accompagné en même temps d'un irrationalisme qui ne tient pas compte de la science, quelques contradictions, des erreurs factuelles, des oublis… etc. Passons-les en revue, d'abord pour en voir la nature et aussi pour essayer éventuellement d'y trouver une réponse.

Rigueur excessive dans la dénonciation des autres voies ?

Dès qu'il parlait de la Tradition, exception faite des *Upaniṣad* et du *Yogavâsiṣṭha*, Svâmiji la critiquait le plus souvent avec une virulence non dépourvue d'une certaine partialité. Aucune, nous l'avons vu, n'échappe à sa critique virulente, aussi bien la tradition hindoue, ses saints et ses sages, que le bouddhisme et le christianisme.

Ses formulations sont alors tranchantes. Il rejette tout ce qui contredit son propre enseignement. « Seule la connaissance libère, dit Svâmiji, et elle seule. » Toutes les autres pratiques ne sont donc d'aucune utilité. Certes le corps est toléré : il faut en prendre soin et l'exercer car c'est un support ; les émotions ont un rôle uniquement nocif et il convient de s'en rendre libre ;

l'imagination est rejetée et l'art apparaît comme une échappatoire : « L'art n'est qu'une expression émotionnelle », disait-il. Ou encore : « Ce que vous appelez beauté n'est que de la laideur rendue belle (*beautified ugliness*) », voulant dire par là que l'art n'échappe pas à la dualité et qu'il ne peut être une voie de délivrance. On en revient à la formule de départ : « Seule la connaissance libère et elle seule. » Ce qui implique que toutes les autres voies d'approche sont fausses ou illusoires ou insuffisantes.

Cette rigueur de Svâmiji n'est pas dénuée d'un certain ascétisme. Svâmiji ne présente que l'aspect négatif du mental, avec une grande justesse et une grande précision certes : projection, irréalité…, mais il passe entièrement sous silence son aspect positif et créateur. En fait, il rejette l'utilisation d'images et de symboles.

On donne traditionnellement, en Inde, pour justifier les différentes pratiques spirituelles (*sâdhanâ*), l'analogie de l'homme qui se lave avec du savon. Le savon, dit-on, dissout la crasse de l'ignorance ou de la séparation. On passe sous l'eau pour éliminer le mélange de l'eau, du savon et de la crasse. Le savon a joué un rôle de catalyseur. Il n'était pas là au début. Il n'est plus là à la fin mais le corps est devenu propre entre-temps. Une autre image classique est celle du bateau qui permet de traverser la rivière ou l'échelle qui permet de monter sur le toit et qu'on abandonne dès que le but pour lequel elle a été utilisée est atteint.

Il n'y a, semble-t-il, pas de moyens accessoires (*upadhi*) chez Svâmiji. C'est la voie directe qu'on peut, pour cette raison, qualifier d'abrupte ou d'ascétique. En fait, le rejet par Svâmiji de l'aspect positif du mental est délibéré. Il lui est apparu qu'utiliser l'imagination présente plus d'inconvénients que d'avantages, qu'on vit dans un monde de représentations et de faux-semblants et qu'il est plus important de les découvrir plutôt que de les remplacer par d'autres productions mentales, aussi gratifiantes et exaltantes soient-elles, dont il faudra, de toute façon, se débarrasser. Par ailleurs, nous vivons à une époque où tous les enseignements traditionnels du monde entier sont disponibles. D'où la tentation si répandue d'une sorte d'amalgame : une pointe de dévotion, un peu de zen, du yoga, quelques *mantra* tibétains… La rigueur de Svâmiji a ici quelque chose de rafraîchissant. Enfin, les affirmations tranchées de Svâmiji, utiles pour déblayer la route, ne sont pas des dogmes. Svâmiji lui-même les nuançait lorsque des faits nouveaux lui étaient présentés. Ce sont des poteaux indicateurs qui jalonnent un chemin et, en aucun cas, une vérité absolue et encore moins révélée. Elles jouent le rôle d'une mise en garde. La connaissance est en tout état de cause indispensable. Même le *lying* n'est pas une voie de délivrance. C'est une technique d'expression émotionnelle pour se rendre libre des blocages du passé et permettre à l'intellect de fonctionner normalement, c'est-à-dire de voir. C'est le point de départ de la connaissance.

Hyper-rationalisme et irrationalisme

Malgré ses constantes références à la raison et à la science, Svâmiji, comme nous venons de le voir au chapitre précédent, prend également des positions qui sont loin d'être scientifiquement fondées :

Tel est le cas notamment de la présentation qu'il fait de la toute-puissance du désir : « Ce que l'on désire intensément se produit. » On trouve cette affirmation dans le *Yogavâsiṣṭha :* la ferveur intense (*bhâvanâ*), ou une forte détermination (*dṛdha-niścâya*), fait survenir l'événement désiré.

> – Tout accident est voulu… toute mort est voulue… on ne meurt pas si on ne veut pas.

Affirmation difficile à prouver « scientifiquement ». De même lorsqu'il dit :

> – Tout ce qui vous arrive, c'est vous qui l'attirez. Il y a comme un champ magnétique autour de vous. Tout sentiment dans une personne affecte l'entourage et se répand. Il est ainsi possible de sentir, même à distance, l'état affectif d'une personne.

Rappelons également que Svâmiji s'intéressait à l'astrologie, à la numérologie et à la chirologie. Il demandait à chaque disciple sa date de naissance et examinait attentivement les lignes de ses mains. Enfin, certaines démonstrations, notamment celles qui cherchent à prouver la réincarnation, sont loin d'être convaincantes. Svâmiji n'avance aucune preuve à l'appui. Il se contente de poursuivre un raisonnement logique jusqu'au bout.

Affirmations contradictoires ?

Svâmiji enseignait la nécessité d'être en contact avec les choses, de ne pas se couper de la vie. Et, pourtant, Svâmiji lui-même vivait dans un endroit isolé pratiquement coupé du reste du monde, ce qu'un disciple lui a un jour rappelé : « Svâmiji n'exerce pas de profession. Il est en dehors de la vie. »

> – Svâmiji est dans la vie. Svâmiji vous parle… Svâmiji est assis là, Svâmiji marche, Svâmiji mange, Svâmiji sourit. Svâmiji est dans la vie. Qui dit que Svâmiji n'est pas dans la vie ? Ou plutôt Svâmiji est dans la vie de manière plus complète que vous.

En parlant de l'ambiance de l'ashram Svâmiji disait :

> – Cela calme les nerfs, cela calme l'esprit.

Il en ressort qu'il y a des lieux qui sont propices, qui sont favorables, qui exercent une action apaisante sur l'esprit. Svâmiji, par exemple, considérait que l'ambiance de la ville agitée et bruyante n'était pas propice au bien-être. Ce qui laisse supposer qu'il ne s'agit pas d'identification émotionnelle, qu'il y a des vibrations propres aux lieux et aux personnes et qu'il est donc recommandé de vivre dans des endroits où ces vibrations sont favorables.

Cependant il dit, par ailleurs, qu'il n'y a aucune cause extérieure. Tout dépend de la réceptivité. Ainsi, par exemple, il dit à un disciple français qui vient d'effectuer un séjour auprès de la sainte bengalie Ananda Mayee Mâ :

> – Le silence n'est pas en Ananda Mayee Mâ, mais il est en vous et c'est parce qu'il est en vous que vous pouvez reconnaître le silence en Ananda Mayee Mâ.

Voilà donc apparemment une certaine contradiction. Est-ce nous-mêmes qui ne faisons que projeter sur l'extérieur ou bien les objets ou les personnes que nous fréquentons exercent également une action sur nous ? Les deux probablement. Svâmiji a essentiellement insisté sur l'aspect projection et identification : « Tout dépend de votre manière de recevoir », et n'a parlé qu'occasionnellement de l'influence que le monde extérieur peut exercer sur nous.

Erreurs sur les faits ?

On pourrait s'étonner des erreurs que peut parfois commettre Svâmiji sur les faits ou dans les appréciations qu'il porte sur des situations particulières. Dans tous les domaines, qu'ils soient d'ordre biologique, économique ou politique… dans lesquels Svâmiji a été amené à s'exprimer, il lui est arrivé de dire des choses inexactes ou même fausses, le plus souvent par manque d'informations suffisantes. Il dit par exemple : « Il n'y a pas d'homosexualité chez les animaux », ou encore : « Une femme ne peut pas être fécondée quinze jours après ses règles. »

Il ne faut cependant pas attacher une importance excessive à ces prises de position. En effet, il n'est pas demandé à un homme accompli, un homme de connaissance, de connaître tous les détails. Ce n'est pas une encyclopédie. Comme il le dit lui-même, il connaît le principe général, le plus important, en l'occurrence « comment être Un ».

Partialité dans ses prises de position politiques ?

Ses disciples n'ont pas manqué également d'être souvent surpris par son idéalisation de l'Inde et son nationalisme, la sympathie et l'intérêt qu'il portait au socialisme et à l'URSS, la méfiance que lui inspiraient le capitalisme et les Etats-Unis.

Certains disciples n'ont pas hésité à faire remarquer à Svâmiji qu'il semblait témoigner d'une certaine partialité dans ce domaine. Mais Svâmiji a répondu : « C'est vous qui projetez. Svâmiji s'en tient aux faits ! »

Ainsi, au cours d'entretiens en 1966, un disciple français exprime des réserves sur la position « neutraliste et socialiste » de l'Inde. Svâmiji lui fait remarquer, certainement à juste titre, que cette critique, en fait, est une attaque déguisée contre Svâmiji. Pourtant, la discussion se poursuit sur la valeur du socialisme. Svâmiji défend, avec une certaine fougue et non sans idéalisme, les principes généraux du socialisme comme on pouvait les défendre avant la guerre de 1914. Il exprime une méconnaissance certaine des mécanismes économiques. Certes, on ne peut le lui reprocher puisqu'il n'a pas étudié l'économie, mais ses prises de position paraissent particulièrement subjectives. Et lorsque le disciple lui dit : « On parle de répartition égalitaire de la richesse comme si c'était un gâteau à partager, mais on oublie que la richesse s'accroît par l'activité de certains entrepreneurs. Les entrepreneurs accroissent la richesse et donnent du travail », Svâmiji répond en abandonnant le terrain concret :

> – Svâmiji ne fait pas de politique mais parle de principes généraux. L'essentiel, ce ne sont pas les modalités, mais de ne pas oublier le but de l'homme. Il ne s'agit pas de produire plus ou mieux, les animaux feront toujours mieux, mais de devenir libre… Il y a un droit égal de chacun pour la répartition. Actuellement, l'appropriation est injuste. Le principe, c'est de ne pas prendre plus que ses besoins et de ne pas priver les autres.

En parlant ainsi, la position de Svâmiji continue à rester idéaliste, car le besoin ne se distingue pas aisément du désir. Chacun prend et ne prendra que selon ses désirs… selon la possibilité qu'il a de les satisfaire jusqu'à ce qu'il découvre quels sont ses véritables besoins. L'économie réelle fonctionne actuellement sur les désirs et non sur les besoins. Et le passage du désir au besoin ne peut s'effectuer qu'au niveau individuel. Une société fonctionnant sur les besoins de ses membres est une utopie car elle impliquerait que tous ses membres soient sans désir. Or, la délivrance, comme le dit Svâmiji lui-même, ne peut être collective.

Par ailleurs, la constatation de la partialité de Svâmiji dans certains domaines est l'occasion, pour le disciple, de ne pas accepter en bloc tout ce que Svâmiji dit, mais d'examiner et de ne prendre, selon le conseil même de Svâmiji, que ce qui lui paraît juste, vrai et fondé.

La valeur de l'enseignement peut-elle être jugée sur les résultats atteints par les disciples ?

La valeur de l'enseignement se mesure-t-elle à l'accomplissement des disciples ? Est-ce aux fruits qu'on reconnaît la valeur de l'arbre ? Or, Svâmiji se montrait lui-même très réservé quant à l'accomplissement de ses disciples. Laissons-lui la parole à ce sujet :

– Aucun disciple n'a atteint la vérité, la connaissance. Certains seulement, pourrait-on dire, s'approchent de la normalité (*are on the fringe of normality*).

– Svâmiji a d'abord parlé à tout le monde... comme si vous pouviez voir, comprendre les choses, mais... « Ah ! qu'est-ce que c'est ? Il n'y a personne. Chacun vit une vie étrangère ! Oh ! le jeune homme a peur. Aussi n'est-il pas lui-même maintenant. Comment lui parler ? Il doit voir... c'est le moment du *lying.* » Ainsi, vous voyez vous devez être vous-même. Vous devez être vous-même ici et maintenant. Non d'une manière permanente. Ici et maintenant. Ici et maintenant, vous devez être vous-même car vous êtes sur un plan relatif.

– Un disciple est une denrée rare et Svâmiji n'a pas de disciple. Tant que vous n'êtes pas libre de vos idées émotionnelles vous ne pouvez être un disciple.

Un jour, je lui ai demandé :

D. Ce chemin a-t-il été suivi par des disciples de Svâmiji ?

S. Svâmiji n'a pas de disciple.

D. Comment ça se fait ?

S. C'est relatif. Qu'entendez-vous par disciple de Svâmiji ?

D. Quelqu'un qui a suivi le chemin indiqué par Svâmiji.

S. Suivi ? Quel pourcentage ?

D. Complètement.

S. Oh ! complètement... C'est la voix de l'illusion. S'il a suivi complètement, il est devenu Svâmiji. Comment peut-il être autrement ?

D. Il y a des différences de nature.

S. Ah ! vous y êtes. Ainsi relativement...

D. Svâmiji dit qu'il n'a pas de disciple…

S. Oh ! que veut dire disciple ? Quelle est la caractéristique d'un disciple ? Quelqu'un qui a suivi même 50 %, il n'y en a aucun.

D. Pourquoi en est-il ainsi ?

S. Cela dépend de la valeur des gens. Toute l'époque est ainsi… spécialement en Occident. Même en Orient, en Inde, c'est le cas de nos jours. Très peu sont désireux ou prêts à être avec la vérité. Les gens sont tellement attirés par l'extérieur ! C'est pourquoi ils sont si frustrés. Avec qui Svâmiji peut-il parler ? Avec le mental ? Non. Comme Svâmiji vous l'a déjà dit… D'abord Svâmiji a parlé. Vous êtes venu… Svâmiji vous a parlé… l'avez-vous pris ?

D. Mais Svâmiji n'a-t-il pas vu que les gens qui venaient étaient seulement dans leur mental ?

S. Oh oui !… mais voyez si Svâmiji rejette… il y eut un temps où Svâmiji faisait cela… Faites telle ou telle chose, si vous y arrivez alors venez. Sinon, non, Svâmiji ne parlait pas.

D. Alors Svâmiji a changé ?

S. Oui. Et comment a-t-il changé ? Svâmiji peut vous donner un exemple. Il y a longtemps Sumangal dit à Svâmiji qu'il a un ami, donne son nom. Celui-ci vient une fois et Svâmiji dit :

– Non.

– Mais pourquoi ? dit Sumangal. Il est si triste et malheureux !

– Svâmiji sait qu'il est triste et malheureux. Mais non.

– Pourquoi ?

– A quoi bon ? Svâmiji a travaillé avec vous et vous savez, à votre corps défendant, combien c'est difficile, combien d'énergie est requise. Vous étiez dans une situation telle que Svâmiji vous a pris en pitié comme vous dites. Mais maintenant Svâmiji sent que c'est inutile. Alors que quelqu'un atteigne au moins un certain niveau et alors qu'il vienne.

– Très bien. Mais où peut-on trouver maintenant des gens ayant atteint un tel niveau ? Tout le monde est comme ça aujourd'hui.

– Oui, vous avez raison, mais l'énergie de Svâmiji est limitée…

Alors, dans ce cas, si personne n'est arrivé au but parmi les disciples, quelle peut bien être la valeur de cet enseignement ?

Voilà une méthode qui nous est présentée mais qui ne produit pas le résultat cherché. A quoi bon la conserver, à quoi bon chercher à la faire connaître ? C'est que l'enseignement, s'il n'a pas donné jusqu'à présent tous les résultats escomptés, a néanmoins donné certains résultats incontestables. Disons simplement que la plupart de ceux qui l'ont suivi en ont tiré un bénéfice certain. Dire qu'ils sont aujourd'hui plus heureux ou encore moins malheureux qu'avant d'avoir rencontré Svâmiji n'est cependant guère probant. Les clients d'un certain nombre de thérapeutes peuvent en dire autant. Disons qu'ils se trouvent comme disent les Indiens quelque part entre la conscience individuelle (*jîva dṛṣṭi*) et conscience élargie ou épanouie (*śiva dṛṣṭi*).

Et puis est-ce bien l'enseignement qu'il convient de mettre en cause ou la qualité des disciples ? Le nombre de personnes qui ont connu Svâmiji est très limité aussi bien en Occident qu'en Inde. Svâmiji a tracé une voie. C'est à chacun, dans la mesure où elle lui convient, d'essayer de la suivre et d'aller plus loin.

Svâmiji a d'ailleurs montré l'exemple lui-même : ce ne sont ni la science, ni la psychanalyse, ni la tradition, qui l'ont conduit à la connaissance, mais l'expérience personnelle. Des expériences, somme toute très banales, mais qu'il a vécues de manière très intense et dont il a extrait une connaissance véritable et profonde, qu'il a essayé de transmettre en la reformulant à l'usage d'autrui dans un langage simple et dépouillé.

Or, il est bien évident que son expérience personnelle était plus riche que le langage au travers duquel il s'est exprimé. Svâmiji n'est donc pas réductible à la formulation employée pour un usage didactique. Le chemin de l'expérience ne coïncide pas avec le chemin de l'exposé.

INTERROGATIONS SUR LE COMPORTEMENT DE SVÂMIJI

Dureté de Svâmiji ?

Svâmiji était connu pour son rigorisme et ses exigences vis-à-vis de ses étudiants et de ses disciples dans sa jeunesse.

Dureté qu'il qualifiait par la suite de cruauté et dont il attribuait les méfaits à l'idéalisme dont il était imprégné. Lui-même disait plus tard, à propos de sa jeune femme, Anasuya : « Regardez, comme son cœur a été écrasé sans pitié aucune et tout cela par idéalisme. Pourra-t-elle un jour en guérir ou cela peut-il seulement être compensé jusqu'à un certain degré ? » Mais cette dureté, qui s'est atténuée avec l'âge, subsiste encore en 1967. Ne dit-il pas à Sumangal Prakash, qui occupe des fonctions importantes au sein du parti du Congrès grâce à la protection de son condisciple et ami le Premier ministre Lal Bahadur Shastri :

> – Vous agissez comme un boucher… vous n'êtes rien par vous-même… vous n'êtes que le reflet de la gloire de Lal Bahadur Shastri, comme le reflet du soleil sur cette vitre ! Vous ne pensez qu'à vous-même… Vous ne voyez que ce qu'il y a devant vos yeux.

Dans ces cas-là, Svâmiji s'exprime d'un ton tranchant, net, sans réplique. On n'y trouve pas la moindre trace de douceur. Mais le disciple ainsi semoncé en avait peut-être besoin à ce moment-là.

Partialité de Svâmiji envers certains disciples ?

On voyait parfois Svâmiji témoigner un amour et une affection particulière envers tel ou tel disciple, à un moment particulier et faire pour lui des choses auxquelles personne ne s'attendait. Aussitôt s'élevait cette question : « Pourquoi lui ou elle et pas moi ? Pourquoi cette partialité ? N'est-ce pas injuste ? » Certains se sentaient blessés. D'autres cherchaient à justifier Svâmiji en disant : « C'est probablement que lui ou elle en a particulièrement besoin. »

Ainsi Svâmiji semble avoir eu une relation privilégiée avec Indu, la fille d'un de ses disciples, venue le voir à l'âge de treize ans. Elle était alors très perturbée, repliée sur elle-même, d'une susceptibilité extrême qui la rendait violente et agressive à la moindre provocation. Progressivement, au cours des années, elle s'est épanouie tout en conservant des aspérités de caractère, dont ont eu à pâtir la plupart des disciples, tant indiens qu'occidentaux.

Ces incidents, qui prenaient la forme d'éclats de la part d'Indu, étaient immédiatement rapportés à Svâmiji qui, après avoir écouté ses doléances, prenait invariablement le parti de cette dernière, même quand elle avait manifestement tort, alors que le disciple, lui, était vertement rabroué. Sumangal Prakash rapporte plusieurs incidents de cette nature. Dans un premier temps, devant les remontrances de Svâmiji, il accepte de reconnaître « son erreur ». Mais en y réfléchissant, Svâmiji lui paraît partial et il se met à éprouver du ressentiment envers lui, ce que Svâmiji appelle « le mérite blessé ». Sumangal accepte de reconnaître son erreur, mais il veut qu'on lui accorde des « circonstances atténuantes » compte tenu de la personnalité d'Indu, ce que Svâmiji n'accepte pas.

Cette partialité manifeste de Svâmiji vis-à-vis d'Indu ne s'est pas démentie pendant de nombreuses années, provoquant la jalousie de nombreux disciples et particulièrement des disciples femmes. Certains avaient l'impression qu'Indu était si perturbée, quasiment psychotique, que son cas était presque désespéré lorsque Svâmiji avait consenti à s'occuper d'elle. Indu aurait servi en quelque sorte de « cobaye » à Svâmiji qui aurait essayé de voir dans quelle mesure il était possible d'aider quelqu'un d'aussi gravement atteint. Svâmiji aurait ainsi tout mis en œuvre pour l'aider, les autres disciples moins perturbés étant supposés avoir plus de force pour faire face à l'inégalité de traitement.

Il semble toutefois que, quelques mois avant sa mort, l'attitude de Svâmiji vis-à-vis d'Indu ait changé, probablement en raison de ses progrès. Il se serait exprimé sans ambage en lui disant :

> – Vous êtes grossière (*rude*), brutale (*crude*) et vulgaire (*vulgar*). Si vous continuez à être en conflit avec tout le monde et que vous ne pouvez vous entendre avec les autres, ce n'est plus la peine de venir ici.

Il lui a parlé à ce moment-là, comme il parlait à chacun des autres disciples lorsque ceux-ci s'étaient trouvés précédemment en conflit avec Indu. S'il a pu lui parler ainsi, alors que jusqu'à présent il avait fait preuve d'une patience extrême, d'un amour infini, c'est que ses efforts avaient fini par porter leurs fruits et qu'Indu était devenue capable de supporter directement la vérité des faits sans se sentir complètement écrasée.

Cette histoire montre bien combien l'apparente partialité du maître est difficile à comprendre lorsque le comportement de celui-ci est observé de l'extérieur. Quelle est en effet sa relation avec le disciple ? Qu'est-ce que celui-ci est en train de vivre ? Quel est son besoin ?

En fait, Svâmiji a une vue plus globale de la situation. Il connaît les difficultés propres de chacun, ses nœuds, ses poches de résistance, ses capacités à résister à l'« injustice ». Il procède en quelque sorte à un arbitrage comme une mère face aux besoins concomitants des enfants selon leur maturité et leurs besoins respectifs. Accuser Svâmiji de partialité est alors une vision tout à fait partielle et subjective. Svâmiji répond chaque fois à l'émotion de chacun et non à la situation « objective ». La situation est faite de ce que les autres ressentent. Tenir compte de la subjectivité de chacun, c'est cela la véritable objectivité. Face à l'émotion particulière du disciple à un moment donné, la réaction de Svâmiji est immédiate et spontanée.

Manipulations de Svâmiji ?

Svâmiji s'est souvent trouvé dans des situations contradictoires : comment venir en aide à une personne sans qu'une tierce personne le sache ? Comment rencontrer Indu de manière à ce que la jalousie de son épouse ne soit pas éveillée ? Svâmiji procédait alors à des manipulations habiles où il prenait de grandes libertés avec la vérité des faits. En voici plusieurs exemples.

Sumangal Prakash raconte, que lorsque Svâmiji est venu séjourner chez lui à Delhi, Ma se trouvait également chez lui. Or Indu tenait absolument à rencontrer Svâmiji, ce qui était difficile compte tenu de la jalousie de Ma. Le stratagème suivant fut mis au point. On disait à Ma que Svâmiji allait faire une promenade. Celui-ci sautait dans un taxi et se rendait dans un parc de la ville pendant que Sumangal conduisait Indu au lieu de rendez-vous. Puis Sumangal ramenait Svâmiji chez lui. Ma surveillait constamment les faits et gestes de Svâmiji. Aussi, de temps en temps, elle réussissait à surprendre Svâmiji en flagrant délit de mensonge. Svâmiji prenait alors un air parfaitement innocent et disait : « Ah bon ! Vraiment ? J'ai fait une chose pareille ? Ah oui ! effectivement, c'est fort possible. » Il ne niait pas le fait mais éludait la question.

Un jour, Svâmiji me fait appeler dans sa case à l'ashram Channa, et me présente à un disciple indien d'un certain âge, qui était venu de Burdwan, la ville voisine, proposer à Svâmiji une maison pour que celui-ci vienne s'y installer pendant la saison des pluies. Or, Svâmiji apparemment ne souhaite s'installer ni à Burdwan ni à Calcutta ainsi que le suggéraient les membres de sa famille. Quelques jours plus tôt, il m'avait demandé ce que j'en pensais, je lui avais répondu que le lieu m'était indifférent et que c'était à Svâmiji de dire quel endroit lui convenait le mieux.

Svâmiji m'interpelle alors : « Expliquez donc à ce monsieur quelles sont les raisons pour lesquelles vous vous opposez à ce que Svâmiji s'installe à Burdwan »... Je comprends alors que Svâmiji ne veut pas refuser lui-même la proposition de ce disciple et souhaite se retrancher derrière ma prétendue opposition au choix de Burdwan. Je suis ainsi amené à inventer sur-le-champ des raisons aussi plausibles que possible.

Ces manipulations de Svâmiji éveillent en moi un malaise. J'y vois une entorse à la vérité. C'est que j'ai certainement une conception rigide de la vérité qui consiste à tenir compte davantage des faits « objectifs » plutôt que des sentiments des personnes présentes. Ici la vérité consiste à ne pas blesser celui qui est venu proposer avec tout son cœur une maison à Burdwan.

Svâmiji vient de s'installer à Ranchi dans la nouvelle maison de Hehal. Sur les instances de ses disciples occidentaux un appareil à air conditionné vient d'être encastré dans le mur de la chambre, juste au-dessous de la fenêtre. Sur le mur chaulé, autour de l'appareil, le ciment est à nu. Quelques jours passent. Svâmiji attire mon attention sur les marques de ciment qui forment des taches grises irrégulières sur le mur blanc : « Allez-vous accepter de laisser le ciment ressortir de cette façon ? N'allez-vous pas faire appliquer une couche de chaux ? » Svâmiji n'exprime pas directement « son désir » de rendre le mur propre. Ce désir il me l'attribue.

Ces paroles de Svâmiji produisent sur moi un effet indéfinissable. J'ai le sentiment d'un rappel à l'ordre. Je n'ai pas remarqué, je n'ai pas fait attention au manque de finition du mur. Ou plutôt je l'avais bien vu, mais je n'avais pas pensé que c'était à moi de prendre l'initiative d'intervenir dans l'ordre de la chambre de Svâmiji. Svâmiji me montre une incongruité, quelque chose qui n'est pas à sa place et qui doit donc être réparé. Et il le montre sans donner aucun ordre, avec une telle gentillesse, une telle considération, un tel souci de préserver ma liberté que je m'en sens tout ému. La formulation de Svâmiji me paraît d'une délicatesse extrême. D'une certaine façon, je ne peux dire ni oui, ni non. Il ne me demande rien. Il ne m'ordonne rien. Et je me retrouve chargé d'une tâche comme si j'en étais moi-même l'initiateur. J'ai été manipulé certes mais avec une politesse si exquise et une telle délicatesse que je comprends d'un coup comment donner un ordre de façon à ce qu'il puisse être reçu sans provoquer de ressentiment. Le cœur parle alors directement au cœur et suscite un mouvement d'adhésion spontanée.

Présence d'émotions ?

Il y avait des situations dans lesquelles Svâmiji se comportait en homme ordinaire, se laissant aller, par exemple, à des accès de colère ou bien témoignant une affection marquée envers telle ou telle personne. « Je l'ai vu, raconte Sumangal Prakash, frapper Renu le serviteur de l'ashram, comme emporté par la colère. Mais dès qu'il s'arrête, il retrouve, sans aucun effort, sa posture habituelle calme et naturelle, comme s'il n'y avait eu aucune tempête émotionnelle. »

Les assistants pouvaient-ils se rendre compte que cette colère avait été jouée uniquement pour le bien de celui qui en était l'objet ? Telle a pourtant été l'observation d'une disciple française, témoin involontaire d'un accès de colère de Svâmiji contre un autre disciple : « J'ai entendu, raconte-t-elle, les cris de Svâmiji. Puis, je l'ai vu au repas. Son visage était rouge, congestionné. Il tremblait de tout son corps. C'était évident pour moi qu'il n'était pas le moins du monde affecté émotionnellement mais, par contre, son corps manifestait tous les signes extérieurs d'épuisement. »

Personnellement, je ne l'ai jamais vu en colère. Toutefois, j'avais souvent été impressionné par l'efficacité de l'expression de ma propre colère pour obtenir des autres ce que je souhaitais. J'avais interrogé Svâmiji sur le bien-fondé d'une telle attitude. « Est-il légitime de simuler la colère dans ce but ? » lui ai-je un jour demandé.

– Oui, à condition de ne pas être emporté.

Une autre fois, alors que Svâmiji venait d'avoir une crise cardiaque en 1972, un disciple indien N., qui lui prenait le pouls plusieurs fois par jour, me dit : « J'ai observé attentivement le comportement de Svâmiji et j'ai pu me rendre compte qu'il y avait des augmentations significatives lorsqu'un disciple venait voir Svâmiji avec une très forte émotion. L'autre jour, quelqu'un lui a parlé de sa mort éventuelle et j'ai vu son pouls faire un bond. Svâmiji est donc affecté quoi qu'il en dise. Le pouls est là pour en témoigner. » Dans le train qui ramène Svâmiji de Ranchi à Calcutta, juste avant de prendre l'avion qui doit l'emmener en France, tout en faisant part à Svâmiji des observations de N., j'ajoute : « Svâmiji s'occupe tellement des autres et prend tellement en considération les besoins des autres que cela se fait au détriment de sa santé et que si l'on n'y prend pas garde, son cœur s'en trouvera affecté. » Après m'avoir attentivement écouté, Svâmiji réplique calmement :

> – N. pense comme cela. Il ne comprend rien à Svâmiji. Svâmiji n'a pas d'émotions. Il n'est pas affecté.

Pourtant certains disciples n'ont pas manqué d'être troublés lorsqu'il leur est arrivé d'entendre Svâmiji gémir bruyamment à la suite d'une indigestion ou lors de ses crises cardiaques. Colette Roumanoff rapporte qu'un jour, chaussée de sabots en bois, elle a écrasé les orteils de Svâmiji. Celui-ci a poussé alors un grand cri : « Ouille… ouille… ouille… » Puis se tournant vers elle, il lui demanda en souriant : « Pourquoi vouliez-vous écraser les pieds de Svâmiji ? » Elle prit alors conscience que depuis quelques jours elle se demandait s'il était vrai que les sages sont insensibles à la douleur en toutes circonstances. La réponse a été immédiate. Non, il n'est pas insensible. Svâmiji réagit immédiatement : au choc physique, à la sensation, il laisse passer la réaction naturelle du corps : l'expression de la douleur. Comme il l'explique si bien lui-même : il ressent la sensation, en l'occurrence la douleur, mais il ne souffre pas, alors que nous-mêmes avons tant de mal à distinguer entre la douleur, sensation purement physique et la souffrance qui elle est mentale. Par ailleurs le cri ou le gémissement peuvent servir également à avertir les personnes présentes d'agir immédiatement : appeler un médecin ou simplement écarter le pied qui écrase ses orteils.

Présence du mental ?

De même qu'on souhaite qu'un sage soit insensible à la douleur et sans « émotions », on aimerait qu'il exprime une sorte de perfection dans toutes ses actions. Peut-on accepter qu'il puisse commettre des erreurs, perdre la mémoire, déformer les faits ou même se contredire ? Tout ceci n'implique-t-il pas la présence du mental ? Voyons en détail ce qu'il en est.

Perte de mémoire ? Parfois Svâmiji oublie ce qu'il a dit. Ainsi Svâmiji, au cours d'un entretien avec un disciple, lui déclare que telle indication particulière lui a été donnée précédemment. Le disciple dit que non. Svâmiji insiste en mentionnant une lettre précédente. Rentré chez lui, le disciple envoie à Svâmiji la photocopie de la lettre pour bien lui montrer que Svâmiji n'a effectivement rien écrit. Celui-ci répond : « C'était dans l'esprit de Svâmiji (*It was in Svâmiji's mind*) au moment où il écrivait la lettre. » Mais comment ce disciple était-il censé être au courant ? L'expression par ailleurs est étrange : Svâmiji aurait donc un mental ?

Déformation des faits ? J'ai souvent surpris Svâmiji déformer les faits notamment lorsqu'il racontait une histoire relatant un dialogue ou une histoire du passé dont j'ai été le témoin ou le protagoniste. Comme un bon conteur Svâmiji ajoute des répliques, prolonge des silences, exagère le ton et la formulation des questions et des réponses. Manifestement ce qui l'intéresse n'est pas la vérité objective des faits mais ce que l'histoire peut enseigner à celui qui l'écoute. Toujours la même fidélité, la même ouverture, la même priorité accordée aux besoins de son interlocuteur.

A partir de là, on pourrait facilement l'accuser de duplicité.

Il dit à l'un des disciples : « Oui, vous devez divorcer » et à son conjoint dans le même temps : « Non, en aucun cas vous ne devez divorcer. » Contradiction ? Pas vraiment. Se trouve toujours sous-entendu : « Si ce que vous dites est juste, si la situation est telle que vous la décrivez et si c'est ainsi que vous ressentez les choses, alors oui, divorcez. »

Quelques jours après, Svâmiji dira à celui dont il approuvait le divorce : « De nouveaux faits ont été portés à la connaissance de Svâmiji. Si vous divorcez, votre fille, semble-t-il, ne pourra pas trouver d'époux convenable. Dans ce cas non, ne divorcez pas. »

Autre situation : une épouse, prise de jalousie, soupçonne son mari d'avoir sa sœur pour maîtresse. Svâmiji l'écoute, l'encourage, abonde dans son sens. La supposition que rien ne justifie est prise comme un fait, provoquant une explosion émotionnelle à partir d'une situation purement imaginaire dont l'épouse sort enrichie, élargie, libérée. Svâmiji lui dit : « Si vous aimez votre mari comme vous le dites, et s'il est attiré par une autre femme, vous lui direz : “Oui… vas-y… va la voir si tel est ton besoin.” Voilà l'expression de l'amour. » Quant au mari, injustement soupçonné et venu protester auprès de Svâmiji, celui-ci lui répond : « Oui… tel aurait pu être le comportement d'un prétendu mari… non d'un vrai mari. Aussi est-ce matière à réjouissance que le mari véritable ait pu se révéler en vous… Quant à ce qui s'est passé entre Svâmiji et votre épouse cela ne concerne que la relation de Svâmiji avec elle. »

Instructions contradictoires ?

– Vous êtes épuisé, me dit-il, un jour, en plein été, vous en avez trop fait. Reposez-vous… et dans l'heure qui suit, au moment le plus chaud de la journée, il me dit : « Il faut que vous alliez immédiatement à la compagnie d'électricité, c'est très urgent… allez voir le Dr Pal et dites-lui de… Allez…

– Un disciple indien N. me dit un jour avec une certaine fierté : « Tout ce que je fais je le fais en exécutant à la lettre les instructions de Svâmiji. » Aussi je demande à Svâmiji :

D. Pourquoi N. est-il toujours à demander ce qu'il doit faire à Svâmiji ?

S. Il n'a pas à le faire. Svâmiji lui dit toujours : « Décidez par vous-même. »

Le lendemain, Svâmiji me dit :

S. Comment ! Vous avez acheté six lits ! C'est beaucoup trop, il fallait demander à Svâmiji.

D. Mais Svâmiji m'a dit de ne pas le déranger pour les questions d'ordre pratique.

S. Bon, qu'allez-vous en faire maintenant ?

D. C'est bientôt la saison des pluies et chacun doit avoir un lit. Ainsi je vais les placer là, là et là.

S. Très bien.

Parfois Svâmiji ne semble pas voir ce qui est là présent devant ses yeux. Ainsi, lorsqu'à peine relevé de mon hépatite virale, tenant à peine sur mes jambes, je vais lui rendre visite, il ne voit pas que j'ai le teint jaune, les yeux fiévreux, que j'ai perdu près de dix kilos. Le lendemain, je lui parle de la maladie. Il enlève alors ses lunettes aux verres teintés et me dit : « C'est vrai, vous êtes tout jaune et la pupille de vos yeux également. Vous avez effectivement une jaunisse. »

Parfois il semble agir par association d'idées. Ainsi, un jour, il m'accueille en me récitant une strophe d'un poème de Tagore que sa petite-fille Svagata, qui avait des relations tendues avec son époux, venait de lui réciter. « Bien que tu me manifestes de l'indifférence, mon cœur se tourne vers toi avec amour. » Je suis interloqué. Quel rapport avec moi ? La phrase résonne dans les oreilles de Svâmiji et il me la répète par association d'idées ou juxtaposition de situation. Il procède de la même façon dans ses lettres. Il traite d'un thème particulier avec un disciple qui l'a interrogé au cours d'un entretien et on retrouve le même sujet traité dans ses lettres écrites à d'autres disciples dans les jours qui suivent.

Gaucherie et maladresse

Je regarde Svâmiji, la grâce de ses mouvements, la majesté de son allure. Mais, à certains moments, il m'apparaît raide, gauche et emprunté. Son œil droit me fixe d'un air dur… un pli soucieux barre son front. Il porte la cuillère à sa bouche. Elle frappe son dentier. Que se passe-t-il ? Lui qui est toujours si précis dans ses gestes et ses mouvements, qui s'arrête de manger quand on lui parle, qui ne fait jamais deux choses en même temps :

– Voilà le prix que Svâmiji doit payer à son inattention, dit-il. Ashok (le jeune serviteur de l'ashram) est parti faire des courses à Burdwan. Il est plus de midi et il n'est pas encore rentré. Svâmiji pense combien cela doit être pénible pour lui sous la chaleur et, du coup, la cuillère a heurté les dents. Voilà le prix que Svâmiji a dû payer pour son manque d'attention !

Il y a une chose que je ne comprends pas, demande un autre disciple, pourquoi Svâmiji porte-t-il parfois la cuillère à côté de sa bouche quand il mange ? Cela arrive deux, trois fois par jour.

S. Oh oui ! C'est dû aux lunettes. Parfois il a l'impression que c'est arrivé au bon endroit mais non et la cuillère cogne contre les dents. Ainsi vous avez pu voir que Svâmiji réajuste alors ses lunettes ?

D. Oui, c'est pourquoi je les ai portées à réparer. Cela veut dire que Svâmiji n'agit pas automatiquement, que Svâmiji voit, regarde.

S. Oui, Svâmiji fait chaque chose en connaissance de cause… pas d'action automatique…

D. Ainsi les lunettes glissent et Svâmiji rate sa bouche ?

S. Oui, comme si la chose devait aller là mais n'est pas allée là. Elle est arrivée ailleurs. Oui, Svâmiji sait cela. Chaque fois que Svâmiji fait quelque chose, Svâmiji le voit, Svâmiji est conscient de tout.

Parfois la gaucherie de Svâmiji est voulue. A Ranchi, des voisins intrigués par la présence d'Occidentaux à l'ashram viennent, par curiosité, voir ce que ce Svâmi peut bien avoir de si attirant. Svâmiji les accueille avec un large sourire. Il les invite à monter à l'étage. Mais il n'y a pas de chaise. On les installe au rez-de-chaussée. Svâmiji sourit. Lorsqu'ils lui adressent la parole, il tend l'oreille comme s'il n'entendait pas, fait répéter la question, répond par des banalités gentilles. Les voisins ne tardent pas à partir convaincus que ce Svâmi n'a rien de bien extraordinaire.

On me dit que Svâmiji pratique tous les jours des postures de yoga. Aussi, je lui demande de corriger les *âsana* que je pratique tous les matins à l'ashram. Assis par terre, les jambes tendues, je prends mes orteils dans les mains en essayant de porter le front vers mes genoux. « Il faut descendre plus bas » me dit-il en appuyant avec force sur mon dos. Son geste, non dénué d'une certaine brusquerie, et contraire à tout ce que j'ai appris sur la nécessité de laisser les muscles s'étirer en douceur et de laisser le mouvement se faire tout seul une fois que l'on s'est mis en position, me laisse interloqué. Je ne lui demanderai plus conseil sur les postures. Quelques années plus tard, après sa crise cardiaque, son cardiologue vient lui rendre visite. On parle d'exercices physiques, Svâmiji se propose de montrer au cardiologue les exercices qu'il pratique. Il se penche d'un mouvement brusque et, tout tendu, cherche à toucher le sol de ses mains. Son corps est raide. Il peine manifestement. Le médecin, un peu inquiet, lui demande de s'arrêter mais Svâmiji veut continuer. Il tient à montrer qu'il est souple, qu'il peut aller jusqu'au bout. Il se relève en souriant, le visage rouge et congestionné.

Le comportement d'un homme ordinaire ?

Les disciples souhaitent souvent que l'accomplissement du maître se manifeste aux yeux de tous de manière évidente et notamment par des signes corporels patents. On voudrait, et cela est, paraît-il rapporté dans certains cas, qu'il n'obéisse pas aux lois de la nature : qu'il ne mange pas, ne dorme pas, possède une énergie inépuisable et, à la limite, ne meure pas, ce qui débouche sur des pouvoirs. Or rien de tel chez Svâmiji.

Présence de maladies. Le corps du maître comme celui de tout être humain s'use, se fatigue, vieillit. Svâmiji souffre ainsi d'indigestion, de refroidissements… sa thyroïde ne fonctionne pas bien, son cœur se fatigue : il a même plusieurs crises cardiaques. Il a besoin de repos… de sommeil…

Absence de pouvoirs occultes. Svâmiji n'a jamais manifesté aucun pouvoir particulier qui ne soit à la portée des autres hommes. Certes, on l'a vu faire preuve d'une connaissance approfondie des situations humaines, même de télépathie. Il a manifesté à plusieurs occasions une habileté certaine à discerner avec une grande précision les sentiments de ses interlocuteurs par l'observation attentive de leurs mimiques, de leurs gestes ou de leurs intonations de voix… Mais il n'a jamais manifesté ni prétendu posséder des pouvoirs exceptionnels (*siddhi*), tels que par exemple : savoir ce que l'autre pense ou fait, voir le passé ou l'avenir, guérir les maladies, produire tel ou tel événement ou manifester une prescience quelconque. Cette absence de pouvoirs extraordinaires m'a longtemps troublé et un jour je lui dis :

D. J'ai des doutes quant à la réalisation de Svâmiji. Je n'ai jamais vu de pouvoirs occultes (*siddhi*) en Svâmiji.

S. Svâmiji ne prétend qu'une chose : il est un. Cela veut dire qu'il est un dans le présent. Ce qu'il y aura dans l'avenir, Svâmiji ne le sait pas. Quand il y a des *siddhi*, cela signifie qu'une partie du mental reste encore présente.

Absence de spontanéité. On dit aussi qu'un homme réalisé agit de manière spontanée. Or je vois Svâmiji faire une chose, puis se rappeler un détail qui lui a échappé et annuler ce qu'il a commencé. Ainsi, hier soir quand un disciple français, avant son départ, lui a apporté un grand panier de fruits en offrande, il l'a accepté. Mais, quelque temps après, il a envoyé le jardinier à la gare pour donner à ce disciple une partie des fruits en *prasâda*. Je suis intrigué et demande :

D. Pourquoi Svâmiji n'a-t-il pas donné le *prasâda* au moment où le disciple lui a offert le panier ?

S. La spontanéité est le comportement de celui qui ne voit pas tous les faits. Quand ce disciple a apporté le panier de fruits, Svâmiji n'a pas senti qu'il partait, car il était là. Dès qu'il est parti, Svâmiji a senti que quelque chose devait lui être donné et a envoyé le jardinier à la gare.

N'aurait-il pas été plus simple de donner immédiatement les fruits en *prasâda ?* Que de tracas pour envoyer le jardinier à la gare située à quelques kilomètres de là, à bicyclette, sous la chaleur ! Mais quelle a été la joie du disciple déjà installé dans son compartiment, en voyant surgir le jardinier essoufflé, portant un panier de fruits ! Encore une fois le « sentiment » prime sur l'efficacité immédiate. Le cœur prend la première place.

Faut-il conclure de tout ce qui précède que Svâmiji n'est pas parfait ? Ne dit-il pas à Sumangal, en 1969, lorsque celui-ci a cherché à écarter Ma pour éviter que Svâmiji ne soit fatigué par la présence de celle-ci après sa crise cardiaque à Mussoorie :

– Svâmiji vous a confié Ma pour que vous en preniez soin. Il a fait appel à votre cœur. Et vous, vous l'avez écartée et rejetée. Naturellement vous n'êtes pas à blâmer. C'est Svâmiji qui en est la cause ; il faut attribuer cela à la dernière trace d'idéalisme (*last streak of idealism*) en Svâmiji.

Cette phrase est touchante. Svâmiji, lui-même, laisse entendre qu'il n'est pas parfait. L'idéalisme, qui a toujours été une tendance très forte en Svâmiji, a subsisté pratiquement jusqu'à la fin de sa vie et Svâmiji reconnaît la présence de cet idéalisme en lui.

Si Svâmiji n'est pas parfait, tout ce qu'il dit n'est pas parfait ! Tout ce qu'il dit n'est donc pas à prendre comme parole d'Evangile ! D'un coup, je découvre ma liberté. Svâmiji est un homme ; un homme qui a compris certaines choses, qui les enseigne, qui continue à faire des expériences, qui peut se tromper. Sa perfection c'est justement de ne pas être figé dans une caractéristique ou dans une formulation. Or Svâmiji est mouvement vers… capacité à… Ses « erreurs » sont des essais infructueux. Svâmiji est un chercheur en mouvement. Il a trouvé quelque chose mais il vérifie et vérifie sans cesse.

Il m'apparaît aujourd'hui que tout ce que dit Svâmiji n'est pas toujours juste, tout ce qu'il fait n'est pas toujours parfait, sinon ce serait un dieu et on en ferait une idole. Non ! Svâmiji est un homme qui, plus souvent qu'un autre, dit des choses justes et appropriées et dont le comportement correspond à la fois à ce qu'il dit et à la situation. Pourtant, Svâmiji reste pour moi un sage, car sa connaissance est infiniment plus grande que la mienne et j'ai pu si souvent vérifier, par ma propre expérience, que ce qu'il m'a dit personnellement dans le passé m'a toujours été profitable, puisque cela m'a permis d'avancer vers une compréhension plus large, plus juste, plus vraie et d'avoir une vie plus équilibrée et plus heureuse.

Ce qui compte n'est plus ce qui le sépare de la perfection, mais la perfection qu'il exprime. Aussi s'interroger sur le degré de perfection de Svâmiji ne présente plus alors que peu d'intérêt. Je ne peux que constater l'énorme écart qui me sépare de Svâmiji dans la manière accomplie qu'il a d'être lui-même. Ce qui m'intéresse maintenant c'est comment devenir à mon tour le plus moi-même. Aussi, lorsque je me trouve confronté aujourd'hui à des « erreurs » de Svâmiji, pourrais-je citer Bouddha qui, à la question : « Un homme accompli connaît-il tout ? », répond « Oui. » – Connaît-il le nombre de feuilles sur cet arbre ? « Non. » – « Alors il ne connaît pas tout ? » Si. Car tout connaître, c'est connaître le principe, le caractère général et non tous les détails. C'est pourquoi Svâmiji peut se tromper sur les détails mais comme il le dit lui-même : « Svâmiji ne connaît qu'une chose, c'est comment être un. » Et cela il le connaît parfaitement. N'est-ce pas là justement la meilleure définition que l'on puisse donner d'un *jîvanmukta*, un libéré-vivant ?

L'absence d'ego

L'emploi du mot « je » pour se désigner

Traditionnellement un *saṃnyâsin* n'emploie pas le mot « je » lorsqu'il parle de lui-même puisqu'il est supposé ne plus avoir d'ego. Svâmiji aussi agissait ainsi mais pas toujours. L'usage du « je » dépendait de la personne à laquelle il parlait. Le plus souvent, il se désignait lui-même sous le nom de Svâmiji en disant : « Svâmiji vous a dit »... ou « Svâmiji a fait ceci ou cela ».

C'est ainsi que Svâmiji s'exprimait surtout à partir du moment où sont arrivés les premiers disciples français. Mais avec tous ceux qui l'avaient connu avant qu'il ne devienne *saṃnyâsin* il continue d'utiliser « je » et non « Svâmiji ». C'est ainsi que le « je » apparaît parfois dans les lettres ou même au cours des entretiens. Par contre pour les événements du passé, Svâmiji employait l'expression « ce jeune garçon » ou « ce jeune homme » car il ne se sentait pas concerné par celui qu'il avait été. Ainsi, un disciple, un jour, lui demande :

D. Quelle est la relation normale d'un homme et de son passé ? Parce que tout le monde a un passé... Svâmiji aussi a un passé...

S. Oh non ! Svâmiji n'a pas de passé, Svâmiji a eu un passé.

D. Mais Svâmiji donne des expériences passées en exemple.

S. Oh ! Mais qu'est-ce que cela veut dire ? Svâmiji n'est pas influencé par le passé. L'expérience seule... les faits sont là... constatation des faits... Le passé est sous contrôle.

L'absence d'intérêt personnel

Svâmiji n'a jamais manifesté le moindre intérêt personnel. Il ne se préoccupait que de l'intérêt et des sentiments des autres. Il se tenait entièrement à la disposition d'autrui, ce qui ne l'empêchait pas, le cas échéant, de demander des services à ses disciples. Contradiction ? Non pas, mais mode particulièrement subtil d'enseignement.

Souvent Svâmiji m'a dit : « Svâmiji peut-il vous demander un service ? Vous est-il possible de faire telle ou telle chose ? » Tantôt il s'agit d'aller faire des courses au marché… tantôt d'aller prendre des réservations à la gare pour des billets de chemin de fer… ou encore un jour il me dit : « La maison qui a été mise à la disposition de Svâmiji à Ranchi pendant la saison des pluies n'est plus disponible. Il vous appartient d'en trouver une autre… »

Un matin Svâmiji me fait appeler dans sa chambre et me dit : « Voulez-vous préserver Svâmiji d'une chose indigne ? (*Will you save Svâmiji from some indignity ?*). » « De quoi s'agit-il ? » Des gens sont venus hier soir rendre visite à Svâmiji et lui ont demandé : « Nous reconnaissez-vous ? Savez-vous qui nous sommes ? » Svâmiji a répondu « oui » mais il ne les a pas reconnus. Après leur départ, Ma lui apprend qu'il s'agit de la propre nièce de Svâmiji et du mari de celle-ci, la fille de ce frère aîné, qui a joué un si grand rôle dans la vie de Svâmiji. « Le jeune couple, poursuit Svâmiji, vient de s'installer à Ranchi et Svâmiji n'a pas leur adresse. Tout ce qu'il sait c'est que le jeune homme est employé au "Coal Board". Votre ingéniosité va être mise à l'épreuve. Voici leur nom… Pouvez-vous les retrouver et leur dire que Svâmiji souhaite les revoir… ? »

Généralement les disciples ont le sentiment d'avoir tellement reçu de Svâmiji qu'ils ne savent pas comment exprimer leur reconnaissance. Prendre soin du bien-être physique du maître, satisfaire ses besoins financiers, l'aider dans les tâches quotidiennes, assurer le service de ses repas semblent des évidences, auxquelles le disciple répond selon ses possibilités. Aussi lorsque Svâmiji demande directement quelque chose à un disciple est-ce une source de grande joie car c'est une marque de confiance et d'estime. « Je me sens assez proche de Svâmiji pour que celui-ci m'exprime sa confiance et accepte de s'en remettre à moi pour résoudre tel ou tel problème particulier. »

Ainsi, en faisant appel à moi, Svâmiji me comble en me permettant de faire quelque chose pour lui, en me permettant de payer la dette de gratitude dont je me sens redevable à son égard.

Mais souvent intervient un autre élément. En exécutant la tâche demandée par Svâmiji, je résous une difficulté personnelle. Le bénéfice est donc double. Ainsi, quand Svâmiji m'a demandé de lui trouver une nouvelle maison pour la saison des pluies, mon premier mouvement a été de protestation et de révolte. Pourquoi moi ? Au prix des pires difficultés, j'ai réussi à dégager quatre semaines pour venir en Inde dans le but d'effectuer des *lyings* auprès de Svâmiji. Et voilà qu'arrivé depuis une semaine, le processus des *lyings* étant bien engagé, Svâmiji me demande de partir ! Je compte les jours. Vingt-quatre heures de voyage pour aller d'abord à Calcutta puis de là à Ranchi, autant pour le retour et combien de jours seront-ils nécessaires pour rechercher et trouver une maison qui convienne ? Il ne faut pas compter moins d'une semaine. Autant de temps qui sera amputé sur le temps de séjour dont je dispose !

De plus, pourquoi s'adresse-t-il à moi, jeune Occidental ne parlant pas l'hindi pour trouver une maison dans une petite ville de l'Inde du Nord que je connais à peine ? Il n'y a pas d'agences immobilières, pas de journaux, pas de petites annonces. Comment m'y prendre ? Plusieurs disciples indiens sont présents dans l'ashram. Pourquoi moi plutôt qu'eux ? La réponse, je ne la trouverai que bien plus tard. C'est que je suis tout à fait capable d'accomplir cette tâche apparemment si difficile mais je ne le sais pas. Je doute de mes capacités. Svâmiji, d'une certaine façon, me met à l'épreuve. Non seulement je peux trouver la maison appropriée mais également l'aménager, la meubler, la restaurer, y installer l'eau courante, l'électricité, etc. Tâches qui ne sont guère aussi faciles en Inde qu'en Occident. Si je suis capable de réussir si bien dans un pays étranger, dans des conditions difficiles, je peux tout aussi bien réussir en France, dans toute activité que je souhaiterais entreprendre. Tel a été le point de départ des entreprises que j'ai été amené à créer par la suite en France. Les tâches à surmonter m'ont paru être de même nature que celles auxquelles j'ai été confronté en Inde.

Le service que m'a demandé Svâmiji a été finalement un service rendu à moi-même. J'y ai trouvé ainsi un double bénéfice : exprimer ma reconnaissance, découvrir mes propres capacités. En fait, tout service rendu à Svâmiji contenait en lui sa propre récompense.

Quand nous l'avons invité, après sa deuxième crise cardiaque, à venir se reposer chez nous en France, Svâmiji n'a accepté de venir que lorsqu'il s'est assuré que cette invitation venait du fond du cœur et partait d'un sentiment d'unité. C'était notre joie et notre privilège de l'avoir avec nous. Mais sa présence a été aussi pour nous un don exceptionnel. Accepter de venir chez nous, c'était nous témoigner confiance, égard et considération. Sa simple présence a balayé tout sentiment d'infériorité, tout relent d'insuffisance, d'incompétence que nous pouvions entretenir au fond de nous-mêmes.

L'amour de Svâmiji

L'absence d'intérêt personnel de Svâmiji et sa préoccupation constante de l'intérêt des autres personnes étaient perçues par ses disciples comme l'expression d'un amour exceptionnel. Un jour un disciple l'interrogea à ce sujet :

D. L'amour de Svâmiji est-il également la sublimation du désir sexuel ?

S. Non. Svâmiji n'a pas de désir sexuel. Ce n'est pas de la sublimation.

D. Quelle est la différence ?

S. Votre amour est particulier. Celui de Svâmiji est général.

Il précisera d'ailleurs ce point au cours d'un autre entretien :

– Svâmiji vous aime toujours, vous le savez. Il vous aime toujours de la même façon qu'il aime chacun, quoi que vous fassiez. D'une certaine façon, pour Svâmiji, chacun est relativement un idiot, car personne ne voit les choses comme elles sont. Pour Svâmiji vous êtes quelqu'un avec un problème. Svâmiji vous aime et vous aide à vous rendre libre de votre problème pour vous permettre d'être heureux. Pour Svâmiji vous êtes quelqu'un, une entité, une existence.

Il ajoutait :

– Svâmiji est totalement dépendant... dépendant des autres... Svâmiji ne peut aller se reposer tant que Mongra (le serviteur de l'ashram) n'est pas revenu. Il veille à ce que Mongra prenne son repas. Qui lui dit d'agir ainsi ? Il agit... il agit... Agit-il ? Non, il n'agit pas. Les circonstances le font agir. Les circonstances et Svâmiji ne sont pas deux choses différentes.

Dans une lettre adressée à une disciple indienne, il est encore plus explicite :

– Pour vous soulager de vos souffrances mentales, pour apporter la joie et la paix dans vos esprits, voilà pourquoi Chhele[1] est là ! Essayez de rejeter tout le fardeau que vous portez dans votre esprit et prenez avec joie toute l'aide de Chhele ; cela ne lui cause aucun trouble. Tant de ruisseaux et de rivières rejettent de toutes parts leurs eaux sales dans la mer : la mer se salit-elle ? De la même façon le cœur de votre Chhele est devenu comme une mer : il est difficile de décrire la quantité de douleur, de peur et d'angoisse ainsi que de cruautés qui leur ont été infligées, que d'innombrables personnes ont déversées dans le cœur de Chhele.

On comprend mieux alors le sens de ses paroles :

– Svâmiji avait tant d'amour pour tout le monde qu'il ne pouvait se limiter au cercle étroit de ses propres enfants.

Qui est Svâmiji ?

A partir de là, peut-être vaut-il mieux laisser la parole à Svâmiji lui-même pour expliquer ce qu'il est :

– Qui est Svâmiji ? Svâmiji est un *saṃnyâsin*, qui en tant que tel a été dépossédé de tout intérêt pour les objets extérieurs. Svâmiji est Prajñânpad, le siège de *Prajñâna*, mani-

1. Litt. : fils en bengali. Manière dont Svâmiji était appelé dans sa famille.

festation ou expression de *prajñâna*, vérité-conscience, vérité-réalisation, conscience lucide de ce-qui-est et non pas conscience lucide de ce qui arrive ou de ce qui paraît être.

Svâmiji est vous-même

Svâmiji termine alors la lettre précédente en ajoutant :

– Vous voulez être cela. Cela ? Voulez-vous être en paix et détendu toujours et partout, dans toutes les circonstances. Voulez-vous être Amour infini ?

Oui, alors vous êtes potentiellement Un avec Svâmiji et vous pouvez essayer de faire venir Svâmiji à vous, si vous ne pouvez venir à Svâmiji. Essayez de sentir et d'être convaincu que c'est vous-même que vous avez trouvé en Svâmiji. Ce que vous voulez être, ce à quoi vous aspirez, ce que vous ne pouvez que devenir, sans aucune autre alternative. Sentez que Svâmiji n'est pas séparé de vous.

Ce qu'il explicitera d'ailleurs à de multiples reprises :

– Svâmiji est vous-même, votre Soi illuminé, le Soi qui n'a pas de contraire.

– Etre dépendant de Svâmiji c'est être dépendant de soi, car Svâmiji n'est pas autre que moi.

– Pourquoi avoir peur ? Svâmiji ne juge jamais, ne vous critique pas. Svâmiji n'est pas différent de vous. Il n'est que votre Soi illuminé. Si vous n'avez pas de questions à poser et bien qu'il n'y ait pas de question, Svâmiji est là pour vous servir, non pour vous soumettre à une obligation. De quoi avez-vous peur ? Quand il y a deux, il y a toujours peur.

Cette unité Svâmiji l'exprimait de nombreuses façons :

– Svâmiji est toujours avec vous, dans toutes les circonstances. Soyez défini à ce sujet. Vous devez l'avoir senti.

– Pendant que vous parlez maintenant, Svâmiji devient vous. Vous pouvez le voir facilement. Il n'y a que vous qui êtes là. Quand vous parlez, la réaction se produit. Aussi Svâmiji est ici maintenant… Svâmiji n'est personne… personne d'autre… pas d'entité séparée.

– Svâmiji n'a ni goût ni dégoût. Le petit garçon est là, il parle d'une certaine façon. Vous êtes là, vous parlez d'une autre façon. Très bien. Ceci est à lui. Cela est à vous. Svâmiji ne peut pas dire : « Il dit des bêtises... il parle raisonnablement. » L'un parle et l'autre parle. C'est tout. Et Svâmiji réagit. Avec vous tel que vous êtes Svâmiji réagit. Y a-t-il un temps et un espace ? Non. Il n'y a qu'action et réaction. C'est tout. Rien d'autre. Où ? Quand ? La question ne se pose pas. Avec qui ? La question ne se pose pas. Il n'y a qu'action et réaction, action et réaction, c'est tout.

Svâmiji est un avec toutes choses

– Svâmiji va vous dire un secret. Svâmiji ne connaît rien sauf une chose. Il est un avec tout.

Peu de temps avant sa mort, il illustrait cette conscience complète d'unité en disant :

– Svâmiji ne mâche pas la nourriture : le fait de mâcher prend place et Svâmiji est un avec le fait de mâcher.

Ou encore cette phrase si claire et si ambiguë à la fois :

– Svâmiji mange Svâmiji (du *channa*[1]) à l'aide de Svâmiji (la cuillère).

1. Fromage blanc préparé en faisant tomber quelques gouttes de citron vert dans du lait bouilli.

Sources des citations

Les lettres de Svâmiji

Un recueil de lettres écrites par Svâmiji et adressées à ses disciples a été publié en Inde, à l'usage des disciples, en trois volumes, en 1981. Il contient des lettres écrites en anglais, des lettres écrites en hindi et en bengali. Les lettres en hindi et en bengali ont été traduites en anglais.

Les Editions L'Originel ont publié une partie de ces lettres en français :

L'Art de voir (tome 1), 1988.
Les Yeux ouverts (tome 2), 1989.
La Vérité du Bonheur (tome 3), 1990.

Les entretiens personnels en anglais (*sittings*)

Enregistrés sur bandes magnétiques entre Svâmiji et des disciples européens.

Les notes personnelles

Celles des disciples prises après les entretiens.

Les livres écrits par les disciples

Voir liste des livres publiés sur Svâmi Prajñânpad et son enseignement.

Livres publiés sur Svâmi Prajñânpad et son enseignement

Lettres de Svâmi Prajñânpad

L'Art de voir (tome 1), Accarias-L'Originel, 1988. *Les Yeux ouverts* (tome 2), Accarias-L'Originel, 1989. *La Vérité du bonheur* (tome 3), Accarias-L'Originel, 1990.

Livres écrits par les disciples indiens

SUMANGAL PRAKASH, *L'Expérience de l'unité*, Accarias-L'Originel, 1986.

R. SRINIVASAN, *Talks with Swami Prajnapada. Entretiens avec Svami Prajnanpad*, Accarias-L'Originel, 1984. Edition indienne : Bharatiya Vidya Bhavan (Bombay), 1977. Edition anglaise révisée : *Talks with Swami Prajnapada*, Element Books Ltd. (Shaftesbury, Dorset), 1987. Edition allemande : *Gespräche mit Swami Prajnapada*, Verlag Alf Lüchow (Freiburg), 1993.

Livres écrits par les disciples français

ARNAUD DESJARDINS :

Les Chemins de la Sagesse, La Table Ronde, 1972.
(Voir également tous les livres de cet auteur.)

DENISE DESJARDINS :

De naissance en naissance, La Table Ronde, 1977.
La Mémoire des vies antérieures, La Table Ronde, 1980.
Mère, sainte et courtisane, La Table Ronde, 1983.
Le Défi d'Etre, Dervy, 1990.
La Stratégie du Oui, La Table Ronde, 1993.

Petit Traité de l'Action, La Table Ronde, 1999.
Petit Traité de l'Emotion, La Table Ronde, 1996.

DANIEL ROUMANOFF :
Svâmi Prajñânpad (biographie), La Table Ronde, 1993.
Psychanalyse et sagesse orientale, Accarias-L'Originel, 1996.
Candide au pays des gourous, Dervy, 1990.
A B C d'une sagesse (présentation), La Table Ronde, 1998 ; rééd. Albin Michel, coll. « Spiritualités vivantes », 2009.

COLETTE ROUMANOFF :
Les Yeux de l'orpheline, Critérion, 1992.

FRÉDÉRICK LEBOYER :
Portrait d'un homme remarquable, Critérion, 1991.

OLIVIER CAMBESSÉDÈS :
Le Quotidien avec un maître, Accarias-L'Originel, 1995.

Autre livre sur Svâmi Prajñânpad

ANDRÉ COMTE-SPONVILLE, *De l'autre côté du désespoir : Introduction à la pensée de Svâmi Prajñânpad*, Accarias-L'Originel, 1997.

Petit glossaire

A la traduction littérale des principaux termes sanskrits figurant dans le texte, nous nous sommes efforcés d'ajouter chaque fois que cela a été possible la traduction donnée par Svâmiji dans la mesure où elle éclaire le sens des termes cités.

a privatif

ahiṃsâ : litt. : non-désir de tuer, traduit par non-violence. Voir *hiṃsâ*.
ajñâna : ignorance.
amṛta : litt. : immortalité, ambroisie, état suprême. « La félicité au-delà du plaisir et de la peine, la félicité éternelle, stable, qui ne change pas ! Ce qui est immortel ou au-delà de la mort ou du changement. Neutralité. Equilibre ; cessation du jeu de l'action-réaction. »
ananta : infini.
asat : irréel, qui n'est pas.
asatya : non-vérité, mensonge.
asvîkâra : litt. : ne pas faire sien, négation de *svîkâra* : s'approprier, incorporer, accepter. Refus, non-acceptation. Ce qui s'oppose à l'acceptation.
avidyâ : ignorance.
avyakta : non-manifesté, « source des activités conscientes ».

a bref

adhyâtma : relatif au Soi, relatif à soi-même, qui vous concerne.
advaita : non-dualité.
aham : je.
ahammṃkâra : ego, égoïsme.
alpa : petit, étroit, mesquin, limité.
antaḥkaraṇa : organe interne composé de trois éléments : *buddhi*, *ahaṃkâra* (ego) et *manas* (mental) qui découlent l'un de l'autre.
artha : richesse.

asti : est.
aum : syllabe sacrée expliquée par Svâmiji comme synonyme du changement.

â

âbhyantara : interne.
âcâra : conduite, pratique. « Vivre, continuer d'avancer, faire face à toutes les situations. »
âcârya : maître, précepteur spirituel.
âdi : source, origine, qui vient en premier, à commencer par…
âkaśa : les cieux, l'espace, l'éther.
ânanda : joie, félicité, béatitude ; « Joie que l'on éprouve lorsqu'on s'affranchit d'une tension ou d'une influence étrangère ; *ânanda* est la joie de la conquête ou de la libération de quelque chose. L'effort pour se libérer, se soulager, revenir à soi-même ; la prise de conscience de sa propre force. Cette joie, c'est l'expérience de "j'ai fait, j'ai pu faire, je peux" ; *ânanda*, c'est le sentiment qu'on éprouve après avoir surmonté les difficultés ; c'est l'expérience de la victoire, l'expérience de son énergie créatrice. » On traduit généralement *ânanda* par joie. Ce n'est pas exact. La description exacte serait : le sentiment d'être libre de ce qui est extérieur. *Ananda* est le sentiment d'être établi en soi. Quand on devient libre de l'extérieur, le sentiment est *ânanda*.
âśrâma : l'un des stades de la vie. Il y en a quatre : *brahmacârya*, l'étudiant brahmanique, *gṛhastha*, le maître de maison, *vanaprastha*, celui qui vit dans la forêt ou retraité, *saṃnyasin*, le renonçant ou moine mendiant.
âtman : le Soi.
âtmastha : établi en lui-même.

b

bâhya : externe.
bhâva : ce qui est en devenir, changement.
bhoga : expérience des choses et leur jouissance. « *Bhoga*, jouissance vraie, s'oppose à *upabhoga* : jouissance superficielle ou factice. »
bhoga-kṣaya : destruction du désir par la jouissance des choses.
bhoktâ : celui qui fait l'expérience complète des choses. Celui qui expérimente la jouissance (*bhoga*), celui qui agit consciemment pour satisfaire ses désirs et en jouir.
bhrama : aberration mentale, erreur, égarement.
bhûma : litt. : ce qui est, vaste, grand, illimité. « Ce-qui-est » : traduction rigoureusement littérale puisque *bhûman* est dérivé de la racine *bhû* : être. Mais *bhûman* a pris par extension le sens de large, grand, vaste et s'oppose à *alpa* : petit, mesquin, étriqué, limité, fini. On peut donc traduire *bhûman* par infini et on obtient l'équivalence : ce

qui est = infini. Pour Svâmiji, *bhûman* est synonyme de *brahman*, infini : ce qui est vaste, qui englobe tout. C'est l'être dans sa plénitude et sa totalité.

bhûta : les cinq éléments grossiers, la matière.

brahman : Etre ou Principe suprême ; « Ce-qui-est, neutre, absolu. »

brahmacârin : litt. : celui qui vit en *brahman*. Désigne l'étudiant qui se trouve dans le premier stade (*âśrâma*) de la vie brahmanique ; qui mène une vie chaste.

brahmacârya : premier stade de la vie brahmanique ; célibat, chasteté.

brâhmaṇa : brahmane, homme de la première des quatre castes.

brahmaniṣṭha : absorbé en *brahman*.

buddhi : intellect ou entendement. *Buddhi* est aussi l'inconscient.

c

cit : conscience d'être, sentiment d'être.

citta : synonyme de *manas* et d'inconscient ; « mémoire dans le sens où la mémoire est le dépositaire des *saṃskâra* ou impressions inconscientes » ; « aspect émotionnel du mental ; le mental non manifesté ou inconscient ».

d

deha : corps.

dharma : de la racine *dhṛ* : soutenir, supporter ; devoir ou règle sociale ; structure interne ; « loi, nature intrinsèque des choses ; la nature (*dharma*) du feu est de brûler comme la nature (*dharma*) de l'eau est de couler. Le *dharma* est ainsi ce qui est inhérent à la chose même, le feu qui ne brûlerait pas ne serait pas du feu ; la loi qui soutient ou règle le fonctionnement ou l'expression d'une entité quelconque ».

dhîra : intelligent, sage ; « homme équilibré ».

dîkṣa : initiation.

duḥkha : douleur, souffrance.

dvaita : dualité.

g

grantha : nœud.

gṛhastha : maître de maison (de vingt-cinq à cinquante ans).

guṇa : essence. Le *Sâṃkhya* en donne trois : *sattva*, *rajas*, *tamas*.

h

hiṃsâ : violence ; « Le bouddhisme n'a jamais enseigné la non-violence, mais il a enseigné de "s'abstenir de trop tuer" ».

hṛdaya : cœur.

i

indriya : sens d'aperception et d'action. Il y en a dix.
íśâ : Seigneur, Maître ou Dieu. « Ce qui gouverne, ce qui régit, loi, ordre des choses. » A rapprocher du *ṛta* védique, l'ordre cosmique, l'harmonie dans le domaine physique et psychique.

j

jaḍa samâdhi : samâdhi de pierre inerte. « *Jaḍa* veut dire rigide, matériel. Ce n'est pas pour l'homme… Oui, il est libre dans l'action. »
jagat : le monde, « le mouvant ».
japa : répétition d'un *mantra* (formule sacrée).
jîva : individu, âme individuelle.
jîvana : vie.
jîvatva : individualité.
jñaḥ : connaisseur.
jṇâna : connaissance.

k-l

kalpâna : imagination.
kâma : dieu de l'amour. Il a deux épouses : Rati (plaisir physique) et Prîti (plaisir mental).
kanak-âñjali : « Cérémonie qui consiste à jeter du riz en signe d'adieu lorsqu'une mère donne sa fille en mariage. C'est un don complet, sans aucun espoir de retour. »
kâraṇa : cause.
karma : action, conséquence des actions accomplies dans une vie précédente.
karma tyagî : celui qui renonce à l'action, renonçant.
kartâ : homme d'action, celui qui agit délibérément.
kârya : effet.
Kâtyâyayanî : une des deux épouses du grand sage Yajñavâlkya.
kevala : isolé.
Kṛṣṇa : incarnation de Viśṇu, consort de Radha.
kṣaya : destruction.
kṣetra-jña : connaisseur du champ.

liñga-śarîra : corps subtil ; synonyme de *sukṣma śarîra.*

m

Maitreyî : une des deux épouses du grand sage Yajñavâlkya.
manas : mental.
mantra : formule sacrée.

mâyâ : illusion, fausse apparence, ce qui n'existe pas en réalité. « *Mâyâ*, c'est le voile, ce qui recouvre, le mensonge. »
mithyâ : faux.
mitra : ami.
moha : égarement (*delusion*).
mṛtyu : mort.
mukti : délivrance.

n

nâma : nom, force agissante.
nâma-rûpa : littéralement nom et forme, individualité, psycho-physique ; « le corps physicomental ».
Nârada : messager des dieux.
nâśa : destruction.
nirguṇa : sans qualité.
nirveda : désespoir ; « pas tout à fait la même chose que *vairâgya*. C'est la connaissance et l'expérience qu'on ne peut trouver le permanent dans l'impermanent ».
nitya : éternel.
nivṛtti : faire retour à soi-même.
niyama : discipline. Celle-ci consiste à pratiquer les vertus *sîla* et avoir une bonne conduite *sad-âcâra*.
niyati : destinée, loi de la nature.

p

parâvara : cause à effet.
pariṇâma : litt. : modification. Evolution.
pradhâna : inertie.
prajñana : Connaissance suprême.
prakâśa : flambeau qui éclaire l'activité de la nature.
prakṛti : nature, changement, transformation. Aspect cinétique de l'énergie, base de toutes les existences phénoménales, comprend le monde physique et psychique. Elle est l'indéterminé.
praṇâma : prosternation en guise de salutation.
pratyâhara : retrait du monde.
prema : amour.
Prîti : plaisir mental, une des deux épouses de Kâma.
puruṣa : conscience immatérielle ; principe au-delà de la conscience, l'expérimentation au-delà de l'expérience. Il est présent dans l'expérience mais n'est pas impliqué. « Etat d'équilibre, de neutralité, aspect potentiel de l'énergie, fondement de toute action. »

r-ṛ

Râdhâ : consort de Kṛṣṇa.
râga : inclination, attirance ; voir *vairâgya.*
rajas : une des trois *guṇa* ; changement, dynamisme, énergie.
rasa : suc, sève, charme, agrément, saveur.
rasgula : confiserie à base de lait et de sucre.
Rati : plaisir physique, une des deux épouses de Kâma.
ṛṣi : un voyant, un sage des temps passés.
ṛta : ordre cosmique, harmonie ; rythme ou rythme cosmique, trouve son équivalent dans l'ordre personnel et social (voir *dharma*). C'est la conformité à l'ordre des choses, résultante équilibrée des forces à un moment donné ; « *ṛta* : ordre des choses, non pas comme la loi intrinsèque mais comme la loi du changement ».
Rudra : le Terrible, le destructeur de ce qui est faux.
rûpa : matière, forme matérielle (voir *nâma*).

s

sad-cid-ânanda : existence-conscience-félicité.
sâdhanâ : effort spirituel.
sahaja : naturel, normal, spontané.
samâdhi : absorption totale dans le Soi.
saṃjñâ : perception cognitive.
saṃkalpa : volonté, imagination.
Sâṃkhya : système philosophique fondé sur la discrimination et attribué à Kapila.
saṃnyâsa : état du renonçant.
saṃnyâsin : renonçant, moine mendiant ; le quatrième stade de la vie. « Non pas celui qui renonce, mais celui en qui le renoncement a lieu. »
saṃsâra : le monde ; le monde du changement ; « le cycle des renaissances et des morts ».
saṃskâra : accumulations d'imprégnations mentales ou constructions inconscientes formées à partir des *vâsanâ.*
sat : être.
sattva : existence, équilibre, réalité vraie et immuable.
satya : ce-qui-est, réalité, vérité.
sâvadhâna : lucidité.
siddhi : accomplissement spirituel, pouvoir parapsychique.
skandha : agrégats.
smaśâna-vairâgya : détachement temporaire.
spanda-śakti : impulsion créatrice.
sthira : stable.
sukṣma-śarîra : corps subtil.

sundara : le beau.
sûrya : soleil.
svabhâva : nature essentielle, agir selon ce que l'on est. « Nature propre de chaque personne, qualités intrinsèques que chacun porte à sa naissance. »
svâmin : Seigneur.
svârtha : intérêt personnel.
svastha : litt. : celui qui se tient en lui-même ; bonne santé.
svikâra : litt. : faire sien, contraire du refus *a-svikâra* ; s'approprier toute chose.

ś

śakti : énergie, force. En mythologie, la consort des dieux.
śaṃkara : bienfaisant.
Śaṃkarâcârya : maître spirituel et philosophe commentateur des *Vedânta Sûtra* et des *Upaniṣad.*
śânta : serein, en paix.
śânti : paix. Répétée par trois fois à la fin des invocations dans les *Upaniṣad.*
śâstra : Ecritures sacrées.
Śiva : nom d'un dieu ; le bien, ce qui est auspicieux, bénéfique ; « Bienfaisant, Equilibre, Calme, Paix, Liberté, maîtrise de soi, expérience de ce-qui-est, neutralité ».
śivatva : l'état d'homme réalisé, s'oppose à *jîvatva.*
śiṣṭa-ahaṃkâra : ego formé ou conditionné, Surmoi.
śloka : verset.
śoka : souffrance (voir *duḥkha*).
śramana : qui accomplit des pénitences ou des austérités.
śunya : vide.

t

tamas : une des trois *guṇa* ; torpeur, obscurité.
tâpasya : austérités, pratique du chemin.
tattva : ipséité, réalité, essence.
tyâga : renoncement. Svâmiji l'oppose à *vairâgya*, détachement.

u

upabhoga : jouissance superficielle ou factice à distinguer de *bhoga*, jouissance vraie.
upâdhi : attribut conditionnel, limitant.
upastha : organe sexuel.

v-y

vairâgya : détachement, disparition de l'attrait, absence d'attirance pour le monde extérieur ; voir *râga*. Svâmiji l'oppose au renoncement *tyâga*.

vâk : parole.

vanaprastha : litt. : habitant des bois, travailleur social, retraité. Troisième stade de la vie (de cinquante à soixante-quinze ans).

vâsanâ : imprégnations mentales, traces laissées par les expériences du passé, comme l'odeur d'un parfum qui subsiste dans un flacon. Les *vâsanâ* sont la source des pensées conscientes. Elles ont tendance à se regrouper pour former des nœuds et deviennent alors des *saṃskâra*.

Vaśiṣṭha : nom d'un sage interlocuteur du prince Râma dans le *Yogavâsiṣṭha*.

vedana : sensation, affectivité.

vicâra : délibération.

vijñâna : science, connaissance.

vijñânin : savant, homme de science ou étudiant en science.

vikṛti : modification, transformation.

vîrya : « Le vaillant, le héros franchisseur d'obstacles. »

viveka : discrimination.

Vivekacûḍâmaṇi : le Suprême Joyau de la Discrimination, ouvrage de Śaṃkarâcârya. Cûḍâmani est un joyau porté au sommet de la tête.

Yajñavâlkya : un des sages les plus illustres. Il apparaît notamment dans la *Bṛhadaraṇyaka Up*. dans un dialogue avec son épouse Maitreyî.

Table

PARTIE VI

La délivrance

PARTIE VII

L'ADHYÂTMA-YOGA, UNE SYNTHÈSE ORIENT-OCCIDENT

DU MÊME AUTEUR

Candide au pays des gourous, Dervy, 1990.
La Pratique du Kinomichi avec Maître Noro, Critérion, 1992.
Svâmi Prajñânpad (biographie), La Table ronde, 1993.
Sois sage, en collaboration avec Jean-Claude Marol, La Table Ronde, 1994.
Psychanalyse et sagesse orientale, Accarias-L'Originel, 1996.
Tu es cela (en collaboration avec Mario Cifali), Slatkine, 2008.

Traductions

Svâmi Prajñânpad, *Lettres*, Accarias-L'Originel, 3 tomes : *L'Art de voir*, 1988 ; *Les Yeux ouverts*, 1989 ; *La Vérité du bonheur*, 1990.
Svâmi Prajñânpad, *Le But de la vie (un été plein de sagesse)*, entretiens, Accarias-L'Originel, 2005.
Svâmi Prajñânpad, *Ceci, Ici, À présent* (entretiens avec Frédérick Leboyer), Accarias-L'Originel, 2006.
Svâmi Prajñânpad, *ABC d'une sagesse*, La Table Ronde, 1998 ; rééd. Albin Michel, coll. « Spiritualités vivantes », 2009.

Sumangal Prakash, *L'Expérience de l'unité*, Accarias-L'Originel, 1986.
R. Srinivasan, *Entretiens avec Svâmi Prajñânpad*, Accarias-L'Originel, 1984 ; édition indienne : Bharatiya Vidya Bhavan (Bombay), 1977 ; édition anglaise révisée : *Talks with Swami Prajnapanda*, Element Books Ltd (Shaftesbury, Dorset), 1987 ; édition allemande : *Gespräche mit Swami Prajnapanda*, Verlag Alf Lüchow (Freiburg), 1993.

Citations commentées des Upanishad et histoires, tome 1 : *La Connaissance de soi*, Accarias-L'Originel, 2008 ; tomes 2 et 3 en préparation.

Site internet : www.svami-prajnanpad.org

EXTRAITS DU CATALOGUE

Spiritualités vivantes

1. *La Bhagavad-Gîtâ*, Shrî Aurobindo.
2. *Le Guide du Yoga*, Shrî Aurobindo.
3. *Les Yogas pratiques*, Swâmi Vivekânanda.
5. *Lettres à l'Âshram*, Gandhi.
7. *Trois Upanishads*, Shrî Aurobindo.
8. *Spiritualité hindoue*, Jean Herbert.
12. *Jnâna-Yoga*, Swâmi Vivekânanda.
13. *L'Enseignement de Râmakrishna*, paroles groupées et annotées par Jean Herbert.
14. *La Vie divine*, tome I, Shrî Aurobindo.
15. *Id.*, tome II.
16. *Id.*, tome III.
17. *Id.*, tome IV.
18. *Carnet de pèlerinage*, Swâmi Ramdas.
22. *De la Grèce à l'Inde*, Shrî Aurobindo.
23. *La Mythologie hindoue, son message*, Jean Herbert.
29. *Ashrams. Les Grands Maîtres de l'Inde*, Arnaud Desjardins.
53. *L'Art de la réalisation*, Chandra Swami.
66. *La Pratique du yoga intégral*, Shrî Aurobindo, textes regroupés, traduits et préfacés par Jean Herbert.
69. *Métaphysique et psychologie*, Shrî Aurobindo.
89. *Yoga-Sutras*, Patanjali, traduction du sanscrit et commentaires de Françoise Mazet.
91. *Écrits*, du père Henri Le Saux, choisis et présentés par Marie-Madeleine Davy.
100. *Le Yoga de l'Amour*, Jean Herbert.
127. *Réflexions sur la Bhagavad-Gîtâ*, Jean Herbert.
133. *Expérience chrétienne et mystique hindoue*, Bede Griffiths, préface de M.-M. Davy, traduit par C. de Brantes.
140. *Le Yoga et saint Jean de la Croix*, Swâmi Siddheswarananda.
142. *Aux Sources de la Joie*, Mâ Ananda Moyî.
148. *Présence de Râm*, Swâmi Ramdas.
209. *L'Enseignement de Mâ Ananda Moyî*, traduit par Josette Herbert.
210. *Tantra Yoga, le tantra de la « connaissance suprême »*, Daniel Odier.
215. *Psychologie du yoga de la kundalinî*, Carl Gustav Jung.

218. *L'Enseignement de Râmana Maharshi*, édition intégrale traduite par Eleonore Braitenberg.
222. *Le Mahâbhârata conté selon la tradition orale*, traduit par Serge Demetrian.
223. *Le Râmâyana conté selon la tradition orale*, traduit par Serge Demetrian.
238. *ABC d'une sagesse*, Svâmi Prajñânpad, paroles choisies par D. Roumanoff.

Espaces libres

70. *Ultimes paroles*, Krishnamurti.
85. *Henri Le Saux, le passeur entre deux rives*, Marie-Madeleine Davy.

Grand format

Kalila et Dimna. Fables indiennes de Bidpaï, choisies et racontées par Ramsay Wood.
Le Mahâbhârata, Jean-Claude Carrière.
Féminité de la parole. Études sur l'Inde ancienne, Charles Malamoud.
Gandhi l'insurgé. L'Épopée de la Marche du sel, Jean-Marie Muller.
Hindouisme et soufisme. Une lecture du « Confluent des Deux Océans » de Dârâ Shokûh, Daryush Shayegan.
L'Esprit du yoga, Ysé Tardan-Masquelier
Le Tantrisme. Mythes, rites, métaphysique, Jean Varenne.
Le Maître et le Thérapeute, Jacques Vigne.
Éléments de psychologie spirituelle, Jacques Vigne.
Le Mariage intérieur en Orient et en Occident, Jacques Vigne.
Entretiens et causeries, Swâmi Vivekânanda.
Nâgârjuna et la doctrine de la vacuité, Jean-Marc Vivenza.

Planète Inde

Intouchables. Entre révoltes et intégration, Robert Deliège.
Une histoire de l'Inde. Les Indiens face à leur passé, Eric Meyer.
Un milliard d'hindous, Ysé Tardan-Masquelier.
Les Chrétiens de l'Inde. Entre castes et Églises, Catherine Clémentin.
Les Sikhs. Histoire et tradition des « Lions du Panjab », Denis Matringe.
L'Inde vue d'Europe. Histoire d'une rencontre, 1750-1950, Christine Maillard.

Les Carnets du calligraphe

Le Chant du Bienheureux, extraits de la Bhagavad Gîtâ, calligraphies de Jigmé Douche.

Livres d'art

Mandalas, Sayed Haider Raza.
L'Ordre du monde, Sujata Bajaj.

Carnets de sagesse

Paroles des sages de l'Inde, Marc de Smedt.

Composition Nord Compo
Impression Normandie Roto Impression s.a.s. en mai 2009
Éditions Albin Michel
22, rue Huyghens, 75014 Paris
www.albin-michel.fr

ISBN : 978-2-226-19117-5
N° d'édition : 25944 – N° d'impression : 09-1713
Dépôt légal : juin 2009
Imprimé en France